高等教育立体化精品系列规划教材

办公自动化技术

◎ 黄冠利 赖利君 主编
◎ 李军 赵进全 刘庆 副主编

人民邮电出版社
北京

图书在版编目（CIP）数据

办公自动化技术 / 黄冠利，赖利君主编. -- 北京 ：人民邮电出版社，2013.6（2016.9重印）
高等教育立体化精品系列规划教材
ISBN 978-7-115-31529-8

Ⅰ. ①办… Ⅱ. ①黄… ②赖… Ⅲ. ①办公自动化－高等学校－教材 Ⅳ. ①C931.4

中国版本图书馆CIP数据核字（2013）第082412号

内 容 提 要

本书主要讲解了办公自动化概述、Word 基本操作、美化和排版文档、Word 的邮件合并功能、Excel 基本操作、Excel 数据计算、PowerPoint 基本操作、幻灯片设计和放映、常用办公工具软件的使用、网络办公应用以及办公设备的使用与维护等知识。本书最后附录中还安排了 5 个综合实训，进一步提高学生对知识的应用能力。

本书由浅入深、循序渐进，采用案例式讲解，基本上每一章均以情景导入、课堂案例讲解、上机综合实训、疑难解析及习题的结构进行讲述。全书通过大量的案例和练习，着重于对学生实际应用能力的培养，并将职业场景引入课堂教学，让学生提前进入工作的角色中。

本书适合作为高等教育院校办公自动化相关课程的教材，也可作为各类社会培训学校相关专业的教材，同时还可供办公自动化初学者自学使用。

高等教育立体化精品系列规划教材

办公自动化技术

◆ 主　　编　黄冠利　赖利君
　副 主 编　李　军　赵进全　刘　庆
　责任编辑　王　平
◆ 人民邮电出版社出版发行　　北京市丰台区成寿寺路 11 号
　邮编　100164　　电子邮件　315@ptpress.com.cn
　网址　http://www.ptpress.com.cn
　北京艺辉印刷有限公司印刷
◆ 开本：787×1092　1/16
　印张：16　　　　2013年6月第1版
　字数：387千字　　2016年9月北京第5次印刷

ISBN 978-7-115-31529-8

定价：39.80 元（附光盘）

读者服务热线：(010)81055256　印装质量热线：(010)81055316
反盗版热线：(010)81055315
广告经营许可证：京东工商广字第 8052 号

前 言 PREFACE

随着近年来高等教育的不断改革与发展，高等教育的规模在不断扩大，课程的开发逐渐体现出职业能力的培养、教学职场化和教材实践化的特点，同时随着计算机软硬件日新月异地升级，市场上很多教材的软件版本、硬件型号以及教学结构等很多方面都已不再适应目前的教授和学习。有鉴于此，我们认真总结已出版教材的编写经验，用了2~3年的时间深入调研高等教育学校的教材需求，组织了一批优秀的、具有丰富的教学经验和实践经验的作者团队编写了本套教材，以帮助高等教育院校培养优秀的职业技能型人才。

本着“提升学生的就业能力”为导向的原则，我们在教学方法、教学内容和教学资源3个方面体现出了自己的特色。

教学方法

本书精心设计“情景导入→课堂案例→上机实训→疑难解析→习题”5段教学法，将职业场景引入课堂教学，激发学生的学习兴趣，然后在职场案例的驱动下，实现“做中学，做中教”的教学理念，最后有针对性地解答常见问题，并通过课后练习全方位帮助学生提升专业技能。

- **情景导入**：以主人公“小白”的实习情景模式为例引入本章教学主题，并贯穿于课堂案例的讲解中，让学生了解相关知识点在实际工作中的应用情况。
- **课堂案例**：以来源于职场和实际工作中的案例为主线，强调“应用”。每个案例先指出实际应用环境，再分析制作的思路和需要用到的知识点，然后通过操作并结合相关基础知识的讲解来完成该案例的制作。讲解过程中穿插有“知识提示”、“多学一招”和“职业素养”3个小栏目。
- **上机实训**：先结合课堂案例讲解的内容和实际工作需要给出实训目标，进行专业背景介绍再提供适当的操作思路及步骤提示供参考，要求学生独立完成操作，充分训练学生的动手能力。
- **疑难解析**：精选出学生在实际操作和学习中经常会遇到的问题并进行答疑解惑，让学生可以深入地了解一些提高应用知识。
- **习题**：对本章所学知识进行小结，再结合本章内容给出难度适中的上机操作题，让学生强化巩固所学知识。

教学内容

本书的教学目标是循序渐进地帮助学生掌握办公自动化技术，具体包括使用Word 2003制作文档、使用Excel 2003编辑表格、使用PowerPoint 2003制作演示文稿、使用常用办公软件、进行网络办公和使用常用办公设备等。全书共12章，可分为以下几个方面的内容进行讲解。

- **第1章**：主要概述办公自动化技术的基础知识。
- **第2~4章**：主要讲解使用Word 2003编辑和美化文档的相关知识。
- **第5~6章**：主要讲解使用Excel 2003制作和美化表格，并进行数据运算的知识。
- **第7~8章**：主要讲解使用PowerPoint 2003制作、设计和放映演示文稿的相关知识。
- **第9章**：主要讲解压缩软件WinRAR、金山词霸、PDF编辑软件Adobe Acrobat、看图软件ACDSee和安全防护软件360安全卫士的使用方法。
- **第10章**：主要讲解网络资源搜索与下载、网上交流和远程控制的相关知识。
- **第11章**：讲解打印机、扫描仪、传真机和复印机等办公设备的使用方法，以及维护和保养的相关知识。
- **第12章**：讲解多个综合案例的制作，进一步巩固前面所学知识。

教学资源

本书的教学资源包括以下三方面的内容。

（1）配套光盘

本书配套光盘中包含图书中实例涉及的素材与效果文件、各章节实训及习题的操作演示动画以及模拟试题库三个方面的内容。模拟试题库中含有丰富的关于办公自动化技术的相关试题，包括填空题、单项选择题、多项选择题、判断题、简答题和操作题等多种题型，读者可自动组合出不同的试卷进行测试。另外，光盘中还提供了两套完整模拟试题，以便读者测试和练习。

（2）教学资源包

本书配套精心制作的教学资源包，包括PPT教案和教学教案（备课教案、Word文档），以便老师顺利开展教学工作。

（3）教学扩展包

教学扩展包中包括方便教学的拓展资源以及每年定期更新的拓展案例两个方面的内容。其中拓展资源包含Word教学素材和模板、Excel教学素材和模板、PowerPoint教学素材和模板、教学演示动画等。

特别提醒：上述第（2）、（3）教学资源可访问人民邮电出版社教学服务与资源网（http:// www.ptpedu.com.cn）搜索下载，或者发电子邮件至dxbook@qq.com索取。

本书由黄冠利、赖利君任主编，李军、赵进全和刘庆任副主编，虽然编者在编写本书的过程中倾注了大量心血，但恐仍有疏漏，恳请广大读者及专家不吝赐教。

编者

2013年3月

目 录 CONTENTS

第4章 Word的邮件合并功能 59

第5章 Excel基本操作 71

第6章 Excel数据计算 91

第7章 PowerPoint基本操作 111

第8章 幻灯片设计和放映 131

第9章 常用办公工具软件的使用 151

第10章 网络办公应用 169

第11章 办公设备的使用与维护 183

第12章　综合案例——编写广告文案　227

附录　综合实训　243

PART 1

第1章 办公自动化概述

情景导入

小白在一家广告公司开始了她的实习生活。为了快速掌握行政助理的工作，小白开始学习办公自动化的相关知识。

知识技能目标

- 认识办公自动化系统的相关功能。
- 了解办公自动化的硬件和软件支持。
- 了解办公自动化系统的不同层次模型。

- 结合实际工作了解办公自动化系统能够实现的功能。
- 能够运用所学知识实现办公自动化处理。

课堂案例展示

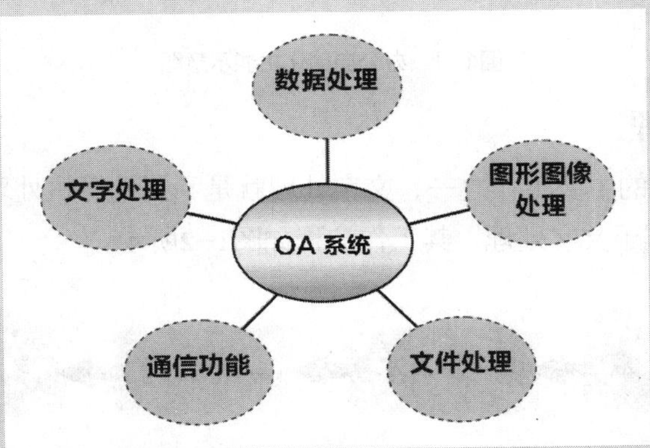

办公自动化功能示意图

1.1 办公自动化的功能

办公自动化（Office Automation，OA）也称为无纸办公，它是一种将现代化办公和电脑网络功能结合起来的新型办公方式，也是信息化社会的必然产物。随着三大核心支持技术——网络通信技术、计算机技术和数据库技术的成熟，OA已具有以下几个方面的特点。

- **集成化**：软硬件及网络的集成，人与系统的集成，单一办公系统同社会公众信息系统的集成，因此组成了"无缝集成"的开放式系统。
- **智能化**：面向日常事务处理，辅助人们完成智能性劳动，如汉字识别、辅助决策等。
- **多媒体化**：包括数字、文字、图像、声音和动画的综合处理。
- **运用电子数据交换（EDI）**：通过计算机网络，在计算机间进行交换和自动化处理。

一般办公室中都会进行大量的文件处理业务，如公文、表格和演示文稿的制作与管理等，办公自动化将这些独立的办公职能一体化，提高自动化程度，从而提高办公效率，也获得了更大的效益，创造了无纸化办公的优越环境。办公自动化系统的基本功能如图1-1所示。下面将对其功能进行简单的介绍。

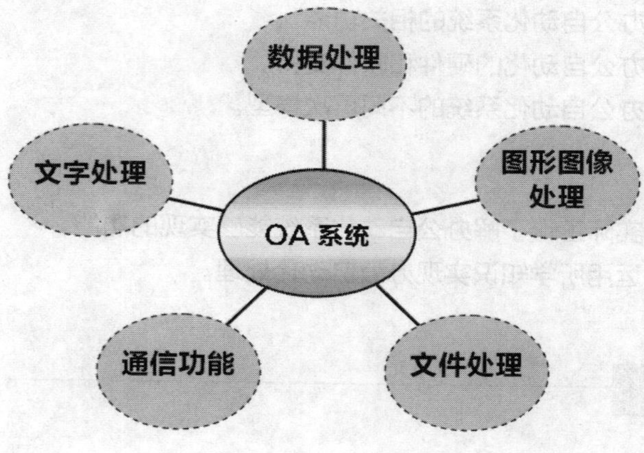

图1-1　办公自动化功能示意图

1.1.1 文字处理

文字工作是办公室的主要工作之一，文字处理就是利用计算机处理文字工作，如常见的使用Word制作文档就属于文字处理，其工作流程如图1-2所示。

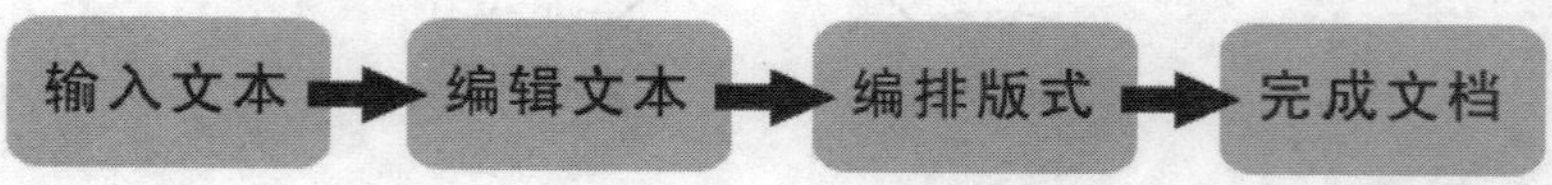

图1-2　文字处理一般流程

办公自动化系统的文字处理功能可对多种文字数据进行处理，其主要功能有以下几点。

1. 录入、编辑文字

在文字处理软件中可任意输入中、英文，并对其进行相应的编辑操作，主要包括设置文本格式，复制、粘贴、查找与替换文本等，还可根据需要在文档中添加图片等对象，以增加文档的观赏性。如图1-3所示为使用Word制作的演奏会节目单。

> **职业素养** 制作的办公文档格式应符合相应的规范和要求，在使用图片时要注意与主题相符，不应制作得过于花哨。

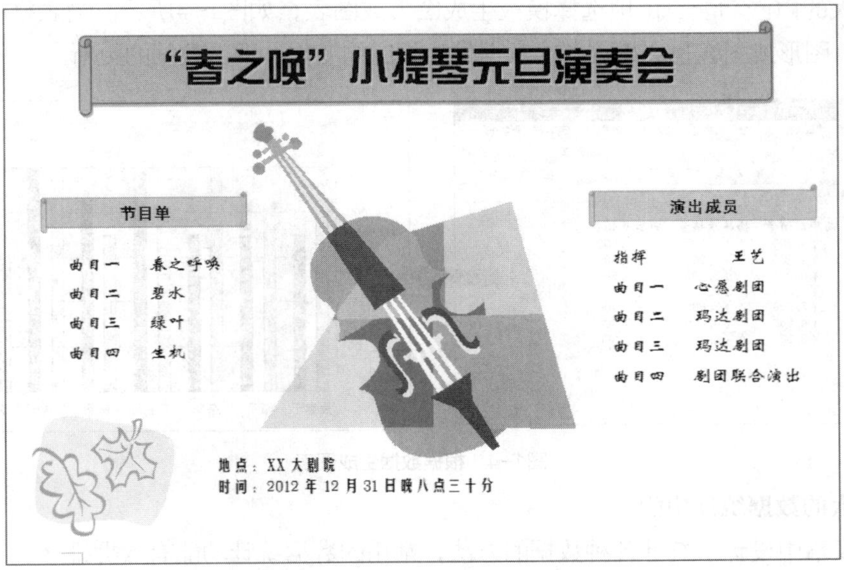

图1-3 使用Word制作的文档效果

2. 文档版式编辑

当在一篇文档中完成基本的文字输入和编辑操作后，还可设置文档的版式，完善文档制作效果。版式的设计主要包括设置文档页面中的各项参数，包括分栏、页码格式，以及页眉和页脚等。通过版式的设计可使文档更美观、规范和专业。

3. 表格制作

表格是一种非常直观的表达方式，使用表格进行表达的效果往往比使用一段文字更清楚。在OA系统中使用表格并对其进行格式化设置，不仅可以美化文档，还能增加文档说服力。

4. 文档的智能检查

在常见的各种文字处理软件中都内置了基本字典和自定义字典，以及用户自定义的词库，通过使用这些工具可对文档进行拼写和语法检查，以确保用户在编辑文档时对出现的错误及时进行更正。

1.1.2 数据处理

数据处理是信息处理的基础，它是指把来自科学研究、生产实践和社会活动等各个领域的原始数据，用一定的设备和手段，按一定的目的加工成另一种形式的数据，即利用计算机对数据进行收集、存储、加工、传播等一系列活动的组合。

1. 方便快捷的数据录入

一个电子表格可以完成数据的快速录入，而且在录入的过程中不仅能灵活地插入数据行或列，还能对有规律的数据实现自动生成，并根据函数生成特定的基于数据表的数据，同时进行自动计算等。

2. 根据数据快速生成相关图形或图表

图形或图表能更好地表达数据统计的结果，使其一目了然。对于有数据的电子表格，可根据其强大的内嵌功能自由地选择模板生成图形或图表，如图1-4所示。当表格中的数据发生变化时，图形或图表也会根据新的数据发生相应的变化，便于数据的更新。

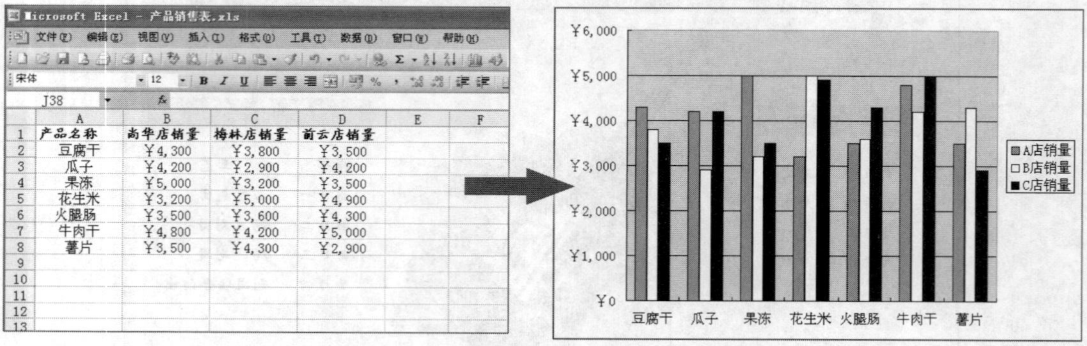

图1-4　根据数据生成图表

3. 强大的数据统计功能

电子表格中设计了统计各种数据的方法，常用的数据统计功能有数据排序、筛选和分类汇总等，通过合理使用可方便地对表格中的数据进行相应的操作，制作出工作中需要的各种表格。

1.1.3　图形图像处理

将信息转换成图形来描述，有助于用户理解复杂情况、加深印象、提高速度。图形是指静态图形或影像，图像则是指随时间而不断变化的动态图形。

图形图像处理的基本流程如图1-5所示。

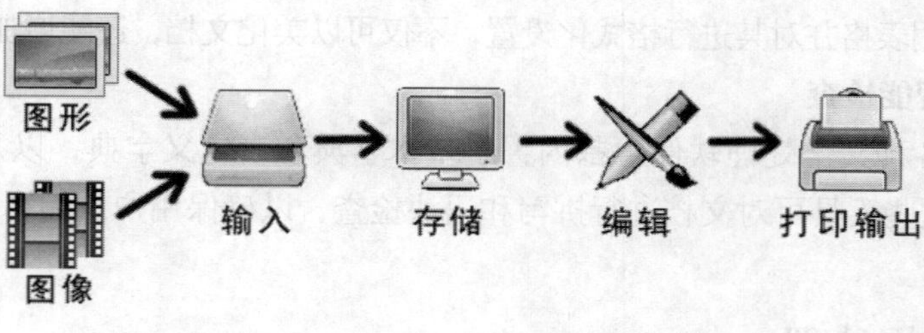

图1-5　图形图像处理基本流程

1. 图形和图像的输入

图形和图像的输入是处理功能的基础。图形和图像的输入方式有很多种，常见的图形输入方式有鼠标、数字化图形板和扫描仪等，常见的图像输入方式有扫描仪和数码相机等。

2. 图形和图像的存储和编辑

图形和图像的存储是把通过设备输入的图形或图像存储到电脑中的特殊位置，存储之后即可对其进行编辑，包括裁剪大小、调整色调和转换格式等。

3. 图形和图像的输出和传送

对图形和图像进行处理后，即可将其输出到终端，常见的输出方式为打印机等。

4. 图形的识别

图形的识别是指对图形的判定和区分，是图形图像处理的重要功能，如文字符号的识别和指纹鉴定等。

1.1.4 通信功能

OA系统的通信功能实现了各个部门间的协同工作，与传统的办公系统相比，办公效率提高了许多。OA通信功能主要包括及时提醒、远程通信、远程监控和屏幕互换几个方面。

当工作人员远离办公室，而又需要了解单位的某些数据时，即可通过网络连接远程计算机，完成相关办公事宜，如图1-6所示。

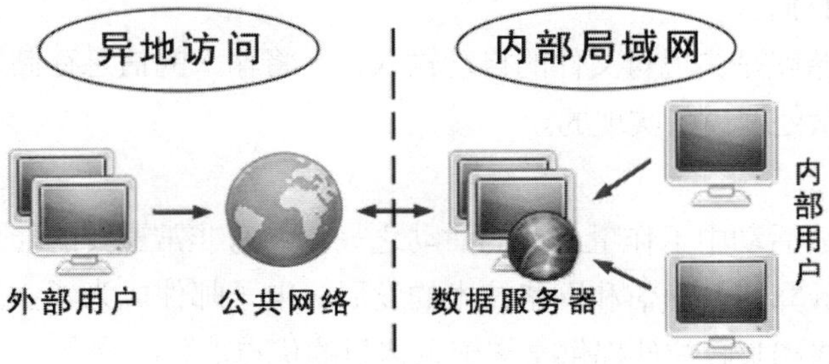

图1-6 使用通信功能协同办公

1.1.5 文件处理

在任何企事业单位中，文件处理都是一项重要工作。传统的手工文件处理方式不仅效率低、消耗大，而且会占用工作人员大量时间进行分发、追踪和催办，已经无法满足办公自动化和远程办公的要求。OA系统的文件处理系统真正实现了数字化办公，大大提高了工作效率，其主要有以下两种功能。

- **资源共享：**利用OA系统的网络可使内部成员方便地共享文件，经过授权的用户可通过访问网络资源来获取文件。
- **文件处理流程系统化：**在传统的文件处理流程中，需要专门的人员进行分发或催办工作，而在OA系统中，可通过基于OA网络的文件处理系统真正实现网络化处理，有效缩减处理时间，如图1-7所示。

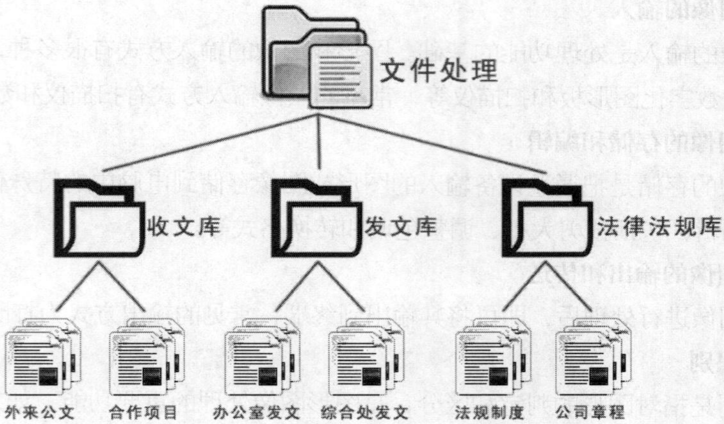

图1-7　文件处理系统

文件处理主要指对文件这一整体形式进行的各种处理，如文件的复印、输入、存储、管理和传输，以及邮件处理等。

1. 收发文件管理

收发文件管理主要负责公文的拟定、收发、审批、归档、查询检索和打印等工作的全程处理，可实现文档发送自动化。

2. 文件输入和存储

文件输入和存储就是实现对文件的自动输入，并将输入的信息存储起来。典型的文件输入和存储是通过缩微处理设备实现的。

3. 邮件处理

通信工作是办公活动中工作量最大的活动之一，具有非常重要的作用，但又是十分薄弱的一个环节。随着计算机、通信和网络技术的发展，电子邮件成为了主流通信方式，其综合了电话传递信息迅速和邮政信件提供文字记录拷贝的优点。

1.2 办公自动化的技术支持

在办公自动化中，电脑的应用是最重要，也是最广泛的，它是信息处理、存储与传输必不可少的设备。办公自动化设备由硬件和软件两大部分组成，硬件即电脑和外部设备等实体，软件指安装在电脑上的各种程序，如Windows XP操作系统、Office办公软件和各种工具软件等。要想发挥办公自动化的各种功能，硬件和软件缺一不可。

1.2.1 办公自动化系统的硬件

一个完整的办公自动化硬件系统由电脑主机、输入/输出设备、控制设备和各类功能卡等组成，如图1-8所示即为硬件系统的组成。

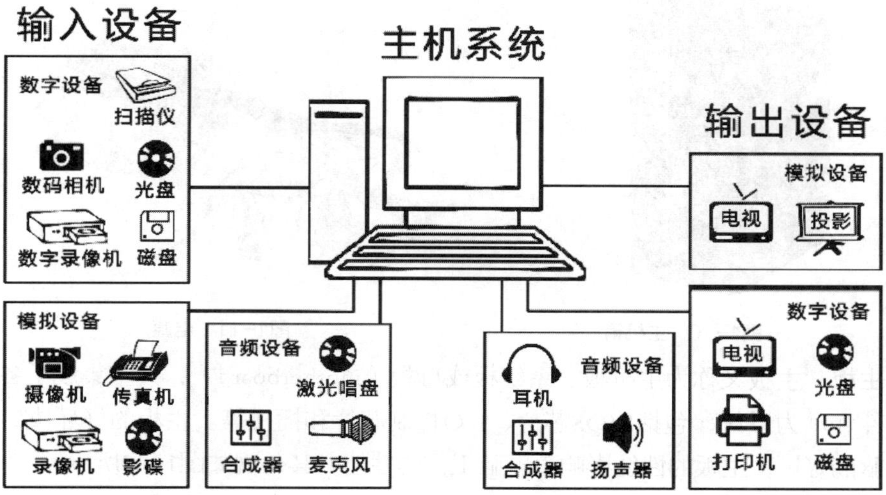

图1-8　计算机硬件系统的组成

在实际应用中常根据需要决定除主机外的其他设备的取舍，而无须将所有的设备都购置和接入。最常见的计算机硬件系统一般包括主机、显示屏、键盘、鼠标、音响、耳机和摄像头等，如图1-9所示。

图1-9　常见多媒体计算机

- **主机箱**：主机箱是电脑硬件的载体，电脑自身的重要部件都放置在机箱内，如主板、硬盘和光驱等，质量较好的机箱拥有良好的通风结构和合理布局，这样不仅有利于硬件的放置，也有利于电脑散热，其外观如图1-10所示。
- **电源**：电源是电脑的供电设备，为电脑中的其他硬件，如主板、光驱、硬盘等提供稳定的电压和电流，使其正常工作，其外观如图1-11所示。

多学一招

若需要得知硬件的型号，可查看硬件产品的说明书、包装盒或产品表面；使用硬件检测工具软件（如EVEREST或360硬件大师等）也可查看硬件设备的芯片或型号。

图1-10　主机箱

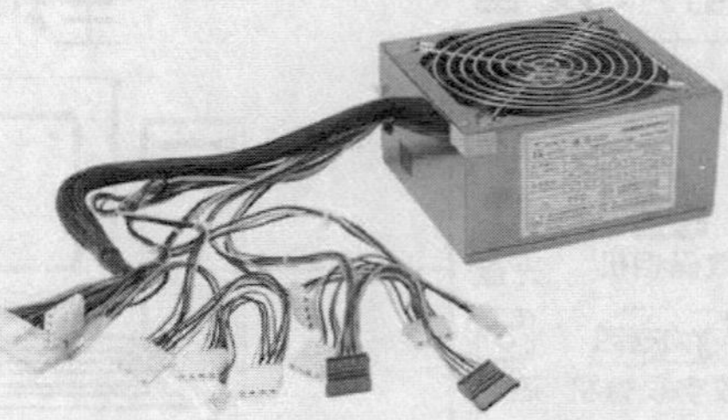

图1-11　电源

● **主板**：主板又称为主机板、系统板或母板（motherboard），其上集成了各种电子元件和动力系统，包括BIOS芯片、I/O控制芯片和插槽等。主板的好坏决定着整个电脑的好坏，主板的性能影响着电脑工作的性能，其外观如图1-12所示。

● **CPU**：CPU是中央处理单元的缩写，简称为微处理器，CPU是电脑的核心，负责处理、运算所有数据。CPU主要由运算器、控制器、寄存器组和内部总线等构成，其外观如图1-13所示。

图1-12　主板

图1-13　CPU

● **硬盘**：硬盘是电脑重要的存储设备，能存放大量的数据，且存取数据的速度也很快。硬盘主要有存放大小、接口类型和转速等参数，其外观如图1-14所示。

● **内存条**：内存条是CPU与其他硬件设备沟通的桥梁，用于临时存放数据和协调CPU的处理速度，其外观如图1-15所示。内存条越大，电脑处理能力越强，速度也越快。

图1-14　硬盘

图1-15　内存条

- **显示器**：显示器是电脑重要的输出设备，主要分为CRT显示器和LCD（液晶）显示器。CRT显示器可以将色彩更好地还原，适用于设计等对色彩要求较高的行业；液晶显示器更为轻便，而且能有效地减少辐射。两种显示器的外观如图1-16所示。

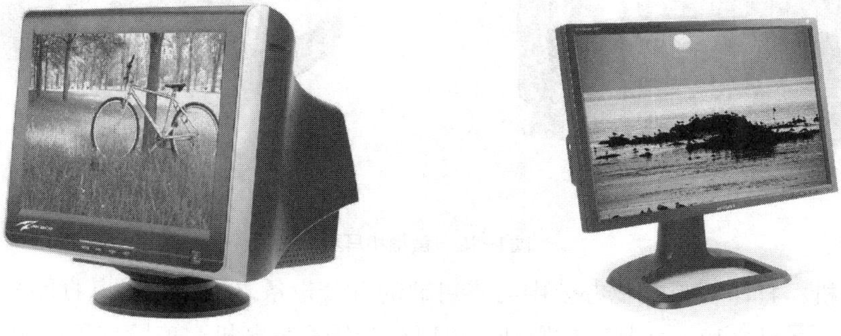

① CRT显示器　　② 液晶显示器

图1-16 CRT和液晶显示器

- **鼠标和键盘**：鼠标和键盘是最基本的输入设备，通过它们用户可向电脑发出指令进行各种操作，鼠标和键盘的操作是学习电脑最基本的操作，后面的章节将会对其进行详细介绍，其外观如图1-17所示。

① 鼠标　　② 键盘

图1-17 鼠标和键盘

- **光驱**：光驱是光盘驱动器的简称，可读取光盘中的信息，然后通过电脑将其重现，其外观如图1-18所示。

图1-18 光驱

- **音箱或耳机**：音箱或耳麦是主要的声音输出设备，通过它们在操作电脑时才能听到声音，其外观如图1-19所示。

①音箱

②耳麦

图1-19　音箱和耳麦

- **打印机**：打印机是文秘办公中必不可缺的办公设备之一，它可以打印文件、合同、信函等各种文稿。按其工作原理，可以分为针式打印机、喷墨打印机和激光打印机3种，现在普遍使用的是喷墨打印机和激光打印机，如图1-20所示即为激光打印机。
- **扫描仪**：扫描仪是一种可以将实际工作中的文字或图片输入到电脑中的工具，它诞生于20世纪80年代初，是一种光机电一体化设备。扫描仪可分为手持式扫描仪、平板式扫描仪和滚筒式扫描仪等，如图1-21所示即为平板式扫描仪。

图1-20　打印机

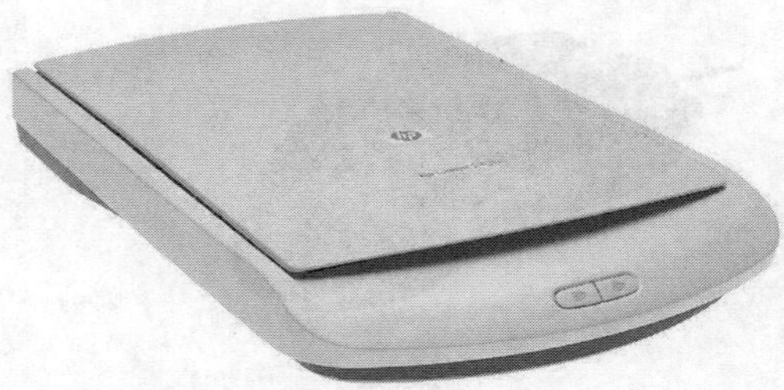

图1-21　平板式扫描仪

- **传真机**：传真机可以不受地域限制，以高速、高质量、高准确度的方式向目标位置传输信息，是文秘办公中常用的外部设备，如图1-22所示。
- **复印机**：复印机可以复印文件，在办公中也会经常使用，如身份证复印件、各种职称文凭的复印件等，如图1-23所示。

图1-22　传真机

图1-23　复印机

1.2.2 办公自动化系统的软件

电脑软件是电脑的灵魂，利用电脑进行的各种操作实际上都需要通过电脑上的软件来完成。电脑软件可以分为系统软件、工具软件和专业软件3大类。

- **系统软件**：系统软件是其他软件的使用平台，其中最常用的便是Windows操作系统，如图1–24所示便是Windows操作系统之一的Windows XP系统软件的外包装图。电脑中必须安装系统软件才能为其他软件提供使用平台。
- **工具软件**：工具软件的种类最为繁多，这类软件的特点是占用空间小、实用性强，如“暴风影音”视频播放器软件、“ACDSee”图片管理软件等。
- **专业软件**：专业软件是指拥有某一领域强大功能的软件，这类软件的特点是专业性强、功能多，如Office办公软件是办公用户的首选，Photoshop图形图像处理软件是设计领域常用的专业软件。如图1–25所示为Office 2003办公软件的外包装图。

图1–24 Windows XP系统操作软件

图1–25 Office 2003办公软件

> **知识提示** 系统软件和专业软件都需要对应的序列号才能安装使用，用户若购买了正版的软件，在包装盒上即可查看到有效序列号。

1.3 办公自动化系统的层次模型

办公自动化系统的层次根据功能可分为三级结构，即事务型、管理型和决策型办公自动化系统，其结构如图1–26所示。

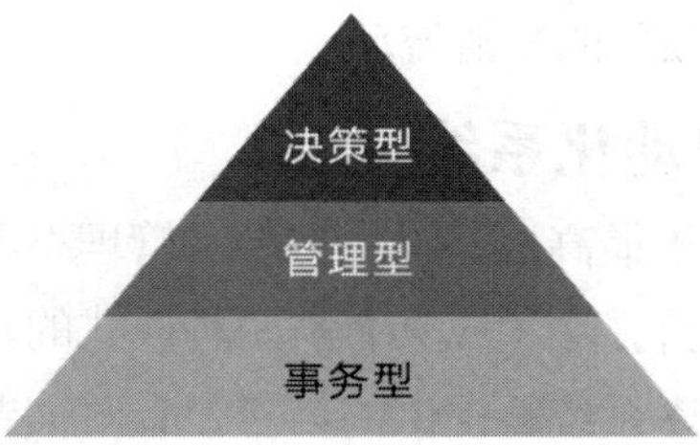

图1–26 办公自动化系统的层次结构

1.3.1 事务型办公自动化系统

事务型办公自动化系统包括基本的办公事务处理系统和机关行政事务处理系统两大部分。基本的办公事务处理包括文字处理、日程安排，以及公文、信函和文件资料等方面的管理；机关行政事务处理包括人事、工资财务和资源等方面的管理。具体功能如表1–1所示。

表 1–1 事务型办公自动化系统的功能

功能	包含项目	具体内容
办公事务处理	文字处理	主要用于完成各种文件、报告、命令、通知、总结和计划等文字材料的起草、修改、删除和打印等
	日程安排	日程安排主要有为各级办公人员或办公部门安排相关活动日程和活动计划的功能，具备自动提醒、提示和警告等功能
	公文管理	包括发文的草拟、审核和签发，外来文签收、传阅、承办、归档销毁和查询，流程监控、公文催办和公文流程定制等
	信函管理	分为信件分类、拆信或包裹、收发信件登记、分信和回执等方面
	文件资料管理	该功能主要用于管理个人、部门或者企业的一些文件，具备系统检索功能，能根据用户的需要检索出所需的文件
机关行政事务处理	人事管理	包括人事档案的录入、查询、报表和打印功能，可生成树状的组织架构，还提供了绩效、考勤和培训等管理功能
	工资财务	可对人员工资进行增加、删除、修改和查询，自动计算人事管理及工资发放中的相应项目
	资源管理	包括订单、采购、库存、计划、生产制造、质量控制、运输、分销、服务与维护等项目

1.3.2 管理型办公自动化系统

管理型办公自动化系统是支持各种办公事务处理活动的办公系统与支持管理控制活动的管理信息系统相结合的办公系统，除了具有事务型的全部功能外，主要增加了管理信息系统（MIS）的功能。MIS主要是面向物质的信息流，即经济信息流或社会信息流的处理和加工，而办公信息系统处理的是抽象的公文类型的信息流。从整体上看，经济信息与社会信息主要在操作层次与管理层之间流动，公文信息则主要在管理与决策层之间流动，因此将两者结合起来完成信息的从底层至顶层的平滑流动。

1.3.3 决策型办公自动化系统

决策型办公自动化系统位于最高层，以事务型和管理型办公系统的大量数据为基础，同时又以其独有的决策模型为支持，除了应具有前两种模式的功能外，还应具备决策或辅助决策的功能。它使用由综合数据库系统所提供的信息，针对需要做出决策的课题，构造或选用决策数字模型，结合有关内部和外部的条件，由计算机执行决策程序，作出相应的决策。与决策支持密切相关的是建立各种模型，包括经验模型和数字模型。具有较高水平的决策支持系统除了应以数据库为基础管理信息，还应以数据仓库和决策工具为基础。

1.4 疑难解析

问：在装有Windows XP系统的电脑中还能安装其他系统吗？

答：可以，下载Windows系统的安装文件，找到并双击“setup.exe”程序，然后按照安装一般系统的步骤进行安装即可。在安装时需要注意，若已将XP系统安装在C盘中，其他系统则应选择安装在C盘以外的盘中。

问：在购买电脑硬件时应该注意些什么呢？

答：首先应衡量产品的性价比，并要从实用性的角度考虑所选的硬件是否能满足使用需求。其次要考虑硬件之间的兼容性，若兼容不好则得不到好的使用效果。

问：在网上找软件的时候找到很多如“测试版”和“绿色版”等不同的版本，应该怎么选择呢？

答：在选择软件时应根据实际需要和电脑硬件的具体情况，下载相应的版本进行安装，在条件允许的情况下一般选择官方发布的正式版软件，以保证其正常使用。且在安装后，应及时对其进行更新，使其保持在最新状态，以获得相应的最新功能，避免出现错误等情况。

1.5 习题

本章主要介绍了办公自动化系统的基本知识，通过阐述办公自动化系统的要素、目标和技术核心，对办公自动化系统的功能以及办公自动化系统的层次结构作了较详细的介绍，使读者对办公自动化系统有一个较全面的了解。

（1）打开主机的外壳，观察各组件的外观。

（2）下载并安装Word 2003软件，然后启动程序尝试使用。

（3）熟悉办公自动化系统的层次结构，并了解各层次间的关系。

（4）在网上阅读关于办公自动化的相关知识，深入了解办公自动化的内容。

课后拓展知识

办公自动化是现代信息社会的重要标志，它涉及管理学、社会学、系统工程学和人机工程学等学科基本理论，以及计算机、通信、自动化等技术。我国的办公自动化从20世纪80年代中期发展至今，大致经过了以下3个阶段。

（1）准备期（20世纪70年代）。

- 引进OA技术，包括与国外公司联合举办展览会、研讨会和学术座谈会；联合生产某些办公设备，如组装生产复印机和针式打印机等。
- 汉化微型计算机软-硬件系统，解决汉字的输入和输出，汉化了部分应用软件。

- 进行典型试点，小范围内开发某些办公自动化系统，探讨我国办公自动化的模式，指定我国办公自动化发展规划等。

办公自动化在我国发展的该阶段的主要标志是办公过程中普遍使用现代办公设备，如传真机、打字机和复印机等。

（2）发展期（1985~1990年）。

- 有计划地在全国范围内开展了办公自动化试点工作。
- 开发了许多汉字处理系统，如CCDOS和希望汉字UCDOS系统等。
- 开发了大量的汉字输入法，如五笔字型和拼音等。
- 开发了一些著名的文字处理系统，如方正排版和WPS系统等。
- 传真技术、复印技术和局域网技术在我国得到普及。
- 办公自动化设备形成了一定的生产力，逐步实现某些办公自动化设备的国产化。

办公自动化在我国发展的该阶段的主要标志是办公过程中普遍使用计算机和打印机，通过计算机和打印机进行文字处理、表格处理、文字排版输出和人事财务等信息的管理。

（3）完善普及期（1990年至今）。

- 自动化技术在我国银行、保险业、邮政业和航空业等各个行业有了巨大发展。
- 我国国家级、省级和高校大中型图书馆基本实现了计算机管理。
- 全国各单位实现了不同程度的计算机业务和人事管理等。

办公自动化在我国发展的该阶段的主要标志是办公过程中网络技术的普遍使用，该阶段在办公过程中通过使用网络，实现了文件和网络打印共享，完成网络数据库管理等工作。

随着计算机技术和通信技术的发展，随着社会的进步所带动的对改善工作环境的要求，新的现代办公设备与技术不断发展，并呈现许多新的发展趋势。

（1）办公自动化设备将向着高性能、多功能、复合化和系统化的方向发展，新的现代办公设备将不断推向市场并被广泛使用。

（2）办公自动化系统向着数字化、智能化、无纸化和综合化的方向发展。主要体现在多媒体办公计算机软件的进一步丰富和完善，多媒体网络信息的快速反应和实用化，计算机系统和网络系统信息传送技术的进一步提高，计算机系统和网络安全保密技术的进一步加强等，并逐步实现各类信息的处理综合化。

（3）通信技术和设备在现代办公中将发挥更大的作用。计算机网络的通信速度将会更快，用户将切身体会到远程办公和本地办公几乎无时间差。办公自动化系统将充分利用多种通信介质来建立全球性的数据处理网络体系。

（4）自动化办公设备将会更加符合人机工程的设计标准，使用户能够在充满友好和情感的现代办公自动化设备和环境中愉快地进行办公活动。

PART 2

第2章 Word基本操作

情景导入

小白已经在公司实习了半个月，行政助理的工作看似简单实则繁杂，她也在工作中接触了许多不同类型的办公文档。

知识技能目标

- 熟悉Word 2003的工作界面。
- 熟练掌握文档的新建和保存，以及关闭和打开等基本操作。
- 熟练掌握不同类型文本的输入操作。
- 熟练掌握文本的复制、移动、查找和替换等编辑操作。

- 掌握“会议通知”和“会议记录”文档的制作方法。
- 掌握用Word撰写纯文本行政办公文档的方法。

课堂案例展示

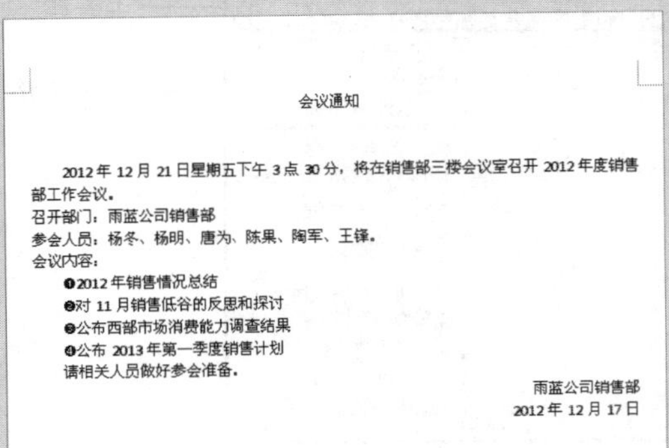

会议通知

2012年12月21日星期五下午3点30分，将在销售部三楼会议室召开2012年度销售部工作会议。
召开部门：雨蓝公司销售部
参会人员：杨冬、杨明、唐为、陈果、陶军、王锋。
会议内容：
❶2012年销售情况总结
❷对11月销售低谷的反思和探讨
❸公布西部市场消费能力调查结果
❹公布2013年第一季度销售计划
请相关人员做好参会准备。

雨蓝公司销售部
2012年12月17日

“会议通知”文档效果

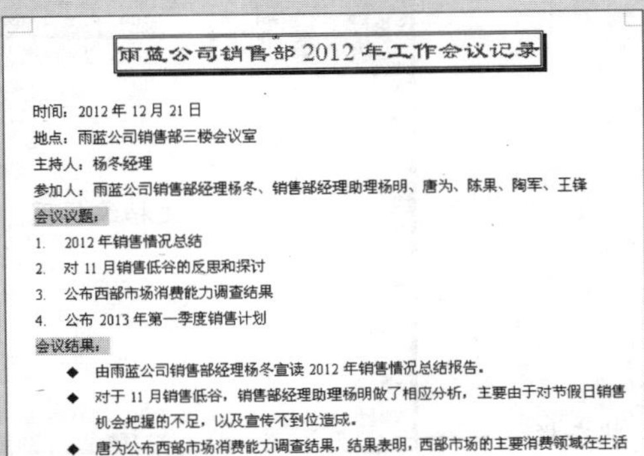

雨蓝公司销售部2012年工作会议记录

时间：2012年12月21日
地点：雨蓝公司销售部三楼会议室
主持人：杨冬经理
参加人：雨蓝公司销售部经理杨冬、销售部经理助理杨明、唐为、陈果、陶军、王锋
会议议题：
1. 2012年销售情况总结
2. 对11月销售低谷的反思和探讨
3. 公布西部市场消费能力调查结果
4. 公布2013年第一季度销售计划
会议结果：
- 由雨蓝公司销售部经理杨冬宣读2012年销售情况总结报告。
- 对于11月销售低谷，销售部经理助理杨明做了相应分析，主要由于对节假日销售机会把握的不足，以及宣传不到位造成。
- 唐为公布西部市场消费能力调查结果，结果表明，西部市场的主要消费领域在生活消耗品和农业用具。
- 会议中公布了2013年第一季度销售计划，详情参见《雨蓝公司2013年第一季度销售计划》。

“会议记录”文档效果

2.1 制作“会议通知”文档

小白接到的第一个任务是为即将召开的工作会议制作一份“会议通知”。该任务需要用Word来完成，先新建空白文档并保存，然后在保存的文档中输入文本内容，再根据需要对其进行编辑，如复制和粘贴等操作，从而达到满意的效果。本例完成后的参考效果如图2-1所示，下面具体讲解其制作方法。

效果所在位置 光盘:\效果文件\第2章\会议通知.doc

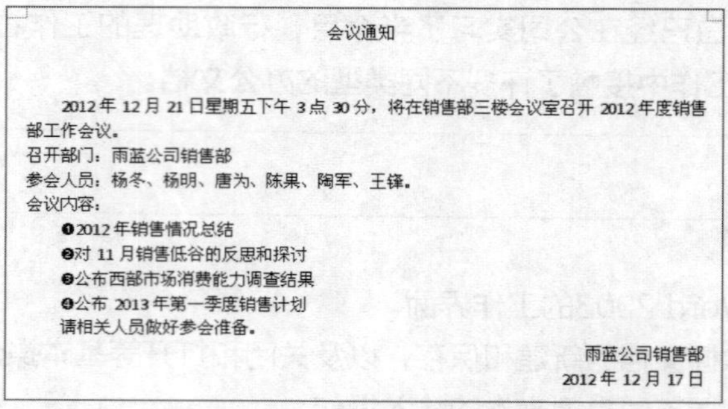

会议通知

2012年12月21日星期五下午3点30分，将在销售部三楼会议室召开2012年度销售部工作会议。

召开部门：雨蓝公司销售部

参会人员：杨冬、杨明、唐为、陈果、陶军、王锋。

会议内容：

❶2012年销售情况总结

❷对11月销售低谷的反思和探讨

❸公布西部市场消费能力调查结果

❹公布2013年第一季度销售计划

请相关人员做好参会准备。

雨蓝公司销售部

2012年12月17日

图2-1 “会议通知”最终效果

2.1.1 Word 2003的工作界面

要在Word中制作文档，需要先启动Word 2003。启动Word 2003之后即可看到其工作界面，主要由标题栏、菜单栏、工具栏、文档编辑区、任务窗格和状态栏等部分组成，如图2-2所示。

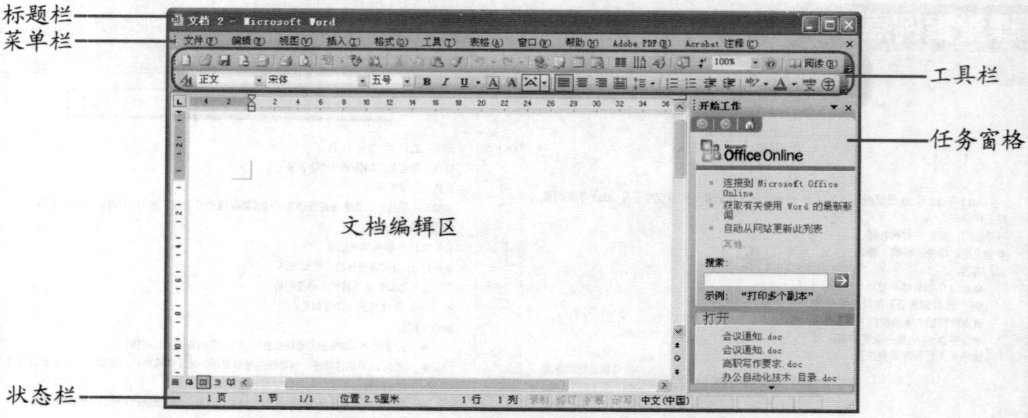

图2-2 Word 2003工作界面组成

- **标题栏**：标题栏用于显示当前活动文档的标题名称等信息。

- **菜单栏**：菜单栏位于标题栏下方，包含多个菜单，每个菜单中包含一组菜单命令，通过这些命令可执行相应的操作。
- **工具栏**：工具栏默认包括“常用”工具栏和“格式”工具栏。“常用”工具栏包括一些常用的功能按钮，如“新建空白文档”按钮、“打开”按钮和“保存”按钮等；“格式”工具栏中主要包括用于设置字符格式和段落格式的下拉列表框和按钮，如“字体”下拉列表框宋体和“字号”下拉列表框五号，以及“加粗”按钮和“字体颜色”按钮等。
- **任务窗格**：任务窗格位于Word 2003工作界面右侧，其顶部的标题会随着不同的命令而发生变化，在其中单击相应按钮或超链接可执行对应的操作。
- **状态栏**：状态栏位于工作界面最下方，主要用于显示与当前工作有关的信息，如当前页面、总页数、插入光标所在的行或列以及拼写与语法状态等。
- **文档编辑区**：文档编辑区是Word 2003最重要的组成部分，主要用于输入和编辑文本，其中包括标尺、滚动条、光标插入点和视图切换按钮组等部分，如图2-3所示。

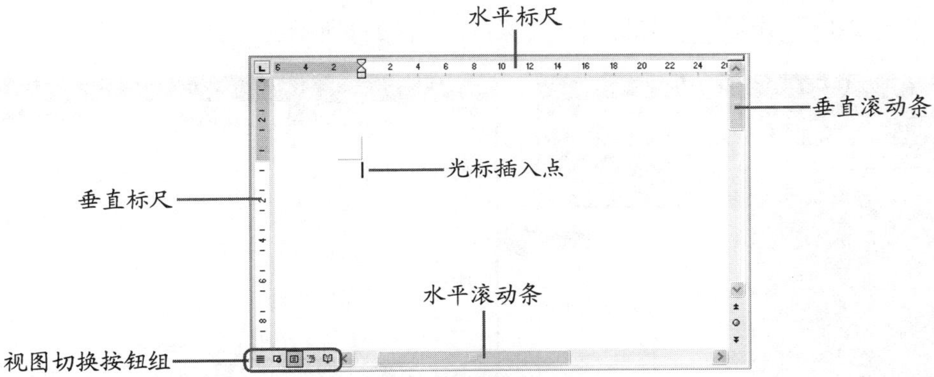

图2-3 文档编辑区

> **多学一招** 选择【视图】/【工具栏】菜单命令，在打开的子菜单中选择相应菜单命令，使其前面显示☑，即可将对应的工具栏显示在工作界面中；再次选择该菜单命令，可将其从工作界面中隐藏。

2.1.2 文档的基本操作

在Word 2003中新建文档并以指定的文件名和路径将其保存后，即可在其中进行文本的输入和编辑操作，下面以“会议通知”文档为例进行具体的讲解。

1. 新建和保存文档

启动Word 2003后，系统将自动新建一个名为“文档1”的空白文档，读者还可通过多种方法手动新建文档，新建完文档后即可进行保存，其具体操作如下。

STEP 1 选择【文件】/【新建】菜单命令，打开“新建文档”任务窗格。在“新建”栏中单击“空白文档”超链接即可新建一个空白文档，如图2-4所示。

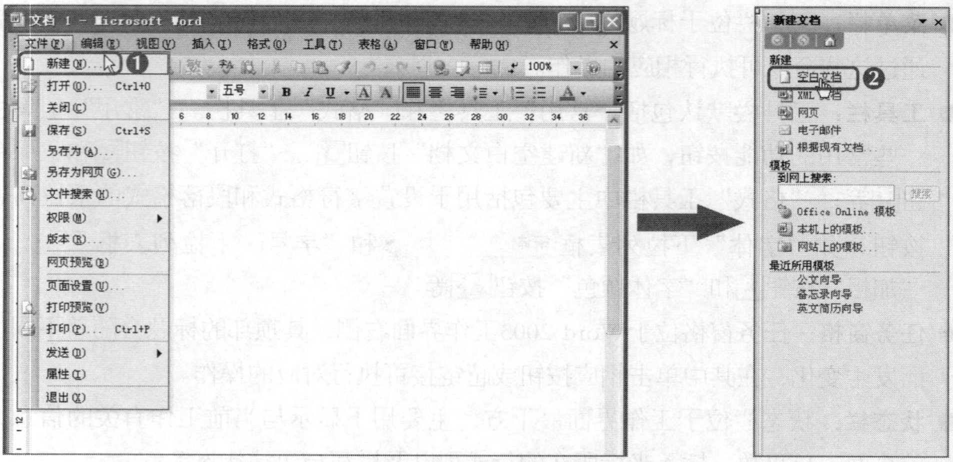

图2-4 新建空白文档

STEP 2 在“常用”工具栏中单击“保存”按钮，打开“另存为”对话框。在“保存位置”下拉列表框中选择文档的保存位置，在“文件名”下拉列表框中输入文件名“会议通知”，然后单击 保存(S) 按钮即可将其保存，如图2-5所示。

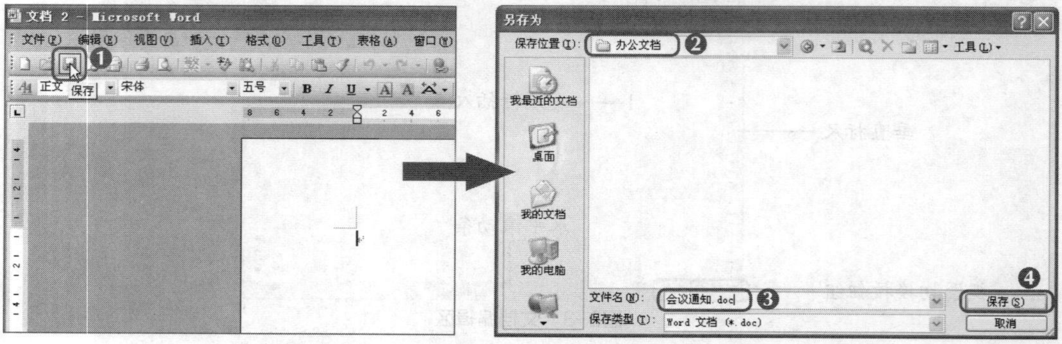

图2-5 保存文档

> **知识提示**
>
> 在未保存的文档中执行保存操作时将打开“另存为”对话框，若文档已经被保存，再次执行保存操作则不会打开“另存为”对话框，而是直接进行保存。

2. 关闭和打开文档

将文档保存后即可将其关闭，在保存位置还可再次将其打开，其具体操作如下。

STEP 1 单击Word 2003界面右上角的“关闭窗口”按钮，关闭当前Word文档，如图2-6所示。

STEP 2 在桌面上双击“我的电脑”图标打开“我的电脑”窗口，在“地址”下拉列表框中选择文档的保存位置“F:\办公文档”。

STEP 3 在下面的列表中双击之前保存的“会议通知”文档即可将其打开，如图2-7所示。

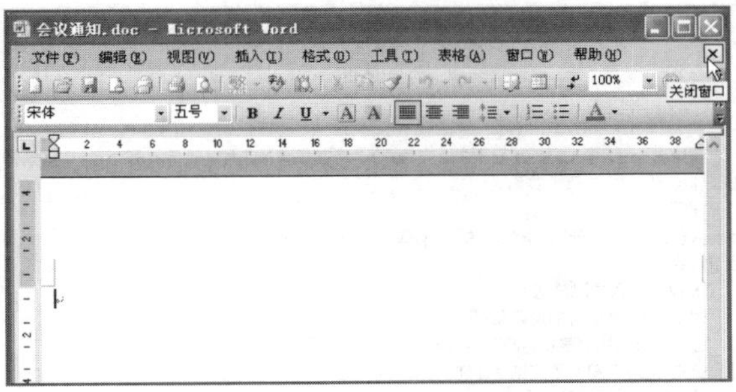

图2-6 关闭文档

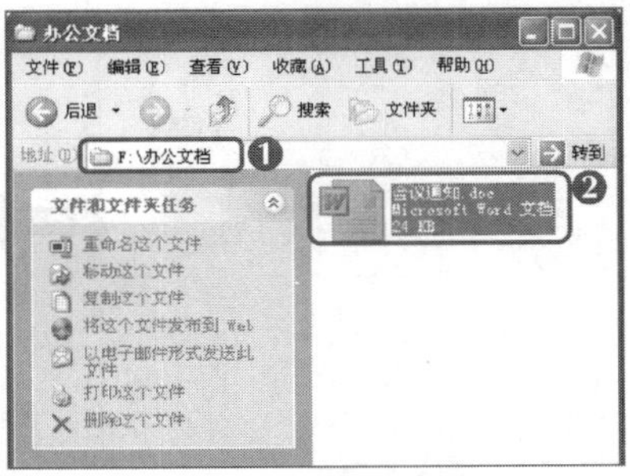

图2-7 打开文档

2.1.3 文本的输入

在Word文档中可输入普通文本、特殊字符，以及日期和时间等不同类型的文本，下面以在“会议通知”文档中输入文本为例进行讲解，其具体操作如下。

STEP 1 切换至中文输入法状态，将鼠标光标移动到文本编辑区上方的中间位置，当其变成I形状时，双击鼠标左键定位光标插入点，此时即可直接输入标题文本“会议通知”，输入的文本将在光标插入点处显示，如图2-8所示。

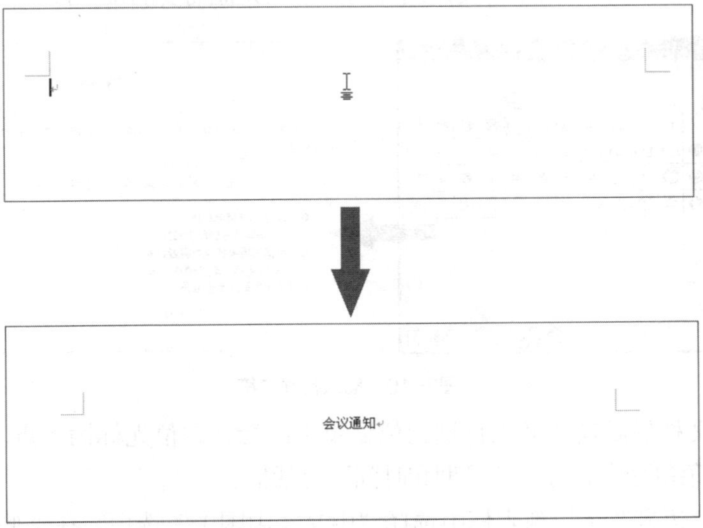

图2-8 输入标题文本

STEP 2 按【Enter】键换行，然后按【BackSpace】键将光标插入点移动到该行左侧起始处，再连续按两次【Enter】键换行。按4次空格键使段落前空4个字符，然后即可输入正文文本，当输入的文本到达右边界时，文字会自动跳转至下一行继续显示，如图2-9所示。

> **知识提示** 一般中文文档段落开始处都会空4个字符，因为按1次空格键会空1个字符，而每个中文文本占两个字符，所以在输入中文时，应在段落开始处按4次空格键使段落前空两格。

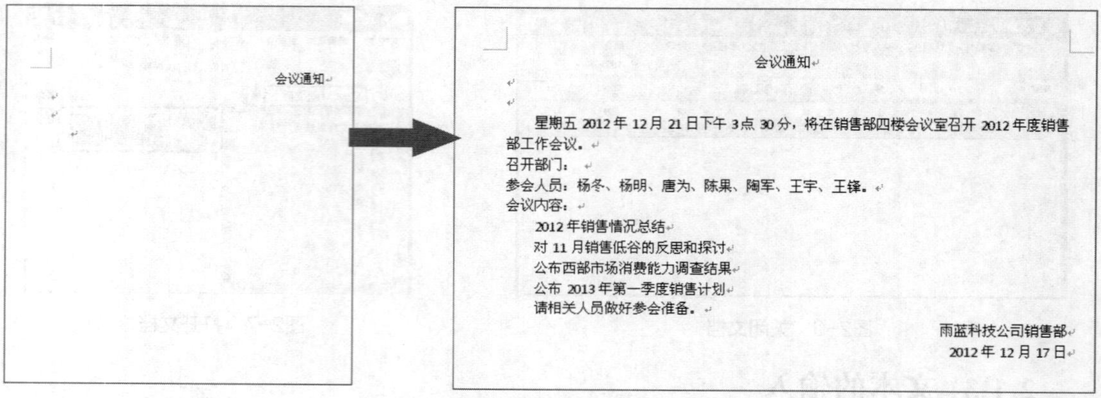

图2-9　输入正文文本

STEP 3　在需要插入符号的“2012年销售情况总结”文本前单击鼠标，定位光标插入点。选择【插入】/【符号】菜单命令，打开“符号”对话框。

STEP 4　在“字体”下拉列表框中选择符号的字体，这里选择“Wingdings”选项，并在其下的列表框中选择需要的符号“❶”，然后单击 插入(I) 按钮即可在编辑区的光标插入点处插入选择的符号，如图2-10所示。使用同样的方法在其他需要的位置插入符号。

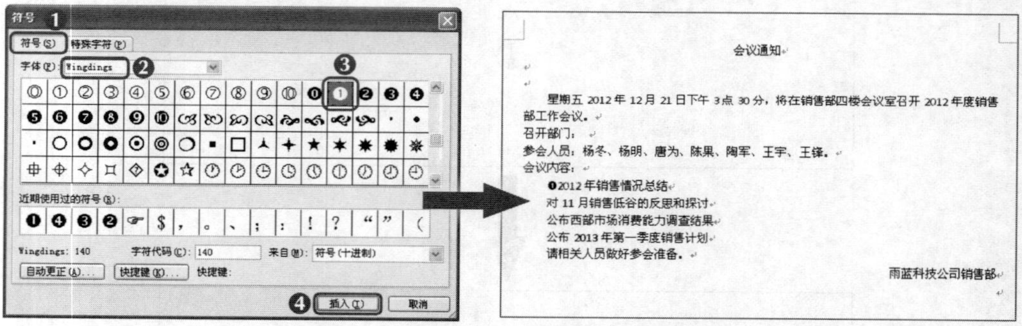

图2-10　插入特殊字符

STEP 5　在文档最后需要插入日期的位置单击鼠标，定位光标插入点。选择【插入】/【日期和时间】菜单命令，打开“日期和时间”对话框。

STEP 6　在“语言”下拉列表框中选择“中文（中国）”选项，在左侧的列表框中选择需要的日期格式“2012年12月17日”，并单击撤消选中“自动更新”复选框，取消日期自动更新。单击 确定 按钮关闭对话框，返回文档编辑区，即可在光标插入点处插入所选格式的日期文本，如图2-11所示。

> **知识提示**
>
> 在插入日期时，若单击选中了“自动更新”复选框，则在下次打开文档时，插入的日期将随系统时间的变化自动进行更新。

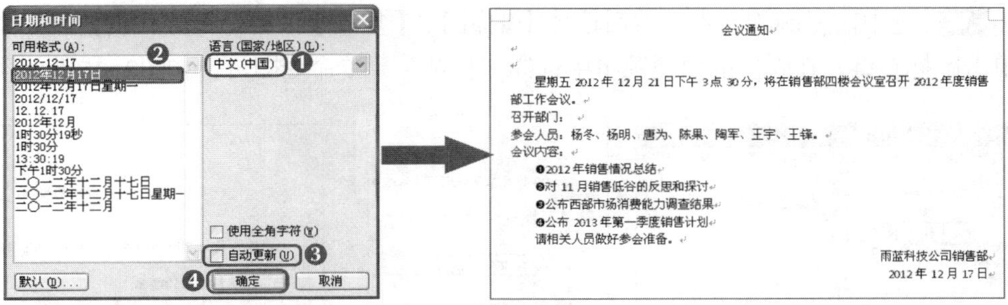

图2-11　插入日期文本

2.1.4 文本的编辑

若输入的文本出现错误或不完善的情况时，就需要对文本进行编辑，主要包括修改、移动和复制文本等操作。

STEP 1 选中需修改的文本“四”，然后直接输入文本“三”，如图2-12所示。

STEP 2 将光标插入点定位到要删除的文本“王宇、”后，按【BackSpace】键即可将其删除，如图2-13所示。

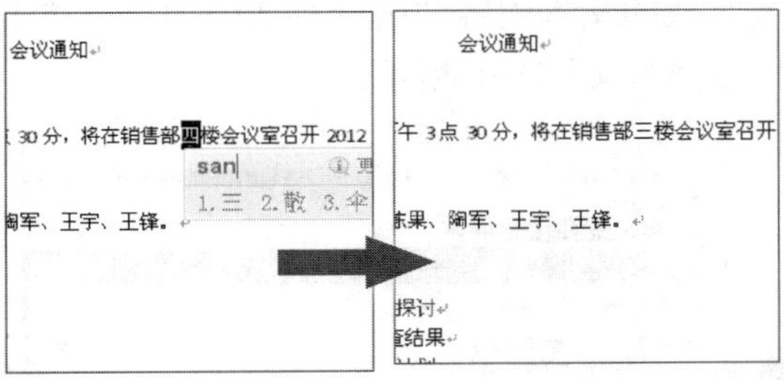

图2-12　修改文本前后对比

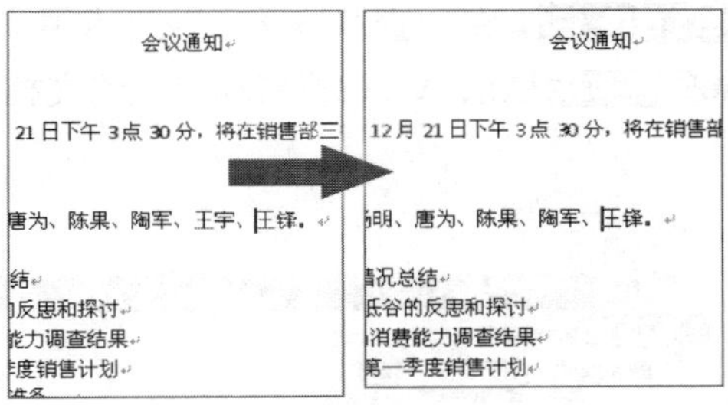

图2-13　删除文本前后对比

多学一招

将鼠标指针移至文本编辑区左侧的选择栏，当其变为↗形状时，单击鼠标可选择该行文本，双击鼠标可选择该段文本，连续3击鼠标可选择文档中的全部文本。

STEP 3 选中需移动的文本“星期五”，在其上按住鼠标左键不放，将其拖曳到文本“2012年12月21日”后释放鼠标即可，如图2-14所示。

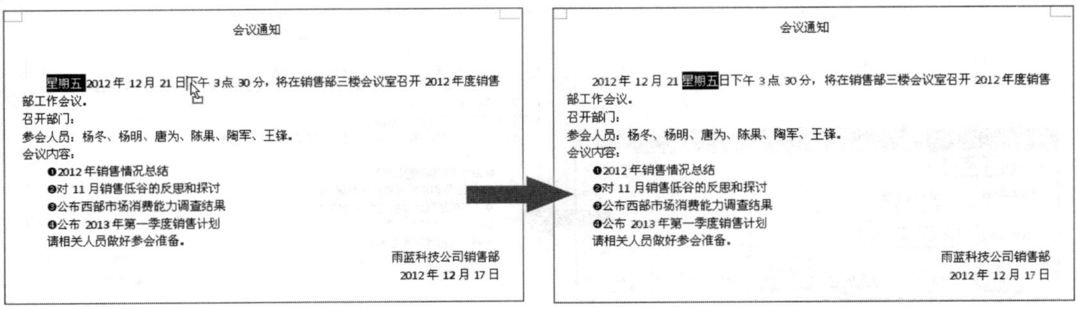

图2-14　移动文本

STEP 4 选中需复制的文本，然后选择【编辑】/【复制】菜单命令，在需要粘贴文本的位置单击鼠标右键，在弹出的快捷菜单中选择“粘贴”菜单命令即可，如图2–15所示。

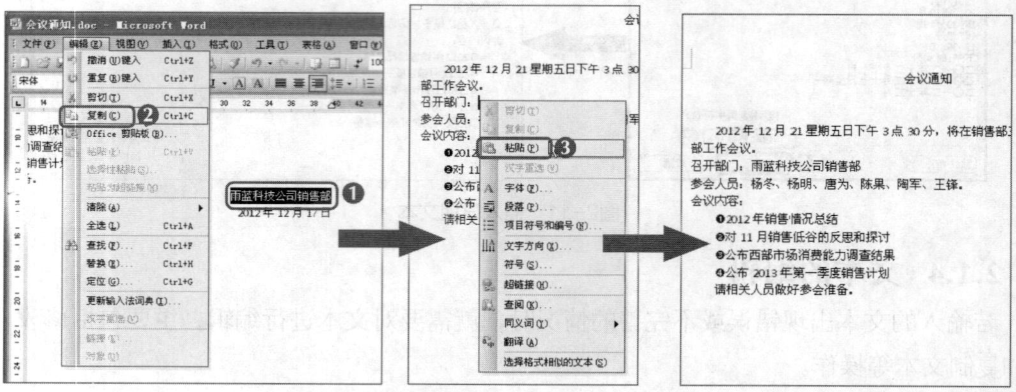

图2–15 复制和粘贴文本

STEP 5 将光标插入点定位到文档开始处，选择【编辑】/【查找】菜单命令，打开“查找和替换”对话框。

STEP 6 在“查找内容”文本框中输入需要查找的文本内容“雨蓝科技公司”，单击查找下一处(F)按钮，Word将自动查找到文档中的指定文本，如图2–16所示。

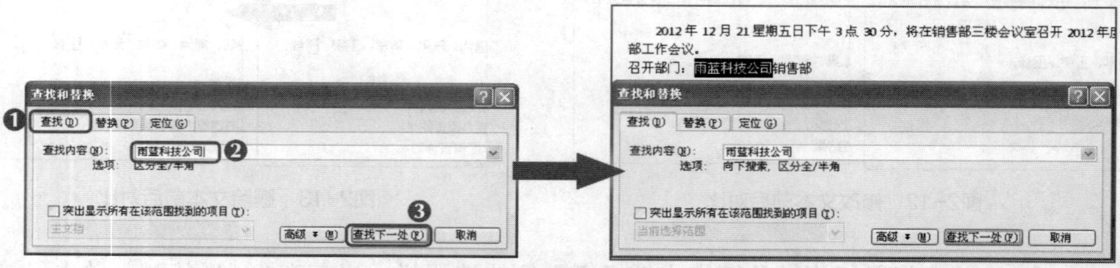

图2–16 查找文本

STEP 7 单击“替换”选项卡，在“替换为”文本框中输入替换后的文本“雨蓝公司”，单击全部替换(A)按钮将文档中所有的“雨蓝科技公司”文本替换为“雨蓝公司”文本，在打开的提示对话框中单击确定按钮，然后单击关闭按钮关闭“查找和替换”对话框即可，如图2–17所示。

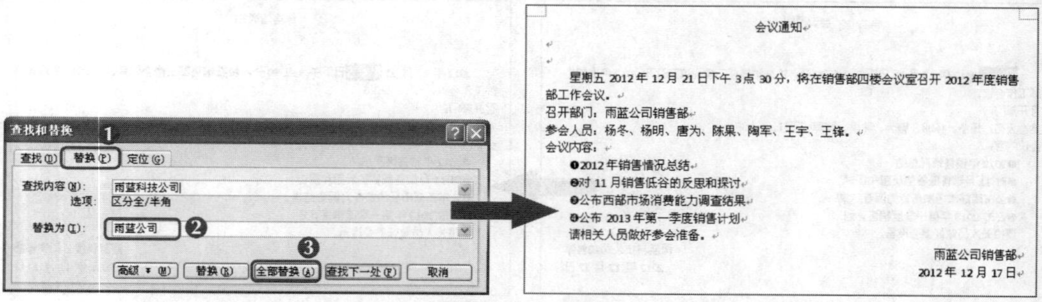

图2–17 替换文本

职业素养

在行政工作中，撰写办公文稿时应注意以下两点。

① 要合理运用公司政策、业务制度、法律和计算机写作等知识，使文稿内容切实可行，实事求是。

② 文稿内容要字斟句酌，且结构严谨、语言精炼、用词准确。

2.2 编辑“会议记录”文档

小白接到的第二个任务是制作“会议记录”文档并对其进行编辑。要完成该任务，除了需在文档中输入文本外，还需要对文档进行格式化，如设置字符格式、段落格式，以及边框和底纹等，从而使文档更美观并且突出重点。本例完成后的参考效果如图2-18所示，下面具体讲解其制作方法。

素材所在位置 光盘:\素材文件\第2章\课堂案例\会议记录.doc

效果所在位置 光盘:\效果文件\第2章\会议记录.doc

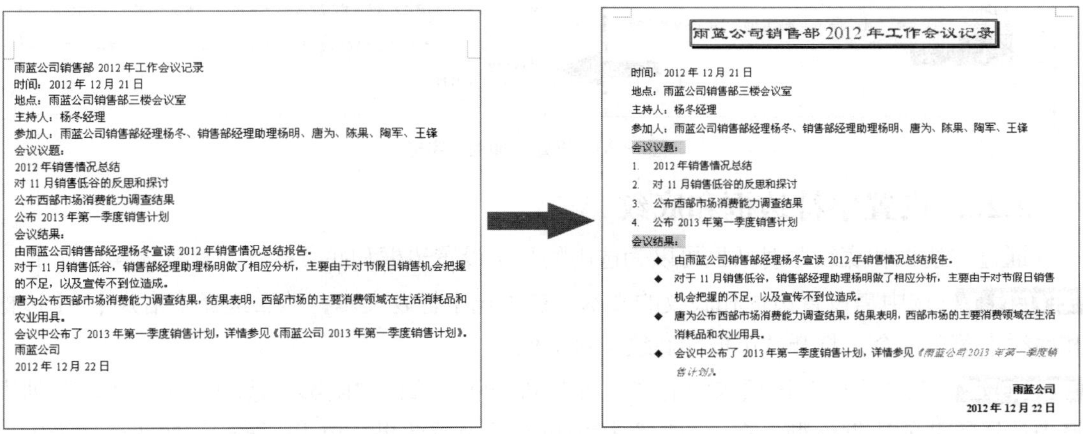

雨蓝公司销售部 2012 年工作会议记录
时间：2012 年 12 月 21 日
地点：雨蓝公司销售部三楼会议室
主持人：杨冬经理
参加人：雨蓝公司销售部经理杨冬、销售部经理助理杨明、唐为、陈果、陶军、王锋
会议议题：
2012 年销售情况总结
对 11 月销售低谷的反思和探讨
公布西部市场消费能力调查结果
公布 2013 年第一季度销售计划
会议结果：
由雨蓝公司销售部经理杨冬宣读 2012 年销售情况总结报告。
对于 11 月销售低谷，销售部经理助理杨明做了相应分析，主要由于对节假日销售机会把握的不足，以及宣传不到位造成。
唐为公布西部市场消费能力调查结果，结果表明，西部市场的主要消费领域在生活消耗品和农业用具。
会议中公布了 2013 年第一季度销售计划，详情参见《雨蓝公司 2013 年第一季度销售计划》。
雨蓝公司
2012 年 12 月 22 日

雨蓝公司销售部 2012 年工作会议记录
时间：2012 年 12 月 21 日
地点：雨蓝公司销售部三楼会议室
主持人：杨冬经理
参加人：雨蓝公司销售部经理杨冬、销售部经理助理杨明、唐为、陈果、陶军、王锋
会议议题：
1. 2012 年销售情况总结
2. 对 11 月销售低谷的反思和探讨
3. 公布西部市场消费能力调查结果
4. 公布 2013 年第一季度销售计划
会议结果：
- 由雨蓝公司销售部经理杨冬宣读 2012 年销售情况总结报告。
- 对于 11 月销售低谷，销售部经理助理杨明做了相应分析，主要由于对节假日销售机会把握的不足，以及宣传不到位造成。
- 唐为公布西部市场消费能力调查结果，结果表明，西部市场的主要消费领域在生活消耗品和农业用具。
- 会议中公布了 2013 年第一季度销售计划，详情参见《雨蓝公司 2013 年第一季度销售计划》。

雨蓝公司
2012 年 12 月 22 日

图2-18 “会议记录”最终效果

2.2.1 设置字符格式

设置字符格式主要包括对字体、字形和字号等文本外观进行设置。设置字符格式可通过“格式”工具栏进行，也可通过“字体”对话框设置，其具体操作如下。

STEP 1 启动Word 2003，打开素材文档“会议记录.doc”，选中标题文本“雨蓝公司销售部2012年工作会议记录”，选择【格式】/【字体】菜单命令，打开“字体”对话框。

STEP 2 在“中文字体”下拉列表框中选择“隶书”选项，在“字号”列表框中选择“小二”选项，在“所有文字”栏中的“字体颜色”下拉列表框中选择“蓝色”选项，然后单击 确定 按钮关闭对话框，如图2-19所示。

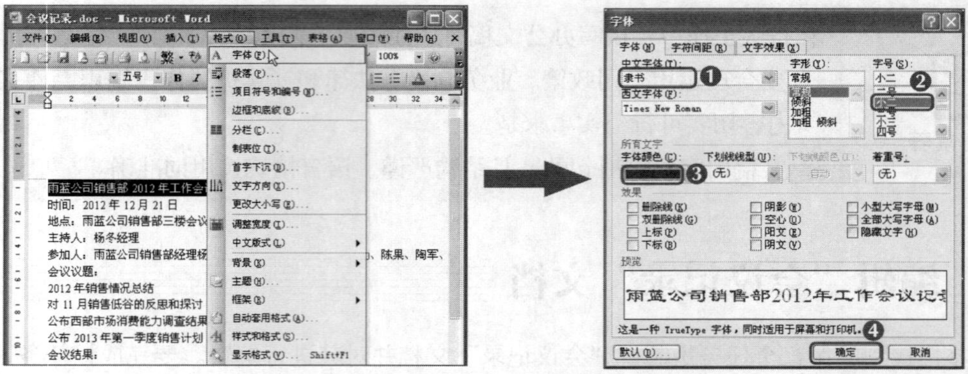

图2-19　在“字体”对话框中进行设置

STEP 3 选中署名和日期文本，在“格式”工具栏中单击“加粗”按钮为其设置“加粗”字形，如图2-20所示。

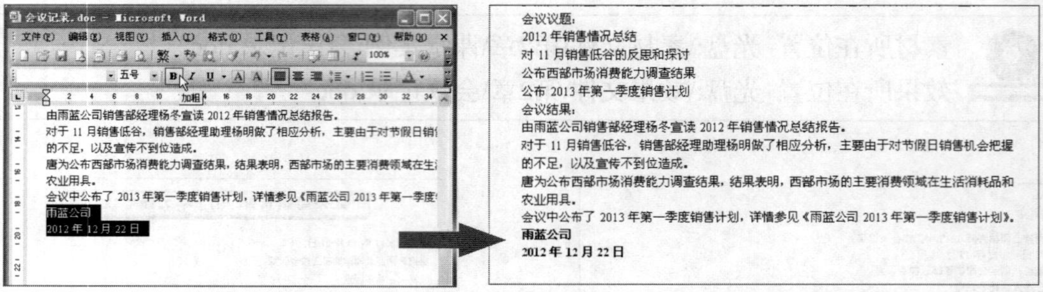

图2-20　设置“加粗”字形

2.2.2　设置字符边框和底纹

通过“边框和底纹”对话框可以为选中的文本设置边框和底纹格式，其具体操作如下。

STEP 1 选中需设置边框和底纹的文本，这里选中标题文本，然后选择【格式】/【边框和底纹】菜单命令，打开“边框和底纹”对话框。

STEP 2 在“边框”选项卡中的“设置”列表框中选择“阴影”选项，在“线型”列表框中选择需要的边框线型，在“预览”栏中可查看设置效果，单击 确定 按钮确认设置，如图2-21所示。

图2-21　设置字符边框

STEP 3 选择需要设置底纹的小标题文本“会议议题：”和“会议结果：”，在“格式”工具栏中单击“字符底纹”按钮A，为其添加字符底纹，如图2-22所示。

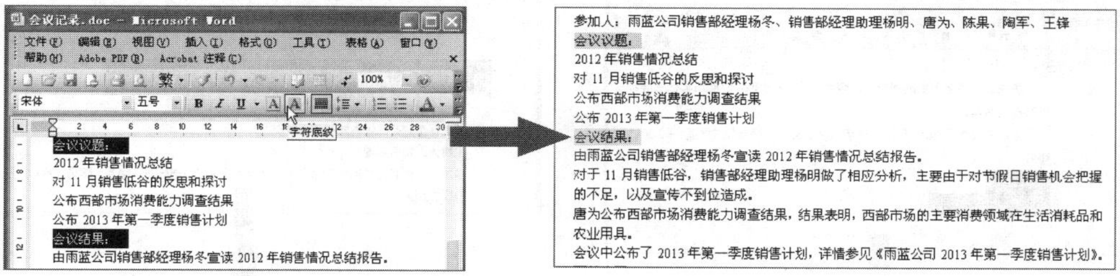

图2-22 设置字符底纹

2.2.3 设置段落格式

对文档中的段落进行格式化设置，可使文档结构更清晰，层次更分明，重点更突出。下面讲解格式化段落的方法。

1. 设置段落缩进和间距

段落缩进和间距可在“段落”对话框中进行设置，其具体操作如下。

STEP 1 选中需要设置缩进和间距的段落，选择【格式】/【段落】菜单命令，打开“段落”对话框。

STEP 2 在“缩进”栏中的“特殊格式”下拉列表框中选择“首行缩进”选项，然后在“间距”栏中的“行距”下拉列表框中选择“多倍行距”选项，然后在“设置值”数值框中输入行距，这里输入“1.2”，单击 确定 按钮确认设置，如图2-23所示。

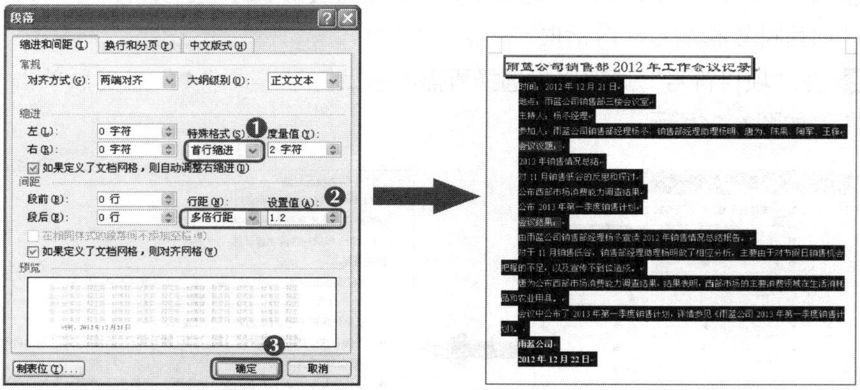

图2-23 设置段落缩进和间距

2. 设置段落对齐方式

在“格式”工具栏中单击相应的按钮可直接设置段落对齐方式，其具体操作如下。

STEP 1 返回文档编辑区，选择署名和日期段落，在“格式”工具栏中单击“右对齐”按钮，设置段落右对齐，如图2-24所示。

STEP 2 选择标题段落，在“格式”工具栏中单击“居中”按钮，使其居中对齐，如图2-25所示。

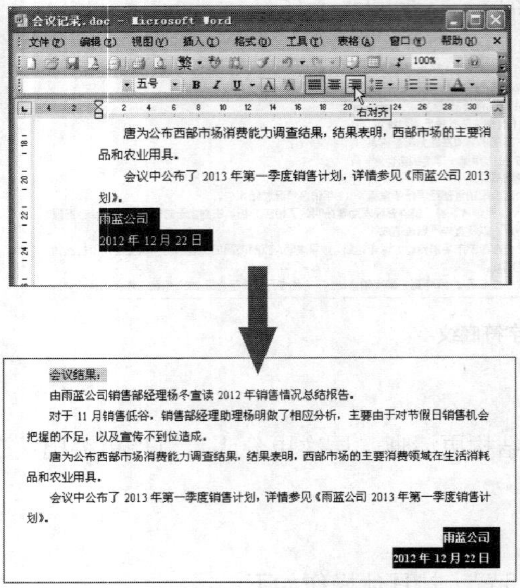

图2-24　设置段落右对齐

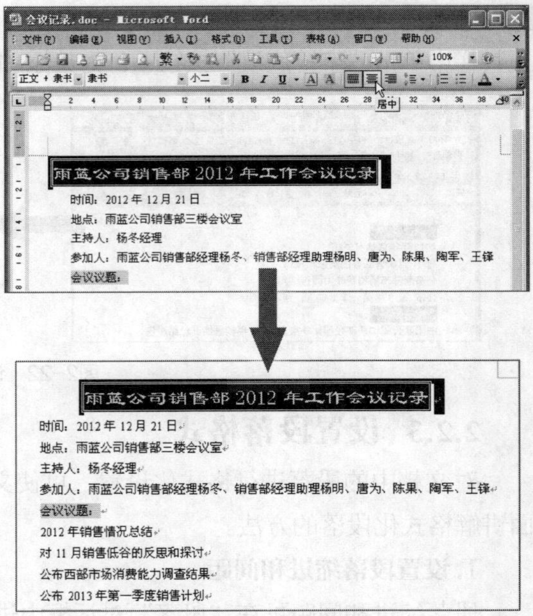

图2-25　设置段落居中对齐

3. 添加项目符号和编号

项目符号一般用于表现具有并列关系的段落，编号主要用于设置具有前后顺序关系的段落，合理使用可使整个文档的层次更加清晰。下面在“会议记录”文档中添加项目符号和编号，其具体操作如下。

STEP 1 选择需要添加项目符号的段落，然后选择【格式】/【项目符号和编号】菜单命令，打开“项目符号和编号”对话框。

STEP 2 在“项目符号”选项卡中选择所需的项目符号样式“◆”，然后单击 确定 按钮确认设置，如图2-26所示。

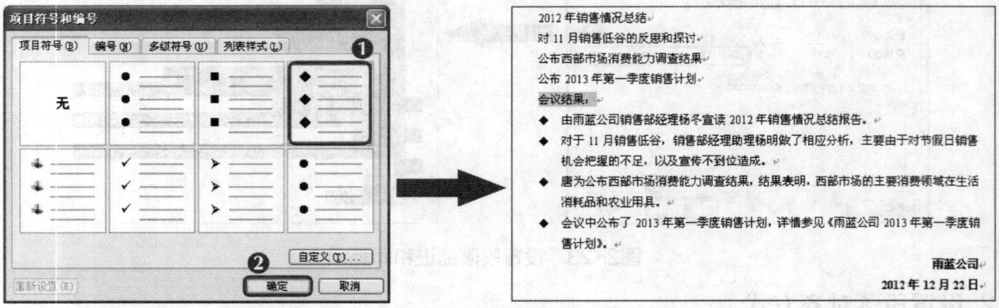

图2-26　设置项目符号

STEP 3 选择“会议议题：”下方需添加编号的段落，单击“格式”工具栏中的“编号”按钮即可添加默认格式的编号效果，然后将最后一段的“《雨蓝公司2013年第一季度销售计划》”文本设置为“红色、倾斜”，如图2-27所示。

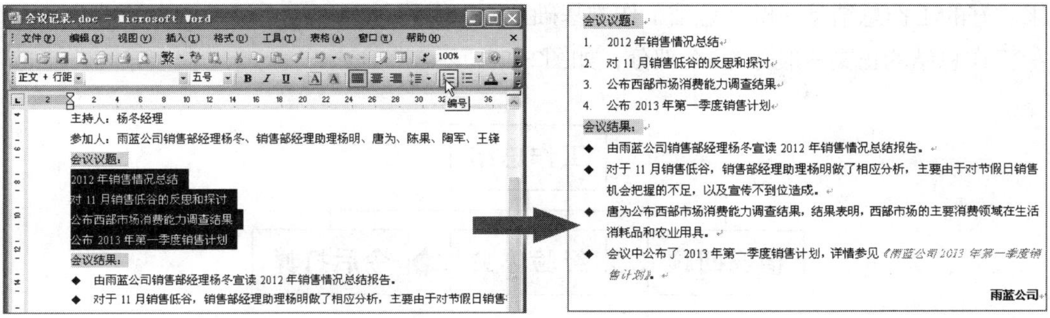

图2-27　添加编号

2.3 实训——制作“工作总结”文档

2.3.1 实训目标

本实训的目标是制作“工作总结”文档，该目标要求熟练掌握字符的字体、字号、字形和颜色的设置方法，熟练掌握文档段落的缩进、对齐和段行间距的设置方法，熟悉掌握文档中项目符号和编号的设置方法，以及了解自定义项目符号和编号的方法。图2-28所示为“工作总结”文档编辑前后对比效果。

素材所在位置　光盘:\素材文件\第2章\实训\工作总结.doc
效果所在位置　光盘:\效果文件\第2章\实训\工作总结.doc

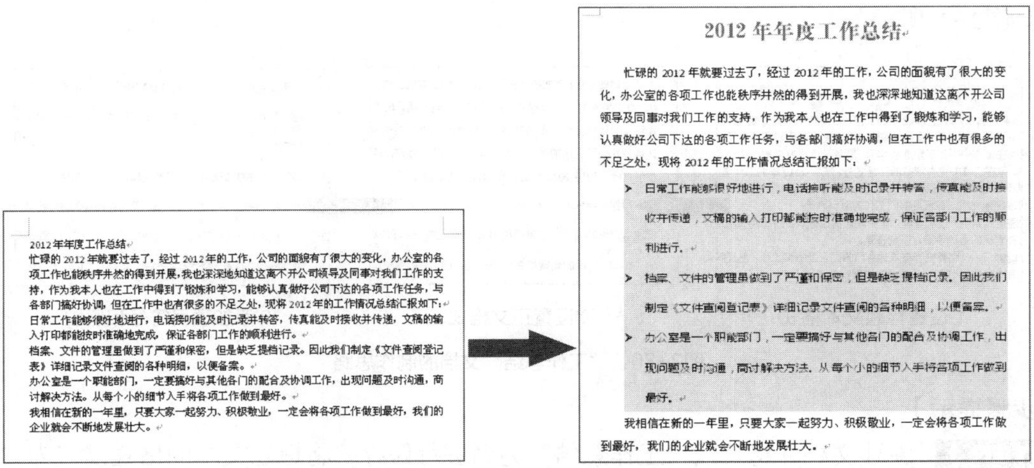

图2-28　“工作总结”文档编辑前后对比效果

2.3.2 专业背景

工作总结是对已经做过的工作进行理性思考，并表现为文字的一种应用文格式，其目的是回顾过去做了些什么，如何做的，做得怎么样，并通过在总结过去经验教训的基础上展望未来。好的工作总结是在做好总结工作的基础上写出来的。

工作总结的正文一般分为3个部分，如图2-29所示。

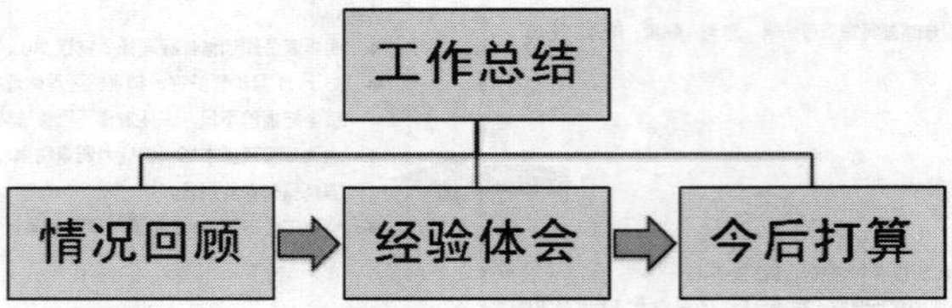

图2-29　工作总结的组成部分

- **情况回顾**：这是总结的开头部分，叫前言或小引，用来交代总结的缘由，或对总结的内容、范围、目的作限定，对所做的工作或过程作扼要的概述、评估。这部分文字篇幅不宜过长，只作概括说明，不展开分析、评议。
- **经验体会**：这部分是总结的主体，在第一部分概述情况之后展开分述。有的用小标题分别阐明成绩与问题、做法与体会或成绩与缺点。如果不是这样，就无法让人抓住要领。专题性的总结，也可以提炼出几条经验，以起到醒目、明了的效果。
- **今后打算**：这是总结的结尾部分，是在上一部分总结出经验教训之后，根据已经取得的成绩和新任务的要求，提出今后的设想和打算，成为新一年制定计划的依据。内容包括应如何发扬成绩，克服存在问题及明确今后的努力方向。

创建工作总结应该注意有实事求是的态度，要写得有理论价值还要注意使用第一人称。

2.3.3　操作思路

完成本实训需要先新建文档并在其中输入文本，然后对文本进行相应的编辑，其操作思路如图2-30所示。

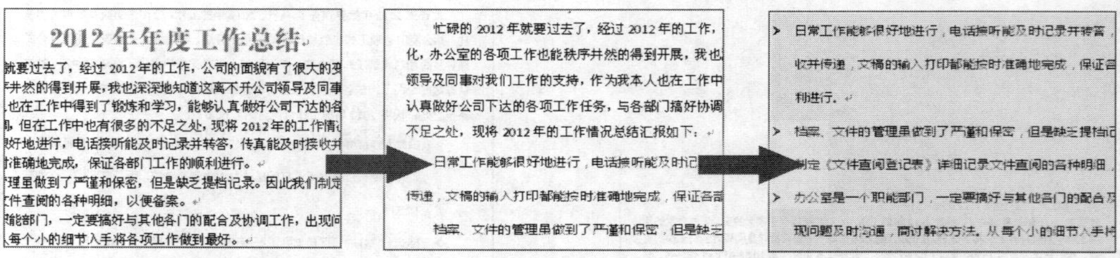

①设置标题文本格式　②设置正文格式　③添加项目符号和底纹

图2-30　“工作总结”文档的制作思路

【步骤提示】

STEP 1 新建文档并将其以“工作总结”为名进行保存，将标题文本的格式设置为“汉仪粗宋简、二号、居中、青色”。

STEP 2 将正文文本设置为“首行缩进、1.5 倍行距”。

STEP 3 将总结汇报段落的字体设置为“微软雅黑”，然后利用对话框为其添加第2行第3个项目符号，最后为其填充“灰色 – 10%”的底纹效果。

2.4 疑难解析

问：复制并粘贴的文字常常带有原来的格式，怎样复制不带任何格式的文本呢？

答：先复制文本，然后选择【编辑】/【选择性粘贴】菜单命令，在打开的“选择性粘贴”对话框的“形式”列表框中选择“无格式文本”选项，单击确定按钮即可。若只需复制并应用格式，可先选择文本，按【Ctrl+Shift+C】组合键，再选择需应用格式的文本，按【Ctrl+Shift+V】组合键应用复制的格式。

问：“字号”下拉列表框中提供的最大字号是“初号”，能不能将其设置得更大呢？

答：选择需进行字号缩放的文字，按住【Ctrl】键不放，在键盘上连续按右中括号所在的键，可逐渐增大字号，若需要减小字号，则在按住【Ctrl】键不放的同时按左中括号所在的键即可，另外，也可在“字号”下拉列表框中输入数值进行设置。

问：在编辑文档的过程中不知按了什么键，行间距变得很大，这是怎么回事？

答：这可能是因为不小心按到了设置行距的快捷键。选择段落后，按【Ctrl+2】组合键可以设为两倍行距，按【Ctrl+5】组合键可以设为1.5倍行距。若要恢复到默认行距，可选择段落，然后按【Ctrl+1】组合键将行距设为1倍。

问：添加编号后总是顺序编号，怎样才能重新开始新的编号呢？

答：在需要重新编号的段落中单击鼠标右键，在弹出的快捷菜单中选择“重新开始编号”菜单命令即可。

2.5 习题

本章主要介绍了Word的基本操作，包括Word 2003的工作界面，文档的新建、保存、关闭与打开，以及文本的输入与编辑等知识。对于本章的内容，读者应认真学习和掌握，为后面制作文档打下良好的基础。

素材所在位置 光盘:\素材文件\第2章\习题\房屋提价通知.doc、培训流程.doc
效果所在位置 光盘:\效果文件\第2章\习题\房屋提价通知.doc、培训流程.doc

（1）打开“房屋提价通知.doc”文档，将标题文本设置为“楷体、三号、红色”，将正文文本设置为“黑体、小四、蓝色”，如图2-31所示。

（2）打开“培训流程.doc”文档，将其编辑为如图2-32所示的效果，要求操作如下。

- 选择标题“培训流程”，将其设置为“宋体、二号、加粗、居中”。
- 选择所有小标题文本，将其设置为“宋体、五号、倾斜”。
- 选择正文文本，在“段落”对话框的“缩进和间距”选项卡中设置“首行缩进”。
- 同时选择小标题文本，打开“项目符号和编号”对话框的“编号”选项卡设置第1行第2个选项的编号。

● 选择正文第1行中的“（附件九）”，正文第15和16行的“（附表十）”和“（附表十一）”文本，通过“格式”工具栏将其设置为“加粗、蓝色”。

● 通过“格式”工具栏将文档的段落间距设置为“1.5倍”。

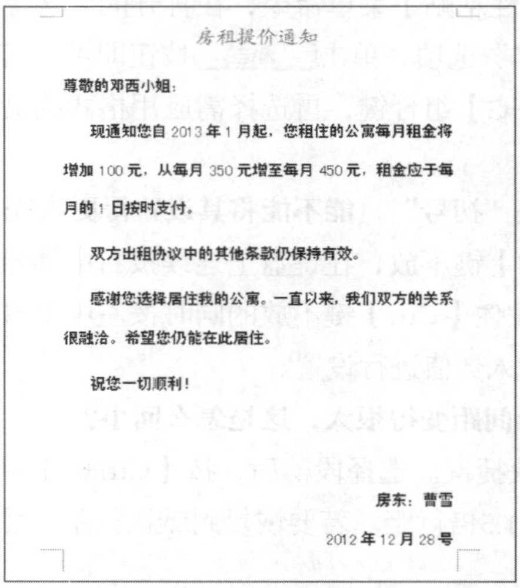

房租提价通知

尊敬的邓西小姐：

现通知您自 2013 年 1 月起，您租住的公寓每月租金将增加 100 元，从每月 350 元增至每月 450 元，租金应于每月的 1 日按时支付。

双方出租协议中的其他条款仍保持有效。

感谢您选择居住我的公寓。一直以来，我们双方的关系很融洽。希望您仍能在此居住。

祝您一切顺利！

房东：曹雪

2012 年 12 月 28 号

图2-31 “房屋提价通知”文档效果

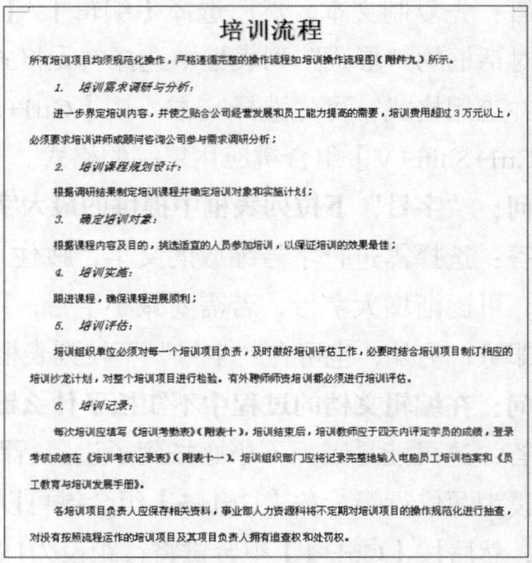

培训流程

所有培训项目均须规范化操作，严格遵循完整的操作流程如培训操作流程图（附件九）所示。

1. 培训需求调研与分析：

进一步界定培训内容，并使之贴合公司经营发展和员工能力提高的需要，培训费用超过 3 万元以上，必须要求培训讲师或顾问咨询公司参与需求调研分析；

2. 培训课程规划设计：

根据调研结果制定培训课程并确定培训对象和实施计划；

3. 确定培训对象：

根据课程内容及目的，挑选适宜的人员参加培训，以保证培训的效果最佳；

4. 培训实施：

跟进课程，确保课程进展顺利；

5. 培训评估：

培训组织单位必须对每一个培训项目负责，及时做好培训评估工作，必要时结合培训项目制订相应的培训沙龙计划，对整个培训项目进行检验。有外聘师师资培训都必须进行培训评估。

6. 培训记录：

每次培训应填写《培训考勤表》（附表十），培训结束后，培训教师应于四天内评定学员的成绩，登录考核成绩在《培训考核记录表》（附表十一）。培训组织部门应将记录完整地输入电脑员工培训档案和《员工教育与培训发展手册》。

各培训项目负责人应保存相关资料，事业部人力资源科将不定期对培训项目的操作规范化进行抽查，对没有按照流程运作的培训项目及其项目负责人拥有追查权和处罚权。

图2-32 “培训流程”文档效果

课后拓展知识

Word模板是指Word中内置的包含固定格式设置和版式设置的模板文件。使用Word提供的模板，用户可通过相对少的操作制作出比较专业的文档。使用模板新建文档的具体操作如下。

STEP 1 启动Word 2003，选择【文件】/【新建】菜单命令。

STEP 2 在打开的“新建文档”任务窗格中单击“本机上的模板”超链接。

STEP 3 在打开的“模板”对话框中包含“常用”、“报告”、“备忘录”和“出版物”等选项卡，单击相应的选项卡，可在对应的列表框中选择相应模板，如图2-33所示。

STEP 4 单击[确定]按钮后Word将自动基于所选模板创建文档，读者只需在其中进行相应修改即可使用。

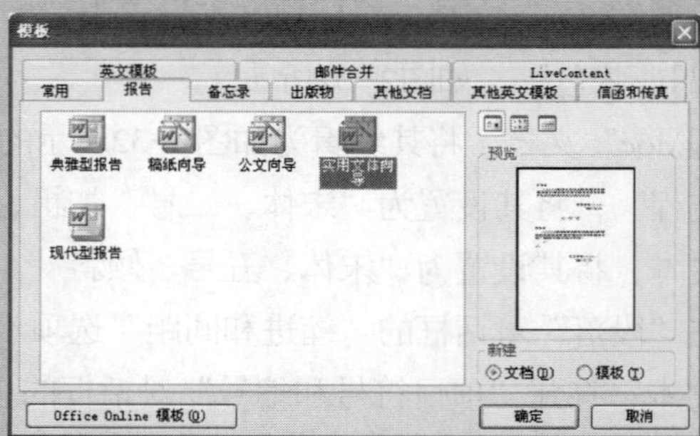

图2-33 “模板”对话框

PART 3 第3章 美化和排版文档

情景导入

小白在实习中接触到越来越多不同种类的文档，仅掌握简单的编辑操作已经不能满足工作的要求，还要学会美化和排版文档的相关操作。

知识技能目标

- 熟练掌握在文档中插入图片、剪贴画、艺术字、表格等对象的操作。
- 熟练掌握应用和修改样式的操作方法。
- 掌握插入页眉、页脚和页码，以及提取目录的操作。
- 掌握审阅文档的相关操作。

- 能够排版图文并茂的文档。
- 掌握使用各种对象美化文档的方法。
- 能够排版并审阅长文档。

课堂案例展示

“展会宣传单”文档效果

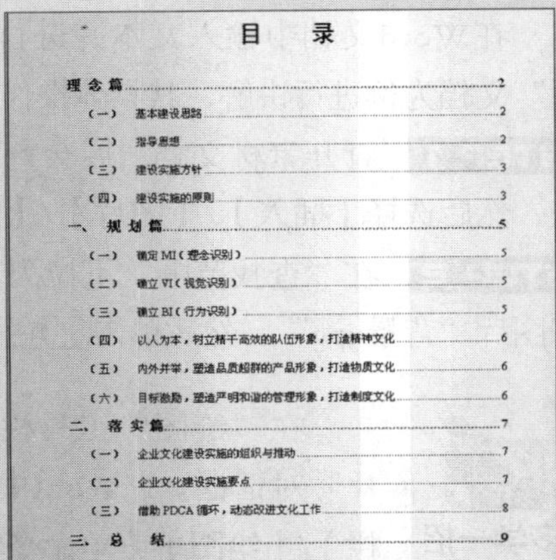

目 录

理念篇……2
（一） 基本建设思路……2
（二） 指导思想……2
（三） 建设实施方针……3
（四） 建设实施的原则……3
一、 规划篇……5
（一） 确定MI（理念识别）……5
（二） 确立VI（视觉识别）……5
（三） 确立BI（行为识别）……5
（四） 以人为本，树立精干高效的队伍形象，打造精神文化……6
（五） 内外并举，塑造品质超群的产品形象，打造物质文化……6
（六） 目标激励，塑造严明和谐的管理形象，打造制度文化……6
二、 落实篇……7
（一） 企业文化建设实施的组织与推动……7
（二） 企业文化建设实施要点……7
（三） 借助PDCA循环，动态改进文化工作……8
三、 总 结……9

“策划案”文档的目录效果

3.1 美化“展会宣传单”文档

小白接到的第一个任务是为一家环保公司即将开展的环保展销会设计一份宣传单。要完成该任务需要在文档中添加多种对象，使宣传单更具吸引力。本例完成后的参考效果如图3-1所示，下面具体讲解其制作方法。

素材所在位置 光盘:\素材文件\第3章\课堂案例1\展会宣传单.doc、背景.jpg
效果所在位置 光盘:\效果文件\第3章\展会宣传单.doc

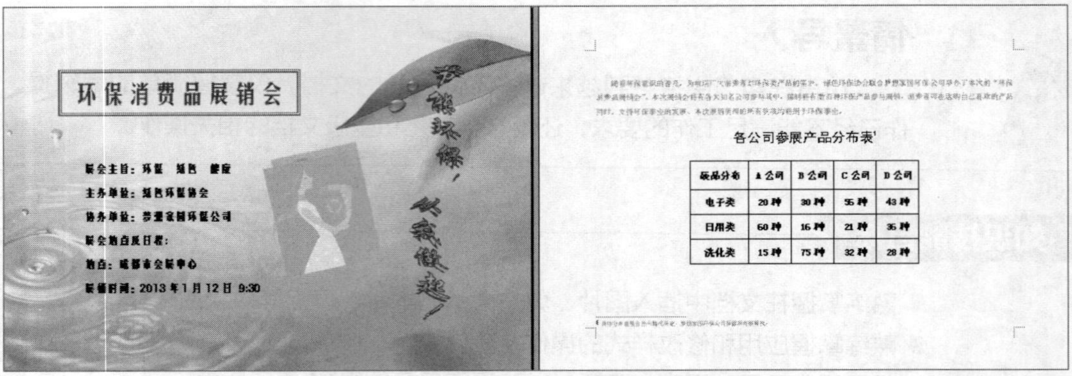

图3-1 “展会宣传单”最终效果

3.1.1 插入图片和艺术字

在制作宣传单这类文档时，为使页面更加美观，在文档中输入文本并进行格式化之后，常需要在文档中添加相应的图片等内容，以更好地表达文档中的内容。在Word 2003中可为文档添加图片、剪贴画、艺术字等对象，并对这些对象进行相应的设置，如调整图片大小和设置图片样式等。

1. 插入和编辑图片

在Word文档中输入文本并进行格式化后，即可在其中插入图片。下面以“展会宣传单”文档为例进行讲解，其具体操作如下。

STEP 1 打开素材文档“展会宣传单.doc”，在文档任意位置单击鼠标，定位光标插入点，然后选择【插入】/【图片】/【来自文件】菜单命令，打开“插入图片”对话框。

STEP 2 在“查找范围”下拉列表框中选择背景图片存放的位置，在中间的列表框中选择图片“背景.jpg”，然后单击 插入(S) 按钮将其插入到文档中，如图3-2所示。

多学一招

在“绘图”工具栏中单击“插入图片”按钮，可快速打开“插入图片”对话框。若Word中没有显示“绘图”工具栏，可选择【视图】/【工具栏】/【绘图】菜单命令将其显示。

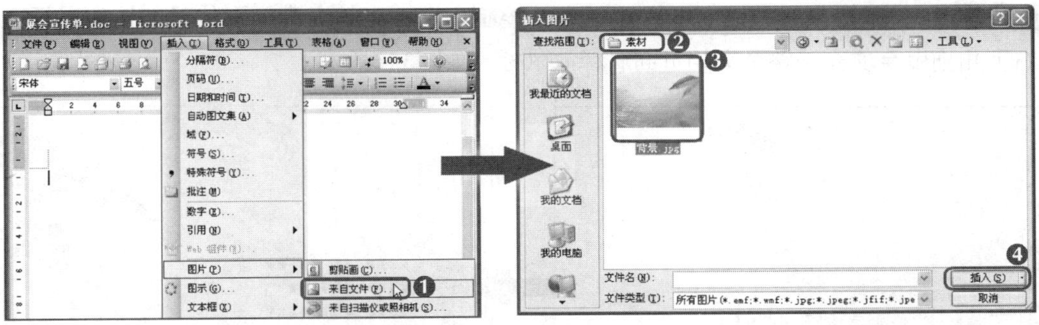

图3-2　插入图片

STEP 3 在插入的图片上单击鼠标将其选中，在打开的“图片”工具栏中单击“文字环绕”按钮，在打开的下拉菜单中选择“衬于文字下方”命令，如图3-3所示。

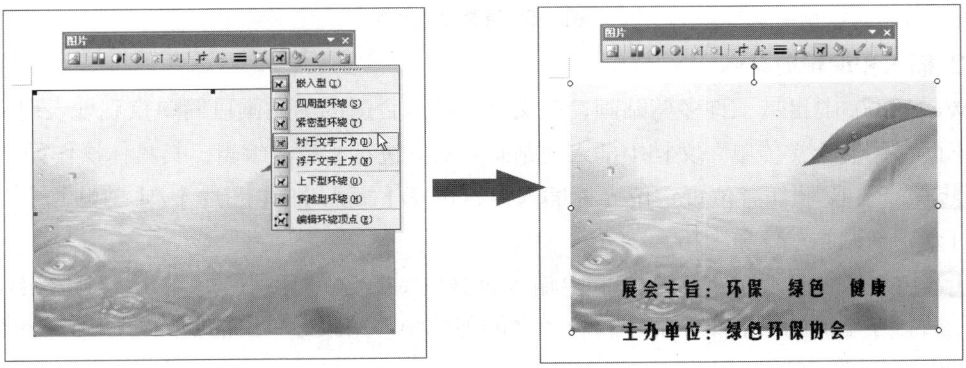

图3-3　设置图片的文字环绕方式

> **知识提示**　若选中图片或剪贴画后没有显示“图片”工具栏，可在图片或剪贴画上单击鼠标右键，在弹出的快捷菜单中选择“显示‘图片’工具栏”命令，即可显示“图片”工具栏。

STEP 4 将鼠标指针移动到图片上，当其变成形状时，按住鼠标左键不放，将图片拖曳到文档页面左上角，如图3-4所示。

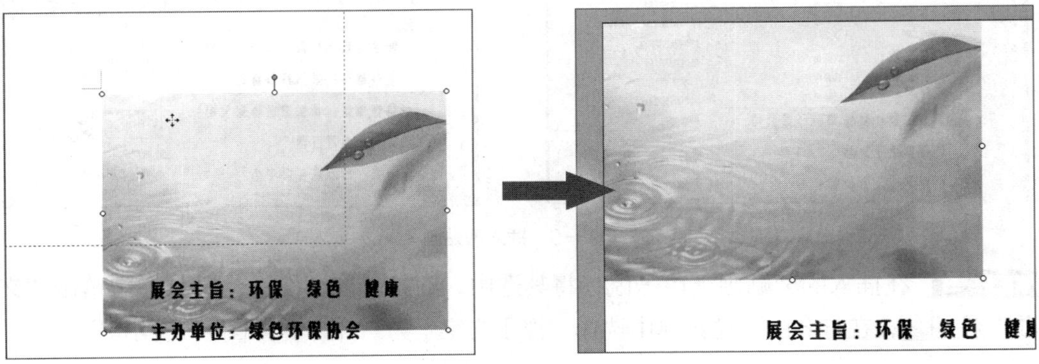

图3-4　移动图片

STEP 5 将鼠标指针移动到图片右下角的控制点上，当其变为↘形状时，按住鼠标左键向右下角拖曳至填充满整个文档页面后释放鼠标，如图3-5所示。

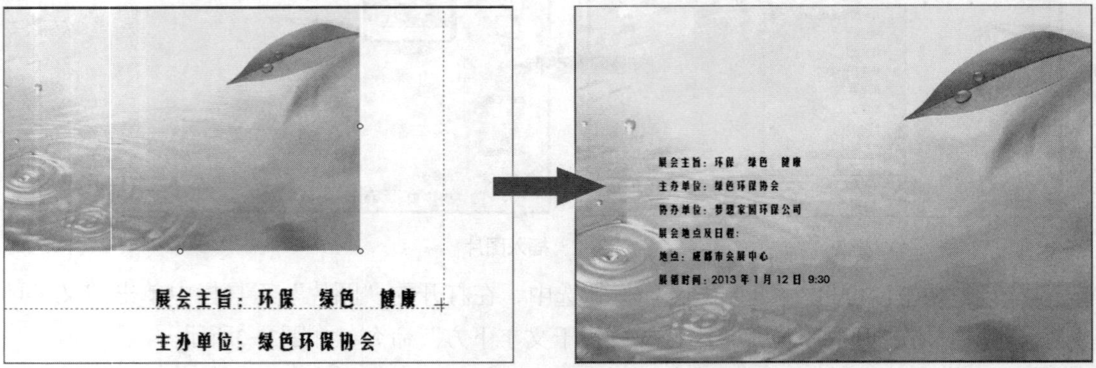

图3-5　调整图片大小

2. 插入和编辑剪贴画

Word 2003中自带了许多剪贴画，在文档中插入合适的剪贴画可简单直观地表现文档主题。下面在“展会宣传单”文档中插入剪贴画并对其进行相应的编辑，其具体操作如下。

STEP 1 在文档任意位置定位光标插入点，选择【插入】/【图片】/【剪贴画】菜单命令，打开“剪贴画”任务窗格。

STEP 2 在“搜索文字”文本框中输入查找的关键字“环保”，单击[搜索]按钮开始搜索。稍后将在下面的列表框中显示符合条件的剪贴画，用鼠标单击需要的剪贴画，将其插入到文档中，如图3-6所示。

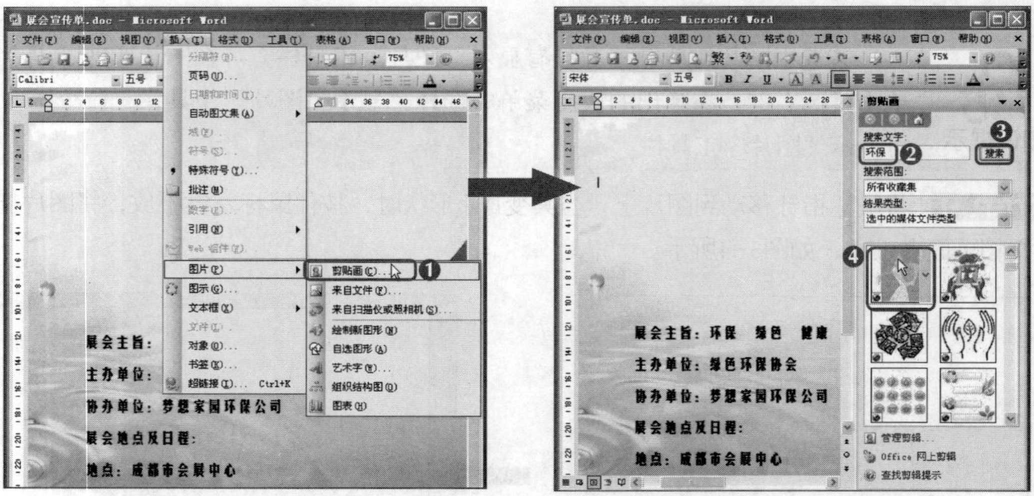

图3-6　插入剪贴画

STEP 3 在插入的剪贴画上单击鼠标将其选中，在打开的“图片”工具栏中单击“文字环绕”按钮，在打开的下拉菜单中选择“浮于文字上方”命令，如图3-7所示。

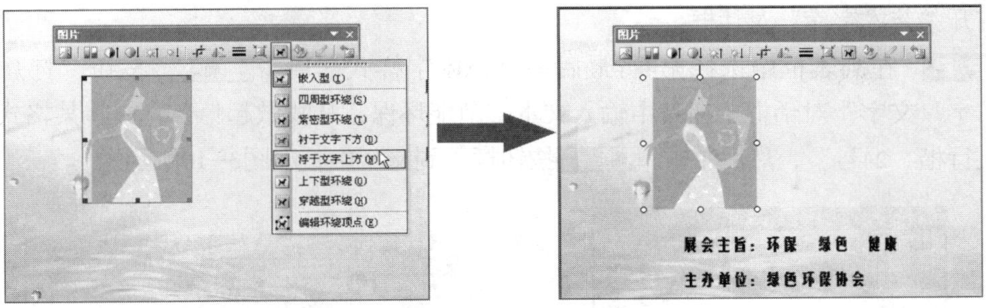

图3-7 设置剪贴画的文字环绕方式

STEP 4 按照前面介绍的方法将剪贴画拖曳到文档合适位置，并调整其大小。

STEP 5 将鼠标指针移动到剪贴画上方的控制柄上，当其变成形状时，按住鼠标左键不放向左侧拖曳，将剪贴画旋转到合适的角度后释放鼠标，如图3-8所示。

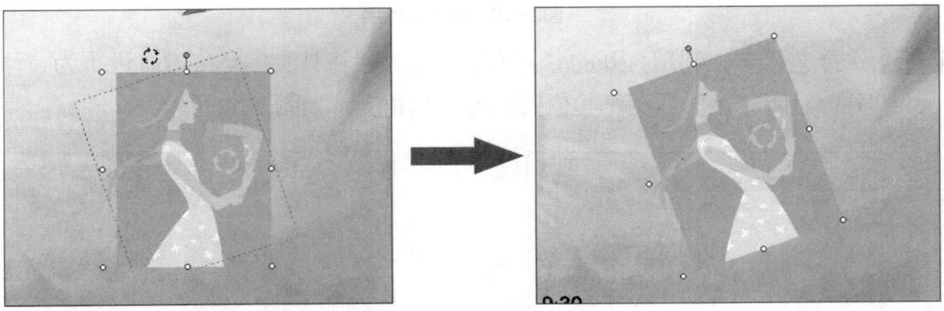

图3-8 旋转剪贴画

STEP 6 保持剪贴画的选中状态，在编辑区下方的“绘图”工具栏中单击“阴影样式”按钮，在打开的下拉菜单中选择“阴影样式 2”选项，为剪贴画添加该样式的阴影，如图3-9所示。

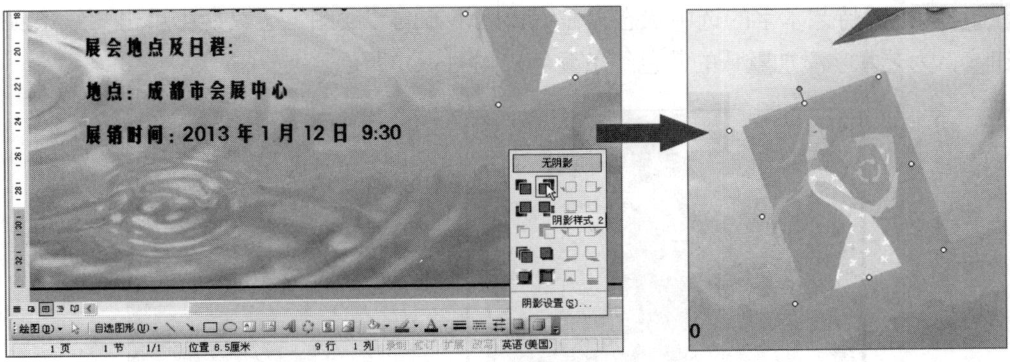

图3-9 添加阴影样式

3. 插入艺术字

宣传单中常有一些形状特别，且带有特殊效果和颜色的文字，这些文字可通过Word 2003的艺术字功能进行制作。下面在“展会宣传单”文档中插入艺术字，其具体操作如下。

STEP 1 在文档任意位置定位光标插入点，选择【插入】/【图片】/【艺术字】菜单命令，打开“艺术字库”对话框。

STEP 2 在列表框中选择第4行最后一个艺术字样式，单击 确定 按钮，打开“编辑‘艺术字’文字”对话框。在其中输入文本“节能环保，从我做起！”，并将其格式设置为“华文行楷、24号”，然后单击 确定 按钮插入到文档中，如图3-10所示。

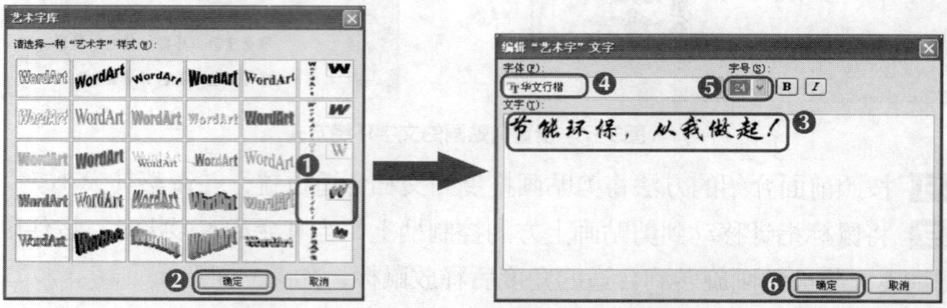

图3-10 插入艺术字

STEP 3 选择艺术字，利用打开的“艺术字”工具栏将其文字环绕方式设置为“浮于文字上方”，如图3-11所示。然后调整其位置、大小和角度，如图3-12所示。

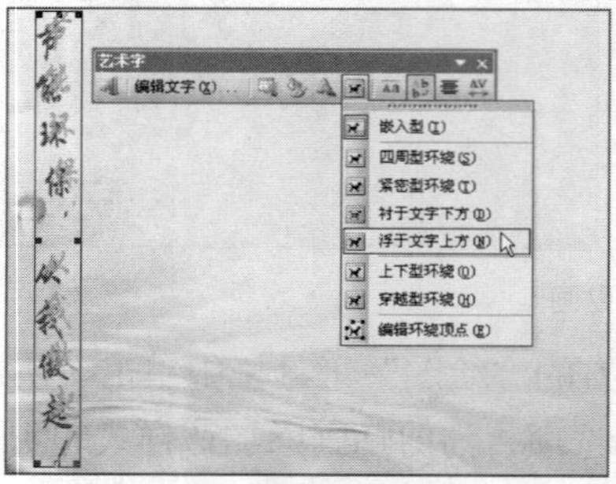

图3-11 设置艺术字的文字环绕方式

图3-12 调整艺术字

STEP 4 保持艺术字的选中状态，在编辑区下方的“绘图”工具栏中单击“线条颜色”按钮，为艺术字添加默认的蓝色线条颜色，如图3-13所示。

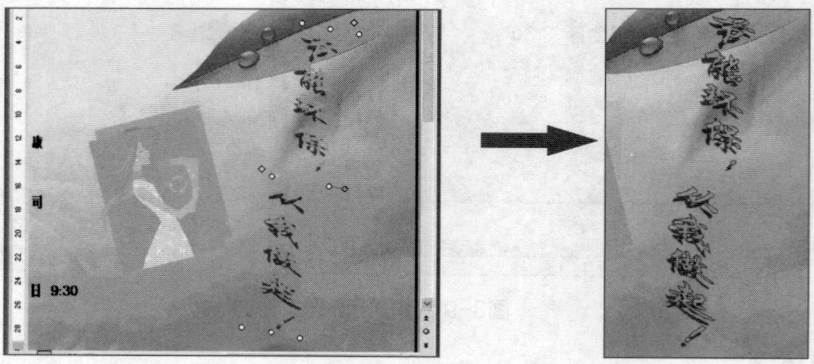

图3-13 添加线条颜色

3.1.2 添加其他文档对象

除了图片、剪贴画和艺术字，还可在Word文档中添加文本框、表格等对象，以满足不同的排版需要。

1. 插入和编辑表格

在文档中使用表格能直观地表达相关信息，下面在“展会宣传单”文档中添加表格并进行编辑，其具体操作如下。

STEP 1 在第2页最后要插入表格的位置单击鼠标定位光标插入点，选择【表格】/【插入】/【表格】菜单命令，打开“插入表格”对话框。在“表格尺寸”栏中的“列数”和“行数”数值框中分别输入“5”和“4”，在“‘自动调整’操作”栏中单击选中“根据内容调整表格”单选项，然后单击 确定 按钮，如图3-14所示。

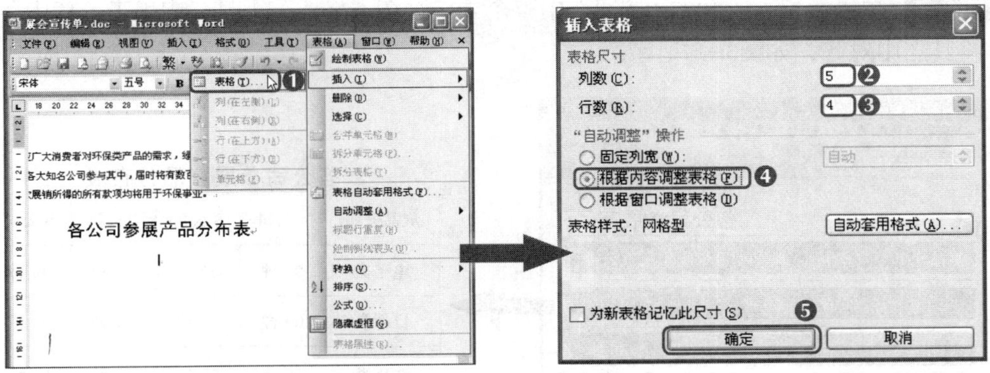

图3-14 插入表格

STEP 2 在表格的第一个单元格中输入“展品分布”文本，然后在右侧的单元格中单击鼠标定位光标插入点，输入文本“A公司”。按照相同方法在其他单元格中输入相应的文本。

STEP 3 将鼠标指针移动到表格边框右下角的控制点上，当其变成形状时按住鼠标左键不放向右下角拖曳，将表格调整到合适的大小后释放鼠标，如图3-15所示。

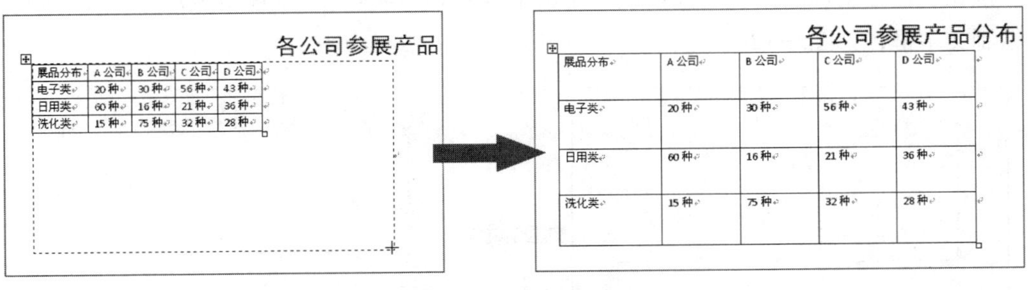

图3-15 调整表格大小

STEP 4 选中表格中所有的文本，将其格式设置为“宋体、三号、加粗”。

STEP 5 保持文本的选中状态，单击鼠标右键，在弹出的快捷菜单中选择“单元格对齐方式”菜单命令，在其子菜单中选择“中部居中”选项，如图3-16所示。

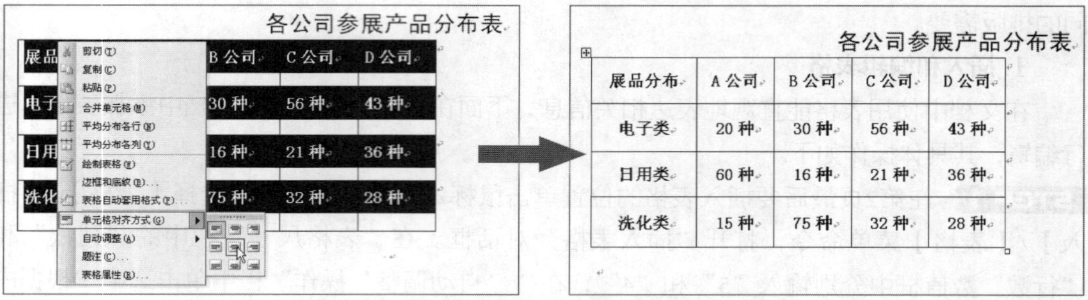

图3-16　设置单元格对齐方式

STEP 6 单击表格左上角的⊞按钮选中整个表格，在“格式”工具栏中单击“居中”按钮☰，将其居中对齐，如图3-17所示。

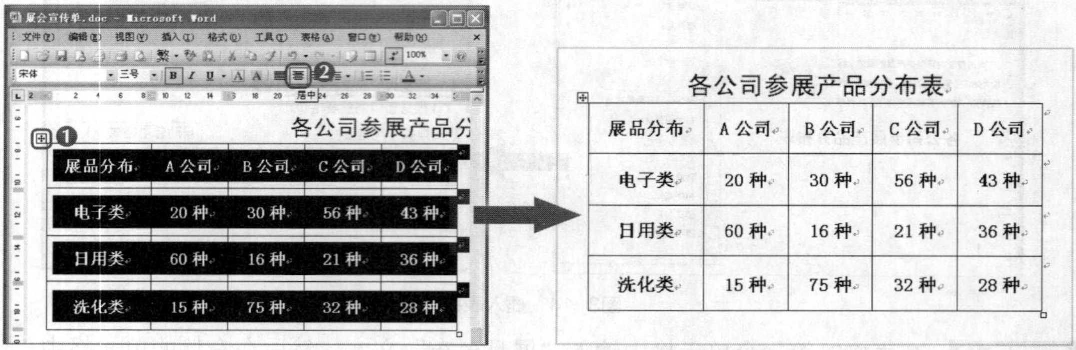

图3-17　设置表格对齐方式

2. 插入文本框

在文档中插入文本框可达到不同的排版效果，其具体操作如下。

STEP 1 在第一页中单击鼠标定位光标插入点，然后在“绘图”工具栏中单击“文本框”按钮▣，在出现的画布中按住鼠标左键不放同时拖动鼠标，到合适的大小后释放鼠标即可绘制文本框，如图3-18所示。

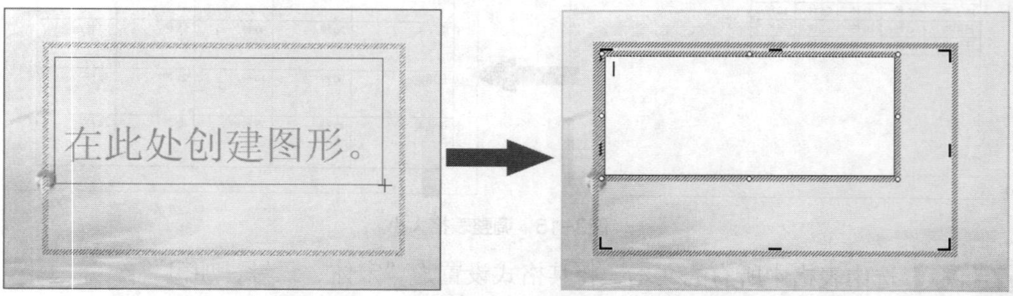

图3-18　绘制文本框

STEP 2 在文本框中输入文本“环保消费品展销会”，然后将其格式设置为“汉仪长美黑简、小初、深绿、居中”，并根据文本调整文本框的大小，如图3-19所示。

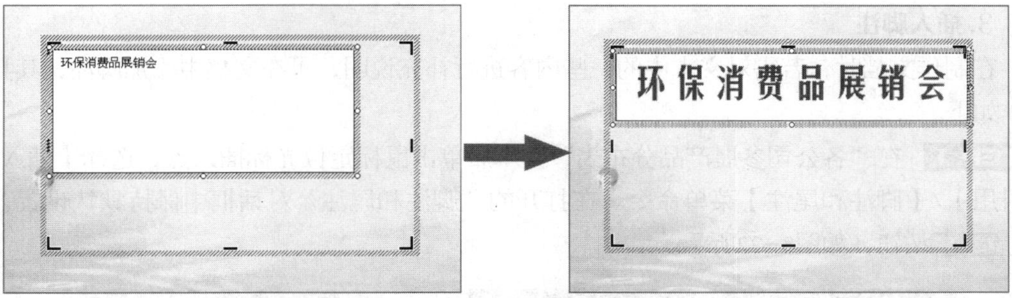

图3-19 输入并设置文本

STEP 3 在画布上单击鼠标将其选中，在“绘图画布”工具栏中单击“文字环绕”按钮，在打开的下拉菜单中选择“浮于文字上方”命令，如图3-20所示。

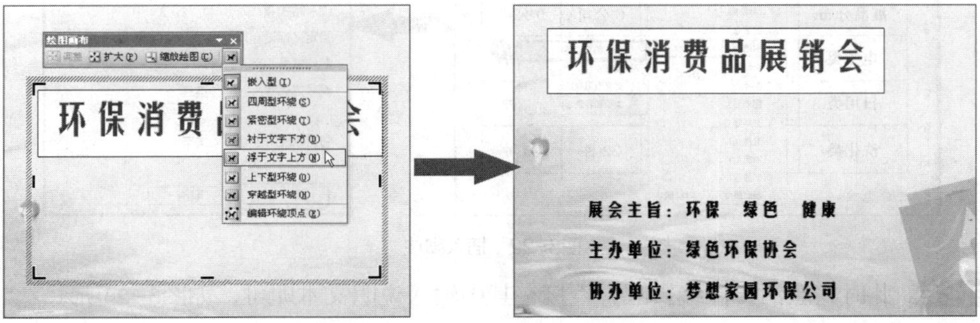

图3-20 设置画布的文字环绕方式

STEP 4 在文本框边框上单击鼠标右键，在弹出的快捷菜单中选择“设置文本框格式”菜单命令，打开“设置文本框格式”对话框。在“填充”栏的“颜色”下拉列表框中选择“无填充颜色”选项，在“线条”栏中的“颜色”下拉列表框中选择“绿色”选项，在“线型”下拉列表框中选择“6 磅”选项，然后单击 确定 按钮，如图3-21所示。

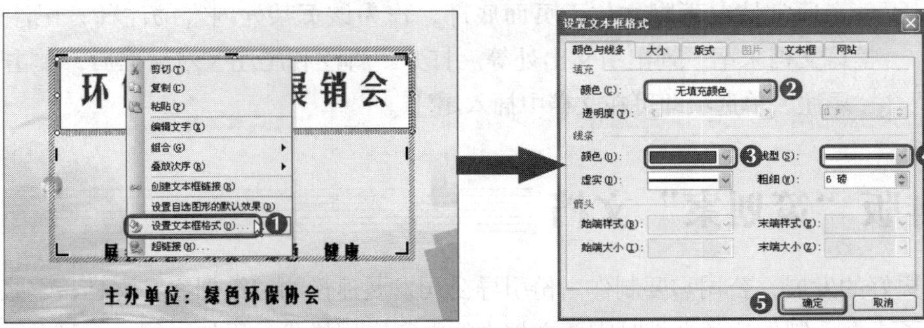

图3-21 设置文本框格式

职业素养

在制作宣传单和广告这类文档时，应善于使用图形图像等直观的表达方式，使制作的文档更具吸引力，读者在浏览时也容易对其中的商品产生兴趣，从而达到良好的宣传目的。

3. 插入脚注

在制作文档时，若需对文本中的一些内容进行补充说明，可在文档中添加脚注，其具体操作如下。

STEP 1 在"各公司参展产品分布表"文本后单击鼠标定位光标插入点，选择【插入】/【引用】/【脚注和尾注】菜单命令。在打开的"脚注和尾注"对话框中保持默认设置，单击 插入(I) 按钮，如图3-22所示。

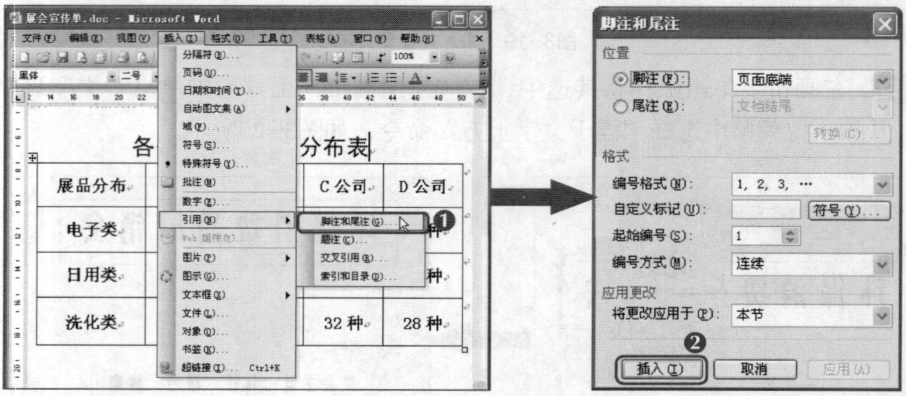

图3-22　插入脚注

STEP 2 此时将激活脚注编辑区，直接在其中输入说明文本即可，如图3-23所示。

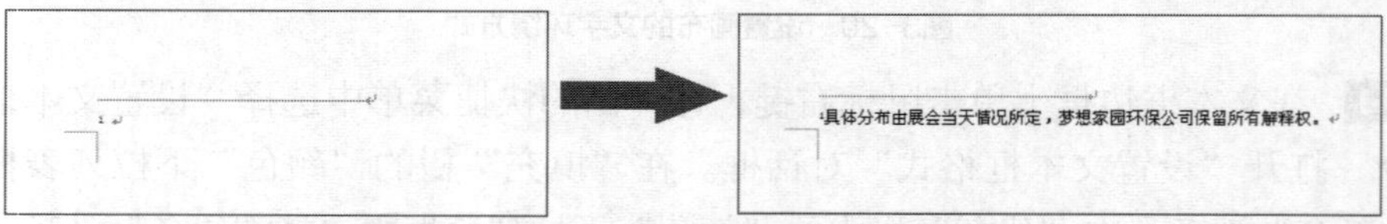

图3-23　输入脚注内容

> **知识提示** 通常情况下脚注位于页面底部，作为该页某处内容的注释；尾注位于整篇文档末尾，列出引文出处等。打开"脚注和尾注"对话框后，单击选中"尾注"单选项即可在文档中插入尾注。

3.2 排版"策划案"文档

为了更好的发展，公司需要制作一份引导公司发展建设的"策划案"文档，老张把这个工作交给了小白。制作这类文档时需要文档中的内容应用样式，添加页眉、页脚和页码，以及提取目录等。本例完成后的参考效果如图3-24所示。下面具体讲解其制作方法。

素材所在位置　光盘:\素材文件\第3章\课堂案例2\策划案.doc
效果所在位置　光盘:\效果文件\第3章\策划案.doc

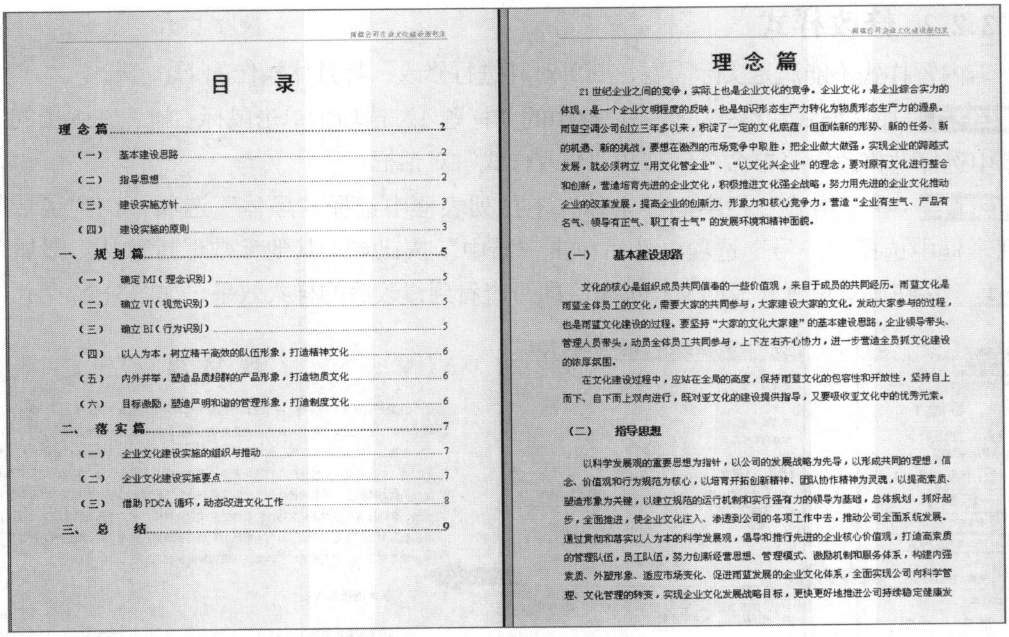

图3-24 “策划案”最终效果

3.2.1 应用标题样式

样式是多种格式的集合，通过使用样式，可快速为文档中的内容设置统一格式，且一些样式不仅带有文本格式，还带有级别格式。下面在“策划案”文档中应用标题样式，其具体操作如下。

STEP 1 启动Word 2003，打开素材文档“策划案.doc”，在第2页的标题文本“目录”中定位光标插入点，选择【格式】/【样式和格式】菜单命令，打开“样式和格式”任务窗格。

STEP 2 在任务窗格下方的“显示”下拉列表框中选择“有效样式”选项，然后在其上方的列表框中选择“标题 1”选项，如图3-25所示。

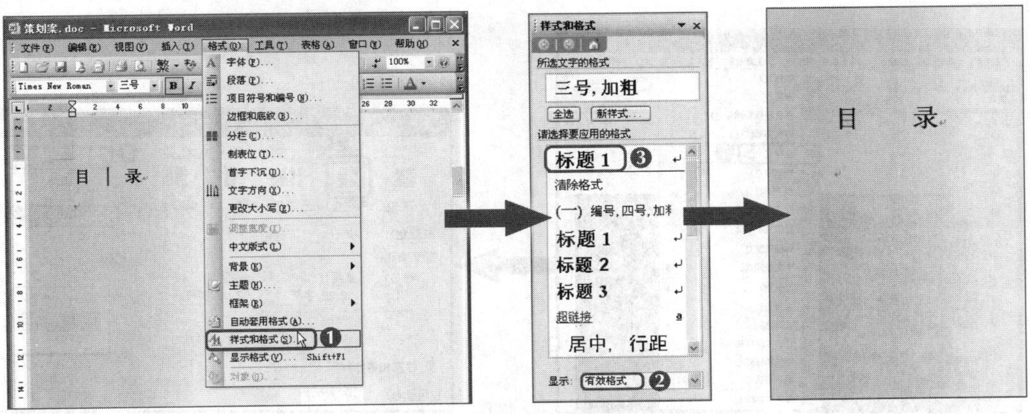

图3-25 应用标题样式

STEP 3 使用相同方法为文档中其他标题段落应用“标题 1”样式。

3.2.2 修改样式

若内置样式不能满足实际需要，则可对其进行修改，其具体操作如下。

STEP 1 在“样式和格式”任务窗格中的“标题 1”选项上单击鼠标右键，在弹出的快捷菜单中选择“修改”菜单命令，打开“修改样式”对话框。

STEP 2 在“格式”栏中的“字体”下拉列表框中选择“黑体”选项，在“字号”下拉列表框中选择“一号”选项，然后单击“居中”按钮，其他参数保持默认。最后单击 确定 按钮确认设置，返回文档编辑区即可查看到修改后的样式效果，如图3-26所示。

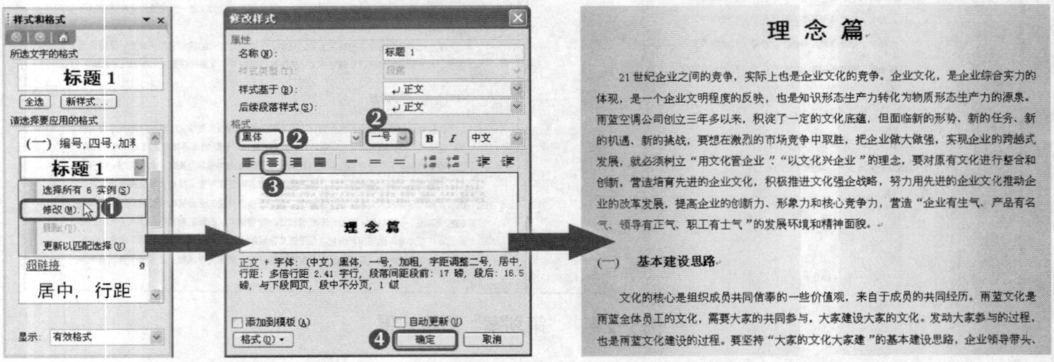

图3-26 修改样式

3.2.3 分栏排版

对文档进行分栏排版不仅可节约版面，也可带给用户不同的阅读体验。下面以对“策划案”文档进行分栏排版为例进行讲解，其具体操作如下。

STEP 1 选择需要分栏的段落，然后选择【格式】/【分栏】菜单命令。

STEP 2 在打开的“分栏”对话框的“预设”栏中选择“两栏”选项，单击选中“分割线”复选框，其他参数保持默认，然后单击 确定 按钮确认设置，如图3-27所示。

STEP 3 返回文档编辑区即可查看分栏效果，如图3-28所示。

图3-27 设置分栏

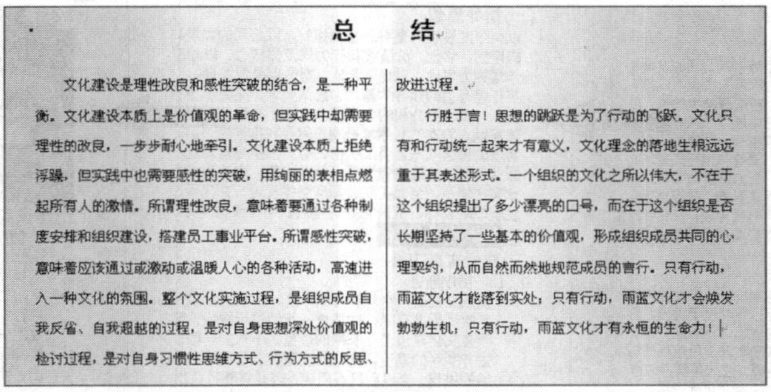

图3-28 分栏效果

3.2.4 查看和编辑文档大纲

大纲视图主要用于设置文档的层级结构，并可方便地折叠和展开文档，在编排长文档时可将视图模式切换到大纲视图，以便查看内容与组织文本。下面切换到大纲视图对“策划案”文档进行查看和编辑，其具体操作如下。

STEP 1 选择【视图】/【大纲】菜单命令，切换到大纲视图，如图3-29所示。

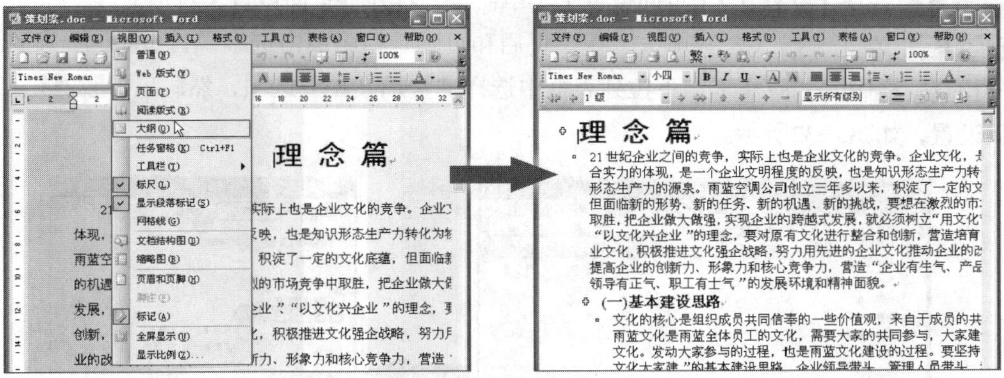

图3-29 切换大纲视图

STEP 2 将鼠标指针移动到“(一)基本建设思路”标题段落前的✪符号上，当其变成✥形状时，双击鼠标左键折叠“(一)基本建设思路”包含的段落，如图3-30所示。

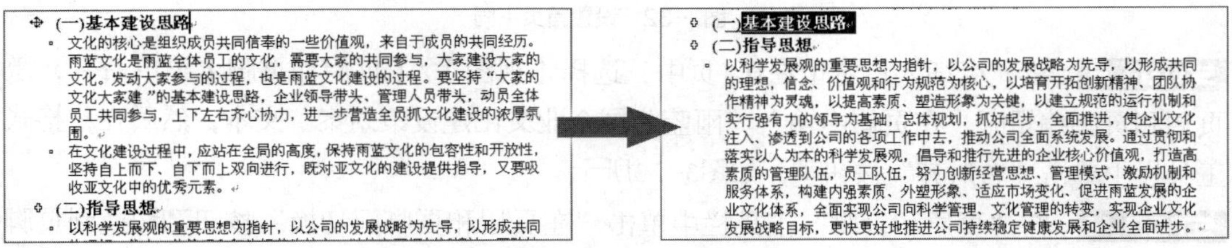

图3-30 折叠段落

STEP 3 将鼠标指针移动到“(一)基本建设思路”段落前的✪符号上，按住鼠标左键不放，当其变成↕形状时，根据指示线将其拖动到“(三)建设实施方针”段落前，然后释放鼠标。双击“(二)基本建设思路”标题段落前的✪符号即可展开该段进行查看，如图3-31所示。

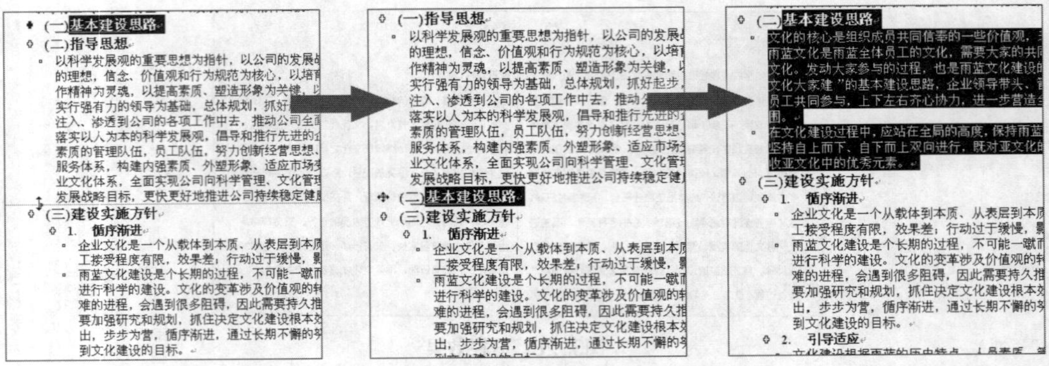

图3-31　在大纲中移动文本

3.2.5 添加页眉和页脚

文档中插入页眉和页脚可显示文档相应信息，还可使文档更加美观、正规。页眉位于文档顶部区域，页脚位于文档底部区域，首页中的页眉和页脚一般与其他页不同。下面在“策划案”文档中添加页眉和页脚，其具体操作如下。

STEP 1 选择【文件】/【页面设置】菜单命令，打开“页面设置”对话框。

STEP 2 单击“版式”选项卡，在“页眉和页脚”栏中单击选中“首页不同”复选框，在“预览”栏中的“应用于”下拉列表框中选择“整篇文档”选项，然后单击 确定 按钮确认设置，如图3-32所示。

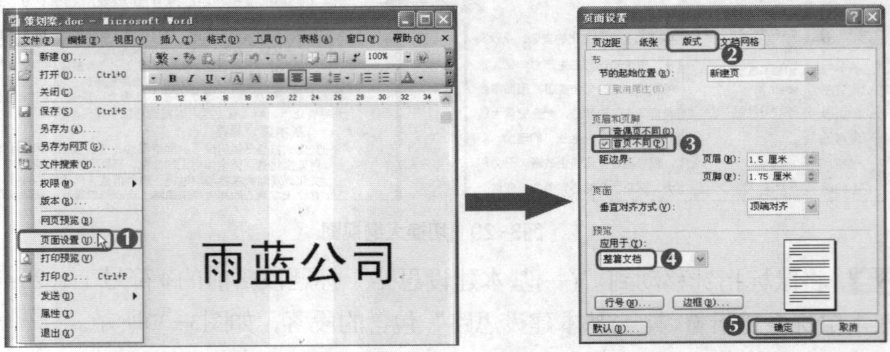

图3-32　设置首页不同

STEP 3 将光标插入点定位在第1页中，选择【视图】/【页眉和页脚】菜单命令，激活页眉和页脚编辑区，在页眉中输入“雨蓝公司企业文化建设策划案”文本，然后在“格式”工具栏中单击“右对齐”按钮，如图3-33所示。

STEP 4 在“页眉和页脚”工具栏中单击“在页眉和页脚间切换”按钮切换到页脚编辑区，输入页脚文本“文档编号A03145”，如图3-34所示。

知识提示

因为插入页眉和页脚之前先设置了首页不同，所以在首页中插入页眉和页脚不会影响后面的页面。若需要在后面的页面中插入页眉和页脚，则需另外进行操作。

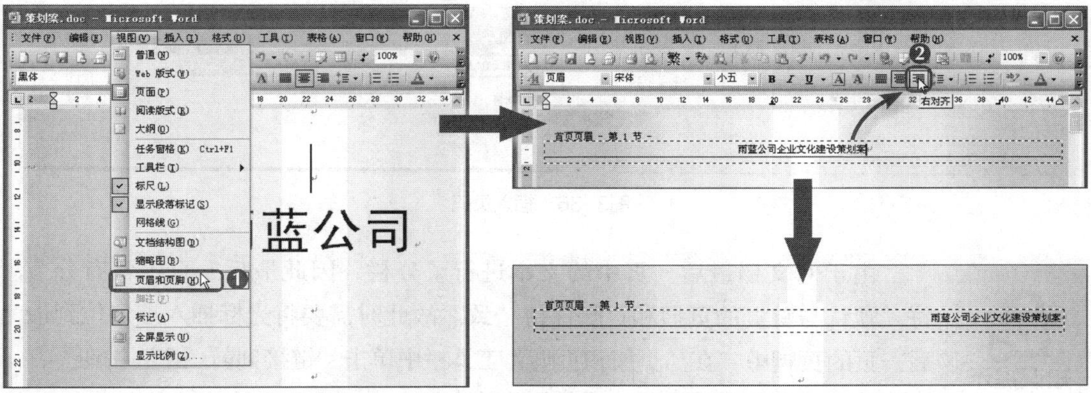

图3-33　输入并设置页眉

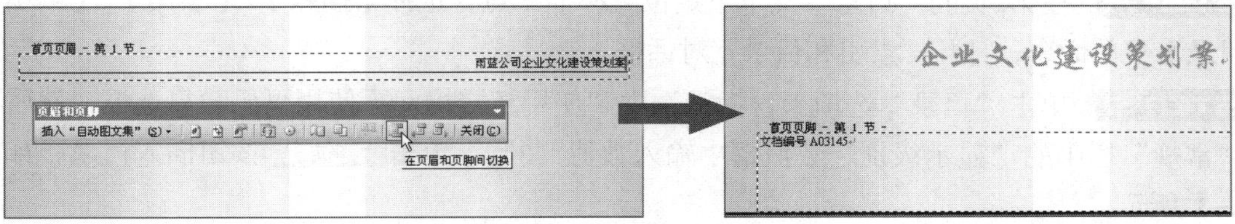

图3-34　输入页脚

STEP 5 按照相同的方法在后面的页面中插入相同的页眉。

3.2.6 插入页码并提取目录

页码用于显示文档的页数，通常在页面底端，首页一般不计入页数且不显示页码。插入页码之后还可提取目录，使文档结构内容一目了然。下面在“策划案”文档中插入页码然后提取目录，其具体操作如下。

STEP 1 在第2页的页脚中定位光标插入点，在“页眉和页脚”工具栏中单击“设置页码格式”按钮，打开“页码格式”对话框。

STEP 2 在“页码编排”栏中单击选中“起始页码”单选项，并在其后的数值框中输入数值“0”，然后单击 确定 按钮确认设置，如图3-35所示。

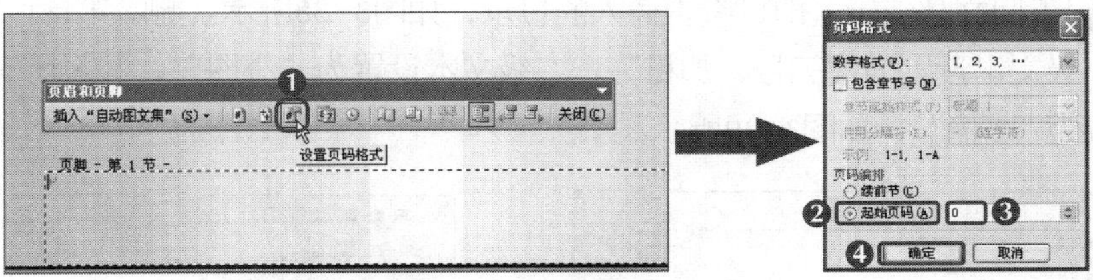

图3-35　设置起始页码

STEP 3 返回文档编辑区后，再次将光标插入点定位在第2页的页脚中，然后在“页眉和页脚”工具栏中单击“插入页码”按钮，将插入的页码设置为居中显示，如图3-36所示。

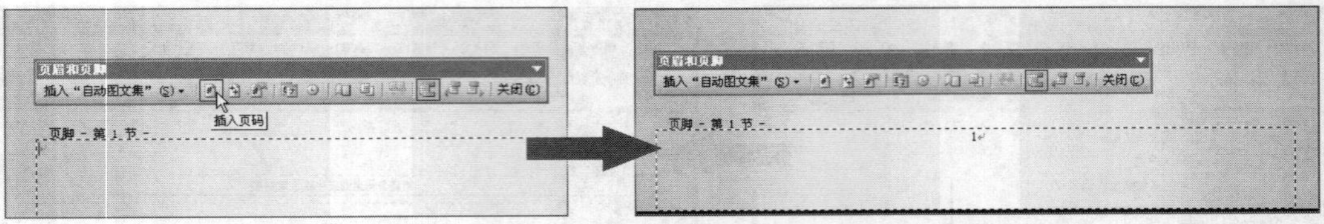

图3-36　插入页码

知识提示　由于对文档最后一页中的文本进行了分栏，因此最后一页中含有分节符，默认与首页的页眉和页脚保持一致。故此时需要将光标插入点定位到最后一页的页脚中，在"页眉和页脚"工具栏中单击"链接到前一个"按钮，取消其与首页的链接关系，然后删除其中的文本，插入页码并设置格式。

STEP 4　在第2页的"目录"文本下定位光标插入点，选择【插入】/【引用】/【索引和目录】菜单命令，打开"索引和目录"对话框。

STEP 5　单击"目录"选项卡，撤消选中"使用超链接而不使用页码"复选框，然后在"常规"栏中的"显示级别"数值框中输入数值"2"，单击 确定 按钮插入目录，如图3-37所示。

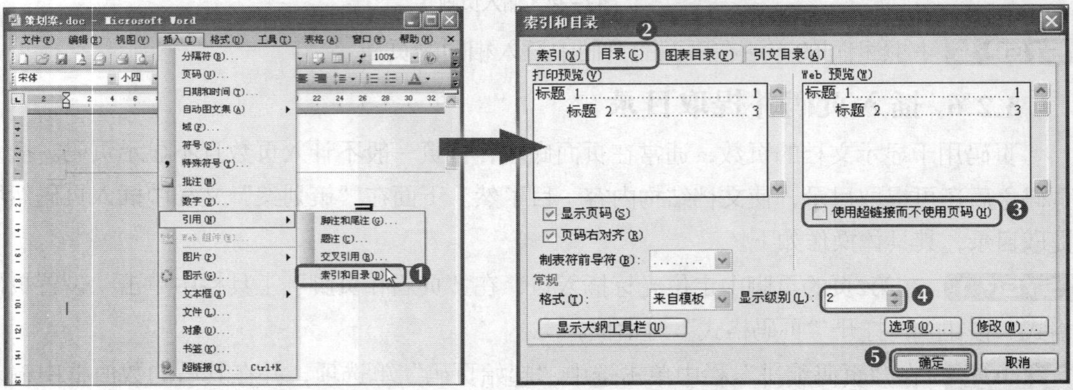

图3-37　插入目录

STEP 6　返回文档编辑区即可查看插入的目录，如图3-38所示。删除第1行"目录"，然后将所有一级文本设置为"三号、加粗"，二级文本设置为"小四"，并将所有目录文本的行间距设置为"2 倍"，如图3-39所示。

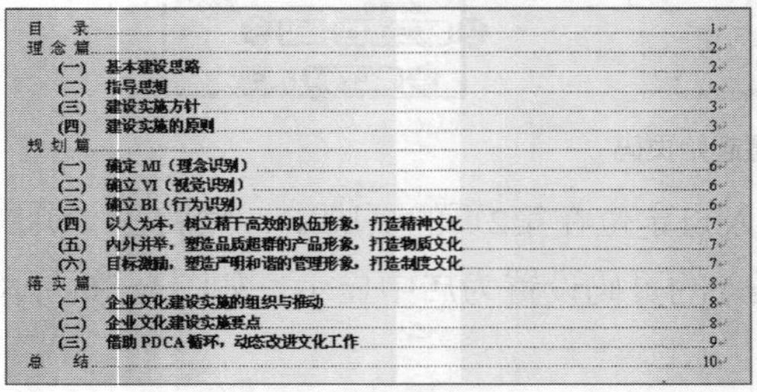

图3-38　插入的目录效果

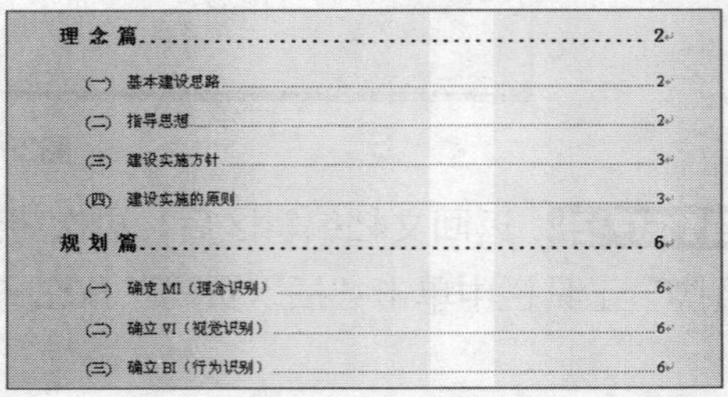

图3-39　设置后的目录效果

3.3 审阅和修订“招工协议书”文档

在编辑完文档后，通常需要对其进行审阅，以免出现语法、排版和常识性错误，影响文档质量甚至公司形象。上级审阅下级的文档时，若针对某些文本需要提出意见和建议，常会在文档中添加批注；使用修订功能可针对文档中错误的文本提出修改方法。本例完成后的参考效果如图3-40所示。下面具体讲解其操作方法。

素材所在位置 光盘:\素材文件\第3章\课堂案例3\招工协议书.doc、招工协议书-原.doc
效果所在位置 光盘:\效果文件\第3章\招工协议书.doc、招工协议书-合并.doc

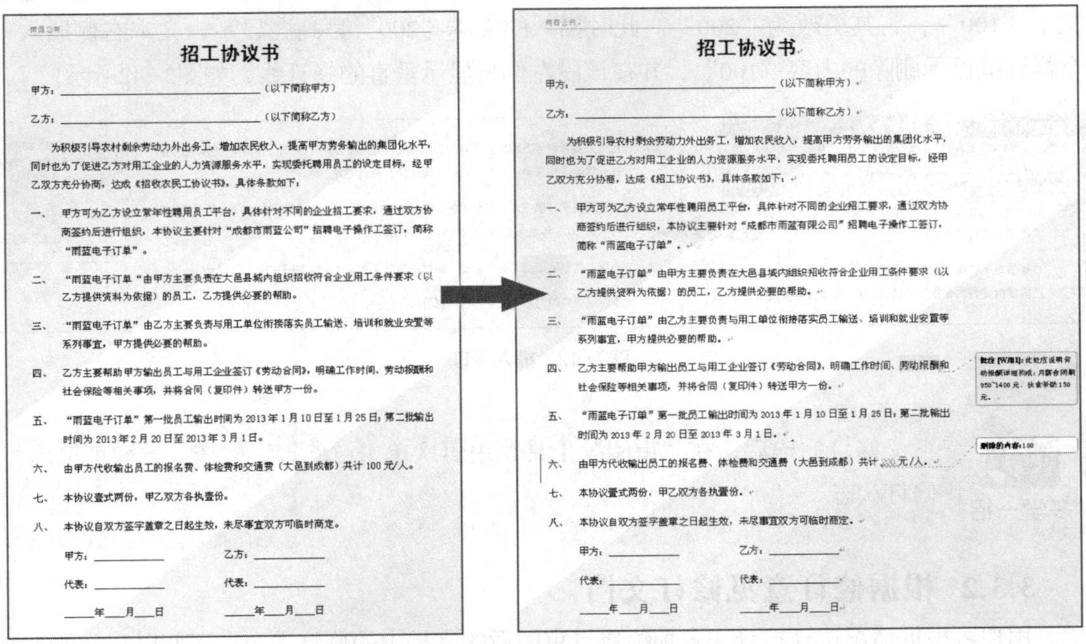

图3-40 “招工协议书”文档审阅前后对比效果

3.3.1 添加批注和修订

在处理办公文档时，有时需要将文档交由其他人员或部门进行审阅，在审阅过程中若针对某些文本需要提出意见和建议，可在文档中添加批注。对于能够确定的错误，可使用修订功能直接修改，以减少原作者修改的难度。下面在“招工协议书”文档中添加批注和修订，其具体操作如下。

STEP 1 打开素材文档“招工协议书.doc”，选择需要添加批注的文本“劳动报酬”，然后选择【插入】/【批注】菜单命令。

STEP 2 所选文本右侧将插入一个呈高亮显示的批注框，在其中输入批注内容即可，如图3-41所示。

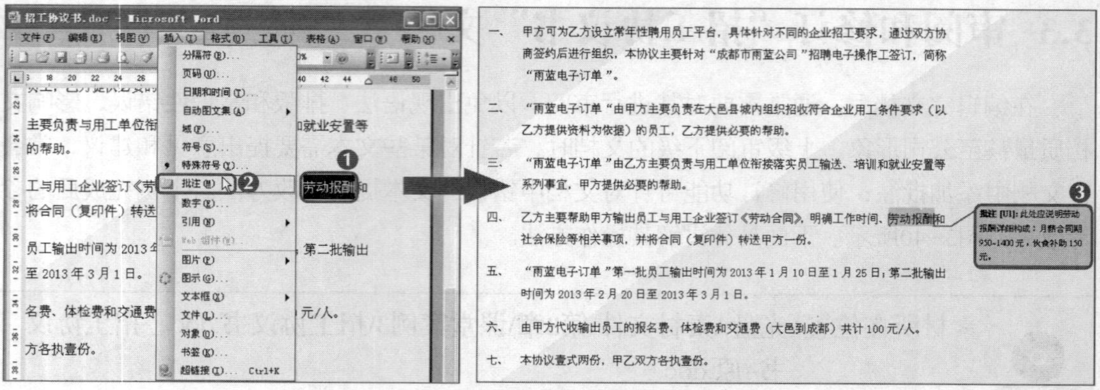

图3-41　插入批注

STEP 3 在打开的"审阅"工具栏中单击"修订"按钮，进入修订状态。拖动鼠标选中文本"100"，将其更改为"200"。此时插入的文本"200"呈高亮显示，文本右侧插入一个修订框提示删除的内容"100"，并在该段左侧将显示垂直的修订线，如图3-42所示。

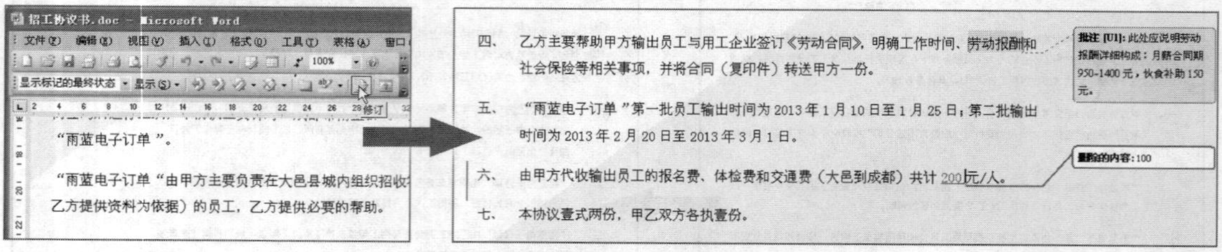

图3-42　插入修订

> **多学一招**
>
> 修订完毕后，在"审阅"工具栏中再次单击"修订"按钮，即可退出修订状态。

3.3.2 根据修订意见修订文档

用户可根据情况选择接受或者拒绝修订审阅后的文档中的修订内容。下面以在"招工协议书"文档中接受修订为例进行讲解，其具体操作如下。

STEP 1 将光标插入点定位到删除文本"100"后出现的修订框中，在"审阅"工具栏中单击"接受所选修订"按钮，此时修订框将消失，如图3-43所示。

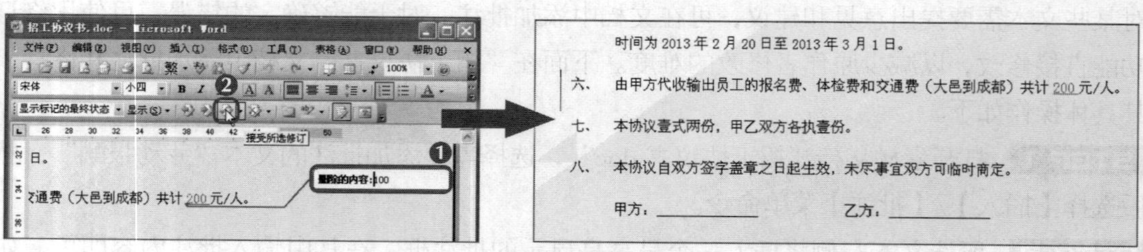

图3-43　接受修订

STEP 2 在文本“200”中单击鼠标右键，在弹出的快捷菜单中选择“接受插入”命令，此时文本“200”将变成普通文本，不再呈高亮显示，如图3-44所示。

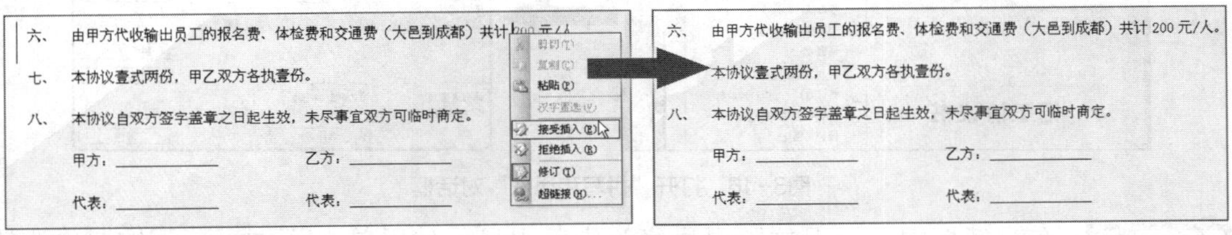

图3-44 接受插入

多学一招 在“审阅”工具栏中单击“拒绝所选修订”按钮右侧的下拉按钮，在打开的下拉菜单中选择“拒绝对文档所做的所有修订”命令，可拒绝文档中的所有修订。

STEP 3 根据批注内容在文本“劳动报酬”后添加文本“（月薪合同期950~1400元，伙食补助150元）”，然后在批注框中单击鼠标右键，在弹出的快捷菜单中选择“删除批注”命令，此时批注框将消失，如图3-45所示。

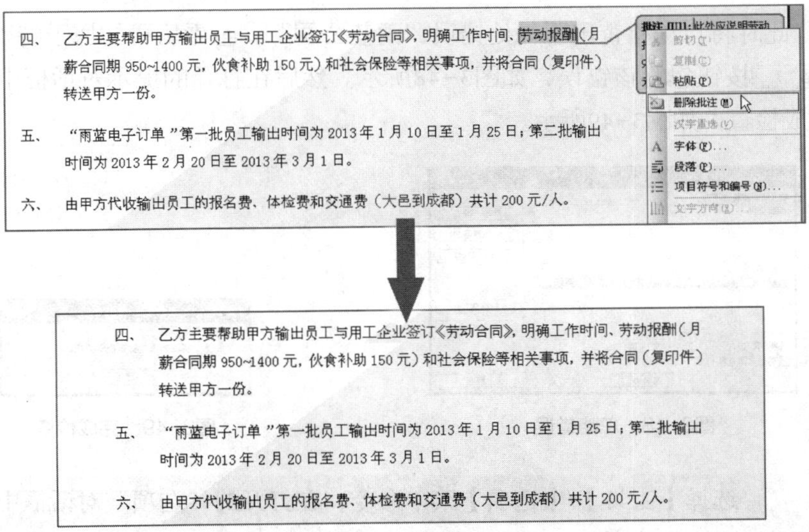

图3-45 删除批注

3.3.3 利用拼写检查校对文档

在文档中输入文本后，有时其下方会出现红色或绿色的波浪线，表示Word认为该文本出现拼写或语法错误。使用Word的自动检查功能，可在一定程度上避免用户键入文字时失误。下面在“招工协议书”文档中使用拼写检查功能，其具体操作如下。

STEP 1 将光标插入点定位在文档开始处，选择【工具】/【拼写和语法】菜单命令，在打开的“拼写和语法：中文（中国）”对话框中将显示文档中可能出错的地方和错误类型，以及修改建议，如图3-46所示。

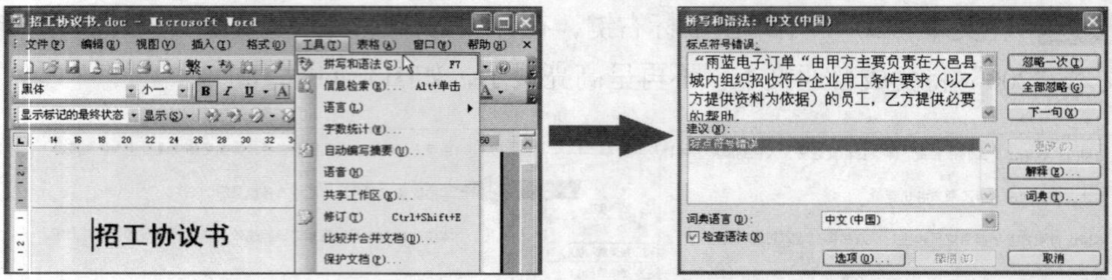

图3-46　打开“拼写和语法”对话框

STEP 2 在对话框中将错误的前引号修改为后引号，然后单击 更改(C) 按钮更改错误，如图3-47所示。

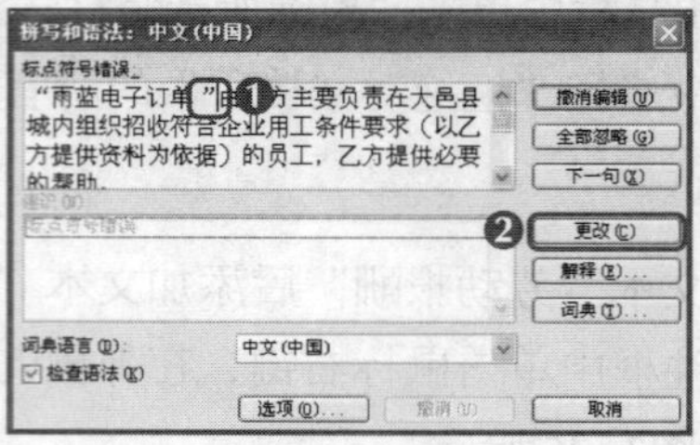

图3-47　更改错误

STEP 3 此时将自动检查出下一处错误“雨蓝公司”，查看后可知属于特殊用法，因此单击 全部忽略(G) 按钮忽略该错误，如图3-48所示。然后在打开的提示对话框中单击 确定 按钮即可完成检查，如图3-49所示。

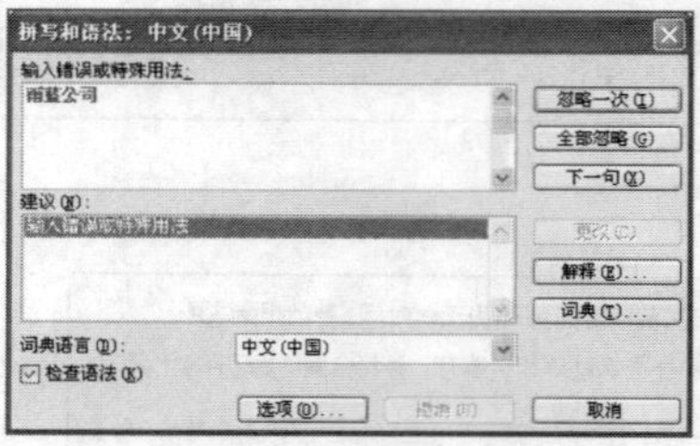

图3-48　忽略错误

图3-49　完成检查

多学一招

选择【工具】/【选项】菜单命令，在打开的“选项”对话框中单击“拼写和语法”选项卡，在其中根据需要单击选中相应的复选框，可对拼写和语法检查进行相应设置。

3.3.4 比较并合并文档

使用比较并合并功能比较任意两篇文档时，Word会以修订的形式显示其差别。下面在“招工协议书”文档中比较并合并文档，其具体操作如下。

STEP 1 选择【工具】/【比较并合并文档】菜单命令。

STEP 2 在打开的“比较并合并文档”对话框中选择“招工协议书-原”文档，单击 合并(M) 按钮，如图3-50所示。返回文档编辑区即可看到合并后的文档，如图3-51所示。

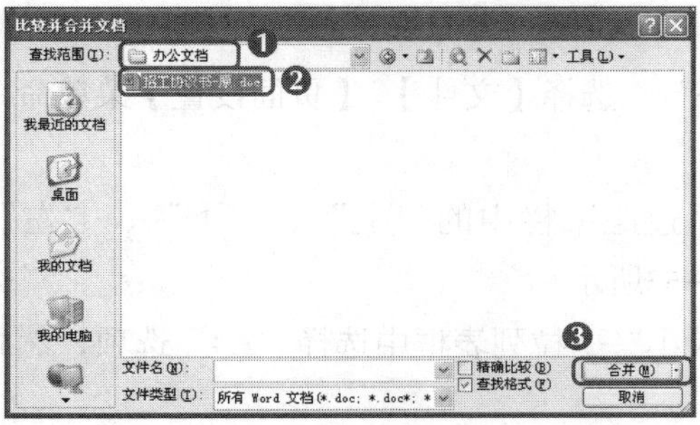

图3-50 选择合并文档

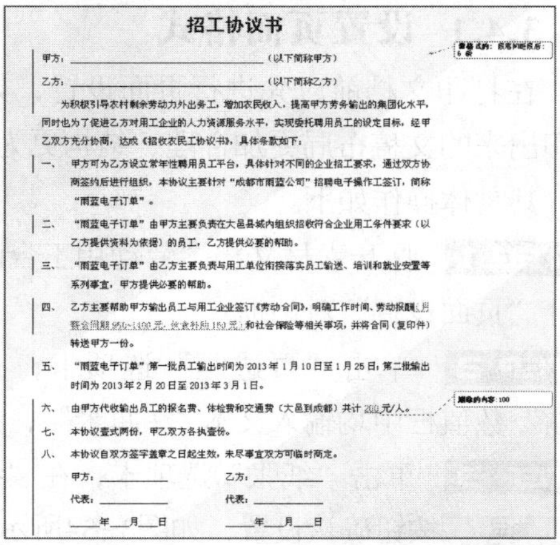

招工协议书

甲方：______________（以下简称甲方）

乙方：______________（以下简称乙方）

为积极引导农村剩余劳动力外出务工，增加农民收入，提高甲方劳务输出的集团化水平，同时也为了促进乙方对用工企业的人力资源服务水平，实现委托聘用员工的设定目标，经甲乙双方充分协商，达成《招收农民工协议书》，具体条款如下：

一、 甲方可为乙方设立常年性聘用员工平台，具体针对不同的企业招工要求，通过双方协商签约后进行组织，本协议主要针对“成都市雨蓝公司”招聘电子操作工签订，简称“雨蓝电子订单”。

二、 “雨蓝电子订单”由甲方主要负责在大邑县城内组织招收符合企业用工条件要求（以乙方提供资料为依据）的员工，乙方提供必要的帮助。

三、 “雨蓝电子订单”由乙方主要负责与用工单位衔接落实员工输送、培训和就业安置等系列事宜，甲方提供必要的帮助。

四、 乙方主要帮助甲方输出员工与用工企业签订《劳动合同》，明确工作时间、劳动报酬（月薪金同期950~1400元，伙食补助150元）和社会保险等相关事项，并将合同（复印件）转送甲方一份。

五、 “雨蓝电子订单”第一批员工输出时间为2013年1月10日至1月25日；第二批输出时间为2013年2月20日至2013年3月1日。

六、 由甲方代收输出员工的报名费、体检费和交通费（大邑到成都）共计200元/人。

七、 本协议壹式两份，甲乙双方各执壹份。

八、 本协议自双方签字盖章之日起生效，未尽事宜双方可临时商定。

甲方：________ 乙方：________

代表：________ 代表：________

____年___月___日 ____年___月___日

删除的内容：100

图3-51 合并文档效果

3.4 设置和打印“劳动用工合同”文档

完成Word文档的编辑后，有时需将其打印出来以便阅读和使用。在打印文档前通常需要对纸张大小等属性进行设置，并进行打印预览，当预览效果达到要求后即可开始打印。本例完成后的参考效果如图3-52所示。下面具体讲解其操作方法。

素材所在位置 光盘:\素材文件\第3章\课堂案例4\劳动用工合同.doc
效果所在位置 光盘:\效果文件\第3章\劳动用工合同.doc

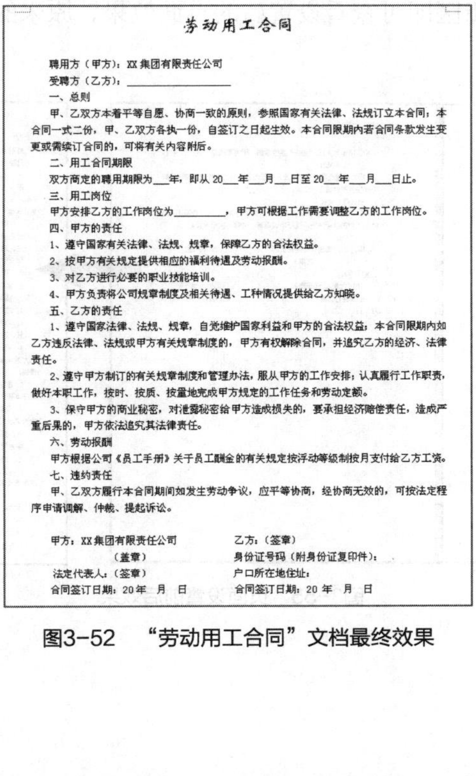

劳动用工合同

聘用方（甲方）：XX集团有限责任公司

受聘方（乙方）：______________

一、总则

甲、乙双方本着平等自愿、协商一致的原则，参照国家有关法律、法规订立本合同；本合同一式二份，甲、乙双方各执一份，自签订之日起生效。本合同限期内若合同条款发生变更或需续订合同的，可将有关内容附后。

二、用工合同期限

双方商定的聘用期限为___年，即从20___年___月___日至20___年___月___日止。

三、用工岗位

甲方安排乙方的工作岗位为________，甲方可根据工作需要调整乙方的工作岗位。

四、甲方的责任

1、遵守国家有关法律、法规、规章，保障乙方的合法权益。

2、按甲方有关规定提供相应的福利待遇及劳动报酬。

3、对乙方进行必要的职业技能培训。

4、甲方负责将公司规章制度及相关待遇、工种情况提供给乙方知晓。

五、乙方的责任

1、遵守国家法律、法规、规章，自觉维护国家利益和甲方的合法权益；本合同限期内如乙方违反法律、法规或甲方有关规章制度的，甲方有权解除合同，并追究乙方的经济、法律责任。

2、遵守甲方制订的有关规章制度和管理办法，服从甲方的工作安排；认真履行工作职责，做好本职工作，按时、按质、按量地完成甲方规定的工作任务和劳动定额。

3、保守甲方的商业秘密，对泄露秘密给甲方造成损失的，要承担经济赔偿责任，造成严重后果的，甲方依法追究其法律责任。

六、劳动报酬

甲方根据公司《员工手册》关于员工酬金的有关规定按浮动等级制按月支付给乙方工资。

七、违约责任

甲、乙双方履行本合同期间如发生劳动争议，应平等协商，经协商无效的，可按法定程序申请调解、仲裁、提起诉讼。

甲方：XX集团有限责任公司 乙方：（签章）

（盖章） 身份证号码（附身份证复印件）：

法定代表人：（签章） 户口所在地住址：

合同签订日期：20年 月 日 合同签订日期：20年 月 日

图3-52 “劳动用工合同”文档最终效果

3.4.1 设置页面格式

在打印文档前应先进行页面设置，如设置页面大小和页边距等。对页面进行设置可使打印出来的文稿布局更加合理、结构更为清晰。下面在“劳动用工合同”文档中设置页面格式，其具体操作如下。

STEP 1 打开素材文档“劳动用工合同.doc”，选择【文件】/【页面设置】菜单命令，打开“页面设置”对话框。

STEP 2 单击“页边距”选项卡，在“页边距”栏中的“上”、“下”、“左”和“右”数值框中均输入文本“2 厘米”，如图3-53所示。

STEP 3 单击“纸张”选项卡，在“纸张大小”下拉列表框中选择“A4”选项，然后单击 确定 按钮确认设置，如图3-54所示。

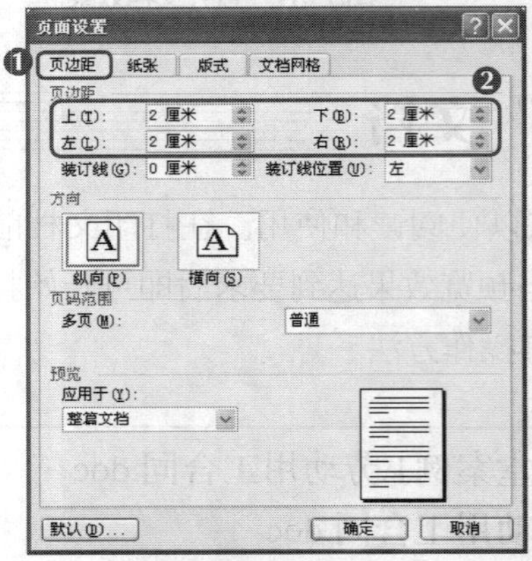

图3-53 设置页边距

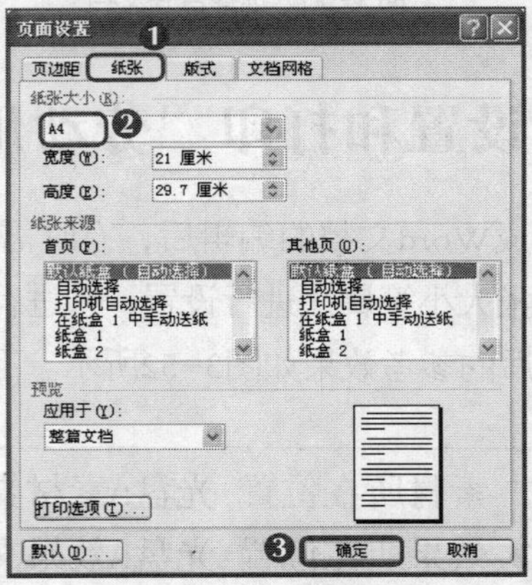

图3-54 设置纸张大小

STEP 4 返回文档编辑区即可查看设置后的页面效果，原来的溢出文本全部在一页中显示，如图3-55所示。

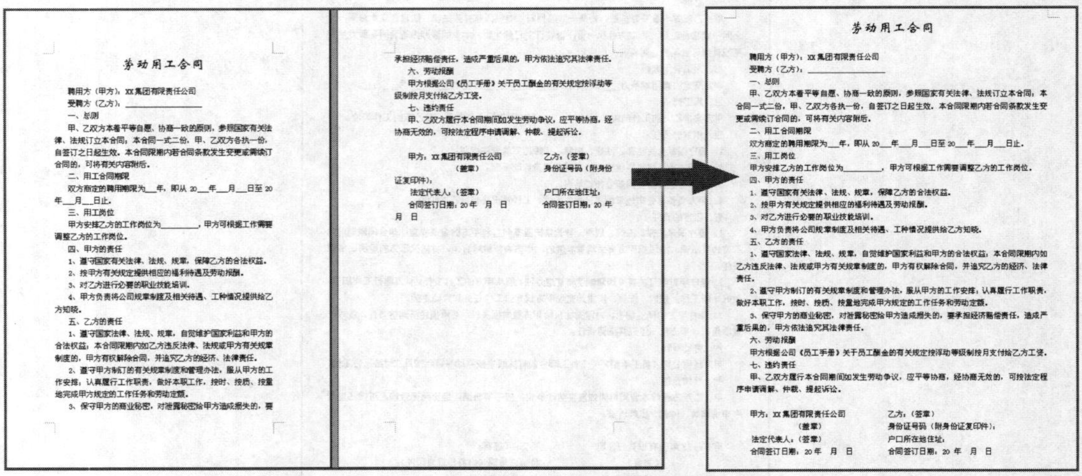

图3-55 页面设置前后效果

3.4.2 打印预览

完成文档页面大小和页边距的设置后，即可进行打印预览，打印预览可帮助用户查看文档的效果，以便及时进行相应设置。下面对“劳动用工合同”文档进行打印预览，其具体操作如下。

STEP 1 选择【文件】/【打印预览】菜单命令，即可进入打印预览状态，如图3-56所示。

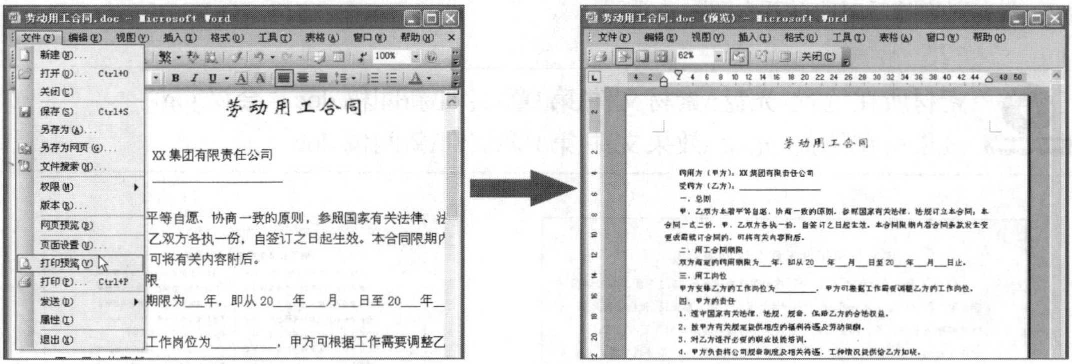

图3-56 进入打印预览状态

STEP 2 在出现的“打印预览”工具栏中单击关闭(C)按钮即可退出预览状态。

3.4.3 进行打印设置并打印文档

打印预览完成后即可进行打印设置并打印文档。打印设置主要包括选择打印机、设置打印机属性、设置打印份数、设定打印范围，以及选择打印方式等内容。下面在“劳动用工合同”文档中进行打印设置，并将文档打印两份，其具体操作如下。

STEP 1 选择【文件】/【打印】菜单命令，打开“打印”对话框，如图3-57所示。

STEP 2 在“打印机”栏中的“名称”下拉列表框中选择可用的打印机，在“副本”栏的“份数”数值框中输入“2”，其他参数保持默认，然后单击确定按钮即可开始打印，如图3-58所示。

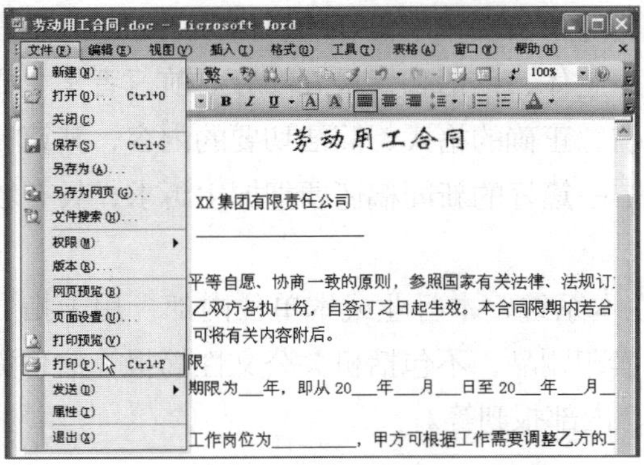

图3-57 选择“打印”命令

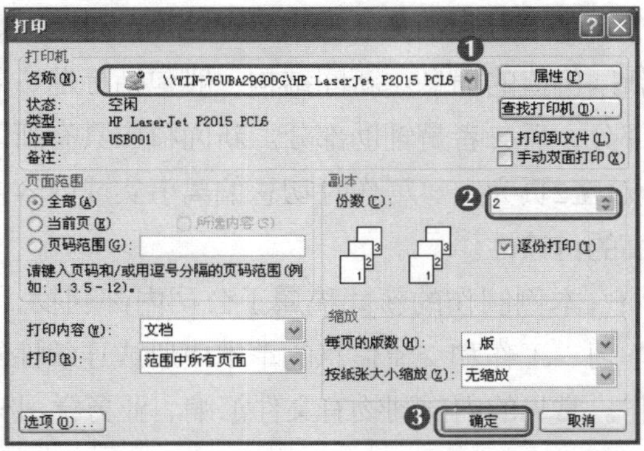

图3-58 进行打印设置

3.5 实训——制作“新闻稿”文档

3.5.1 实训目标

本实训的目标是制作新闻稿文档，需要在文档中插入各对象，并对正文文本进行分栏，然后添加页眉和页脚。在制作时要注意整体风格的统一和颜色的选择，使文档效果更具吸引力。本实训的前后对比效果如图3-59所示。

素材所在位置 光盘:\素材文件\第3章\实训\新闻稿.doc、会议.jpg
效果所在位置 光盘:\效果文件\第3章\实训\新闻稿.doc

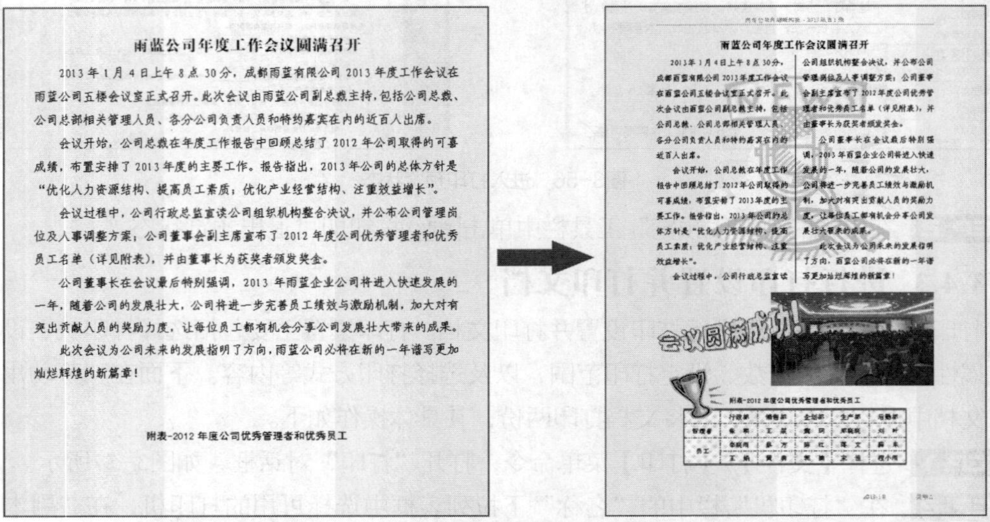

图3-59 新闻稿编辑前后对比效果

3.5.2 专业背景

新闻分为消息、通讯、评论等，是公司、机构等单位发送给传媒的通信渠道，以公布有新闻价值的消息。新闻结构一般包括标题、导语、主体、结语和背景五部分。前三者是主要部分，后二者是辅助部分。新闻稿应具有新闻价值、正确的格式、简洁切要的内容，其篇幅以1至2页为宜。写作时切忌偏离事实或内容空洞。一篇好的新闻稿还要把握主诉求，具有较高的可读性。

本例制作的新闻稿属于公司内部刊物，即在本系统、本行业或本单位内部，用于指导学习、工作和交流信息的单本成册或连续性的非卖印刷品，不包括机关公文性简报等信息资料。常见的内部刊物有文件汇编、业务学习材料、内部报刊等。

3.5.3 操作思路

完成本实训需要先在文档中对正文进行分栏，再插入图片和剪贴画并进行编辑，然后插入表格并进行设置，最后设置页眉和页脚，其操作思路如图3-60所示。

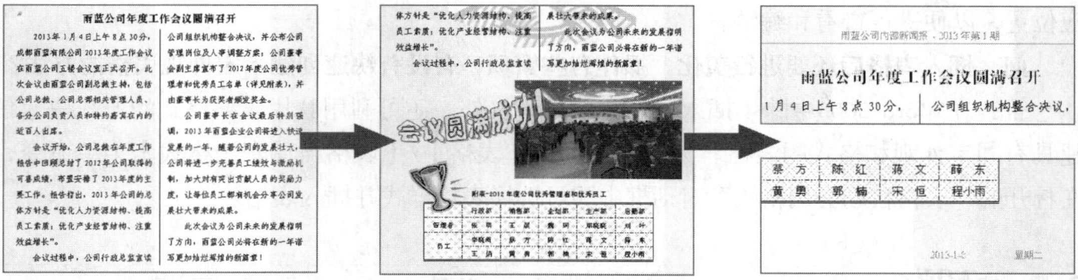

①进行分栏　　②插入对象　　③添加页眉页脚

图3-60　“新闻稿”文档的制作思路

【步骤提示】

STEP 1 打开素材文档“新闻稿.doc”，将正文文本分为两栏。

STEP 2 搜索文本“新闻”并插入第1个剪贴画，将其设置为“冲蚀”效果，并让其“衬于文字下方”显示。

STEP 3 插入素材图片“会议.jpg”，设置为“右对齐”，并将其剪裁为合适大小。

STEP 4 插入倒数第2行倒数第2个样式的艺术字“会议圆满成功！”，格式为“方正琥珀、36号”。将其设置为“浮于文字上方”，并为其填充“蓝色面巾纸”纹理效果。

STEP 5 插入4行6列的表格，输入文本内容，设置单元格内容“中部居中”对齐。

STEP 6 将表格上下边框线设置为“双线”线型，内侧框线设置为第6种线型，然后为表格添加“20%、玫瑰红”图案填充底纹。

STEP 7 搜索并插入关键字文本为“奖杯”的剪贴画，将其设置为“浮于文字上方”。

STEP 8 添加页眉“雨蓝公司内部新闻报－2013年第1期”，页脚“2013-1-8　星期二”。

3.6 疑难解析

问：在打印机没有自动双面打印功能的情况下，如何双面打印Word文档呢？

答：可使用手动双面打印的方法进行打印。打开“打印”对话框，单击选中“手动双面打印”复选框，然后单击[确定]按钮，此时打印机将开始打印奇数页。打印完成后将纸翻转重新放回打印机，即可继续打印偶数页。需要注意的是，进行手动双面打印时，可能会出现背面页序错误的情况，如正面为第1页，但打印出的背面却为文档最后一页偶数页。进行背面打印前将打印顺序设置为逆序打印，即可解决这一问题。方法是在“打印”对话框中单击[选项(O)...]按钮，在打开的对话框中单击选中“逆页序打印”复选框，然后依次单击[确定]按钮即可。

问：文档中的批注和修订内容太多不便于查看，有没有方法让这些内容一目了然呢？

答：可使用“审阅窗格”进行查看。选择【视图】/【工具栏】/【审阅】菜单命令，打开“审阅”工具栏，在其中单击“审阅窗格”按钮，即可在文档编辑区下方打开审阅窗格，在其中将显示文档中所有的批注和修订内容。单击相应的批注和修订内容即可定位到相应位置，以便进行查看和编辑。

问：插入表格后还要进行美化，操作有些繁琐，有没有快速创建指定外观表格的方法？

答：在Word 2003中除了插入表格和绘制表格外，还可利用套用表格格式的方式快速创建具有固定外观和格式的表格。其方法是选择【表格】/【表格自动套用格式】菜单命令，在打开的“表格自动套用格式”对话框中即可选择表格样式并插入表格。

3.7 习题

本章主要介绍了美化和排版Word文档的基本操作，包括在文档中插入图片、剪贴画、艺术字、表格、文本框、脚注、页眉和页脚，以及页码等各种对象，应用和修改样式、分栏排版、使用文档大纲，以及审阅文档的相关知识，读者应加强该部分内容的掌握。

素材所在位置 光盘:\素材文件\第3章\习题\公司简介.doc、1.jpg、2.jpg、3.jpg、4.jpg、5.jpg、6.jpg、调查报告.doc、管理计划.doc

效果所在位置 光盘:\效果文件\第3章\习题\公司简介.doc、调查报告.doc、管理计划.doc

（1）打开“公司简介.doc”文档，将其编辑为如图3-61所示的效果，具体要求如下。

- 在标题位置插入第2行倒数第2个样式的艺术字“公司简介”，字符格式为“汉仪雁翎体简、40号”。
- 在标题下方绘制直线，并将其线型设置为“6 磅”，线条颜色设置为“深青”。
- 在文档中依次插入素材图片“1.jpg”、“2.jpg”、“3.jpg”、“4.jpg”、“5.jpg”、“6.jpg”。

×××有限责任公司 致力打造全国优秀绿色健康榨油品牌

公司简介

公司规模

×××有限责任公司是一家集食品再加工、食品包装、食品销售于一体的现代化大型食品加工企业。公司自 1989 年创建之初起投资 1.2 亿元，兴建了园林化工厂，占地 67 亩，建筑面积达 11 万平方米，在职员工 578 人。厂区采用欧洲统一标准设计建成无死角、90-每 2 小时通风一次的生产车间，并从日本进口了先进的不锈钢加工设备。公司以“管理规范化、生产程序化、现场标准化”为原则，建立了 ISO9001:2000 质量体系，通过了 QS、HACCP 体系认证，先后荣获数十项荣誉，获得了良好的市场口碑和经济效益。

公司理念

公司秉承“卫生为先、质量为本、绿色健康、顾客满意”的经营理念，大胆开拓、锐意进取，开创了纯天然植物油系列、非转基因植物油系列、劲道面粉和粒粒香大米系列等产品，是四川省最大的食品再加工企业之一。

公司与山东、陕西、河北、河南、新疆和内蒙古等顶级农产品生产基地有长期合作关系，以优秀农产品为原料，结合二十余年辉煌的食品加工经

图3-61 “公司简介”文档效果

（2）打开“调查报告.doc”文档，根据图3-62所示的修订，将其编辑为如图3-63所示的效果，要求操作如下。

- 接受文档中对文本做出的修订，然后拒绝对格式进行的修订。
- 根据批注内容修改文档，然后删除文档中的所有批注。

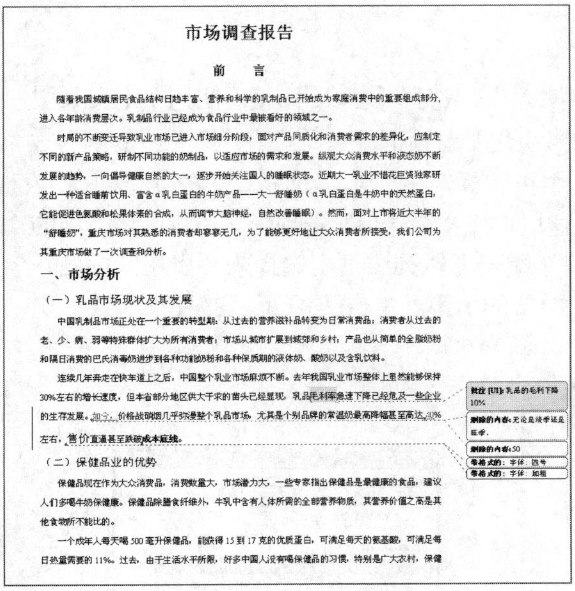

市场调查报告

前　言

随着我国城镇居民食品结构日趋丰富、营养和科学的乳制品已开始成为家庭消费中的重要组成部分，进入各年龄消费层次。乳制品行业已经成为食品行业中最被看好的领域之一。

时局的不断变迁导致乳业市场已进入市场细分阶段，面对产品同质化和消费者需求的差异化，应制定不同的新产品策略，研制不同功能的奶制品，以适应市场的需求和发展。纵观大众消费水平和液态奶不断发展的趋势，一向倡导健康自然的大一，逐步开始关注国人的睡眠状态。近期大一乳业不惜花巨资独家研发出一种适合睡前饮用、富含α乳白蛋白的牛奶产品——大一舒睡奶（α乳白蛋白是牛奶中的天然蛋白，它能促进色氨酸和松果体素的合成，从而调节大脑神经，自然改善睡眠）。然而，面对上市将近大半年的“舒睡奶”，重庆市场对其熟悉的消费者却寥寥无几，为了能够更好地让大众消费者所接受，我们公司为其重庆市场做了一次调查和分析。

一、市场分析

（一）乳品市场现状及其发展

中国乳制品市场正处在一个重要的转型期：从过去的营养滋补品转变为日常消费品；消费者从过去的老、少、病、弱等特殊群体扩大为所有消费者；市场从城市扩展到城郊和乡村；产品也从简单的全脂奶粉和隔日消费的巴氏消毒奶进步到各种功能奶粉和各种保质期的液体奶、酸奶以及含乳饮料。

连续几年奔走在快车道上之后，中国整个乳业市场麻烦不断。去年我国乳业市场整体上虽然能够保持30%左右的增长速度，但本省部分地区供大于求的苗头已经显现，乳品毛利率急速下降已经危及一些企业的生存发展。如今，价格战硝烟几乎弥漫整个乳品市场，尤其是个别品牌的常温奶最高降幅甚至高达40%左右，售价直逼甚至跌破成本底线。

批注 [U1]: 乳品的毛利下降10%

删除的内容: 无论是淡季还是旺季，

删除的内容: 50

带格式的: 字体: 四号

带格式的: 字体: 加粗

（二）保健品业的优势

保健品现在作为大众消费品，消费数量大，市场潜力大，一些专家指出保健品是最健康的食品，建议人们多喝牛奶保健康。保健品除膳食纤维外，牛乳中含有人体所需的全部营养物质，其营养价值之高是其他食物所不能比的。

一个成年人每天喝500毫升保健品，能获得15到17克的优质蛋白，可满足每天的氨基酸，可满足每日热量需要的11%。过去，由于生活水平所限，好多中国人没有喝保健品的习惯，特别是广大农村，保健

图3-62　“调查报告”文档修订

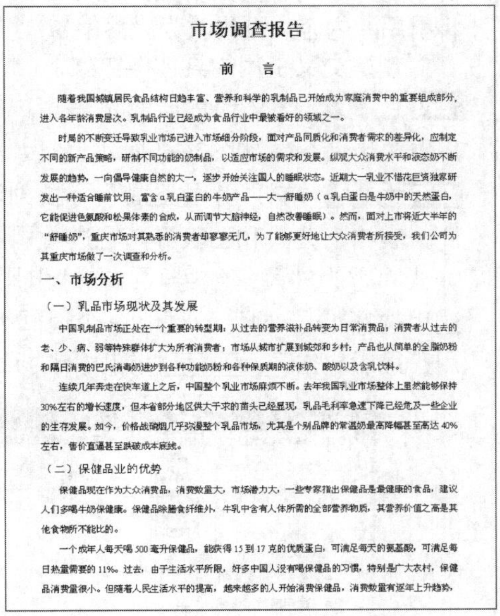

市场调查报告

前　言

随着我国城镇居民食品结构日趋丰富、营养和科学的乳制品已开始成为家庭消费中的重要组成部分，进入各年龄消费层次。乳制品行业已经成为食品行业中最被看好的领域之一。

时局的不断变迁导致乳业市场已进入市场细分阶段，面对产品同质化和消费者需求的差异化，应制定不同的新产品策略，研制不同功能的奶制品，以适应市场的需求和发展。纵观大众消费水平和液态奶不断发展的趋势，一向倡导健康自然的大一，逐步开始关注国人的睡眠状态。近期大一乳业不惜花巨资独家研发出一种适合睡前饮用、富含α乳白蛋白的牛奶产品——大一舒睡奶（α乳白蛋白是牛奶中的天然蛋白，它能促进色氨酸和松果体素的合成，从而调节大脑神经，自然改善睡眠）。然而，面对上市将近大半年的“舒睡奶”，重庆市场对其熟悉的消费者却寥寥无几，为了能够更好地让大众消费者所接受，我们公司为其重庆市场做了一次调查和分析。

一、市场分析

（一）乳品市场现状及其发展

中国乳制品市场正处在一个重要的转型期：从过去的营养滋补品转变为日常消费品；消费者从过去的老、少、病、弱等特殊群体扩大为所有消费者；市场从城市扩展到城郊和乡村；产品也从简单的全脂奶粉和隔日消费的巴氏消毒奶进步到各种功能奶粉和各种保质期的液体奶、酸奶以及含乳饮料。

连续几年奔走在快车道上之后，中国整个乳业市场麻烦不断。去年我国乳业市场整体上虽然能够保持30%左右的增长速度，但本省部分地区供大于求的苗头已经显现，乳品毛利率急速下降已经危及一些企业的生存发展。如今，价格战硝烟几乎弥漫整个乳品市场，尤其是个别品牌的常温奶最高降幅甚至高达40%左右，售价直逼甚至跌破成本底线。

（二）保健品业的优势

保健品现在作为大众消费品，消费数量大，市场潜力大，一些专家指出保健品是最健康的食品，建议人们多喝牛奶保健康。保健品除膳食纤维外，牛乳中含有人体所需的全部营养物质，其营养价值之高是其他食物所不能比的。

一个成年人每天喝500毫升保健品，能获得15到17克的优质蛋白，可满足每天的氨基酸，可满足每日热量需要的11%。过去，由于生活水平所限，好多中国人没有喝保健品的习惯，特别是广大农村，保健品消费量很小。但随着人民生活水平的提高，越来越多的人开始消费保健品，消费数量有逐年上升趋势，

图3-63　“调查报告”文档效果

（3）打开“管理计划.doc”文档，将其编辑为如图3-64所示的效果，要求操作如下。

- 设置起始页码为“0”，然后在文档中插入页码。
- 删除首页中的页码。
- 在第2页中插入目录，要求使用页码而不使用超链接，目录显示级别为“3”。

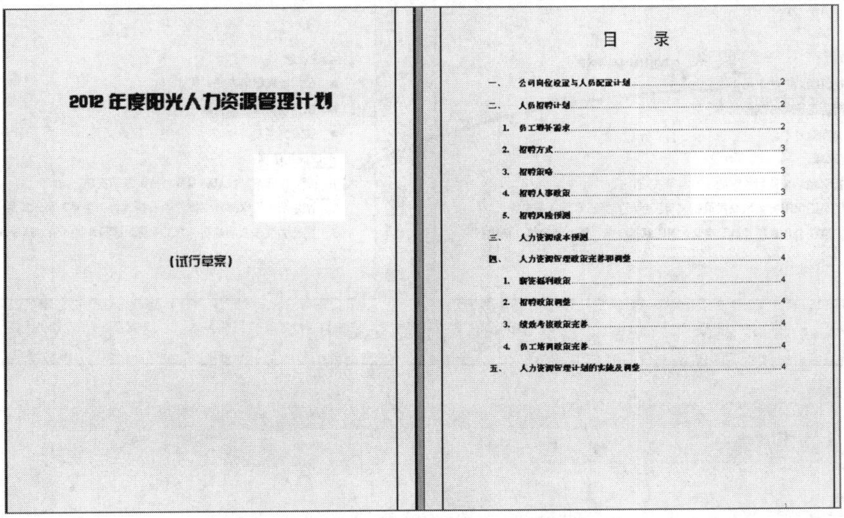

2012年度阳光人力资源管理计划

（试行草案）

目　录

一、　公司岗位设置与人员配置计划……2
二、　人员招聘计划……2
1. 员工增补需求……2
2. 招聘方式……3
3. 招聘策略……3
4. 招聘人事政策……3
5. 招聘风险预测……3
三、　人力资源成本预测……3
四、　人力资源管理政策完善和调整……4
1. 薪资福利政策……4
2. 招聘政策调整……4
3. 绩效考核政策完善……4
4. 员工培训政策完善……4
五、　人力资源管理计划的实施及调整……4

图3-64　“管理计划”文档效果

课后拓展知识

交叉引用是对Word文档中其他位置的内容的引用，例如为标题、脚注、书签、题注和编号段落等创建交叉引用，在论文和报告等类型的文档中十分有用，如在论文中为使用的文献内容交叉引用出处等。创建交叉引用之后，可改变交叉引用的引用内容，如将引用的内容从页码改为段落编号。

创建交叉引用的具体操作如下。

STEP 1 在文档合适的位置定位光标插入点，选择【插入】/【引用】/【交叉引用】菜单命令，如图3-65所示，打开"交叉引用"对话框。

STEP 2 在"引用类型"下拉列表框中可选择对编号项、标题、书签、脚注、尾注、表格、公式和图表等内容进行引用。这里选择"编号项"选项，"引用内容"中的默认内容为"段落编号"，在"引用哪一个编号项"列表框中选择需要引用的标题，这里选择编号"1"，建立一个返回编号"1"的引用。单击 插入(I) 按钮即可建立引用，最后单击 关闭 按钮关闭对话框，如图3-66所示。

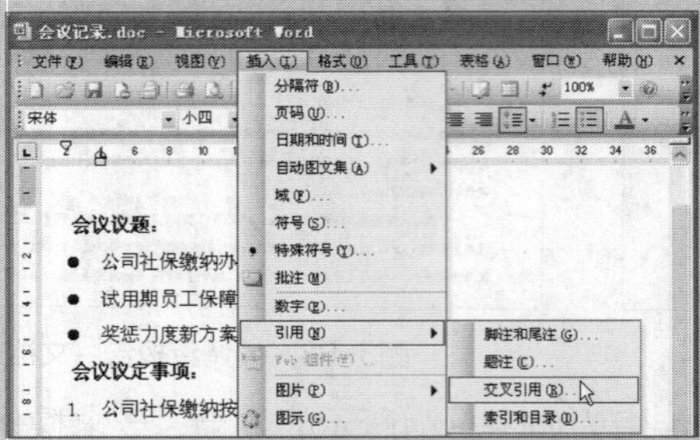

图3-65 选择"交叉引用"命令

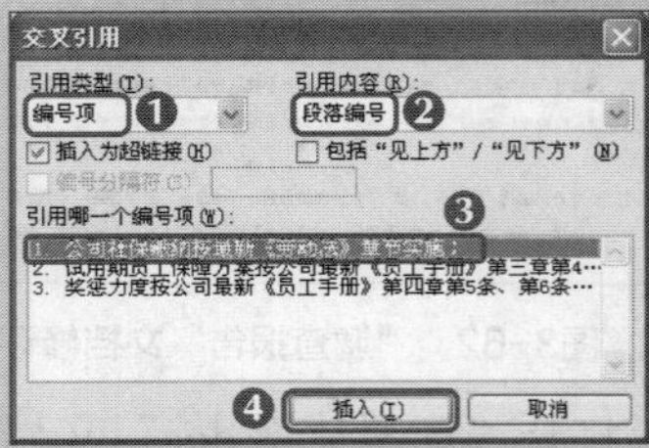

图3-66 设置交叉引用

STEP 3 返回文档编辑区，按住【Ctrl】键不放，同时在创建的引用上单击鼠标左键，即可追踪到所引用的目标位置，如图3-67所示。

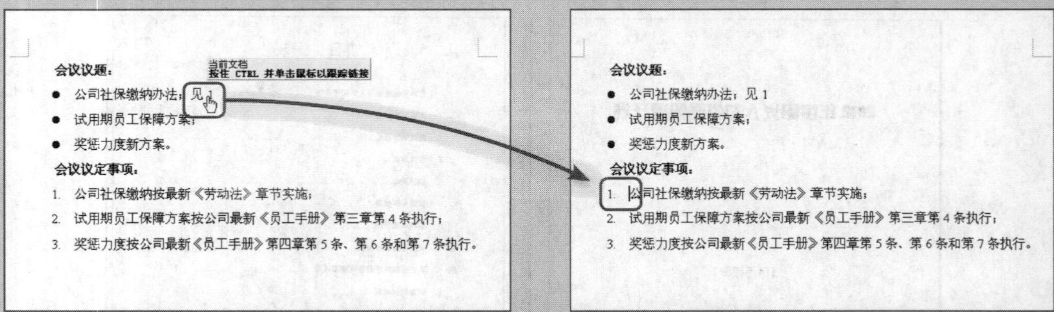

图3-67 追踪交叉引用

PART 4

第4章 Word的邮件合并功能

情景导入

最近公司收发的邮件越来越多，小白向老张请教Word的邮件合并功能，希望能利用该功能减轻收发邮件的工作量。

知识技能目标

- 认识“邮件合并”任务窗格，掌握邮件合并的操作。
- 掌握创建和编辑数据源的相关操作。
- 熟练掌握插入合并域的操作方法。

- 能够使用邮件合并功能批量制作信函。
- 能熟练批量制作信封和标签。

课堂案例展示

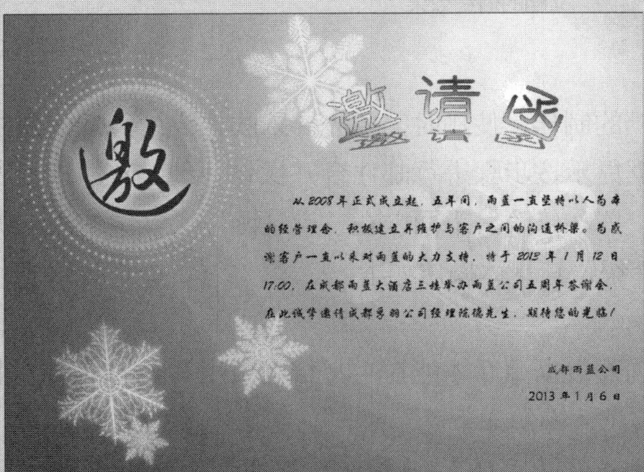

“邀请函”文档效果

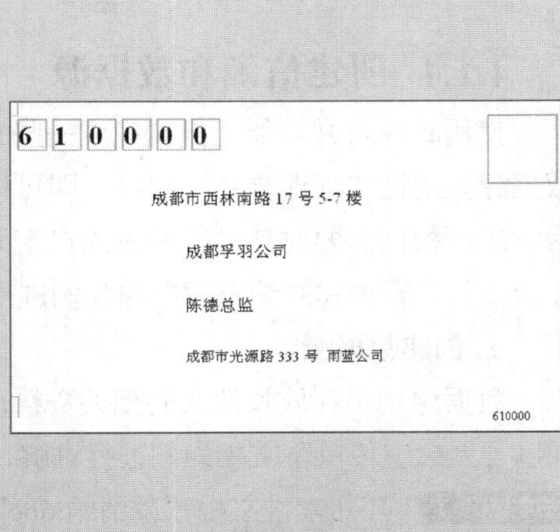

信封效果

4.1 制作与发送信函

在办公过程中，经常遇到需同时发送多份邮件的情况，在多份文档中反复输入大量收件人信息的操作十分繁琐。要完成本例批量制作信函的目标，需使用Word的邮件合并功能。邮件合并功能是指在主文档中批量引用数据源中的数据，生成具有相同格式的内容，并以指定方式进行输出的操作。本例完成后的参考效果如图4-1所示，下面具体讲解其制作方法。

素材所在位置 光盘:\素材文件\第4章\课堂案例\邀请函.doc、收件人.xls
效果所在位置 光盘:\效果文件\第4章\邀请函.doc、信息.mdb、信封.doc

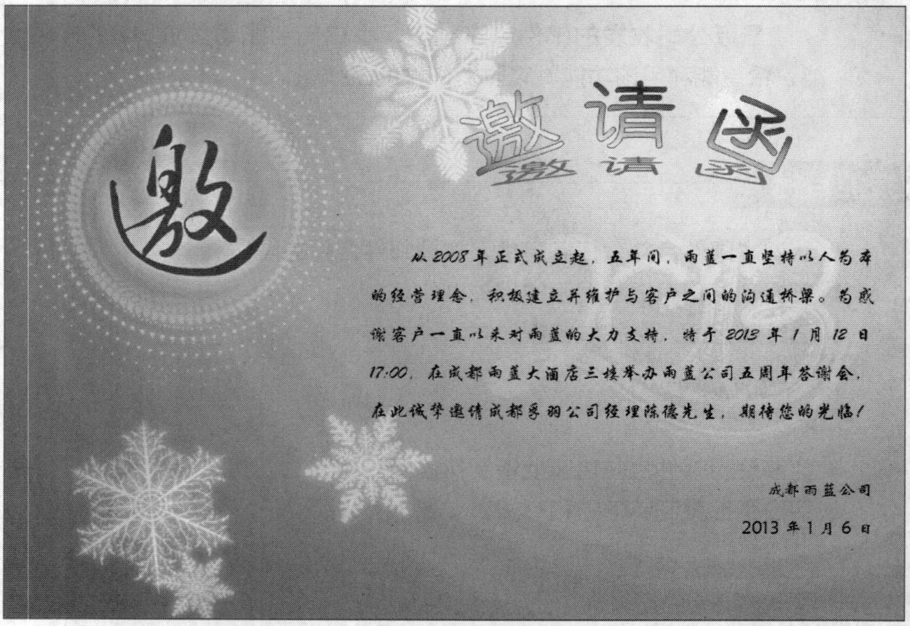

图4-1 “邀请函”文档的最终效果

4.1.1 创建信函和数据源

使用邮件合并功能可批量完成一些文档的制作，使用时需要先导入收件人列表，或新建数据源。通过“邮件合并”向导，即可根据提示按步骤进行邮件合并操作。创建收件人列表后，还可根据需要对其进行相应的自定义设置和修改。下面以在“邀请函”文档中使用“邮件合并”向导创建并编辑数据源为例进行介绍，其具体操作如下。

1. 创建数据源

数据源用于存放收件人的相关资料，创建数据源后才能在主文档中引用其中的信息。下面以“展会宣传单”文档为例进行讲解，其具体操作如下。

STEP 1 打开素材文档“邀请函.doc”，选择【工具】/【信函与邮件】/【邮件合并】菜单命令，如图4-2所示，打开“邮件合并”任务窗格。

STEP 2 在“选择文档类型”栏中单击选中“信函”单选项，在“步骤”栏中单击“下一步：正在启动文档”超链接，如图4-3所示。

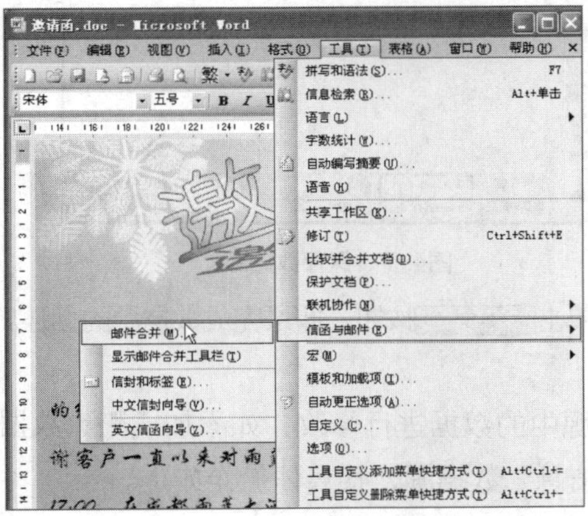

图4-2 选择“邮件合并”命令

图4-3 选择文档类型

STEP 3 在“选择开始文档”栏中保持选中默认的“使用当前文档”单选项，然后单击“下一步：选取收件人”超链接，如图4-4所示。

STEP 4 在“选择收件人”栏中单击选中“键入新列表”单选项，然后单击“下一步：撰写信函”超链接，如图4-5所示。

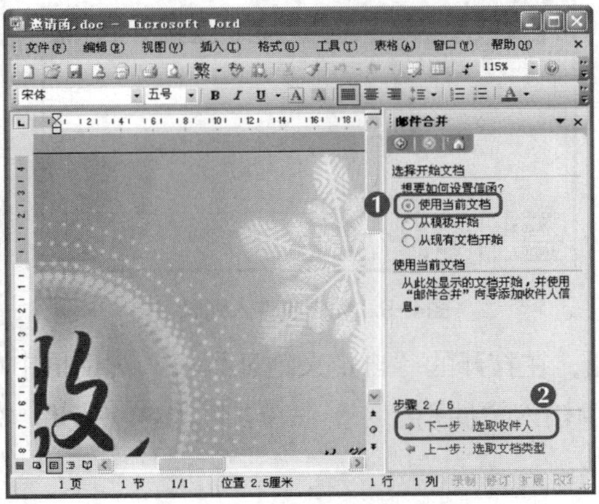

图4-4 选择开始文档

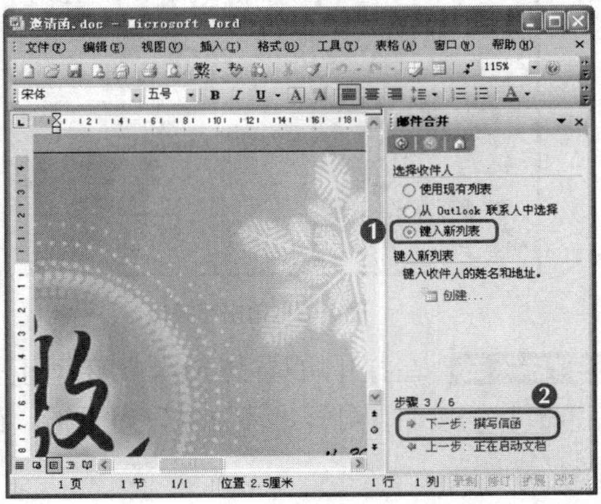

图4-5 选择收件人

STEP 5 在打开的“新建地址列表”对话框中的“职务”文本框中输入第1个收件人的职务“总监”，在“姓氏”文本框中输入“陈”，在“名字”文本框中输入“德”，在“公司名称”文本框中输入“成都孚羽公司”，然后单击新建条目(N)按钮，如图4-6所示。

STEP 6 在新建的条目中输入下一个收件人的信息，然后单击新建条目(N)按钮新建条目，并输入其他收件人的信息，完成后单击关闭按钮。

STEP 7 打开“保存通讯录”对话框，在其中选择数据源的保存位置，输入文件名“信息”，单击保存(S)按钮进行保存，如图4-7所示。

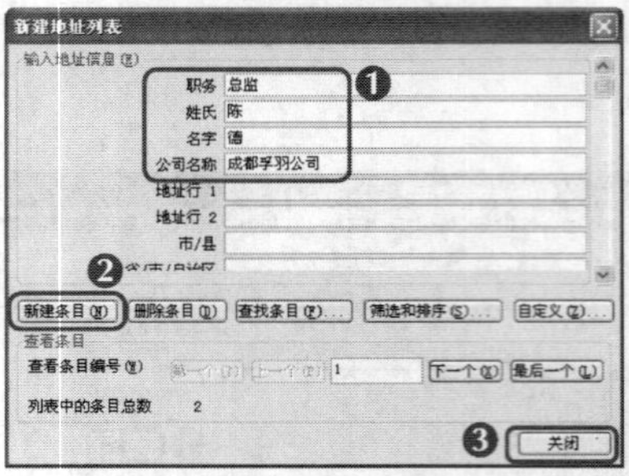

图4-6　输入收件人信息

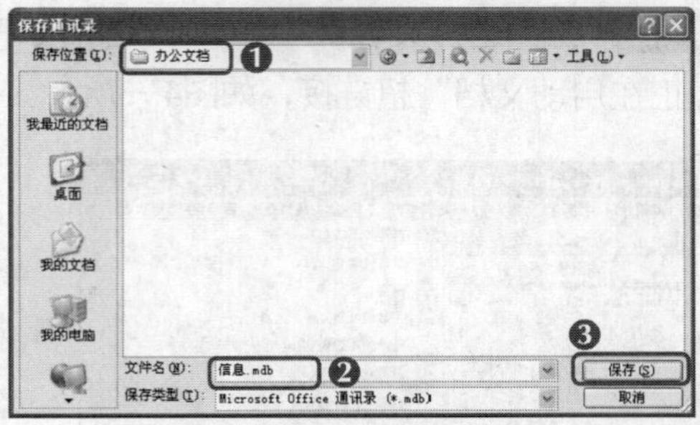

图4-7　保存数据源

STEP 8 在打开的“邮件合并收件人”对话框中单击 确定 按钮，即可完成数据源的创建。

2. 编辑数据源

完成数据源的创建后，还可根据需要对数据源中的数据进行修改，如添加或删除数据列等操作。下面在“邀请函”文档中编辑创建的“信息”数据源，其具体操作如下。

STEP 1 在“邮件合并”任务窗格中的“使用现有列表”栏中单击“编辑收件人列表”超链接，如图4-8所示。

STEP 2 在打开的“邮件合并收件人”对话框中单击 编辑(E)... 按钮，如图4-9所示。

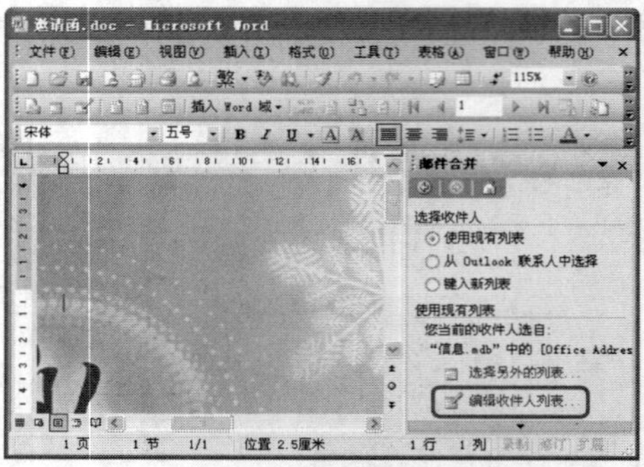

图4-8　单击超链接

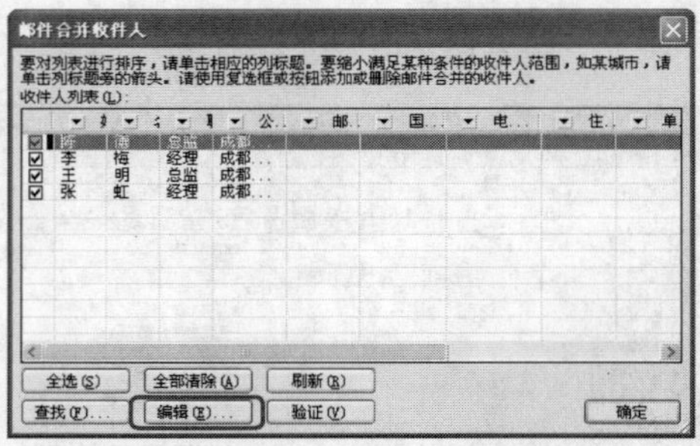

图4-9　编辑收件人列表

STEP 3 在打开的对话框中单击 自定义(Z)... 按钮，在打开的“自定义地址列表”对话框中单击 添加(A)... 按钮，打开“添加域”对话框。在其中输入“性别”，然后单击 确定 按钮，如图4-10所示。

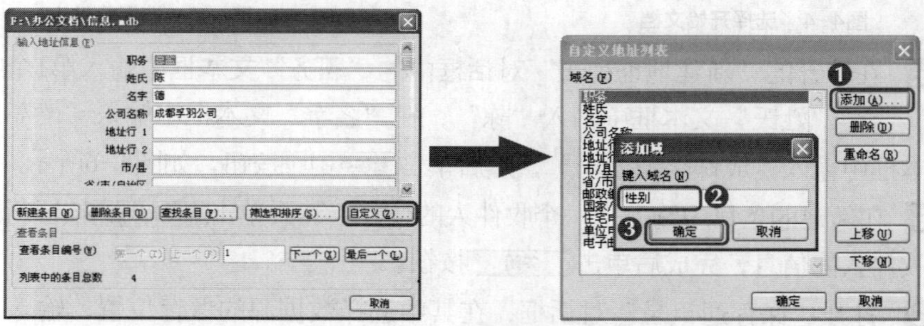

图4-10　自定义地址列表

STEP 4 返回收件人列表对话框，在新添加的“性别”文本框中输入“先生”，然后依次单击[下一个(X)]按钮，输入其他收件人的信息，完成后单击[关闭]按钮，如图4-11所示。

STEP 5 在打开的提示对话框中单击[确定]按钮，返回“邮件合并收件人”对话框，单击[确定]按钮关闭对话框完成数据源的编辑。

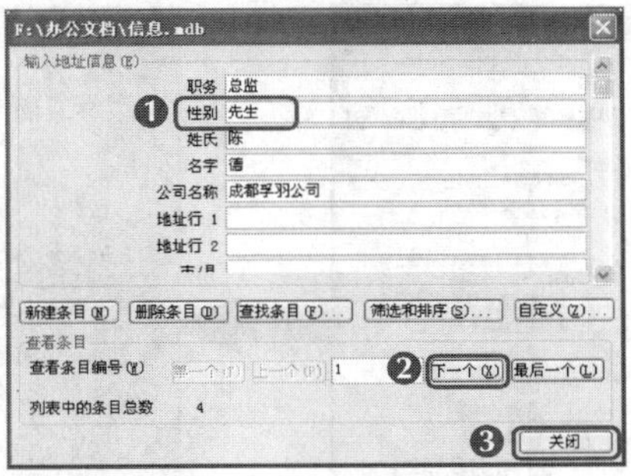

图4-11 输入“性别”信息

4.1.2 用邮件合并合并信函

完成数据源的创建和编辑后，即可在文档的合适位置插入相应的合并域，然后对文档合并效果进行预览，最后将文件以指定形式输出。

1. 插入合并域

在文档中的合适位置插入合并域可避免重复输入收件人信息的操作，即使用数据源中的信息自动为每个收件人生成相应的文档。下面在“邀请函”文档中插入合并域，其具体操作如下。

STEP 1 在“邮件合并”任务窗格中的“步骤”栏中单击“下一步：撰写信函”超链接，然后在“撰写信函”栏中单击“其他项目”超链接。

STEP 2 在打开的“插入合并域”对话框中单击选中“数据库域”单选项，在“域”列表框中选择“公司名称”选项，单击[插入(I)]按钮插入域，如图4-12所示，单击[关闭]按钮关闭对话框。

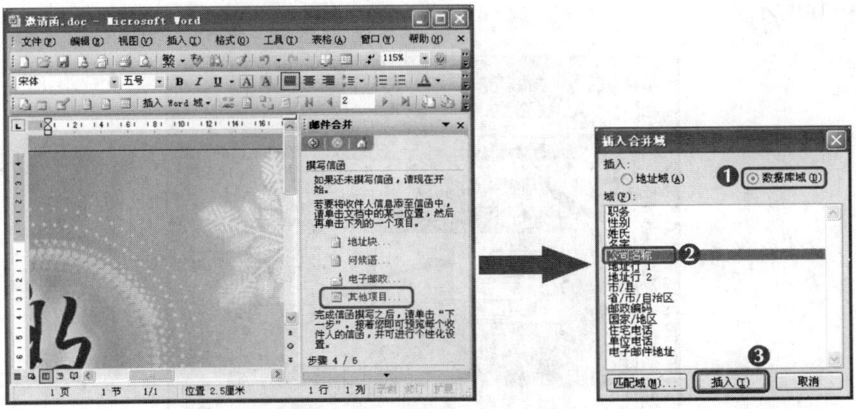

图4-12 插入“公司名称”域

STEP 3 分别在文本“（职务）”、“（姓名）”和“（性别）”的位置插入相应的合并域，要注意在“（姓名）”的位置要分别插入“姓氏”和“名字”两个合并域。

STEP 4 完成后在“邮件合并”任务窗格中单击“下一步：预览信函”超链接，即可预览邮件合并的效果，如图4-13所示。

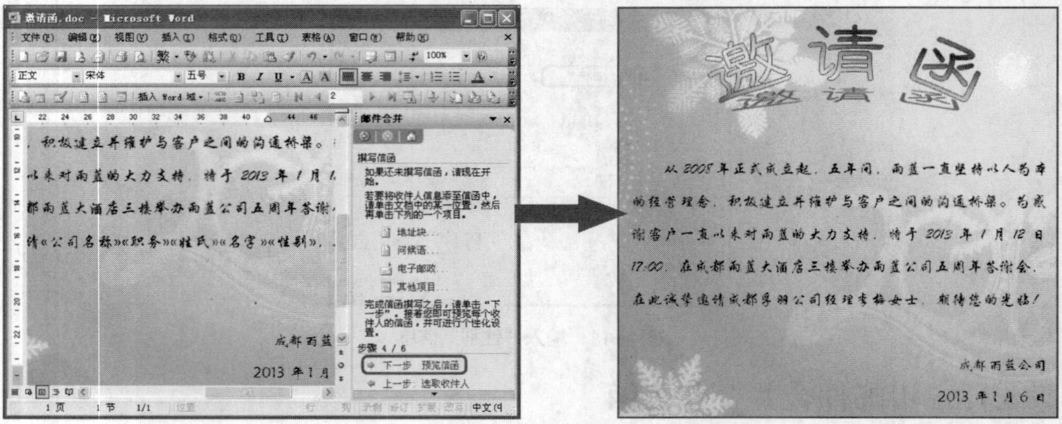

图4-13　预览信函

> **多学一招**
>
> 在“邮件合并”任务窗格中单击«按钮和»按钮，可逐一查看每个收件人的合并效果，单击 排除此收件人 按钮可将当前记录从收件人中排除。

2. 合并并打印信函

完成数据源和合并域的相关操作，并对合并效果进行查看确认无误后，即可进行合并输出操作。输出方式有合并到新文档、打印文档、通过电子邮件发送文档和通过传真发送文档等。下面以将“邀请函”文档合并到打印机进行打印输出为例进行介绍，其具体操作如下。

STEP 1 在“邮件合并”任务窗格中单击“完成合并”超链接，然后单击“打印”超链接，在打开的“合并到打印机”对话框中单击选中“全部”单选项，然后单击 确定 按钮，如图4-14所示。

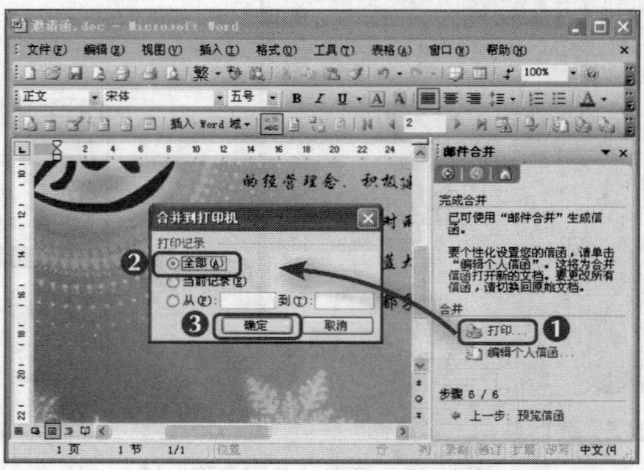

图4-14　合并到打印机

STEP 2 在打开的“打印”对话框中保持默认设置，单击 确定 按钮即可打印。

> **职业素养** 邀请函是公务场合中广泛使用的一种文书形式，是一种重要的商业社交方式。书写时应根据具体场合、内容和对象，认真措词，应尽量选用较平易通俗的语句，显得亲切热情，切忌语言的乏味和浮华。

3. 制作信封

将邀请函制作完成并打印后，还需制作相应的信封以供邮寄。在Word 2003中可单独制作信封，也可使用信封制作向导批量制作信封。下面以批量制作中文信封为例进行讲解，其具体操作如下。

STEP 1 选择【工具】/【信函与邮件】/【中文信封向导】菜单命令，在打开的“信封制作向导”对话框中单击 下一步(N)> 按钮，如图4-15所示。

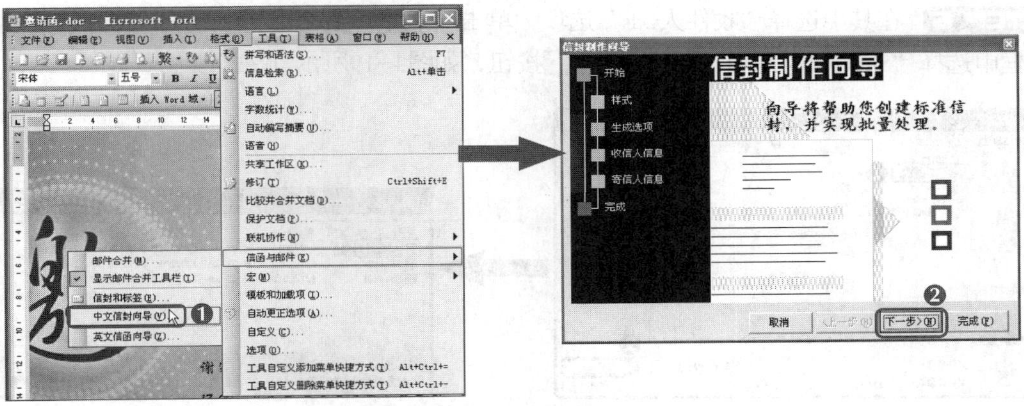

图4-15 打开信封制作向导

STEP 2 在打开的“请选择标准信封样式”对话框中的“信封样式”下拉列表框中选择“普通信封2：（176 × 110 毫米）”选项，然后单击 下一步(N)> 按钮，如图4-16所示。

STEP 3 在打开的“怎样生成这个信封”对话框中单击选中“以此信封为模板，生成多个信封”单选项，然后单击 下一步(N)> 按钮，如图4-17所示。

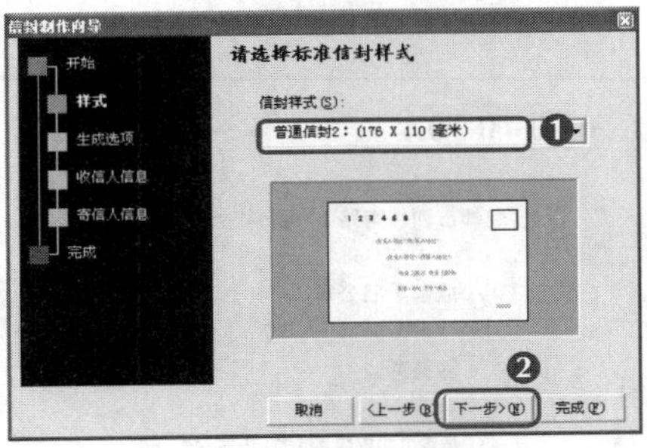

图4-16 选择信封样式

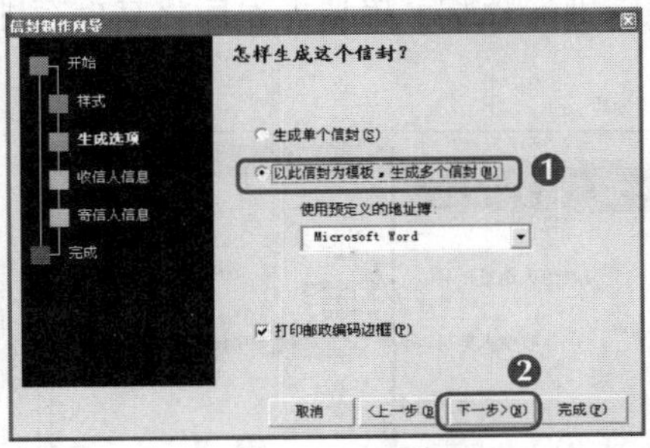

图4-17 选择生成方式

STEP 4 在打开的对话框中单击 完成(F) 按钮，退出信封制作向导。此时Word编辑区中将自动新建文档并在其中生成信封，如图4-18所示。

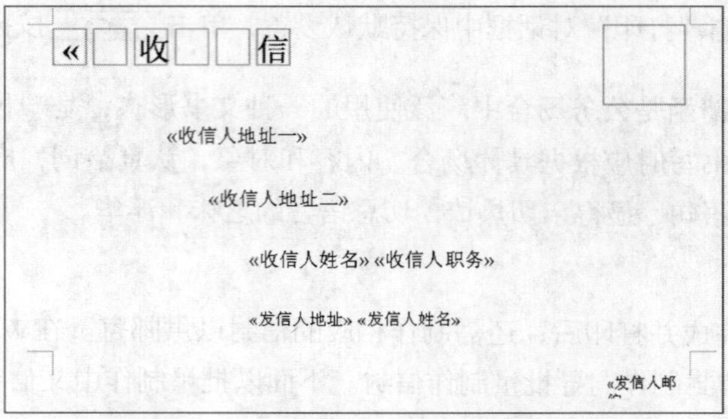

图4-18　生成的信封效果

STEP 5 将其以“信封”为名进行保存，然后在“邮件合并”工具栏中单击“打开数据源”按钮，打开“选取数据源”对话框。

STEP 6 在其中选择“收件人.xls”选项，单击 打开(O) 按钮。在打开的“选择表格”对话框中选择“Sheet1$”选项，单击 确定 按钮，如图4-19所示。

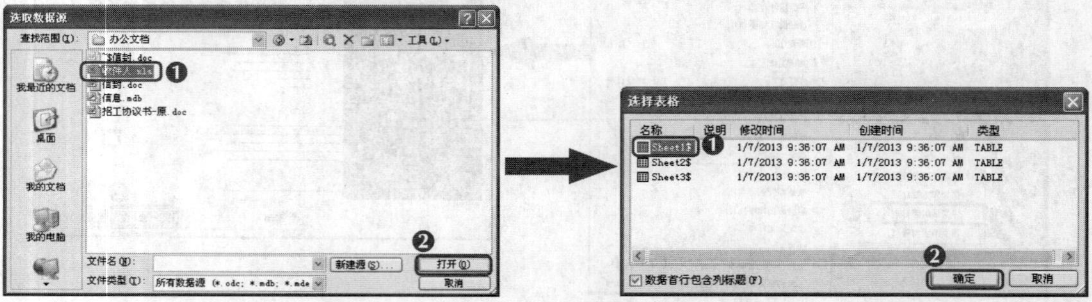

图4-19　导入数据源

STEP 7 选中邮编框中的“收信”域，在“邮件合并”工具栏中单击“插入域”按钮，打开“插入合并域”对话框，在“域”列表框中选择“邮政编码”选项，单击 插入(I) 按钮插入域，如图4-20所示，最后单击 关闭 按钮关闭对话框。

STEP 8 按照相同的方法在其他域的位置重新插入表格中的数据域，效果如图4-21所示。最后进行预览，确认无误后将其保存即可。

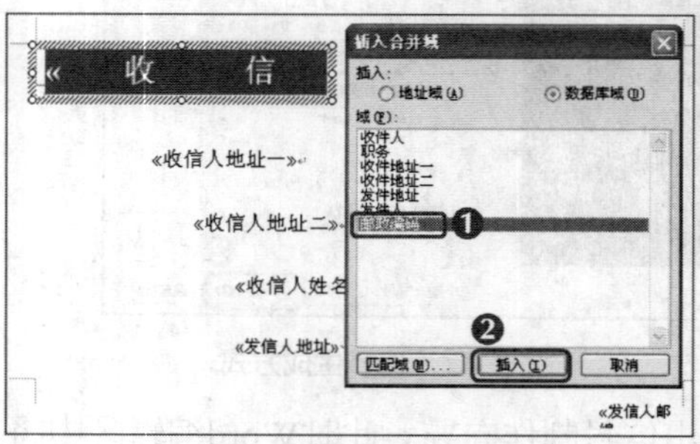

图4-20　插入“邮政编码”域

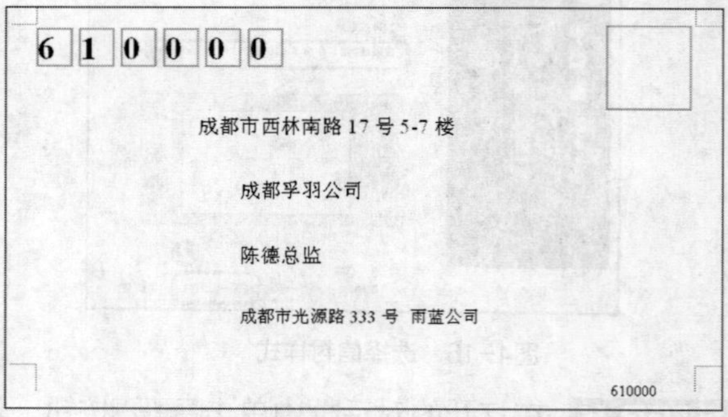

图4-21　信封的最终效果

4.2 实训——批量创建录用通知书

4.2.1 实训目标

本实训的目标是批量制作通知单，制作过程中需要使用邮件合并功能。在创建数据源时要注意数据的正确性，插入域时要避免插入无效的域。本实训的最终效果如图4-22所示。

素材所在位置 光盘:\素材文件\第4章\实训\录用通知书.doc
效果所在位置 光盘:\效果文件\第4章\实训\录用通知书.doc

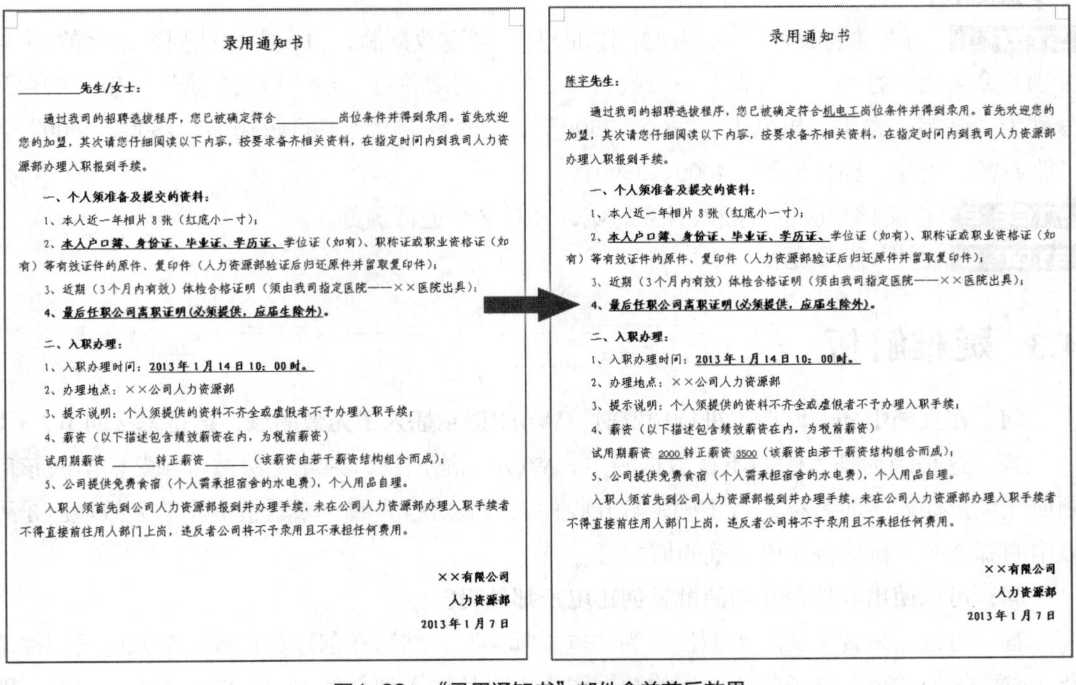
录用通知书

________先生/女士：

通过我司的招聘选拔程序，您已被确定符合________岗位条件并得到录用。首先欢迎您的加盟，其次请您仔细阅读以下内容，按要求备齐相关资料，在指定时间内到我司人力资源部办理入职报到手续。

一、个人须准备及提交的资料：

1、本人近一年相片8张（红底小一寸）；

2、本人户口簿、身份证、毕业证、学历证、学位证（如有）、职称证或职业资格证（如有）等有效证件的原件、复印件（人力资源部验证后归还原件并留取复印件）；

3、近期（3个月内有效）体检合格证明（须由我司指定医院——××医院出具）；

4、最后任职公司离职证明(必须提供，应届生除外)。

二、入职办理：

1、入职办理时间：2013年1月14日10：00时。

2、办理地点：××公司人力资源部

3、提示说明：个人须提供的资料不齐全或虚假者不予办理入职手续；

4、薪资（以下描述包含绩效薪资在内，为税前薪资）

试用期薪资______转正薪资______（该薪资由若干薪资结构组合而成）；

5、公司提供免费食宿（个人需承担宿舍的水电费），个人用品自理。

入职人须首先到公司人力资源部报到并办理手续，未在公司人力资源部办理入职手续者不得直接前往用人部门上岗，违反者公司将不予录用且不承担任何费用。

××有限公司
人力资源部
2013年1月7日

录用通知书

陈宇先生：

通过我司的招聘选拔程序，您已被确定符合机电工岗位条件并得到录用。首先欢迎您的加盟，其次请您仔细阅读以下内容，按要求备齐相关资料，在指定时间内到我司人力资源部办理入职报到手续。

一、个人须准备及提交的资料：

1、本人近一年相片8张（红底小一寸）；

2、本人户口簿、身份证、毕业证、学历证、学位证（如有）、职称证或职业资格证（如有）等有效证件的原件、复印件（人力资源部验证后归还原件并留取复印件）；

3、近期（3个月内有效）体检合格证明（须由我司指定医院——××医院出具）；

4、最后任职公司离职证明(必须提供，应届生除外)。

二、入职办理：

1、入职办理时间：2013年1月14日10：00时。

2、办理地点：××公司人力资源部

3、提示说明：个人须提供的资料不齐全或虚假者不予办理入职手续；

4、薪资（以下描述包含绩效薪资在内，为税前薪资）

试用期薪资 2000 转正薪资 3500（该薪资由若干薪资结构组合而成）；

5、公司提供免费食宿（个人需承担宿舍的水电费），个人用品自理。

入职人须首先到公司人力资源部报到并办理手续，未在公司人力资源部办理入职手续者不得直接前往用人部门上岗，违反者公司将不予录用且不承担任何费用。

××有限公司
人力资源部
2013年1月7日

图4-22 “录用通知书”邮件合并前后效果

4.2.2 专业背景

录用通知书是公司开展招聘活动后，对应聘者进行筛选，然后给最终决定录用的应聘者发送的通知。公司发送给被录用者的通知书一般需要包含称呼、录用信息、注意事项、落款、日期等部分，并清楚地告知录用岗位，特别注意不要遗漏录用时间。

现在大多数公司都会采用网上招聘的形式，应聘者经过面试、笔试等一系列考核后，合格后便会收到招聘单位发来的录用消息，现在使用最多的方式是电子邮件。

4.2.3 操作思路

完成本实训的制作可在“邮件合并”任务窗格中根据提示步骤进行操作，也可打开“邮件合并”工具栏，在其中单击相应按钮进行操作。其操作思路如图4-23所示。

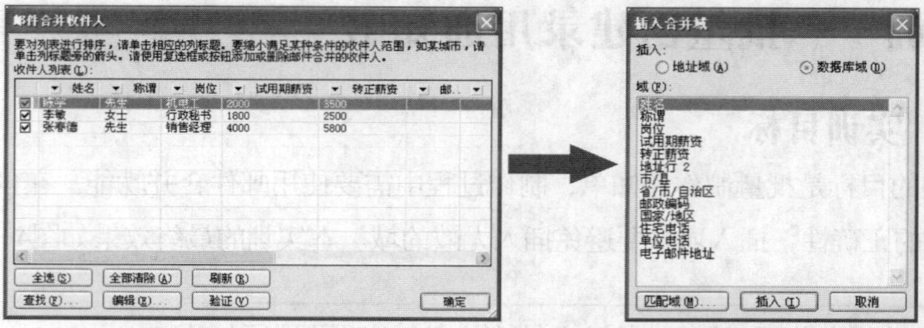

①创建数据源　　②插入域

图4-23　“录用通知书”的制作思路

【步骤提示】

STEP 1　打开素材文档“录用通知书.doc”，创建数据源，自定义地址列表，将前5个域分别重命名为“姓名”“称谓”、“岗位”、“试用期薪资”和“转正薪资”。输入的信息分别为“陈宇、先生、机电工、2000、3500”、“李敏、女士、行政秘书、1800、2500”、“张春德、先生、销售经理、4000、5500”。

STEP 2　在文档相应位置插入对应的域，并对文档进行预览。

STEP 3　进行打印输出。

4.3　疑难解析

问：在文档中插入域后，进行预览时，Word提示插入了无效的域，这是怎么回事？

答：这是因为插入的域不在数据源中，Word无法识别，因此无法进行预览。解决该问题应先检查插入的域名称是否正确，打开收件人列表进行查看，查看被提示的无效域应是列表中的哪个域，将其替换成正确的域即可。

问：可以使用邮件合并功能批量创建电子邮件吗？

答：可以。只要将文档类型设置为“电子邮件”，然后在创建数据源时输入电子邮件地址，或事先创建带有电子邮件地址的数据源，再将其导入到文档中。完成文档的撰写后，即可根据数据源中的电子邮件地址将其发送。

问：怎么将邮件合并主文档恢复为常规文档？

答：打开主文档，在“邮件合并”工具栏中单击“设置文档格式”按钮。在打开的“主文档类型”对话框中单击选中“普通Word文档”单选项，然后单击 确定 按钮确认设置即可。

问：可不可以让Word默认寄信人地址，避免每次都输入相同的寄信人地址？

答：可以，选择【工具】/【选项】菜单命令，打开“选项”对话框。单击“用户信息”选项卡，在“通讯地址”文本框中输入寄信人的地址。以后打印信封时，指定的地址将自动出现在“信封和标签”对话框“信封”选项卡中的“寄信人地址”框中。需要注意，不要在该对话框中单击选中“省略”复选框。

4.4 习题

本章主要介绍了美化和排版文档的相关操作，包括在Word文档中添加对象、应用样式、分栏排版、使用大纲、添加页眉和页脚、提取目录、批注和修订，以及比较并合并文档等知识。

素材所在位置 光盘:\素材文件\第4章\习题\标签.doc、通讯录.xls
效果所在位置 光盘:\效果文件\第4章\习题\单个信封.doc、标签.doc

（1）新建空白文档，选择【工具】/【信函与邮件】/【信封和标签】菜单命令，在对话框中输入收件人和寄件人信息，生成如图4-24所示的信封。

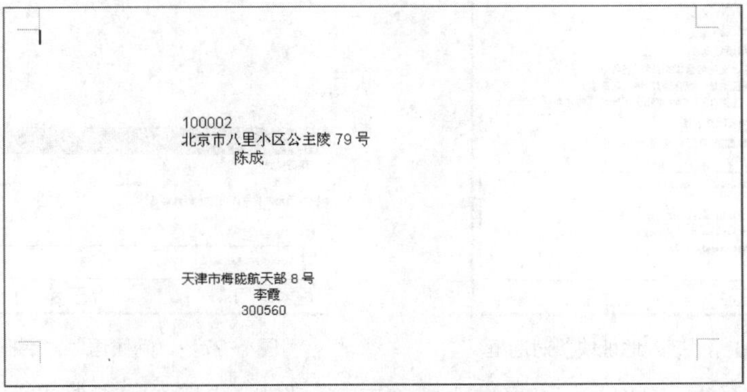

图4-24 单个信封的效果

（2）新建文档，制作如图4-25所示的标签，要求操作如下。

- 使用“邮件合并”任务窗格创建默认格式的标签，并导入数据源“通讯录.xls”。
- 在标签中插入相应的合并域，然后更新所有标签。
- 打印1~3条记录。

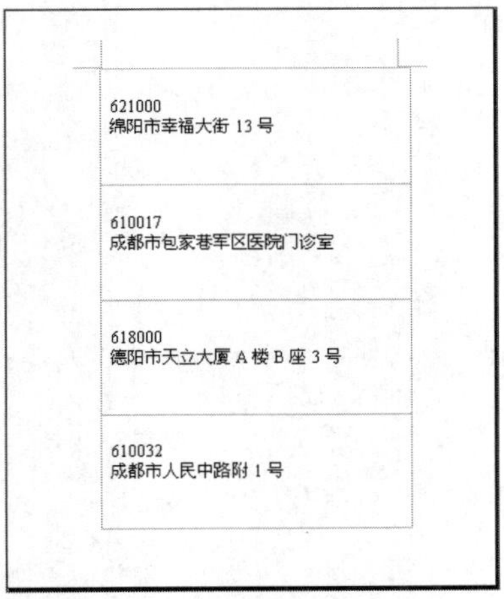

图4-25 标签效果

课后拓展知识

在使用邮件合并域撰写文档时，可在文档中插入按照英语的语法和语序设置的地址块和问候语。

- 在“撰写信函”栏中单击“地址块”超链接。打开“插入地址块”对话框，如图4-26所示。在该对话框中Word使用两个合并域插入收件人的基本信息。
- 在“撰写信函”栏中单击“问候语”超链接，打开“问候语”对话框，如图4-27所示。在该对话框中用户可以自定义称呼和姓名格式等。

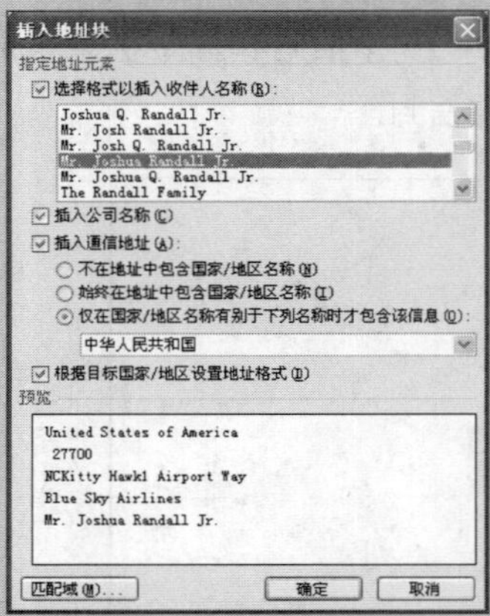

图4-26 “插入地址块”对话框

图4-27 “问候语”对话框

需要注意的是，地址块和问候语域都有其缺陷，其基本的编制方法完全按照英语的语法和语序来进行设置，如问候语中的{{{{GreetingLine}}}}域，在邮件中显示出来就是“尊敬的：科长 张”，这样不仅看起来别扭，而且不符合汉语习惯。

PART 5

第5章 Excel基本操作

情景导入

因为工作的需要，小白最近一直在使用Excel制作表格。今天一早，老张就给小白交代了两个任务，小白听后马上着手制作了起来。

知识技能目标

- 熟悉Excel 2003的工作窗口。
- 掌握工作簿、工作表和单元格的基本操作。
- 掌握表格中数据的输入和编辑方法。

- 能够使用Excel 2003制作常见的表格。

课堂案例展示

员工通讯录

工号	姓名	性别	职位	所属科室	家庭住址	联系电话
40001	蒋强	男	副总经理	总经理办	砖里巷13号	13753***211
40002	王东	男	总经理助理	总经理办	一环路三段7号	15822***006
40003	王好明	女	行政人员	行政办	张家沟78号	13145***168
40004	张玉	女	行政人员	行政办	下河乡6组8号	13955***969
40005	李小琴	男	销售人员	销售科	乔嘉涧41号	13425***571
40006	罗松	男	销售主管	销售科	砖里巷23号	15955***672
40007	张龙	男	采购人员	采购科	一环路三段9号	13532***573
40008	杨洋	男	采购人员	采购科	张家沟9号	13525***301
40009	伍锐	男	工人	厂房	下河乡3组9号	15921***576
40010	杨伟	男	工人	厂房	五里河6号	13684***477
40011	陈勇方	男	工人	厂房	乔嘉涧45号	13545***572
40012	胡乐	女	工人	厂房	三环路三段71号	13585***580
40013	刘琴	女	工人	厂房	十里坡89号	13617***281
40014	李小小	女	工人	厂房	乔嘉涧22号	18049***687

“通讯录”表格效果

产品订单

产品种类	数量	单位	产品单价	总价
钢笔	50	支	￥5.00	￥250.00
水笔芯	100	支	￥1.00	￥100.00
铅笔	20	支	￥2.00	￥40.00
橡皮	25	块	￥1.00	￥25.00
直尺	20	把	￥2.50	￥50.00
打印纸	60	包	￥40.00	￥2,400.00
订书机	15	个	￥12.00	￥180.00
笔筒	12	个	￥10.00	￥120.00
合计				￥3,165.00

“产品订单”表格效果

5.1 新建“通讯录”表格

本例要求制作一个基本的表格，需要使用Excel的基本功能，包括工作簿、工作表和单元格的一些基本操作，如新建、选择、保存、打开和删除工作簿、工作表、单元格等知识。本例完成后的参考效果如图5-1所示，下面具体讲解其制作方法。

效果所在位置 光盘:\效果文件\第5章\通讯录.xls

员工通讯录						
工号	姓名	性别	职位	所属科室	家庭住址	联系电话
40001	蒋强	男	副总经理	总经理办	砖里巷13号	13753***211
40002	王东	男	总经理助理	总经理办	一环路三段7号	15822***006
40003	王好明	女	行政人员	行政办	张家沟78号	13145***168
40004	张玉	女	行政人员	行政办	下河乡6组8号	13955***969
40005	李小琴	男	销售人员	销售科	乔嘉涧41号	13425***571
40006	罗松	男	销售主管	销售科	砖里巷23号	15955***672
40007	张龙	男	采购人员	采购科	一环路三段9号	13532***573
40008	杨洋	男	采购人员	采购科	张家沟9号	13525***301
40009	伍锐	男	工人	厂房	下河乡3组9号	15921***576
40010	杨伟	男	工人	厂房	五里河6号	13684***477
40011	陈勇方	男	工人	厂房	乔嘉涧45号	13545***572
40012	胡乐	女	工人	厂房	三环路三段71号	13585***580
40013	刘琴	女	工人	厂房	十里坡89号	13617***281
40014	李小小	女	工人	厂房	乔嘉涧22号	18049***687

图5-1 Excel 2003工作界面

5.1.1 Excel 2003工作界面

Excel 2003的操作界面与Word 2003操作界面相比，标题栏、菜单栏、工具栏、任务窗格和状态栏等部分的功能和操作方法大致相同，不同的是编辑区变为了一个个的小方格（即单元格），增加了行号和列标，有其特有的工作表标签，增加了一个数据编辑栏，工具栏中的按钮也有所不同，如图5-2所示。

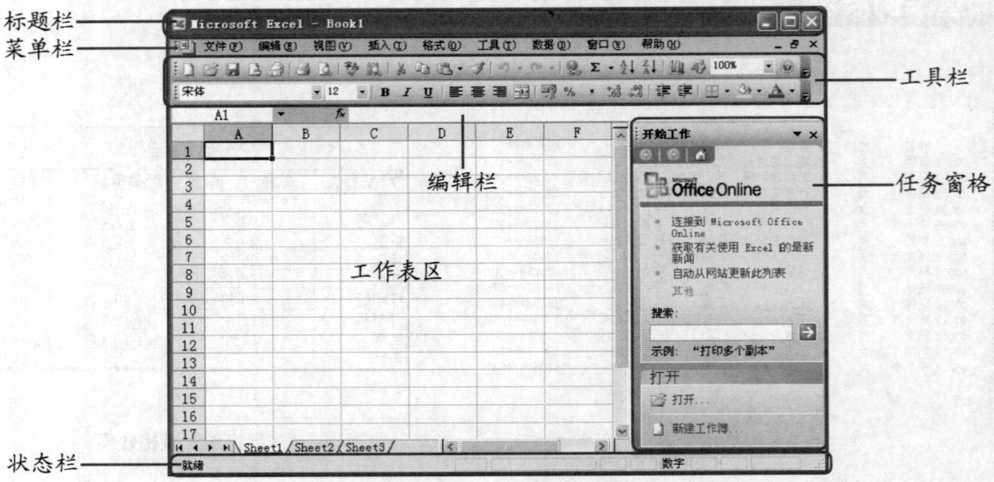

图5-2 Excel 2003工作界面

1. 编辑栏

编辑栏由名称框、编辑按钮和编辑区组成，如图5-3所示。

图5-3 编辑栏

- **名称框**：主要用于显示当前单元格或单元格区域的名称，还可用于定位单元格或单元格区域。
- **编辑区**：用于输入或显示各种数据。
- **编辑按钮**：单击“插入函数”按钮fx将打开“插入函数”对话框；单击“取消”按钮×可以取消编辑区中输入的数据；单击“输入”按钮✓可确认输入的数据。

2. 工作表区

工作表区是Excel 2003工作窗口中最重要的组成部分，主要由单元格、行号、列标、工作表标签和标签滚动按钮组等组成，如图5-4所示。

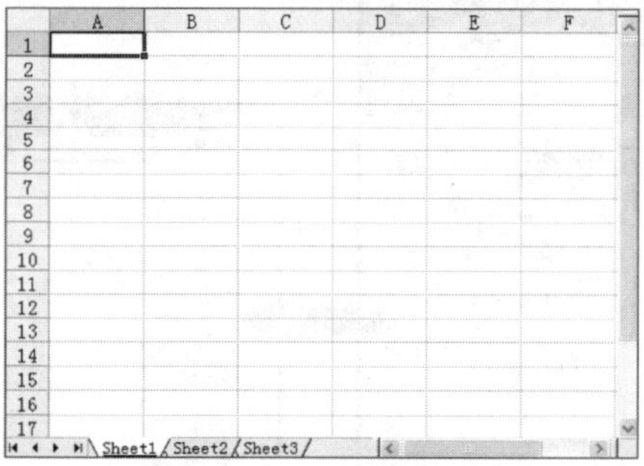

图5-4 工作表区

- **单元格**：存储数据最小的单位，可以在其中输入数据或公式等。
- **行号**：位于工作表区的最左侧，主要用于定位单元格的位置，它用数字显示，总共65536行。
- **列标**：位于工作表区的最上方，主要用于定位单元格的位置，它用英文字母显示，总共256列。
- **工作表标签**：Excel 2003默认包含3张工作表，其名称分别为“Sheet1”、“Sheet2”和“Sheet3”，显示这些工作表名称的区域就叫做工作表标签。
- **标签滚动按钮组**：位于工作表标签的左侧，由4个按钮组成，主要用于切换工作表。单击◂按钮可以切换到第一张工作表；单击◂按钮可以切换到当前工作表的上一张工作表；单击▸按钮可以切换到当前工作表的下一张工作表；单击▸按钮可以切换到最后一张工作表。

> **知识提示**
> Excel工作表区中的矩形小方格就是单元格，它是组成Excel表格和存储数据的最小单位，Excel中的所有数据都将存储和显示在单元格内。所有单元格组合在一起就构成了一个工作表，而多张工作表又构成了工作簿。

5.1.2 创建和保存工作簿

工作簿是计算和储存数据的场所，每一个工作簿可以包含多张工作表，工作簿的新建、打开、保存和关闭等基本操作与Word文档的新建、打开、保存和关闭的操作方法相同。

STEP 1 启动Excel 2003，选择【文件】/【新建】菜单命令，打开“新建工作簿”任务窗格，在“新建”栏中单击“空白工作簿”超链接。

> 知识提示
>
> 启动Excel 2003后，会自动新建一个名为“Book 1”的空白工作簿；在“常用”工具栏中单击“新建”按钮，可直接新建一个空白的工作簿。

STEP 2 选择【文件】/【保存】菜单命令，打开“另存为”对话框，在“保存位置”下拉列表框中选择工作簿的保存位置，在“文件名”下拉列表框中输入“通讯录.xls”，然后单击 保存(S) 按钮，如图5-5所示。

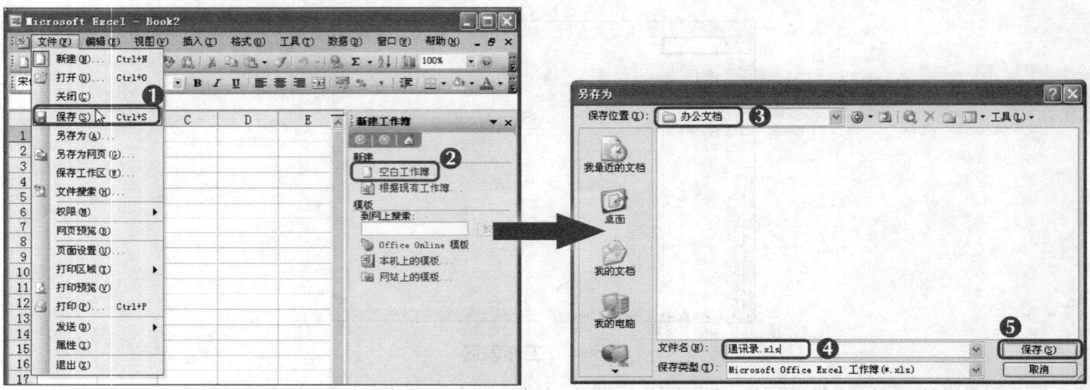

图5-5 保存工作簿

5.1.3 工作簿的基本操作

1. 新建工作表

工作表就是Excel工作区中由单元格组成的表格，Excel 2003默认情况下只有3张工作表，用户可根据需要创建新的工作表。下面在“通讯录”中新建工作表，并将其重命名为“员工信息”，其具体操作如下。

STEP 1 在工作表标签“Sheet 1”上单击鼠标右键，在弹出的快捷菜单中选择“插入”命令。

STEP 2 在打开的“插入”对话框的“常规”选项中选择“工作表”选项，然后单击 确定 按钮，如图5-6所示。

STEP 3 返回工作表即可查看在“Sheet 1”左侧插入的新工作表“Sheet 4”。在其上单击鼠标右键，在弹出的快捷菜单中选择“重命名”命令。

STEP 4 当工作表标签变为黑底白字显示时，直接输入新的工作表名称“员工信息”，然后按【Enter】键确认输入即可，如图5-7所示。

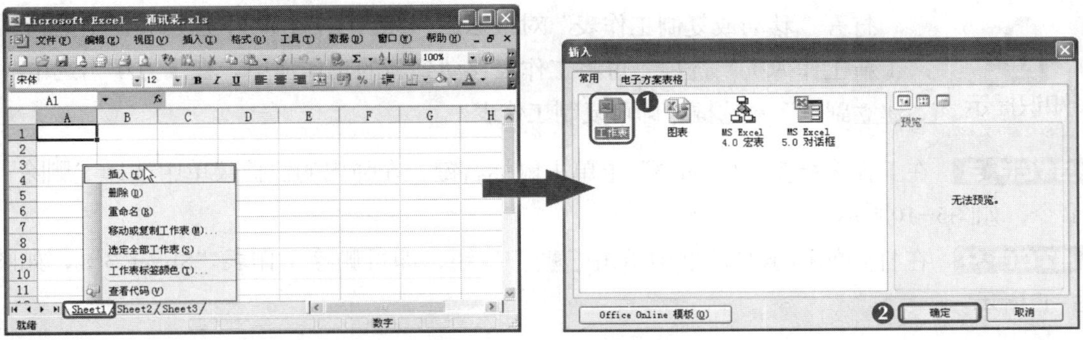

图5-6 插入工作表

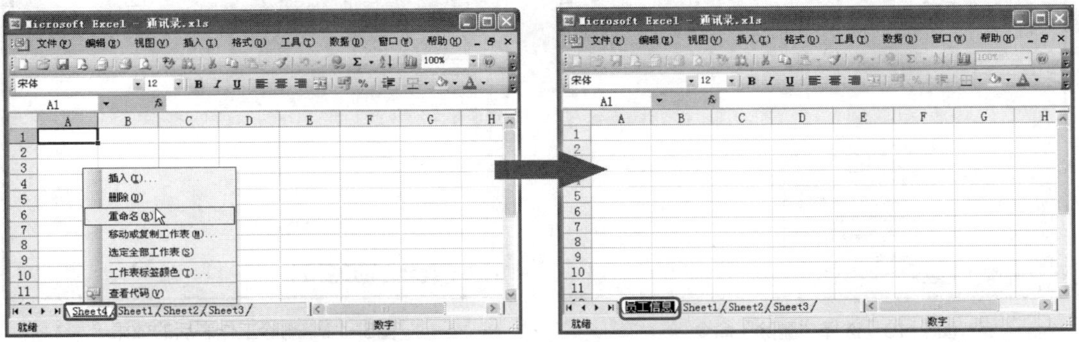

图5-7 重命名工作表

2. 工作表标签的其他操作

对工作表的操作通常是通过工作表区下方的工作表标签来完成的，通过工作表标签除了可以新建工作表，还可对工作表进行移动、复制和删除等基本操作。用户还可根据需要将工作表标签设置为不同的颜色。下面在“通讯录”中移动并删除工作表，然后设置工作表标签颜色，其具体操作如下。

STEP 1 在工作表标签“Sheet 3”上单击鼠标右键，在弹出的快捷菜单中选择“移动或复制工作表”命令，打开“移动或复制工作表”对话框。在“下列选定工作表之前”列表框中选择“Sheet 1”，然后单击 确定 按钮，如图5-8所示。

STEP 2 返回工作表即可看到工作表“Sheet 3”被移动到工作表“Sheet 1”之前，如图5-9所示。

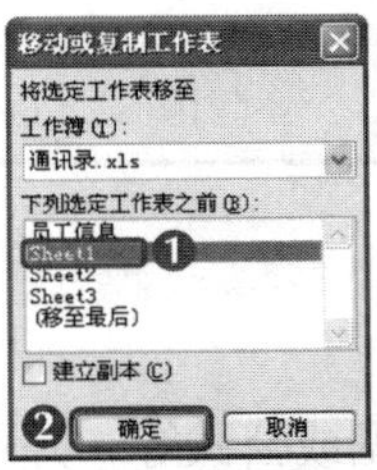

图5-8 选择移动位置

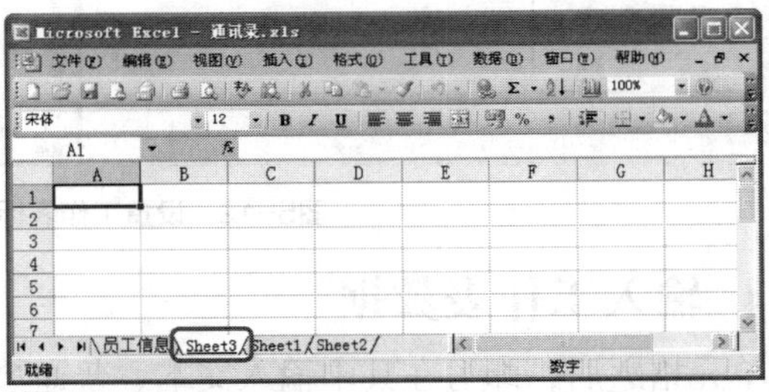

图5-9 移动后的效果

> **知识提示**
>
> 打开“移动或复制工作表”对话框后，在“工作簿”下拉列表框中选择“（新工作簿）”选项，可将工作表移动到新的工作簿中。在下方单击选中“建立副本”复选框，即可复制工作表。

STEP 3 在工作表标签“Sheet 3”上单击鼠标右键，在弹出的快捷菜单中选择“删除”命令，如图5-10所示。

STEP 4 在打开的提示对话框中单击[删除]按钮，即可删除工作表“Sheet 3”，如图5-11所示。

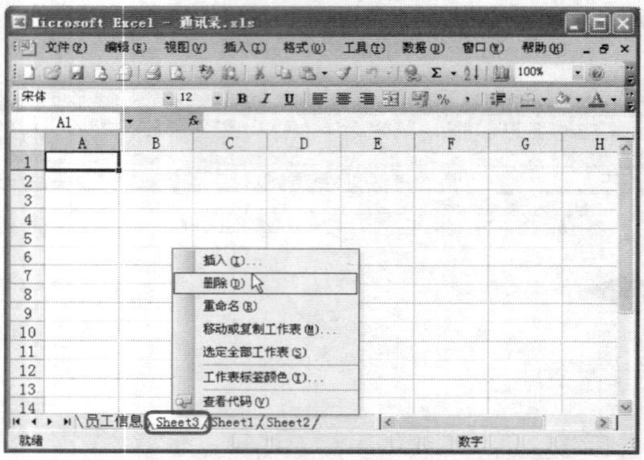

图5-10 选择“删除”命令

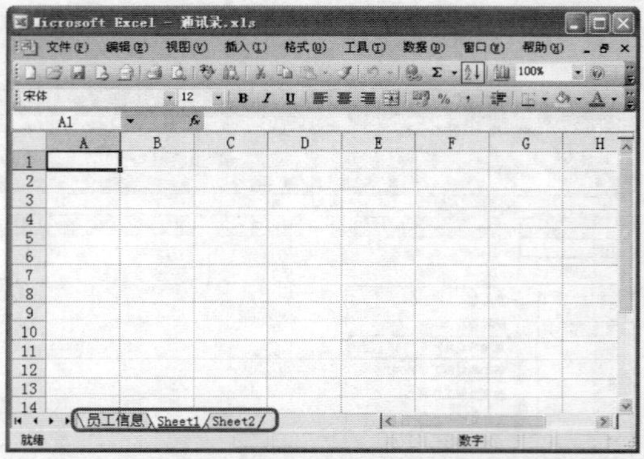

图5-11 删除工作表后的效果

STEP 5 在工作表标签“员工信息”上单击鼠标右键，在弹出的快捷菜单中选择“工作表标签颜色”命令。

STEP 6 在打开的“设置工作表标签颜色”对话框中选择“红色”选项，然后单击[确定]按钮。返回工作表编辑区，单击其他的工作表标签，即可查看设置颜色后的工作表标签效果，如图5-12所示。

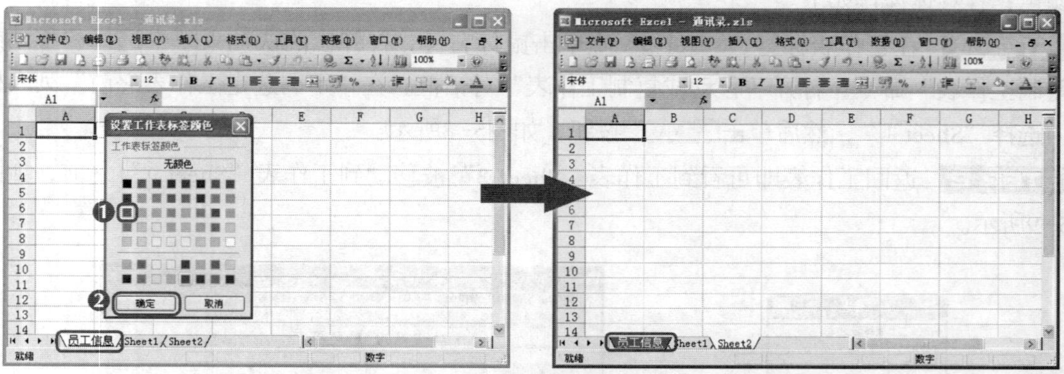

图5-12 设置工作表标签颜色

5.1.4 输入工作表数据

选择单元格之后，即可在其中输入文本、普通数据、特殊数据或公式等，并可对输入的数据进行各种编辑操作。

1. 输入表格数据

新建并保存工作簿之后，即可在单元格中输入数据。在表格中输入数据时，可双击激活单元格后输入，也可选择单元格直接输入，还可在编辑栏中输入。下面在“通讯录”表格中输入数据，其具体操作如下。

STEP 1 在A1单元格上双击鼠标左键激活该单元格，输入文本“员工通讯录”，然后按【Enter】键确认输入，如图5-13所示。

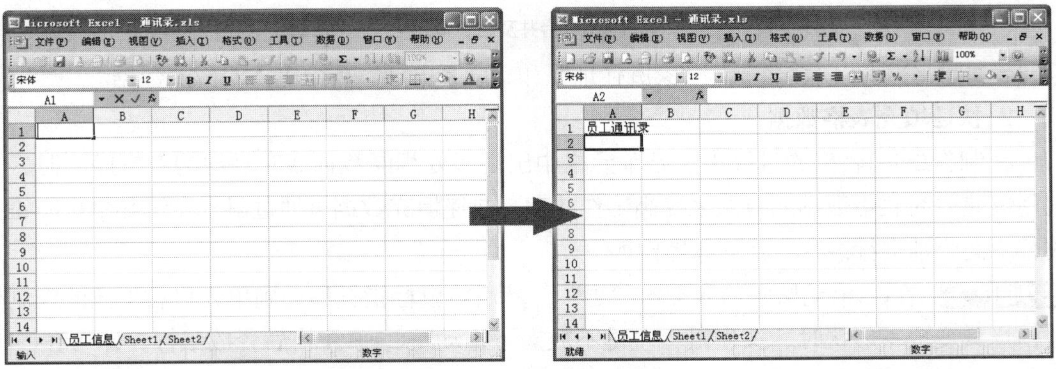

图5-13　双击单元格输入数据

STEP 2 此时A2单元格呈选中状态，直接输入文本“工号”，然后单击B2单元格确认输入，如图5-14所示。

STEP 3 在编辑栏中单击鼠标定位光标插入点，输入文本“姓名”，然后单击“输入”按钮☑确认输入，如图5-15所示。

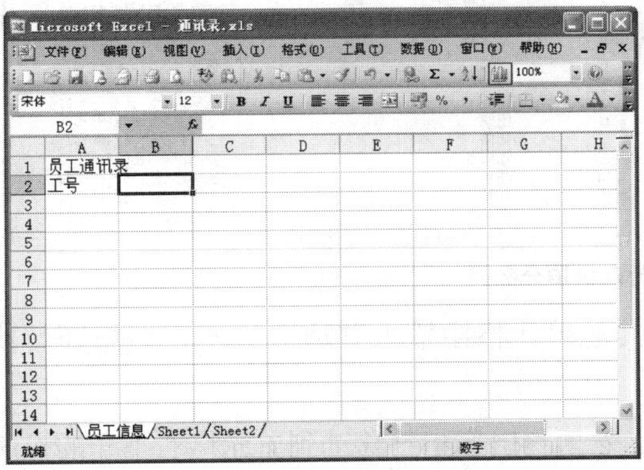

图5-14　直接输入数据

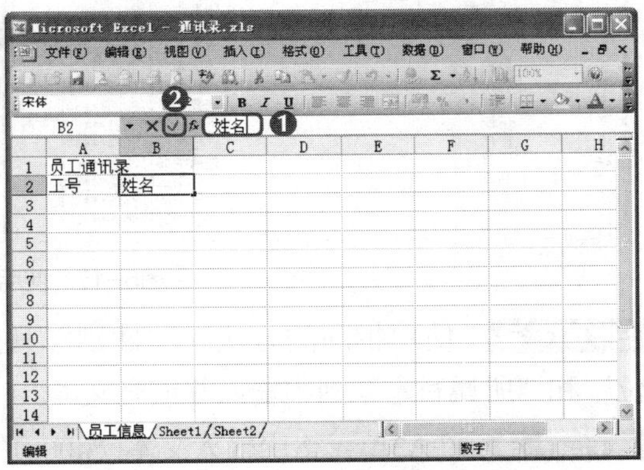

图5-15　通过编辑栏输入数据

STEP 4 在C2:G2单元格区域中分别输入文本“性别”、“职位”、“所属科室”、“家庭住址”和“联系电话”。

STEP 5 将鼠标指针移动到A1单元格上，当其变成✚形状时，拖动鼠标选择A1:G1单元格区域，然后在“格式”工具栏中单击“合并及居中”按钮，使表格标题居中显示，如图5-16所示。

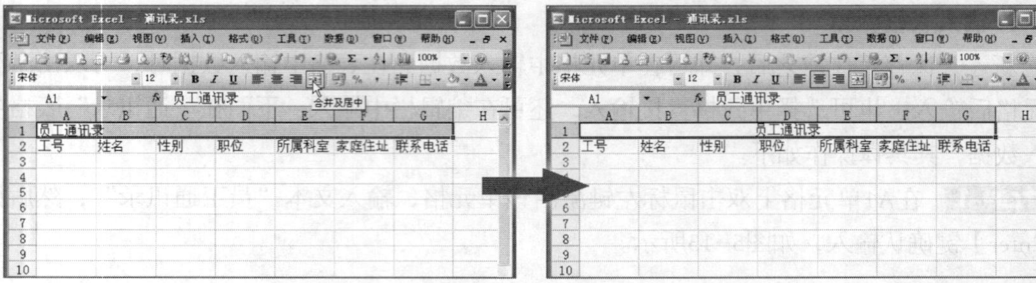

图5-16 合并及居中单元格

STEP 6 分别在“姓名”、“家庭住址”和“联系电话”列中输入对应的数据。

2. 快速填充表格数据

在制作Excel表格的过程中，若单元格中出现多处相同数据或有规律的数据序列时，可利用快速填充表格数据的方法来提高工作效率。快速填充数据可通过鼠标左键和鼠标右键完成，下面分别进行讲解，其具体操作如下。

STEP 1 在C3单元格中输入文本“男”，然后将鼠标指针移动到单元格右下角的控制柄上，当其变成**+**形状时，按住鼠标左键不放向下拖动至C4单元格后释放鼠标，即可在C4单元格中填充与C3单元格相同的文本“男”，如图5-17所示。

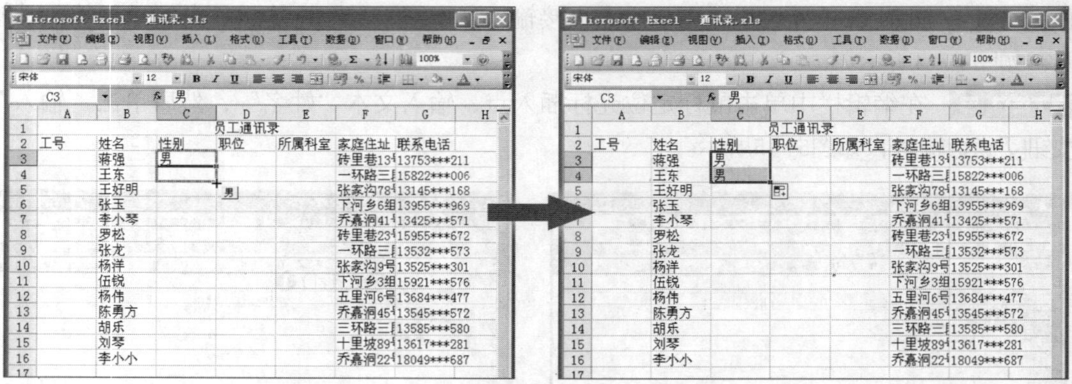

图5-17 使用鼠标左键填充数据

STEP 2 使用相同的方法在“性别”列的其他单元格中输入并填充文本，然后在“职位”和“所属科室”列中输入并填充文本。

STEP 3 在A3单元格中输入文本“40001”，然后将鼠标指针移动到单元格右下角的控制柄上，当其变成**+**形状时，按住鼠标右键不放向下拖动至A16单元格后释放鼠标，在弹出的快捷菜单中选择“以序列方式填充”菜单命令，即可在拖动经过的单元格区域中填充序列数据，如图5-18所示。

多学一招

在起始单元格中输入起始数据，选择需要填充数据的单元格区域，选择【编辑】/【填充】/【序列】菜单命令，在打开的“序列”对话框中设置序列的位置、特性、步长和最后一个数据，单击 确定 按钮即可填充数据。

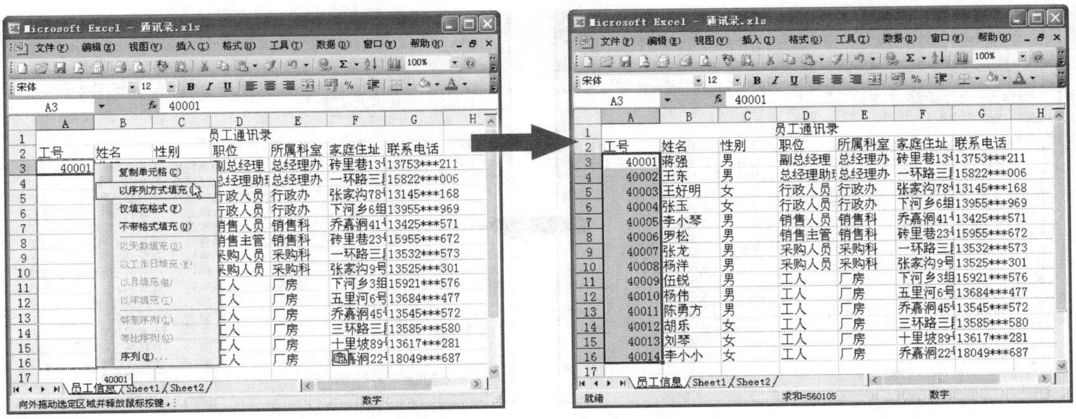

图5-18 使用鼠标右键填充数据

3. 调整表格

在表格中输入数据后，若数据较长，则会出现显示不全的情况。此时可调整表格的行高和列宽，从而使单元格中较长的数据显示完全。下面在输入完数据的“通讯录”表格中调整表格的行高和列宽，其具体操作如下。

STEP 1 将鼠标指针移动到D列和E列的列标间，当其变成✛形状时，按住鼠标左键不放向右拖动至合适的宽度后释放鼠标，即可查看调整列宽后的效果，如图5-19所示。

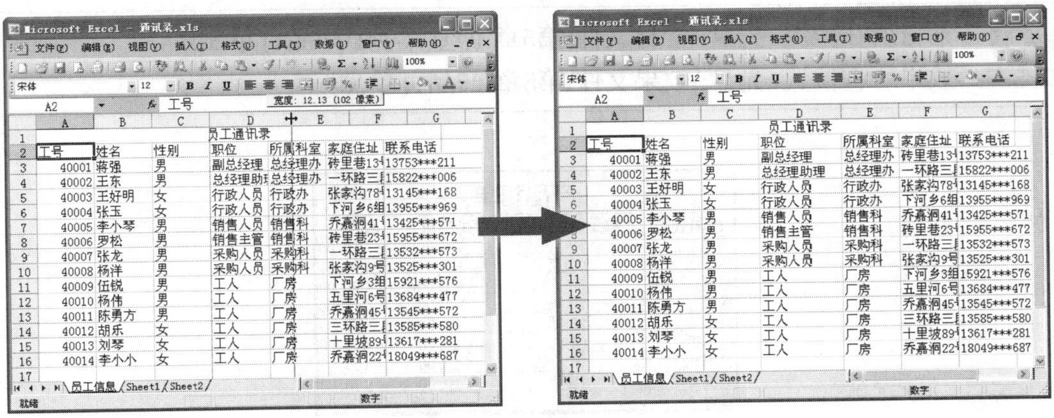

图5-19 调整列宽

STEP 2 按照同样方法调整单元格内容未显示完全的F列和G列。

STEP 3 将鼠标指针移动到1行和2行的行标间，当其变成✛形状时，按住鼠标左键不放向下拖动至合适的高度后释放鼠标，即可查看调整行高后的效果，如图5-20所示。

> **多学一招**
>
> 按住【Shift】键或【Ctrl】键选择多行或多列，再利用鼠标进行拖动，可同时调整多行或多列的行高或列宽。

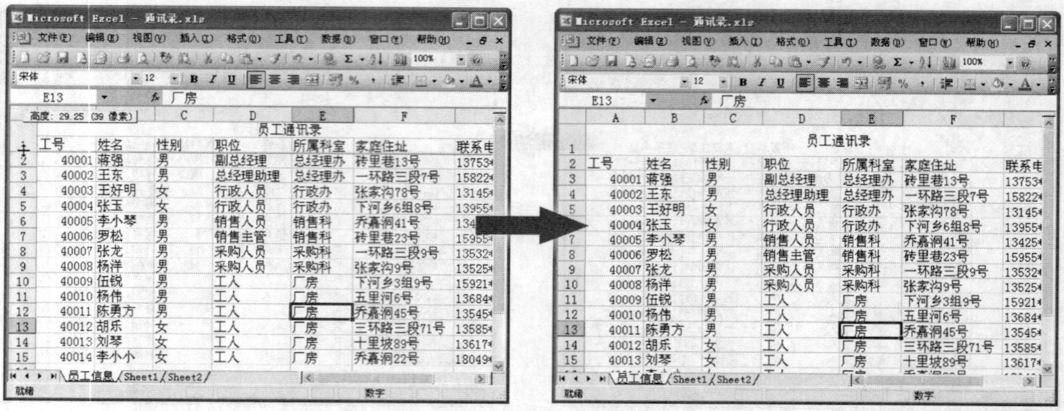

图5-20　调整行高

5.2　制作“产品订单”表

在创建表格并输入数据后，为了使工作表中的数据更加清晰明了、美观实用，通常需要对数据进行编辑，并对表格格式进行设置，主要包括设置数据格式、编辑表格数据和美化表格等操作。本例完成后的参考效果如图5-21所示，下面具体讲解其制作方法。

素材所在位置　光盘:\素材文件\第5章\课堂案例1\产品订单.xls
效果所在位置　光盘:\效果文件\第5章\产品订单.xls

产品订单

产品种类	数量	单位	产品单价	总价
钢笔	50	支	￥5.00	￥250.00
水笔芯	100	支	￥1.00	￥100.00
铅笔	20	支	￥2.00	￥40.00
橡皮	25	块	￥1.00	￥25.00
直尺	20	把	￥2.50	￥50.00
打印纸	60	包	￥40.00	￥2,400.00
订书机	15	个	￥12.00	￥180.00
笔筒	12	个	￥10.00	￥120.00
合计				￥3,165.00

图5-21　“产品订单”最终效果

5.2.1　设置单元格格式

在表格中输入数据后，可根据实际情况设置单元格中数据的格式。单元格中的数字格式主要包括货币、日期、时间、百分比和分数等。下面在“产品订单”表格中设置单元格的格式，其具体操作如下。

STEP 1　按住【Ctrl】键不放，同时选择D3:D10和E3:E11单元格区域，然后选择【格式】/【单元格】菜单命令，如图5-22所示。

STEP 2　在打开的“单元格格式”对话框中单击“数字”选项卡，在“分类”列表框中选择“货币”选项，单击 确定 按钮，如图5-23所示。

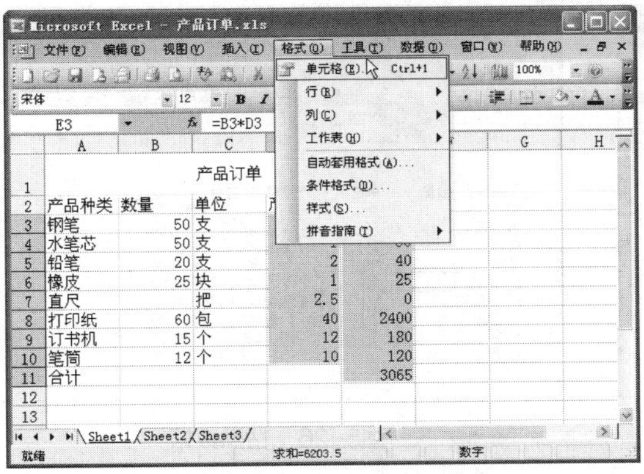

图5-22　选择“单元格”命令

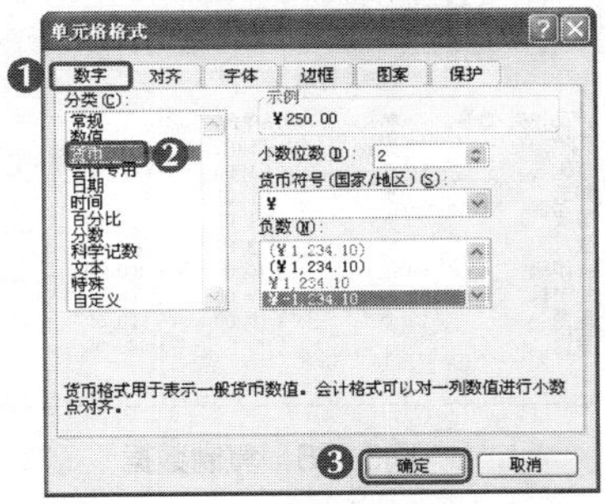

图5-23　设置数据格式

STEP 3 返回表格编辑区即可看到设置数据格式后的效果，拖动调整列宽使其中的数据显示完全，如图5-24所示。

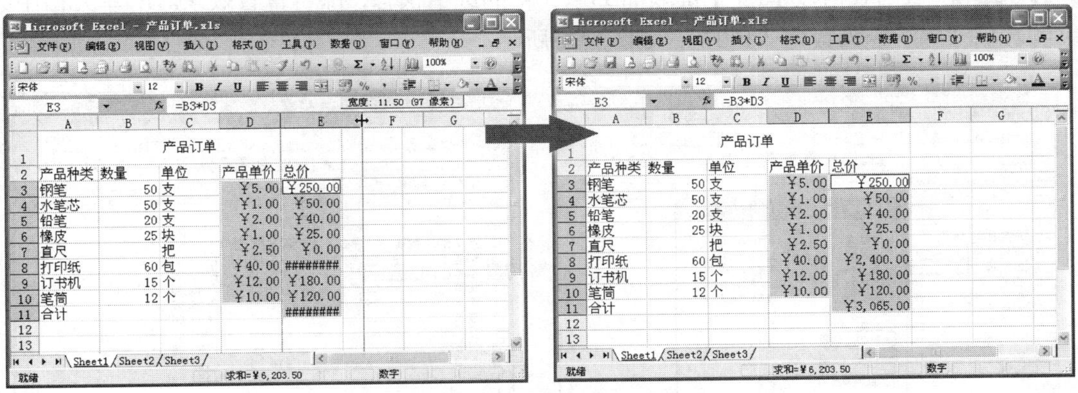

图5-24　调整列宽

> **知识提示**　完成数据格式的设置后，返回表格编辑区会看到某些单元格中的数据显示为“########”，这是因为单元格的宽度不够，数据无法完全显示，只要调整列宽到合适的宽度即可。

5.2.2 编辑表格数据

在表格中输入的数据有时不能完全满足需要，和Word文档中的文本类似，表格中的数据也可以进行修改、移动、复制和粘贴等编辑操作。下面以在“产品订单”表格中复制数据为例进行讲解，其具体操作如下。

STEP 1 选择B5单元格，按【Ctrl+C】组合键复制数据，此时该单元格周围将出现闪烁的虚线框，如图5-25所示。

STEP 2 单击B7单元格，按【Ctrl+V】组合键粘贴数据，然后按【Esc】键取消B5单元格的选中状态，如图5-26所示。

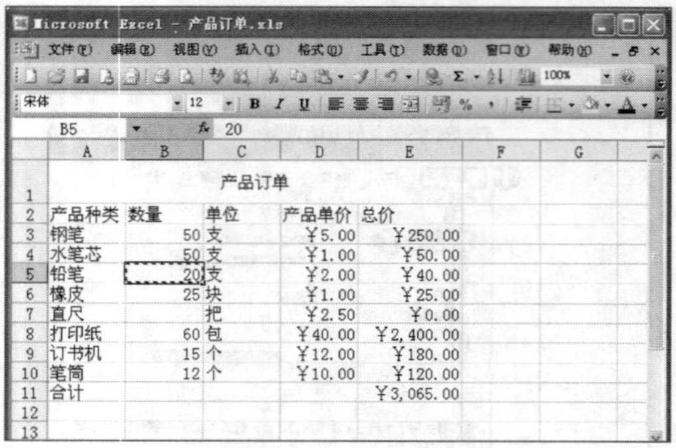

图5-25　复制数据

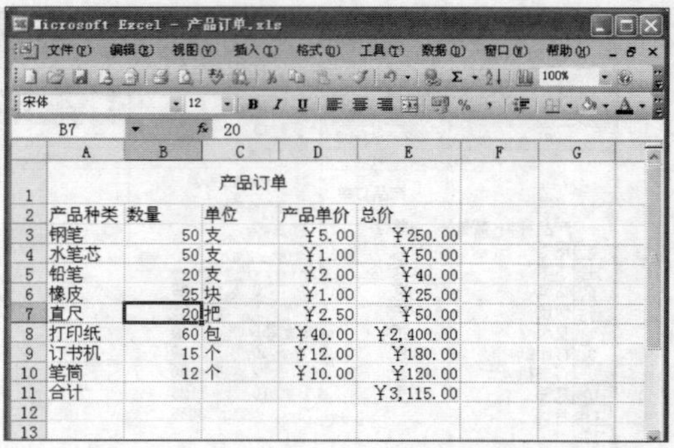

图5-26　粘贴数据

STEP 3 复制B3单元格中的数据，然后在B4单元格上单击鼠标右键，在弹出的快捷菜单中选择“选择性粘贴”菜单命令，打开“选择性粘贴”对话框。

STEP 4 在“运算”栏中选中“加”单选项，然后单击[确定]按钮，如图5-27所示。

STEP 5 返回表格按【Esc】键取消B3单元格的选中状态，即可查看效果。B4单元格中原来的数据“50”变为数据“100”，如图5-28所示。

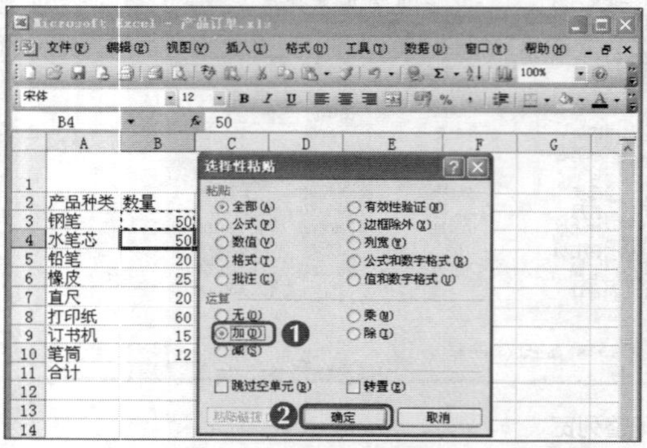

图5-27　设置粘贴方式

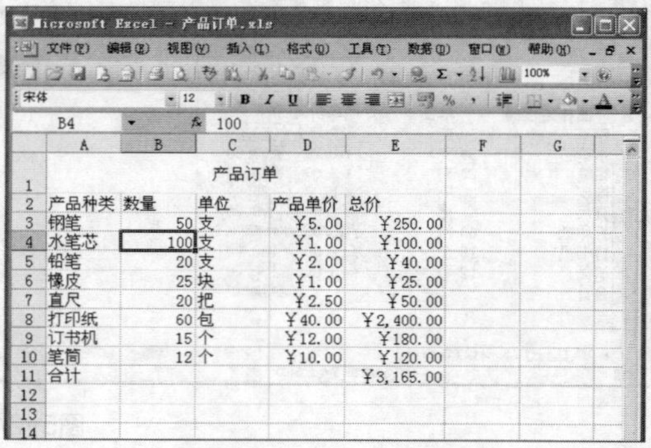

图5-28　粘贴后的数据

> **知识提示**
>
> 上一步粘贴数据后，产品所对应的总价也随之发生了改变，这是“总价”列中的单元格中含有公式的原因。关于Excel公式的知识将在之后的章节中进行讲解。

5.2.3 美化表格样式

输入数据并对其进行编辑后，表格还不太美观，此时可根据实际需要对其进行美化。如设置数据的字符格式，以及表格的边框和底纹等。对表格进行美化还能有效地区分表格中的数据，使表格的层次更清晰。下面对“产品订单”表格进行美化，其具体操作如下。

STEP 1 选择A1单元格，在“格式”工具栏中的“字体”下拉列表框中选择“幼圆”选项，在“字号”下拉列表框中选择“18”选项，然后单击“加粗”按钮[B]。

STEP 2 选择A2:E2单元格区域，分别在“格式”工具栏中单击“加粗”按钮[B]和“居中”按钮[≡]。

STEP 3 选择E11单元格，在“格式”工具栏中单击“字体颜色（红色）”按钮[A]。

STEP 4 选择A1:E11单元格区域，单击鼠标右键，在弹出的快捷菜单中选择“设置单元格格式”菜单命令，打开“单元格格式”对话框。

STEP 5 单击“边框”选项卡，在“样式”列表框中选择“双线型”选项，然后单击“外边框”按钮[□]，如图5-29所示。

STEP 6 在“样式”列表框中选择“虚线”选项，单击“内部”按钮[+]，单击[确定]按钮确认设置，如图5-30所示。

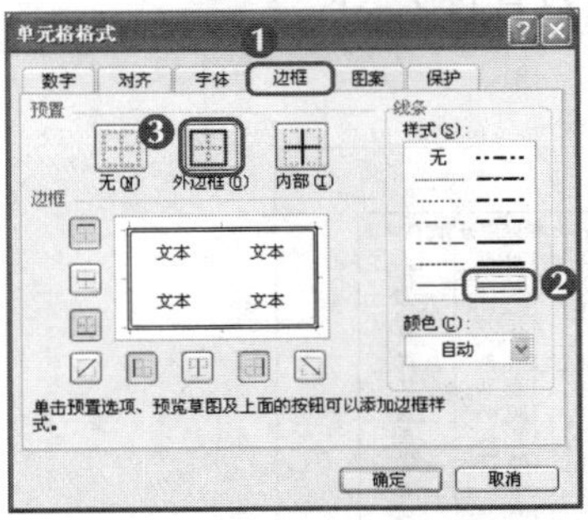

图5-29 设置表格外边框

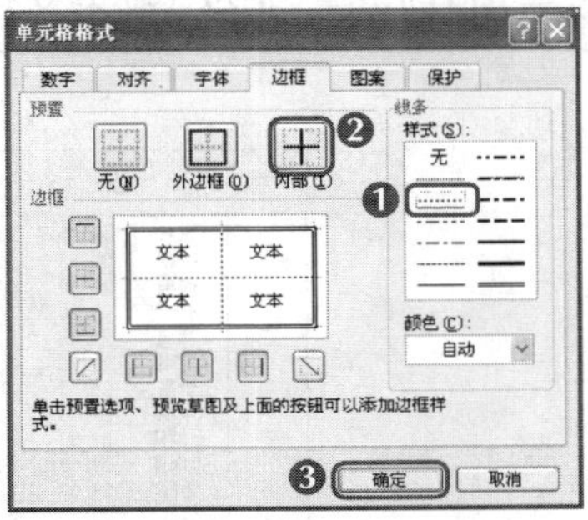

图5-30 设置表格内边框

STEP 7 在A1单元格上单击鼠标右键，在弹出的快捷菜单中选择“设置单元格格式”菜单命令，打开“单元格格式”对话框。

STEP 8 在“样式”列表框中选择“实线”选项，单击“下框线”按钮[□]，如图5-31所示。

STEP 9 单击“图案”选项卡，在“颜色”列表中选择“茶色”选项，单击[确定]按钮确认设置，如图5-32所示。

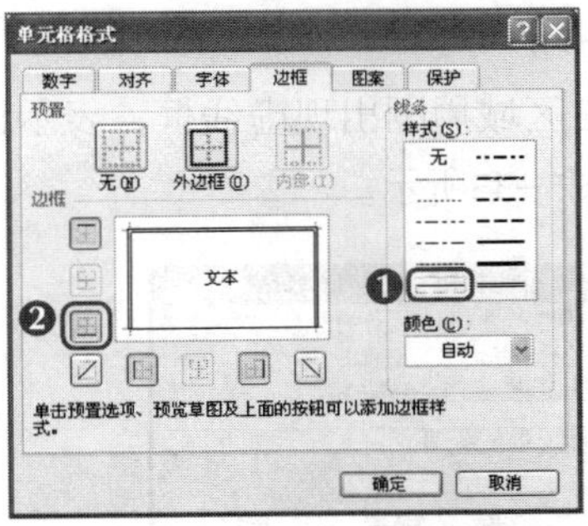

图5-31 设置单元格下框线

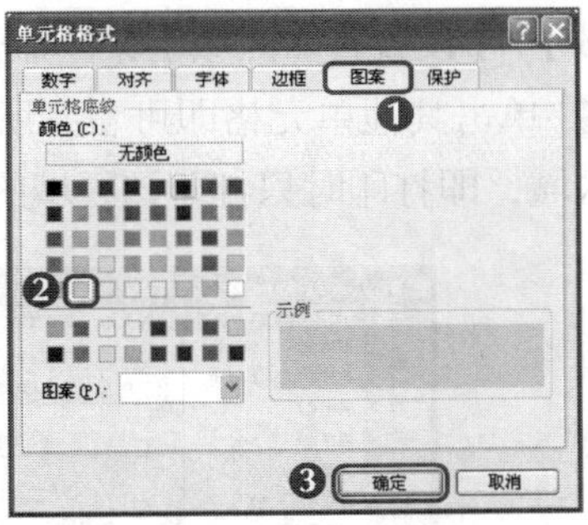

图5-32 设置填充颜色

STEP 10 使用相同的方法将A2:E2单元格区域的填充颜色设置为“浅黄”，将A3:E11单元格区域的填充颜色设置为“浅青绿”。

> **多学一招**
>
> 在“单元格格式”对话框中单击“图案”选项卡，可在下方的“图案”下拉列表框中为单元格填充不同样式和颜色的图案。

5.3 打印“绩效管理表”

表格制作完成后，即可将其打印输出，老张交代给小白的第3个任务就是设置打印“绩效管理表”。要完成该任务，需要设置相关参数，打印前还需要进行打印预览等操作。本例完成后的参考效果如图5-33所示，下面具体讲解其制作方法。

素材所在位置 光盘:\素材文件\第5章\课堂案例2\绩效管理表.xls
效果所在位置 光盘:\效果文件\第5章\绩效管理表.xls

姓名	假勤考评	工作能力	工作表现	奖惩记录	绩效总分	优良评定
高鹏	29.63	32.70	33.53	5.00	100.85	良
何勇	29.50	33.58	34.15	5.00	102.23	优
刘一守	29.20	33.65	35.75	5.00	103.60	优
韩风	29.48	33.88	33.60	5.00	101.95	良
曾琳	29.30	35.68	34.00	5.00	103.98	优
李雪	29.65	35.20	34.85	6.00	105.70	优
朱珠	29.68	32.30	33.48	5.00	100.45	良
王剑锋	29.53	33.75	33.03	5.00	101.30	良
张保国	29.63	34.45	33.98	5.00	103.05	优
谢宇	29.00	32.88	32.58	5.00	99.45	差
徐江	29.33	34.30	34.73	5.00	103.35	优

图5-33 “绩效管理表”的打印效果

5.3.1 设置打印区域

在打印表格时，有时可能只需要打印表格中的一部分，可通过设置打印区域实现该目的。下面在“绩效管理表”表格中设置打印区域，其具体操作如下。

STEP 1 打开素材文件“绩效管理表.xls”，选择B5:H16单元格区域，然后选择【文件】/【打印区域】/【设置打印区域】菜单命令，如图5-34所示。

STEP 2 单击其他单元格即可看到所选的单元格区域周围出现虚线框，表示该区域被设置为打印区域，即打印时只打印该区域的内容，如图5-35所示。

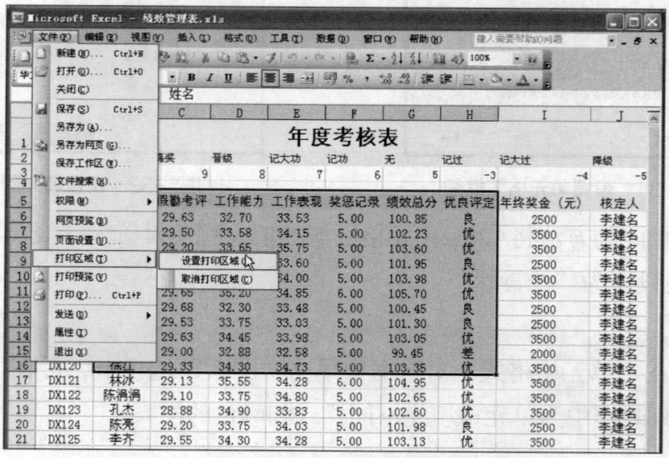

图5-34 设置打印区域

	A	B	C	D	E	F	G	H	I	J
1	年度考核表									
2			嘉奖	晋级	记大功	记功	无	记过	记大过	降级
3		基数:	9	8	7	6	5	-3	-4	-5
5	个人编号	姓名	假勤考评	工作能力	工作表现	奖惩记录	绩效总分	优良评定	年终奖金（元）	核定人
6	DX110	高鹏	29.63	32.70	33.53	5.00	100.85	良	2500	李建名
7	DX111	何勇	29.50	33.58	34.15	5.00	102.23	优	3500	李建名
8	DX112	刘一守	29.20	33.65	35.75	5.00	103.60	优	3500	李建名
9	DX113	韩风	29.48	33.88	33.60	5.00	101.95	良	2500	李建名
10	DX114	曾琳	29.30	35.68	34.00	5.00	103.98	优	3500	李建名
11	DX115	李雪	29.65	35.20	34.85	6.00	105.70	优	3500	李建名
12	DX116	朱珠	29.68	32.30	33.48	5.00	100.45	良	2500	李建名
13	DX117	王剑锋	29.53	33.75	33.03	5.00	101.30	良	2500	李建名
14	DX118	张保国	29.63	34.45	33.98	5.00	103.05	优	3500	李建名
15	DX119	谢宇	29.00	32.88	32.58	5.00	99.45	差	2000	李建名
16	DX120	徐江	29.33	34.30	34.73	5.00	103.35	优	3500	李建名
17	DX121	林冰	29.13	35.55	34.28	6.00	104.95	优	3500	李建名
18	DX122	陈涓涓	29.10	33.75	34.80	5.00	102.65	优	3500	李建名
19	DX123	孔杰	28.88	34.90	33.83	5.00	102.60	优	3500	李建名
20	DX124	陈亮	29.20	33.75	34.03	5.00	101.98	良	2500	李建名
21	DX125	李齐	29.55	34.30	34.28	5.00	103.13	优	3500	李建名
22										

图5-35　设置后的打印区域

5.3.2 打印设置

和Word文档相似，Excel制作的表格在打印前也需要进行页面设置和打印预览等操作，如设置页面方向和纸张大小等，还可设置打印网格线，使表格更清晰。下面在“绩效管理表”表格中进行打印设置，其具体操作如下。

STEP 1 选择【文件】/【页面设置】菜单命令，打开“页面设置”对话框。

STEP 2 在“页面”选项卡中的“方向”栏中单击选中“横向”单选项，然后在“纸张大小”下拉列表框中选择“A4”选项，如图5-36所示。

STEP 3 单击“页边距”选项卡，在“居中方式”栏中单击选中“水平”和“垂直”复选框，如图5-37所示。

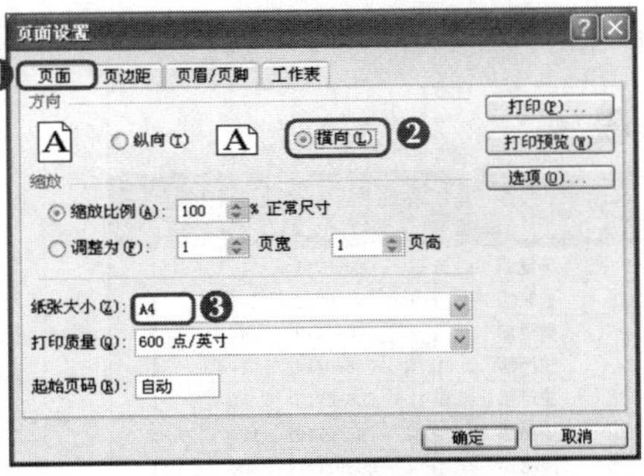

图5-36　设置纸张方向和大小

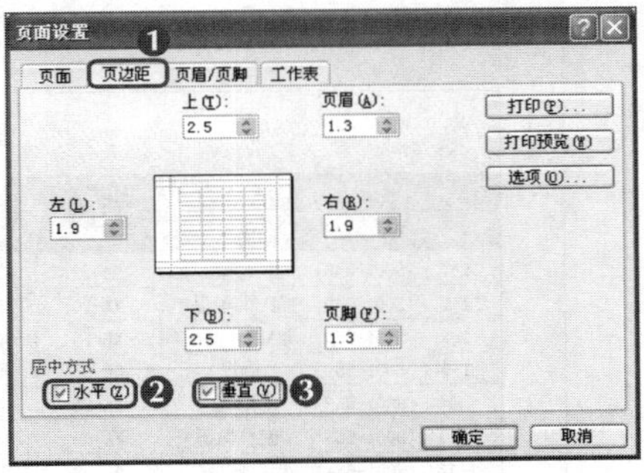

图5-37　设置居中方式

STEP 4 单击“工作表”选项卡，在“打印”栏中单击选中“网格线”复选框，然后单击 打印预览(W) 按钮，如图5-38所示。

STEP 5 此时将进入打印预览状态，确认无误后单击 打印(P)... 按钮即可开始打印，如图5-39所示。

> **多学一招**
>
> 进入打印预览状态后，若还需对页面进行设置，可在窗口的上方单击 设置(S)... 按钮，即可再次打开“页面设置”对话框进行设置。

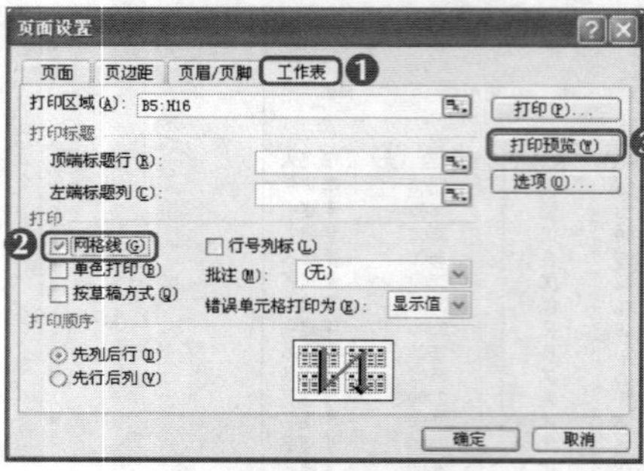

图5-38　设置打印网格线

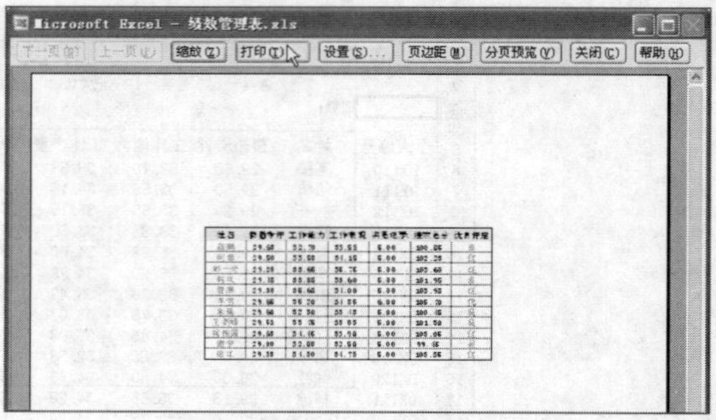

图5-39　打印预览

5.4 实训——制作“采购记录表”

5.4.1 实训目标

本实训的目标是制作一份“采购记录表”，并打印部分表格。要完成该目标，需要进行新建和保存工作簿、设置工作表标签、设置单元格格式、美化表格和页面设置等操作。本实训的最终效果如图5-40所示。

效果所在位置　光盘:\效果文件\第5章\实训\采购记录表.xls

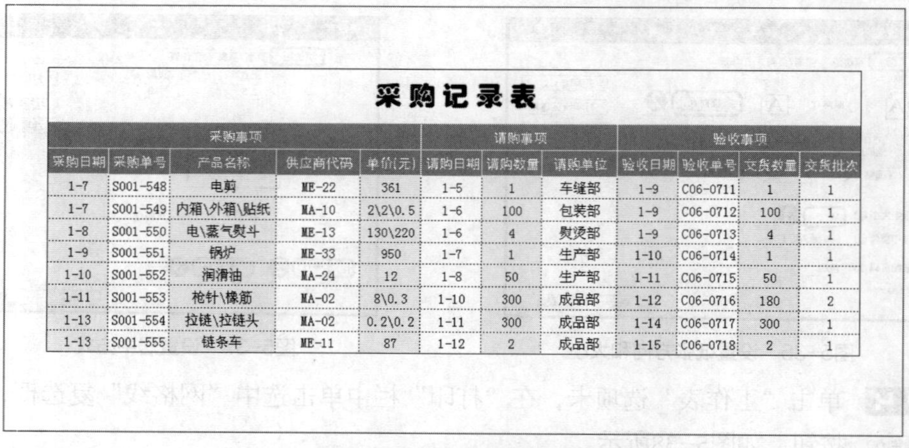

采购记录表

采购事项					请购事项			验收事项			
采购日期	采购单号	产品名称	供应商代码	单价(元)	请购日期	请购数量	请购单位	验收日期	验收单号	交货数量	交货批次
1-7	S001-548	电剪	ME-22	361	1-5	1	车缝部	1-9	C06-0711	1	1
1-7	S001-549	内箱\外箱\贴纸	MA-10	2\2\0.5	1-6	100	包装部	1-9	C06-0712	100	1
1-8	S001-550	电\蒸气熨斗	ME-13	130\220	1-6	4	熨烫部	1-9	C06-0713	4	1
1-9	S001-551	锅炉	ME-33	950	1-7	1	生产部	1-10	C06-0714	1	1
1-10	S001-552	润滑油	MA-24	12	1-8	50	生产部	1-11	C06-0715	50	1
1-11	S001-553	枪针\橡筋	MA-02	8\0.3	1-10	300	成品部	1-12	C06-0716	180	2
1-13	S001-554	拉链\拉链头	MA-02	0.2\0.2	1-11	300	成品部	1-14	C06-0717	300	1
1-13	S001-555	链条车	ME-11	87	1-12	2	成品部	1-15	C06-0718	2	1

图5-40　“采购记录表”最终效果

5.4.2 专业背景

采购记录表是记录公司采购信息的表格，主要记录了物品请购时间、请购部门、采购时间和验收时间等项目。公司采购部门向原材料、燃料、零部件和办公用品等供应者发出采购单，收到供应商提供的货物后，公司采购部门进行验收，即可完成采购流程。这种表格一般由多张表格组成，以月份进行划分。

5.4.3 操作思路

要完成本例制作，需要先新建并保存工作簿，设置数据格式并在表格中输入数据，再设置工作表标签，然后为表格添加边框和底纹，最后进行页面设置并设置打印范围。其基本操作思路如图5-41所示。

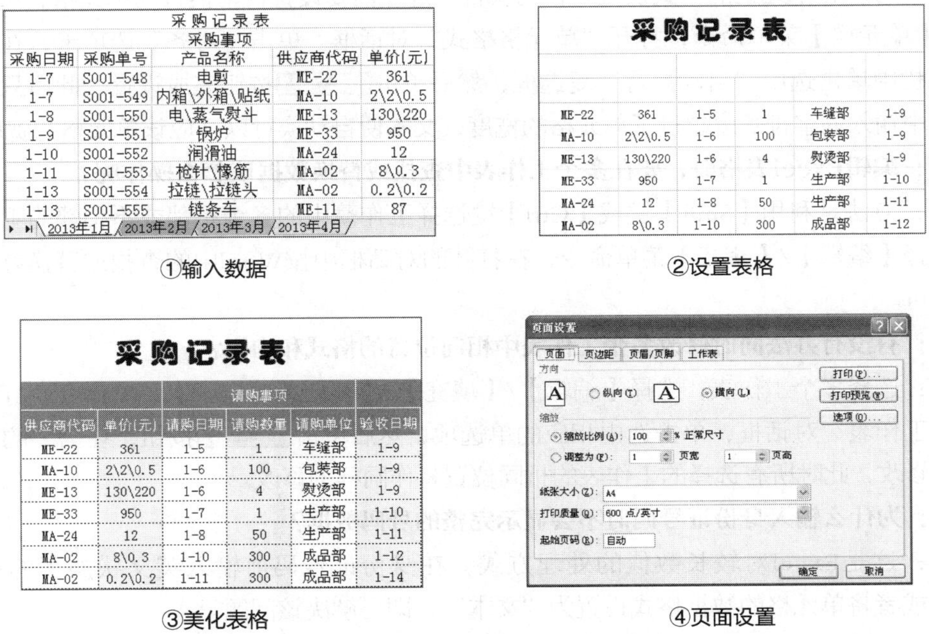

图5-41　“采购记录表”的制作思路

【步骤提示】

STEP 1 启动Excel 2003，新建工作簿并以“采购记录表”为名保存。

STEP 2 将工作表“Sheet 1”、“Sheet 2”和“Sheet 3”分别重命名为“2013年1月”、“2013年2月”和“2013年3月”。在工作表“2013年3月”后新建工作表“2013年4月”，然后将4个工作表标签分别设置为“玫瑰红”、“鲜绿”、“青绿”和“黄色”。

STEP 3 在工作表“2013年1月”中将A4:A20和F4:F20单元格区域的数据格式设置为“日期”，选择“月-日”格式。然后在表格中输入数据，合并A1:L1、A2:E2、F2:H2和I2:L2单元格区域。将A1单元格中的数据设置为“华文琥珀、24号”，将A2:L3单元格区域的数据设置为“华文细黑、白色”，然后将所有含有数据的单元格对齐方式设置为“垂直水平居中”，最后调整行高和列宽。

STEP 4 为A2:L3单元格区域填充“蓝-灰”的底纹，并添加“白色、实线”的内侧框线。为A4:A20、C4:C20、E4:E20、G4:G20、I4:I20和K4:K20单元格区域添加“浅黄、虚线”的内侧框线。

STEP 5 将页面方向设置为“横向”，并设置打印网格线。然后将A1:L11单元格区域设置为打印区域，最后进行打印输出。

5.5 疑难解析

问：在工作表中输入较长的字段时要改变工作表原有的列宽，能不能不改变列宽而使单元格中的内容显示完全呢？

答：可以将单元格的格式设置为自动换行。选择需要设置自动换行的单元格，选择【格式】/【单元格】菜单命令，打开“单元格格式”对话框。单击“对齐”选项卡，在“文本控制”栏中单击选中“自动换行”复选框，然后单击 确定 按钮完成设置。此后只要在该单元格中输入的字符长度超过了单元格的宽度，文本便自动换行以适应该单元格的宽度。

问：编辑Excel表格时，要在多个工作表中查找或替换数据该怎么操作呢？

答：方法是利用【Shift】键或【Ctrl】键选择工作簿中的多个相邻或不相邻的工作表，然后选择【编辑】/【查找】菜单命令，在打开的对话框中按Word中的查找或替换方法进行操作即可。

问：有没有办法同时修改多张工作表中相同位置的格式和内容？

答：选择多个工作表，选择【编辑】/【填充】/【至同组工作表】菜单命令，打开“填充成组工作表”对话框，单击选中相应的单选项，然后单击 确定 按钮，在需要的单元格中进行修改，此时所有选择的工作表的相同位置将作同样的修改。

问：为什么输入身份证号码时不会显示完整的号码数据？

答：这是Excel对较长数值的处理方式。在身份证号码前输入英文状态下的单引号“'”，或者将单元格的数据格式设置为“文本”，即可解决该问题。

问：怎样才能打印带背景的工作表呢？

答：选择【格式】/【工作表】/【背景】菜单命令，在打开的“工作表背景”对话框中选择背景图片，单击 插入(S) 按钮。再选择要打印的区域，按住【Shift】键不放，选择【编辑】/【复制图片】菜单命令，在打开的“复制图片”对话框中保持默认设置，单击 确定 按钮。然后按住【Shift】键不放，选择【编辑】/【粘贴图片】菜单命令，为便于查看，可选择【格式】/【工作表】/【背景】/【删除背景】菜单命令删除背景，然后进行打印即可。

5.6 习题

本章主要介绍了Excel的基本操作，包括Excel 2003的工作界面，工作簿、工作表和单元格的基本操作，编辑和美化表格，以及设置并打印工作表的相关知识。本章的内容是以后学习Excel的基础，读者应认真学习和掌握，以确保更高效地制作Excel表格。

素材所在位置 光盘:\素材文件\第5章\习题\客户回访计划.xls

效果所在位置 光盘:\效果文件\第5章\习题\货物库存记录表.xls、客户回访计划.xls

（1）新建工作簿，制作如图5-42所示的“货物库存记录表”，要求操作如下。

- 在A1:E2单元格区域和B3:D13单元格区域中输入相应的文本和数值。
- 在A3单元格中输入“WJ-6251”，将E3单元格数据格式设置为“日期”，并在其中输入“2013-1-28”。利用A3单元格在A4:A13单元格区域中填充序列；利用E3单元格在E4:E13单元格区域填充相同数据。
- 合并A1:E1单元格区域，将A1中的数据设置为“华文中宋、22”，并加粗A2:E2单元格区域中数据的字体。
- 将C3:C13单元格区域的数字格式设置为“货币”。

货物库存记录表				
货物编号	**名称**	**单价(元)**	**现有库存**	**记录日期**
WJ-6251	钢笔	￥20.00	50	2013-1-28
WJ-6252	铅笔	￥2.00	100	2013-1-28
WJ-6253	橡皮擦	￥1.00	80	2013-1-28
WJ-6254	文具盒	￥10.00	30	2013-1-28
WJ-6255	直尺	￥3.00	40	2013-1-28
WJ-6256	圆规	￥12.00	20	2013-1-28
WJ-6257	墨水	￥8.00	20	2013-1-28
WJ-6258	毛笔	￥15.00	40	2013-1-28
WJ-6259	铅字笔	￥1.00	100	2013-1-28
WJ-6260	圆珠笔	￥1.00	50	2013-1-28
WJ-6261	水彩笔	￥3.00	40	2013-1-28

图5-42 “货物库存记录表”的效果

（2）打开素材文件“客户回访计划.xls”，将其编辑为如图5-43所示的表格，要求操作如下。

- 选择带有数据的单元格区域，选择【格式】/【自动套用格式】菜单命令，在打开的“自动套用格式”对话框中选择“序列 2”表格样式。
- 调整行高，然后为表格添加“双线、橄榄色”的外边框和“实线、橄榄色”的内侧框线。
- 将页面方向设置为“横向”，并设置表格水平居中显示，最后打印输出表格。

客户回访计划						
	回访时间	客户姓名	公司名称	联系电话	公司地址	客户代表
星期一	9:00 AM	谢冬明	东之风实业有限公司	13966885***	武侯大道1#	李平
	3:20 PM	高鹏	晨今科技（成都）	13000681***	高新南区晨今大厦	姚代
星期二	9:30 AM	冯子强	西大电力技术同盟	13325383***	一环路彩虹街8#	胡晓英
	4:00 PM	牛娜	好利连锁实业	13887535***	南山阳光城12F	宋菲
星期三	10:00 AM	陈伟	方桥集团	13178982***	高新西区创业大道3#	刘强
	3:30 PM	谢冬明	东之风实业有限公司	13966885***	武侯大道1#	李平
星期四	9:40 AM	Tracy	博创合资（中国）	13594968***	高新西区创业大道16#	曾妮
	3:00 PM	张莉	锦丰华科技有限公司	13466359***	高新南区锦丰华大厦	周林
星期五	9:50 AM	高鹏	晨今科技（成都）	13000681***	高新南区晨今大厦	姚代
	3:30 PM	陈伟	方桥集团	13178982***	高新西区创业大道3#	刘强

图5-43 “客户回访计划”打印预览效果

职业素养

办公时制作的表格要求数据具有准确性，在输入数据时应事先确认其正确性，认真核对之后再输入到表格中；完成制作后要仔细检查，以免出错给公司造成损失。

课后拓展知识

通常情况下，在Excel中输入数据是不用考虑格式和数据意义的，只有在数据输入完成以后，才能对数据进行审核，这样会使工作效率下降。因此可通过设置单元格数据的有效性，在输入过程中当输入无效数据时即可进行提示。

STEP 1 选择【格式】/【有效性】菜单命令，打开“数据有效性”对话框，在“设置”选项卡中可设置有效性条件。在“允许”下拉列表框中可选择输入的数据类型，在“数据”下拉列表框和其下的“数值”参数框中可设置允许输入的数据范围。如图5-44所示。

STEP 2 在“输入信息”选项卡中可设置输入数据时显示的提示信息，如图5-45所示。

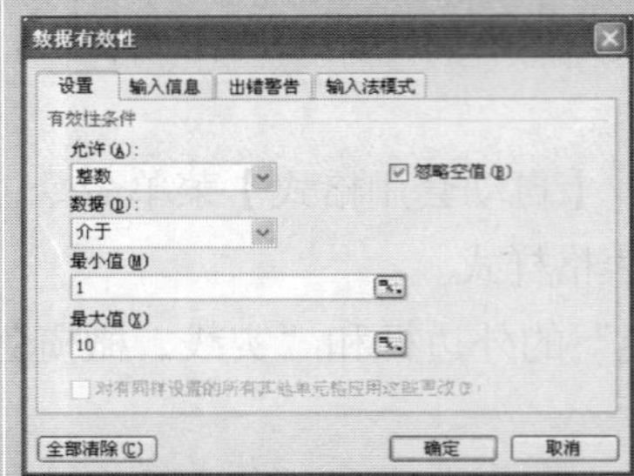

图5-44　设置有效性条件

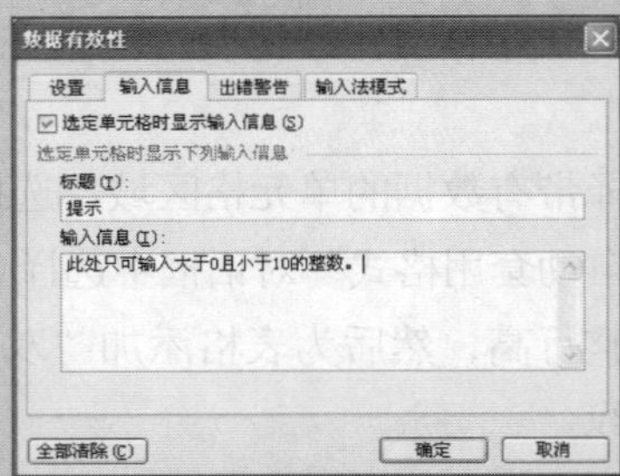

图5-45　设置输入信息

STEP 3 在“出错警告”选项卡中可设置输入无效数据时显示的出错警告信息，如图5-46所示。

STEP 4 设置完成后，在该单元格中输入数据时即会显示所设置的提示信息，当输入的数据不符合所设置的条件时，将显示出错警告信息，如图5-47所示。

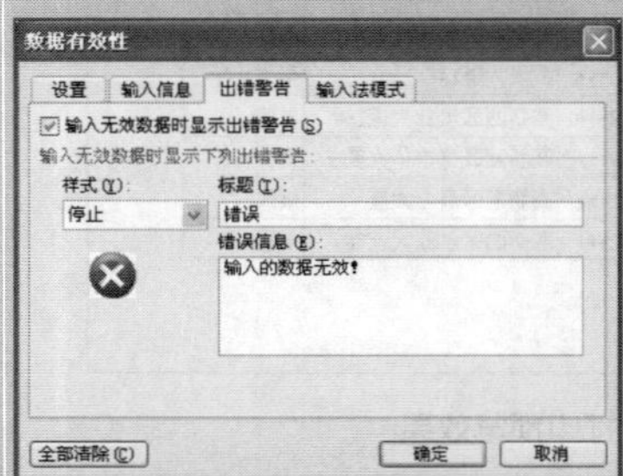

图5-46　设置出错警告

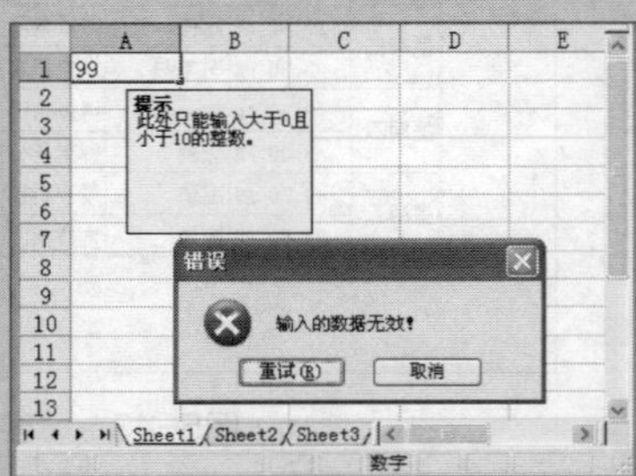

图5-47　输入无效数据

PART 6

第6章 Excel数据计算

情景导入

今天开完会，老张把小白叫到一旁，让她帮忙计算考核成绩表。小白犯了难，老张告诉她，可以使用函数让计算工作更轻松。

知识技能目标

- 掌握公式和函数的使用方法。
- 掌握排序和筛选数据的方法。
- 熟悉分类汇总的方法。
- 掌握图表的使用方法。

- 能够使用函数对表格进行计算。
- 能够对表格进行基本统计操作。
- 能够使用图表直观地体现表格中的数据。

课堂案例展示

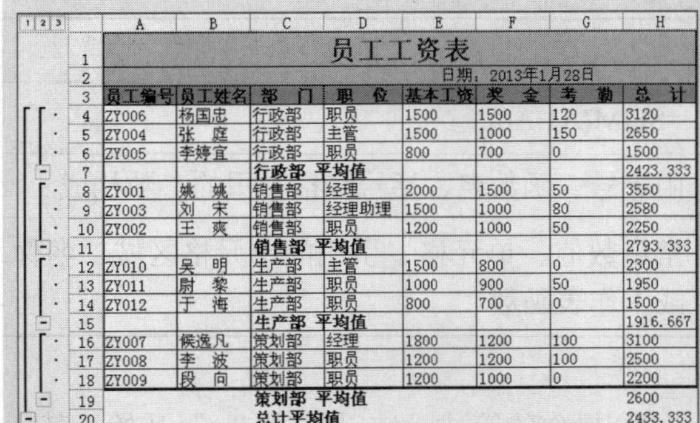

	A	B	C	D	E	F	G	H
1	员工工资表							
2	日期：2013年1月28日							
3	员工编号	员工姓名	部　门	职　位	基本工资	奖　金	考　勤	总　计
4	ZY006	杨国忠	行政部	职员	1500	1500	120	3120
5	ZY004	张　庭	行政部	主管	1500	1000	150	2650
6	ZY005	李婷宜	行政部	职员	800	700	0	1500
7			行政部 平均值					2423.333
8	ZY001	姚　姚	销售部	经理	2000	1500	50	3550
9	ZY003	刘　宋	销售部	经理助理	1500	1000	80	2580
10	ZY002	王　爽	销售部	职员	1200	1000	50	2250
11			销售部 平均值					2793.333
12	ZY010	吴　明	生产部	主管	1500	800	0	2300
13	ZY011	尉　黎	生产部	职员	1000	900	50	1950
14	ZY012	于　海	生产部	职员	800	700	0	1500
15			生产部 平均值					1916.667
16	ZY007	候逸凡	策划部	经理	1800	1200	100	3100
17	ZY008	李　波	策划部	职员	1200	1200	100	2500
18	ZY009	段　向	策划部	职员	1200	1000	0	2200
19			策划部 平均值					2600
20			总计平均值					2433.333

"员工工资表"最终效果

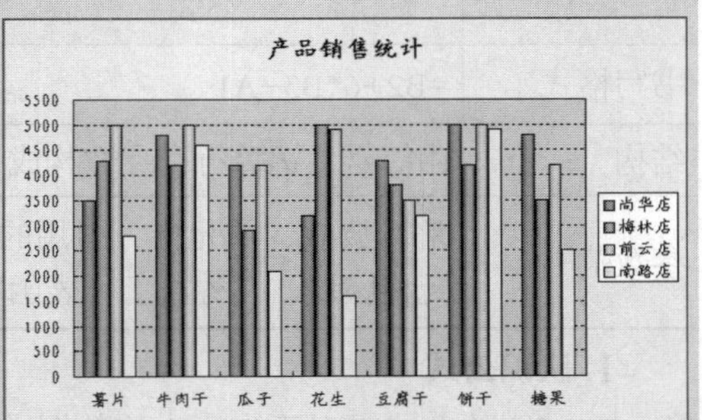

"产品销售统计表"图表效果

6.1 计算“考核成绩单”

Excel电子表格除了可以输入数据并对工作表进行编辑之外，其更强大的功能在于对表格数据的计算。它不仅可以通过公式对表格中的数据进行一般的加、减、乘、除运算，还可以利用函数进行一些高级的运算。利用Excel的公式和函数功能计算数据不仅速度更快、准确率更高，而且不受数据量多少的影响，是文秘办公人员处理数据的必备技巧。本例完成后的参考效果如图6-1所示，下面具体讲解其制作方法。

素材所在位置 光盘:\素材文件\第6章\课堂案例1\考核成绩单.xls
效果所在位置 光盘:\效果文件\第6章\考核成绩单.xls

员工技能考核成绩单					
姓名	理论	实际操作	总分	平均分	评定
陈晓龙	53.00	58.00	111.00	55.50	不及格
杜春梅	82.00	93.00	175.00	87.50	优秀
白丽	86.00	72.00	158.00	79.00	及格
陈娟	76.00	92.00	168.00	84.00	及格
杨丽	92.00	94.00	186.00	93.00	优秀
邓华	73.00	86.00	159.00	79.50	及格
陈丹	62.00	55.00	117.00	58.50	不及格
范成运	90.00	97.00	187.00	93.50	优秀
董强	72.00	84.00	156.00	78.00	及格
曹茜凤	69.00	80.00	149.00	74.50	及格
邓玉泉	84.00	70.00	154.00	77.00	及格
陈香凝	91.00	90.00	181.00	90.50	优秀
陈玲玉	85.00	95.00	180.00	90.00	优秀

图6-1 “考核成绩单”最终效果

6.1.1 认识公式和函数

公式和函数可以看做是Excel中一种特殊的数据，因此它们也具备一般数据的添加、修改和删除等操作。而公式和函数作为一种特殊的数据，也必然有其特定的输入格式，表6-1便对公式与函数的结构进行了详细的介绍。

表6-1 公式与函数的结构

	公式	函数
书写格式	=B2+6*B3−A1	=SUM(A1:A6)
结构	由等号、运算符和参数构成	由等号、函数名、括号和括号里的参数构成
参数范围	常量数值、单元格、引用的单元格区域、名称或工作表函数	常量数值、单元格、引用的单元格区域、名称或工作表函数

1. 认识公式

Excel中的公式是对工作表中的数据进行计算和操作的等式，它以等号“=”开始，其后是公式的表达式，其包含的各项目如下。

● **单元格引用**：是指需要引用数据的单元格所在的位置，如公式“=B1+D9”中的

"B1"表示引用第B列和第1行单元格中的数据。

- **单元格区域引用：**是指需要引用数据的单元格区域所在的位置。
- **运算符：**是Excel公式中的基本元素，它是指对公式中的元素进行特定类型的运算。不同的运算符进行不同的运算，如+（加）、=（等号）、&（文本连接符）和,（逗号）等。
- **函数：**是指预设的通过使用一些称为参数的特定数值来按特定的顺序或结构执行计算的公式。其中的参数可以是常量数值、单元格引用和单元格区域引用等。
- **常量数值：**包括数字或文本等各类数据，如"0.5647"、"客户信息"、"Tom Vision"和"A001"等。

2. 认识函数

Excel中将一组特定功能的公式组合在一起，形成了函数。利用公式可以计算一些简单的数据，而利用函数则可以很容易地完成各种复杂数据的处理工作，并简化公式的使用。

函数是一种在需要时可以直接调用的表达式，通过使用一些称为参数的特定数值来按特定的顺序或结构进行计算。函数的格式为：=函数名（参数1,参数2,…），其中各部分的含义介绍如下。

- **函数名：**即函数的名称，每个函数都有唯一的函数名，如PMT和SUMIF等。
- **参数：**是指函数中用来执行操作或计算的值，参数的类型与函数有关。

6.1.2 公式的使用

在Excel中使用公式，只需在要放入公式的单元格中输入引用数据所在单元格地址和运算符即可。下面在"考核成绩单"中使用公式计算总分，其具体操作如下。

STEP 1 打开素材文件"考核成绩单.xls"，选择D3单元格，然后在编辑栏中单击鼠标定位光标插入点，输入公式"=B3+C3"，然后按【Enter】键确认输入，如图6-2所示。

STEP 2 在D3单元格中即可计算出B3和C3单元格数据之和。使用填充柄将公式填充到D4:D15单元格区域中，如图6-3所示。

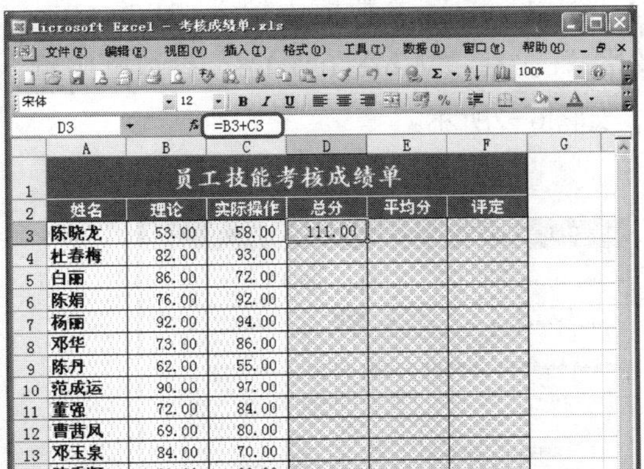

图6-2 输入公式

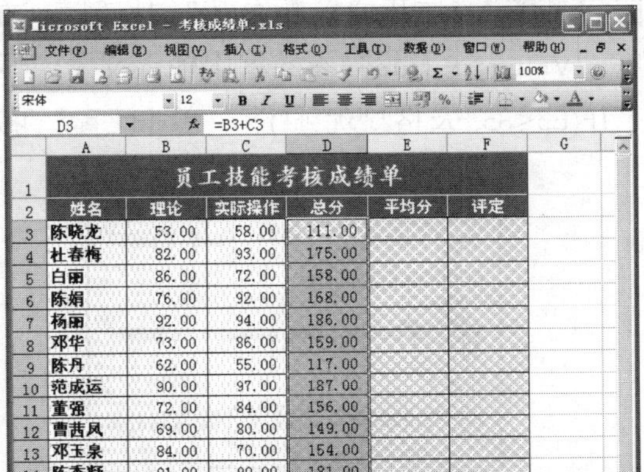

图6-3 填充公式

6.1.3 函数的使用

函数可以看做是一种特殊的公式，若知道函数的格式，则可像公式一样在编辑区中直接输入函数的具体内容。当无法记住函数的书写格式时，则可利用“插入函数”对话框进行插入。下面以在“考核成绩单”中使用AVERAGE函数和IF函数为例进行介绍，其具体操作如下。

STEP 1 选择E3:E15单元格区域，在编辑栏中输入“=AVERAGE(”，然后在表格中拖动鼠标选择B3:C3单元格区域，该区域周围将出现闪烁虚线，如图6–4所示。

STEP 2 按【Ctrl+Enter】组合键即可同时在E3:E15单元格区域输入公式，计算出相应的平均数，如图6–5所示。

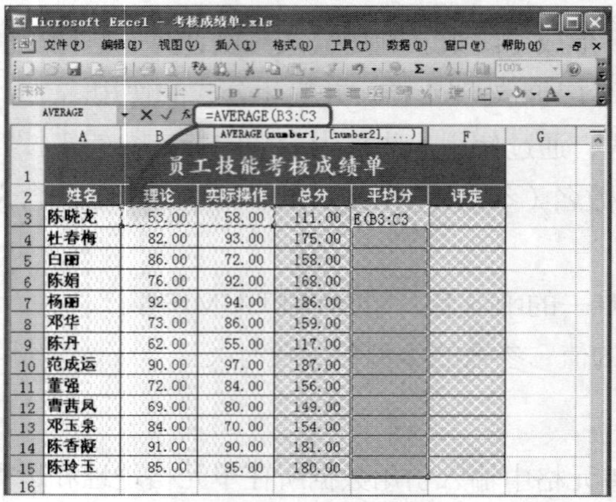

图6–4 引用单元格区域

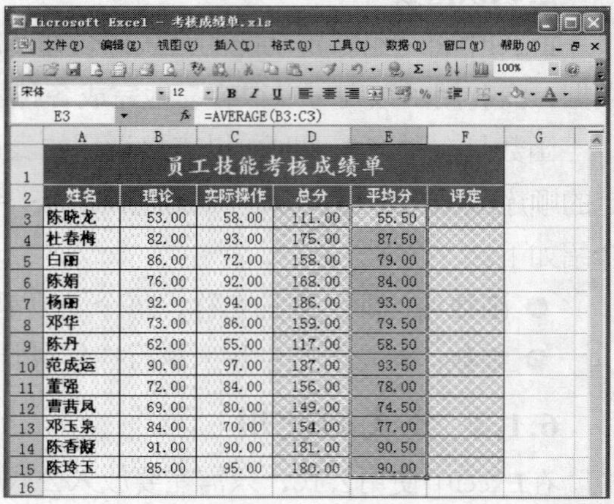

图6–5 确认公式

STEP 3 选择F3单元格，在编辑栏中单击“插入函数”按钮，打开“插入函数”对话框。

STEP 4 在“或选择类别”下拉列表框中选择“常用函数”选项，在“选择函数”列表框中选择“IF”选项，单击 确定 按钮，如图6–6所示。

STEP 5 打开“函数参数”对话框，在“Logical_test”参数框中输入“E3<60”，在“Value_if_true”参数框中输入文本“"不及格"”，在“Value_if_false”参数框中输入“IF(E3<85,"及格","优秀")”，单击 确定 按钮，如图6–7所示。

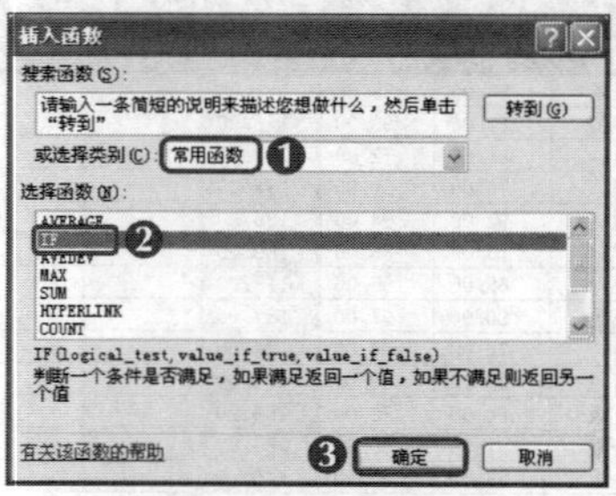

图6–6 选择函数

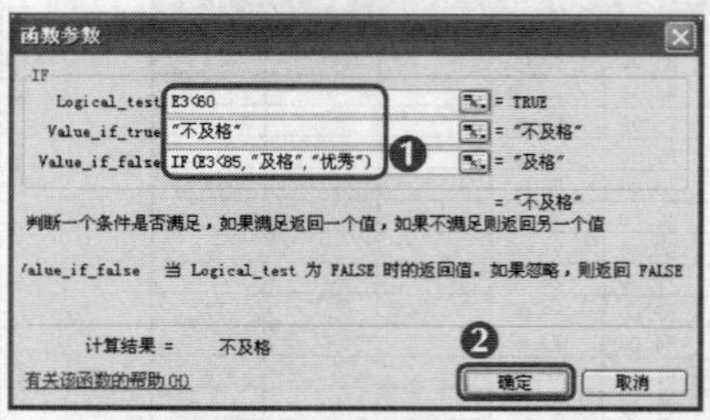

图6–7 设置函数参数

STEP 6 返回工作表编辑区，即可看到F3单元格中已经计算出结果。使用填充柄将函数填充到F4:F15单元格区域中，如图6-8所示。

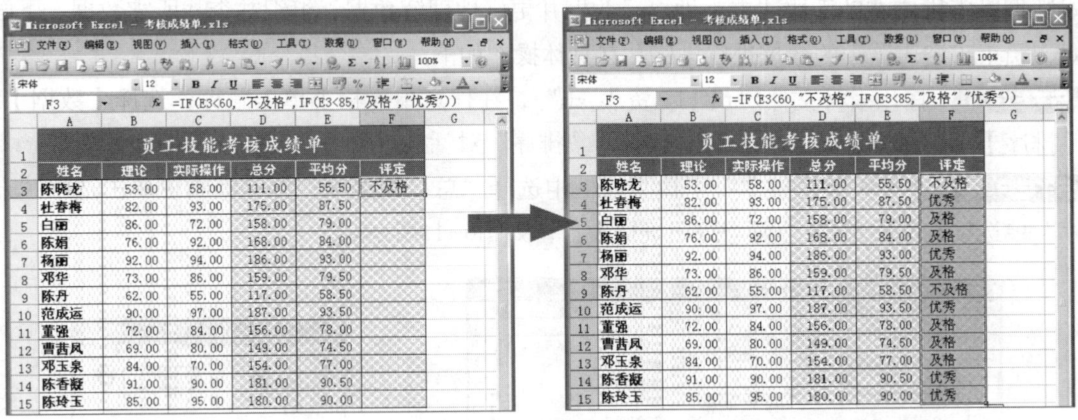

姓名	理论	实际操作	总分	平均分	评定
陈晓龙	53.00	58.00	111.00	55.50	不及格
杜春梅	82.00	93.00	175.00	87.50	优秀
白雨	86.00	72.00	158.00	79.00	及格
陈娟	76.00	92.00	168.00	84.00	及格
杨丽	92.00	94.00	186.00	93.00	优秀
邓华	73.00	86.00	159.00	79.50	及格
陈丹	62.00	55.00	117.00	58.50	不及格
范成运	90.00	97.00	187.00	93.50	优秀
董强	72.00	84.00	156.00	78.00	及格
曹茜凤	69.00	80.00	149.00	74.50	及格
邓玉泉	84.00	70.00	154.00	77.00	及格
陈香凝	91.00	90.00	181.00	90.50	优秀
陈玲玉	85.00	95.00	180.00	90.00	优秀

图6-8 填充公式

> **知识提示**
> IF函数能执行真假值判断，并根据逻辑计算的真假值返回不同结果，本例属于IF函数的嵌套使用。函数的意义为：若平均分小于60，则返回“不及格”；若平均分大于60且小于85，返回“及格”，否则返回“优秀”。

6.2 管理“员工工资表”数据

当需要对表格中的数据进行查询、统计或分析时，可使用Excel的数据排序、数据筛选和分类汇总等功能，从而对数据进行有目的的分析和统计。本例完成后的参考效果如图6-9所示，下面具体讲解其制作方法。

素材所在位置 光盘:\素材文件\第6章\课堂案例2\员工工资表.xls
效果所在位置 光盘:\效果文件\第6章\员工工资表.xls

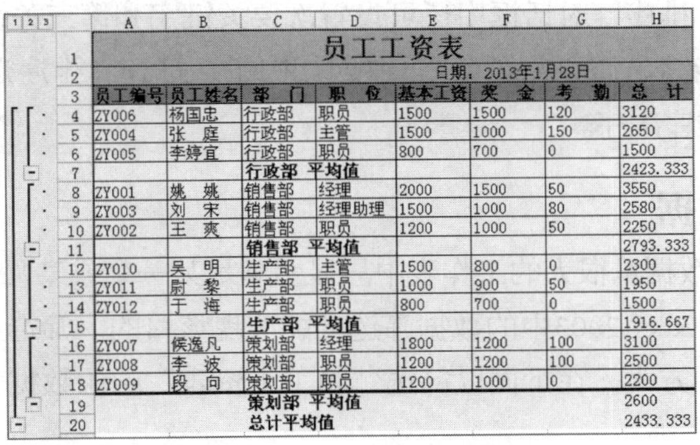

员工编号	员工姓名	部门	职位	基本工资	奖金	考勤	总计
ZY006	杨国忠	行政部	职员	1500	1500	120	3120
ZY004	张 庭	行政部	主管	1500	1000	150	2650
ZY005	李婷宜	行政部	职员	800	700	0	1500
		行政部 平均值					2423.333
ZY001	姚 姚	销售部	经理	2000	1500	50	3550
ZY003	刘 宋	销售部	经理助理	1500	1000	80	2580
ZY002	王 爽	销售部	职员	1200	1000	50	2250
		销售部 平均值					2793.333
ZY010	吴 明	生产部	主管	1500	800	0	2300
ZY011	肘 黎	生产部	职员	1000	900	50	1950
ZY012	于 海	生产部	职员	800	700	0	1500
		生产部 平均值					1916.667
ZY007	侯逸凡	策划部	经理	1800	1200	100	3100
ZY008	李 波	策划部	职员	1200	1200	100	2500
ZY009	段 向	策划部	职员	1200	1000	0	2200
		策划部 平均值					2600
		总计平均值					2433.333

图6-9 “员工工资表”最终效果

6.2.1 排序数据

在办公中，经常会在表格中进行排序，这时就可以使用Excel 2003中的数据排序功能。对数据进行排序有助于快速直观地显示数据并更好地理解数据、组织并查找所需数据。下面对“员工工资表”中的数据进行排序，其具体操作如下。

STEP 1 打开素材文件“员工工资表.xls”，在任意单元格上单击鼠标，选择【数据】/【排序】菜单命令，如图6-10所示，打开“排序”对话框。

STEP 2 在“主要关键字”下拉列表框中选择“总计”选项，并在其右侧单击选中“升序”单选项，然后单击[确定]按钮确认设置，如图6-11所示。

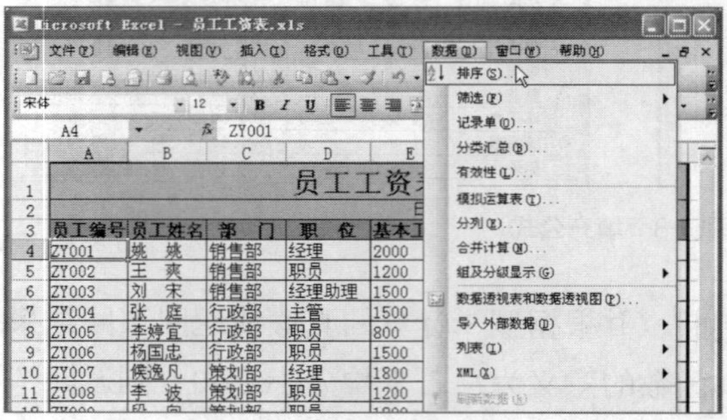

图6-10 选择“排序”命令

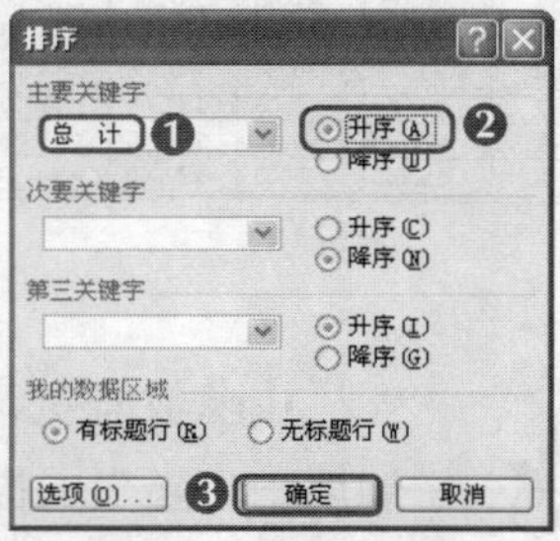

图6-11 设置排序条件

STEP 3 返回表格编辑区即可查看到表格根据“总计”列的数据，从低到高进行了排序，如图6-12所示。

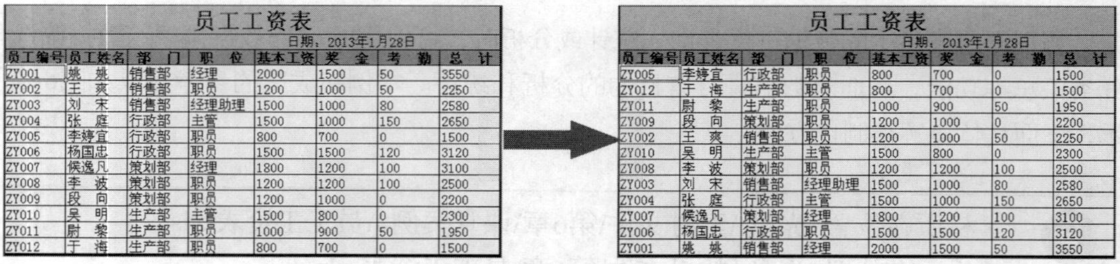

员工工资表

日期：2013年1月28日

员工编号	员工姓名	部　门	职　位	基本工资	奖　金	考　勤	总　计
ZY001	姚　姚	销售部	经理	2000	1500	50	3550
ZY002	王　爽	销售部	职员	1200	1000	50	2250
ZY003	刘　宋	销售部	经理助理	1500	1000	80	2580
ZY004	张　庭	行政部	主管	1500	1000	150	2650
ZY005	李婷宜	行政部	职员	800	700	0	1500
ZY006	杨国忠	行政部	职员	1500	1500	120	3120
ZY007	候逸凡	策划部	经理	1800	1200	100	3100
ZY008	李　波	策划部	职员	1200	1200	100	2500
ZY009	段　向	策划部	职员	1200	1000	0	2200
ZY010	吴　明	生产部	主管	1500	800	0	2300
ZY011	尉　黎	生产部	职员	1000	900	50	1950
ZY012	于　海	生产部	职员	800	700	0	1500

员工工资表

日期：2013年1月28日

员工编号	员工姓名	部　门	职　位	基本工资	奖　金	考　勤	总　计
ZY005	李婷宜	行政部	职员	800	700	0	1500
ZY012	于　海	生产部	职员	800	700	0	1500
ZY011	尉　黎	生产部	职员	1000	900	50	1950
ZY009	段　向	策划部	职员	1200	1000	0	2200
ZY002	王　爽	销售部	职员	1200	1000	50	2250
ZY010	吴　明	生产部	主管	1500	800	0	2300
ZY008	李　波	策划部	职员	1200	1200	100	2500
ZY003	刘　宋	销售部	经理助理	1500	1000	80	2580
ZY004	张　庭	行政部	主管	1500	1000	150	2650
ZY007	候逸凡	策划部	经理	1800	1200	100	3100
ZY006	杨国忠	行政部	职员	1500	1500	120	3120
ZY001	姚　姚	销售部	经理	2000	1500	50	3550

图6-12 排序前后对比效果

> **知识提示**
>
> 在“排序”对话框中还可设置次要关键字和第三关键字；若已有的排序规则不能满足需要，可单击[选项(O)...]按钮，打开“排序选项”对话框，设置自定义排序次序。

6.2.2 筛选数据

办公中常需要在数据量很大的工作表中只显示满足某一个或某几个条件的数据，而隐藏其他的数据，可使用Excel 2003中的数据筛选功能实现该目的。筛选主要有自动筛选、自定义筛选和高级筛选3种方式。在下面以筛选“员工工资表”中的数据为例进行讲解，其具体操作如下。

STEP 1 选择需要进行自动筛选的A3:H3单元格区域，选择【数据】/【筛选】/【自动筛选】菜单命令，进入筛选状态。

STEP 2 此时所选单元格右侧将出现▾按钮，单击E3单元格右侧的▾按钮，在打开的下拉菜单中选择“800”选项，工作表将自动隐藏不满足条件的数据，如图6-13所示。

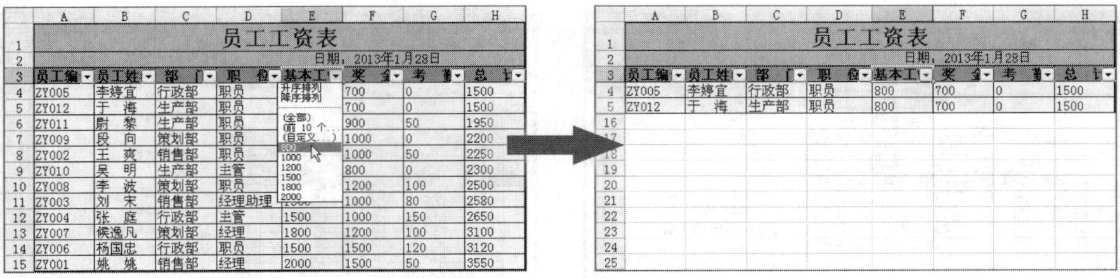

图6-13 自动筛选数据

STEP 3 单击E3单元格右侧的▾按钮，在打开的下拉菜单中选择“自定义”命令，如图6-14所示，打开“自定义自动筛选方式”对话框。

STEP 4 在第一行的下拉列表框中选择“大于”和“800 ”选项，单击选中“与”单选项，然后在第二行的下拉列表框中选择“小于”和“1500”选项，单击 确定 按钮确认设置，如图6-15所示。

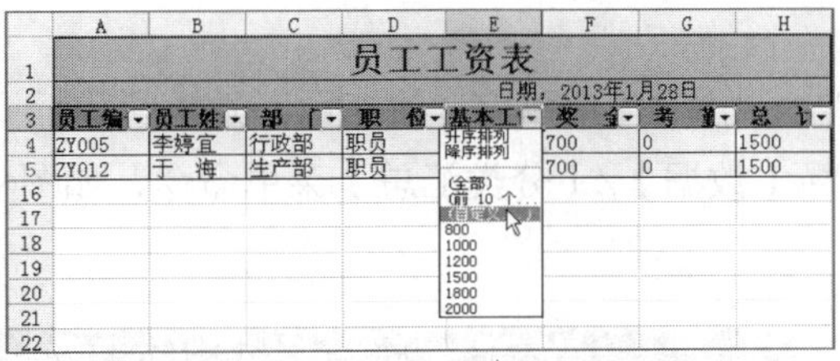

图6-14 选择“自定义”命令

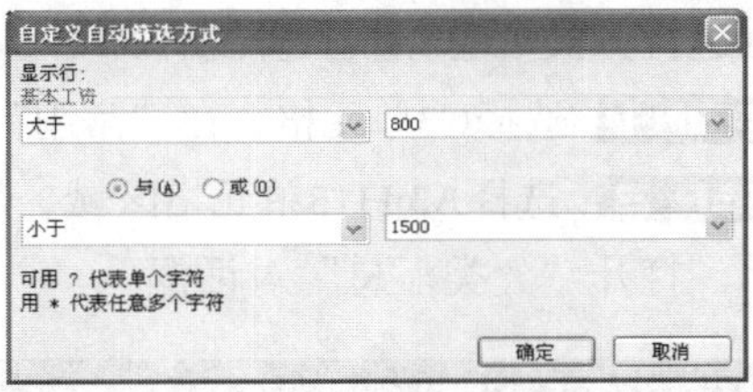

图6-15 设置自定义筛选方式

STEP 5 返回表格即可查看到“基本工资”列选出大于800且小于1500的数据，如图6-16所示。

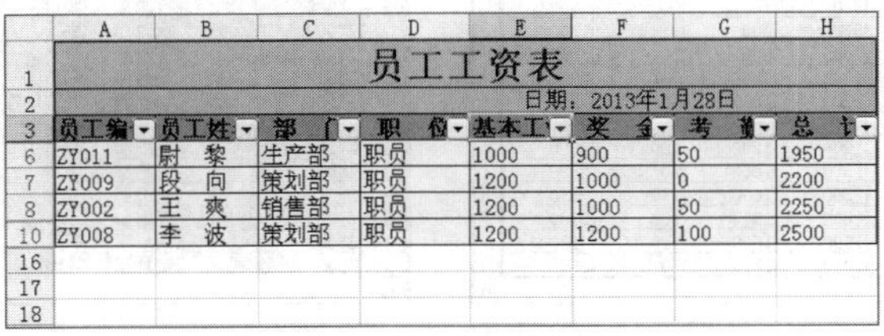

图6-16 自定义筛选结果

知识提示

“自定义自动筛选方式”对话框中，上面两个下拉列表框用于选择赋值运算符，以及选择或输入具体的数值，“与”和“或”单选项用于设置相应的运算公式，下面两个下拉列表框用于选择赋值运算符，并再次对筛选范围进行约束，以及选择或输入具体的数值。

STEP 6 选择【数据】/【筛选】/【全部显示】菜单命令，如图6-17所示，即可重新显示表格中的所有数据。

STEP 7 选择【数据】/【筛选】/【自动筛选】菜单命令，取消该命令前面的☑记号，如图6-18所示，即可取消自动筛选，退出筛选状态。

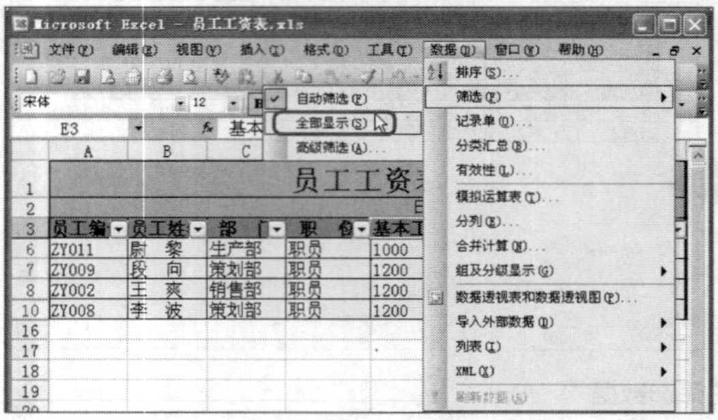

图6-17　显示全部数据

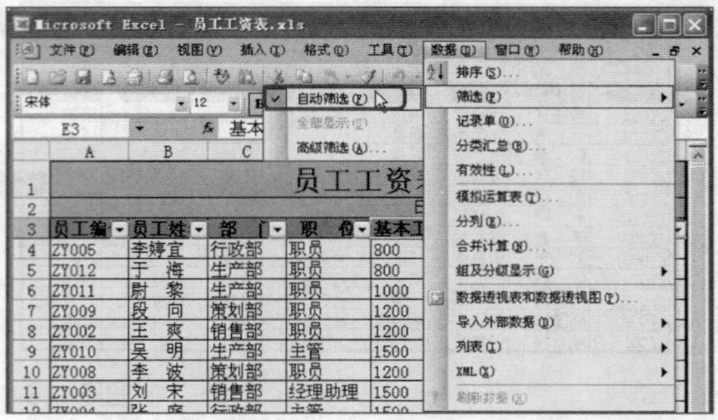

图6-18　取消筛选

6.2.3　分类汇总数据

分类汇总是指将表格中同一类别的数据放在一起进行统计。运用Excel的分类汇总功能可对表格中同一类数据进行统计运算，这将使工作表中的数据变得更加清晰直观。需要注意的是，在创建分类汇总之前，应先对需分类汇总的数据进行排序。下面在“员工工资表”中对数据进行分类汇总，其具体操作如下。

STEP 1 选择C3单元格，在“常用”工具栏中单击“降序排序”按钮，如图6-19所示。

STEP 2 选择A3:H15单元格区域，然后选择【数据】/【分类汇总】菜单命令，如图6-20所示，打开“分类汇总”对话框。

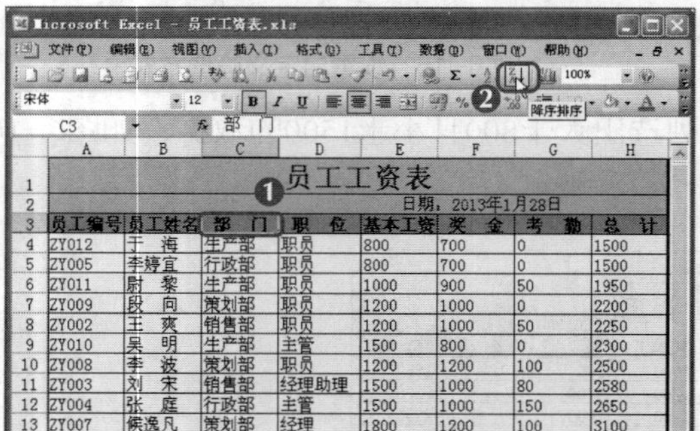

图6-19　排序数据

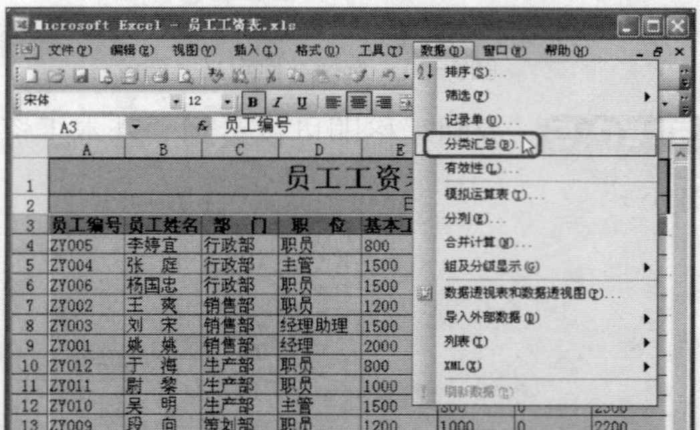

图6-20　选择“分类汇总”命令

STEP 3 在“分类字段”下拉列表框中选择“部　门”选项，在“汇总方式”下拉列表框中选择“平均值”选项，在“选定汇总项”列表框中单击选中“总　计”复选框，然后单击 确定 按钮确认设置，如图6-21所示。

STEP 4 返回表格编辑区即可查看分类汇总的效果，编辑区左侧显示分类汇总的各级控制按钮，单击第一个 - 按钮折叠对应的数据，同时该按钮变为 + 按钮，如图6-22所示。单击

[+]按钮可展开相应数据；单击左上方的[1 2 3]按钮，可分别显示相应级别的数据。

图6-21 设置分类汇总

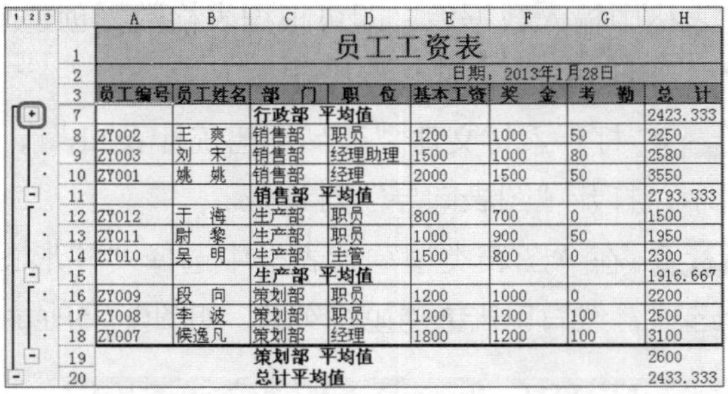

行	A	B	C	D	E	F	G	H
1	员工工资表							
2					日期：2013年1月28日			
3	员工编号	员工姓名	部 门	职 位	基本工资	奖 金	考 勤	总 计
7			行政部 平均值					2423.333
8	ZY002	王 爽	销售部	职员	1200	1000	50	2250
9	ZY003	刘 宋	销售部	经理助理	1500	1000	80	2580
10	ZY001	姚 姚	销售部	经理	2000	1500	50	3550
11			销售部 平均值					2793.333
12	ZY012	于 海	生产部	职员	800	700	0	1500
13	ZY011	尉 黎	生产部	职员	1000	900	50	1950
14	ZY010	吴 明	生产部	主管	1500	800	0	2300
15			生产部 平均值					1916.667
16	ZY009	段 向	策划部	职员	1200	1000	0	2200
17	ZY008	李 波	策划部	职员	1200	1200	100	2500
18	ZY007	候逸凡	策划部	经理	1800	1200	100	3100
19			策划部 平均值					2600
20			总计平均值					2433.333

图6-22 分类汇总效果

> **多学一招**
>
> 进行分类汇总后，若想取消分类汇总，可打开“分类汇总”对话框，在其中单击[全部删除(R)]按钮即可。

6.3 在“产品销售统计表”中创建图表

今天小白接到了另一个任务，要使用图表体现已有的表格数据。要完成该任务，需要先根据已有数据创建图表，然后对图表中的对象进行设置和美化。本例完成后的参考效果如图6-23所示，下面具体讲解其制作方法。

素材所在位置 光盘:\素材文件\第6章\课堂案例3\产品销售统计表.xls
效果所在位置 光盘:\效果文件\第6章\产品销售统计表.xls

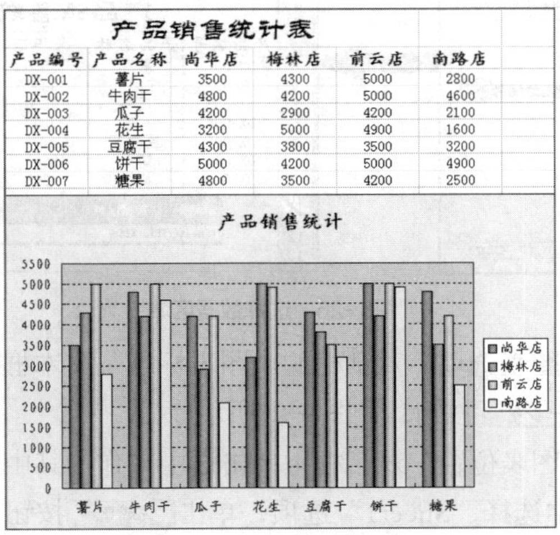

产品销售统计表

产品编号	产品名称	尚华店	梅林店	前云店	南路店
DX-001	薯片	3500	4300	5000	2800
DX-002	牛肉干	4800	4200	5000	4600
DX-003	瓜子	4200	2900	4200	2100
DX-004	花生	3200	5000	4900	1600
DX-005	豆腐干	4300	3800	3500	3200
DX-006	饼干	5000	4200	5000	4900
DX-007	糖果	4800	3500	4200	2500

图6-23 “产品销售统计表”效果

6.3.1 创建图表

在表格中输入数据后，即可根据表格数据创建图表。下面在“产品销售统计表”表格中创建“柱形图”图表，其具体操作如下。

STEP 1 打开素材文件“产品销售统计表.xls”，选择【插入】/【图表】菜单命令，如图6-24所示，打开“图表向导”对话框。

STEP 2 在“图表类型”列表框中选择“柱形图”选项，在“子图表类型”列表中选择第一个选项，然后单击 下一步(N) > 按钮，如图6-25所示。

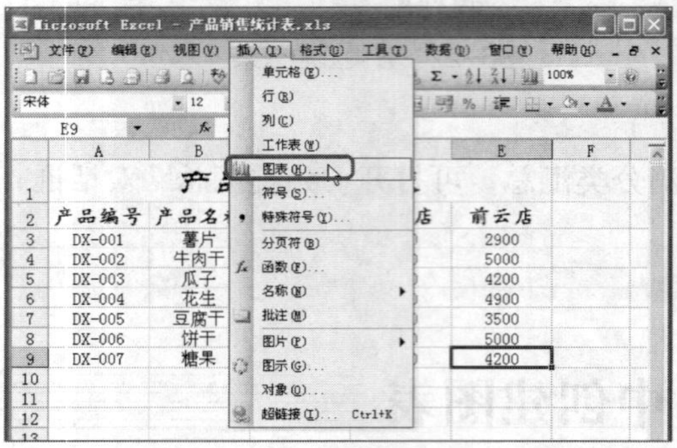

图6-24 选择“图表”命令

图6-25 选择图表类型

STEP 3 在打开的“图表源数据”对话框中单击“数据区域”参数框右侧的“缩小”按钮，然后在表格中拖动鼠标选择B2:E9单元格区域，完成后单击对话框中的“展开”按钮，如图6-26所示，再单击 下一步(N) > 按钮。

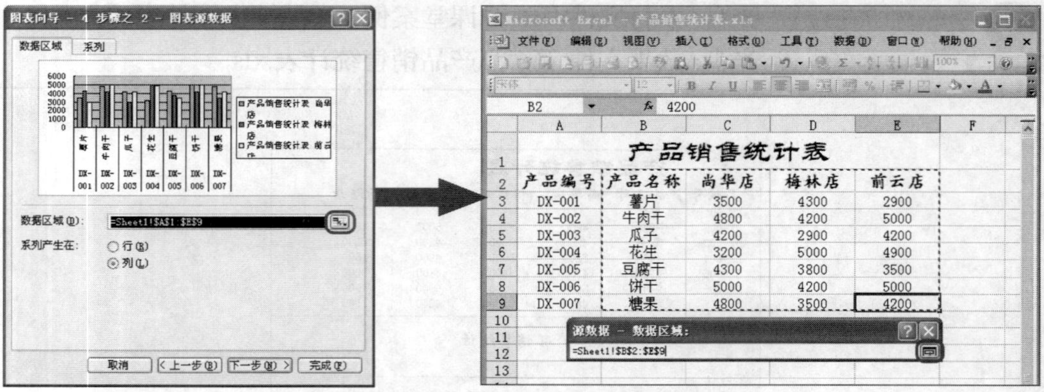

图6-26 选择数据区域

STEP 4 在打开的“图表选项”对话框的“图表标题”文本框中输入图表的标题“产品销售统计”，然后单击 下一步(N) > 按钮，如图6-27所示。

STEP 5 在打开的“图表位置”对话框中单击选中“作为其中的对象插入”单选项，然后在其后的下拉列表框中选择“Sheet1”选项，单击 完成(F) 按钮，完成图表的设置，如图6-28所示。

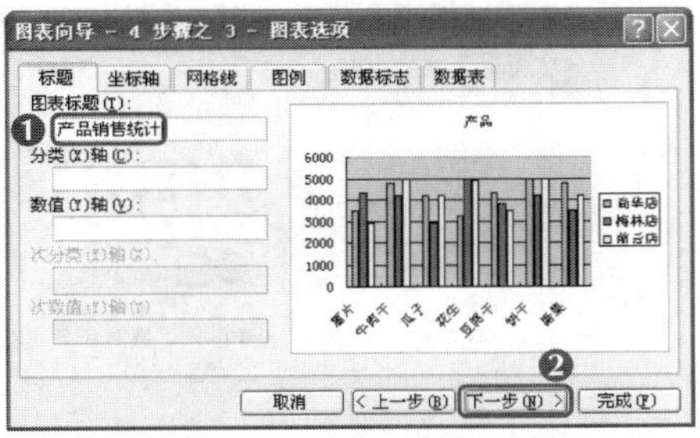

图6-27　设置图表标题

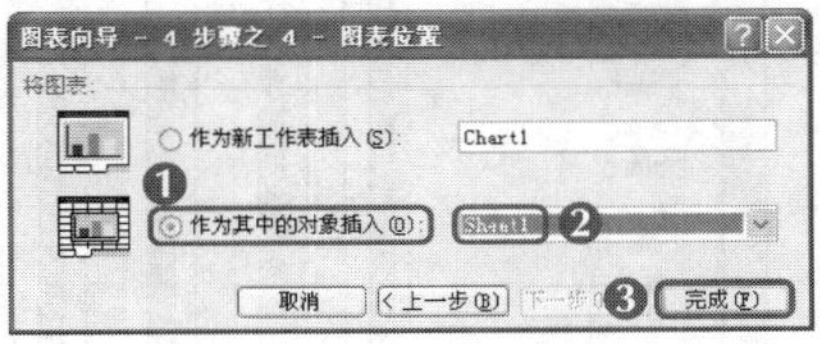

图6-28　选择图表位置

STEP 6 返回表格编辑区即可查看插入的图表，如图6-29所示，根据需要调整其位置和大小。

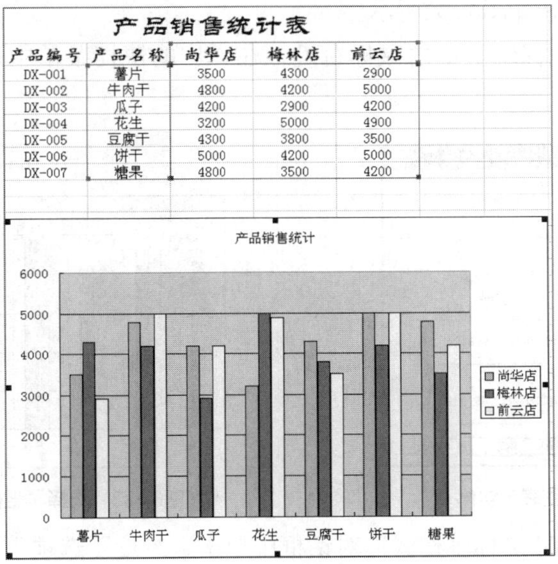

产品销售统计表

产品编号	产品名称	尚华店	梅林店	前云店
DX-001	薯片	3500	4300	2900
DX-002	牛肉干	4800	4200	5000
DX-003	瓜子	4200	2900	4200
DX-004	花生	3200	5000	4900
DX-005	豆腐干	4300	3800	3500
DX-006	饼干	5000	4200	5000
DX-007	糖果	4800	3500	4200

图6-29　图表效果

知识提示

柱形图适于显示数据随时间的变化或显示项的比较；折线图可以显示随时间变化的连续数据，适于显示相等时间间隔的数据趋势；饼图显示一个数据系列占各项总和的比例；条形图可显示各个项的比较；面积图通过显示绘制值的总和来显示部分与整体的关系；散点图通常用于显示和比较数值。

6.3.2 美化图表

图表创建后，还可对其进行编辑，如设置图表中各对象的格式和更改数据区域等。下面以对“产品销售统计表”中的图表进行美化为例进行介绍，其具体操作如下。

STEP 1 在图表空白区域单击鼠标右键，在弹出的快捷菜单中选择“图表区格式”命令，如图6-30所示，打开“图表区格式”对话框。

STEP 2 在“图案”选项卡的“区域”栏中选择“浅黄”选项，如图6-31所示。

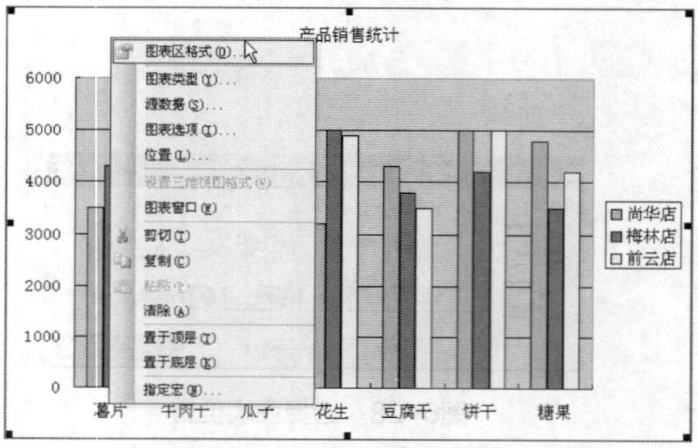

图6-30　选择“图表区格式”命令

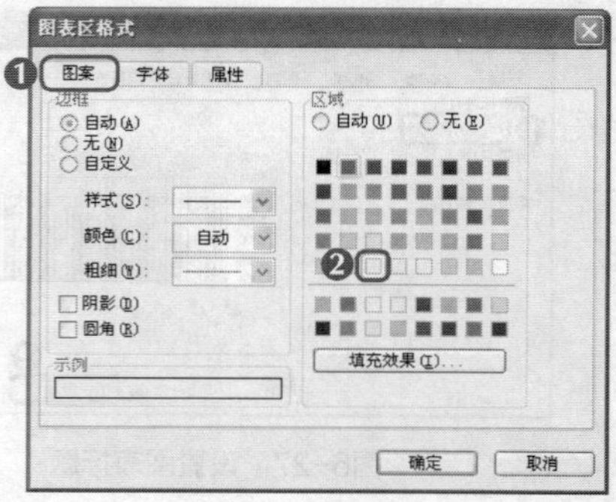

图6-31　设置图表区填充图案

STEP 3　单击“字体”选项卡，在“字体”列表框中选择“楷体_GB2312”选项，单击 确定 按钮确认设置，如图6-32所示。

STEP 4　在垂直坐标轴上单击鼠标右键，在弹出的快捷菜单中选择“坐标轴格式”命令，如图6-33所示。

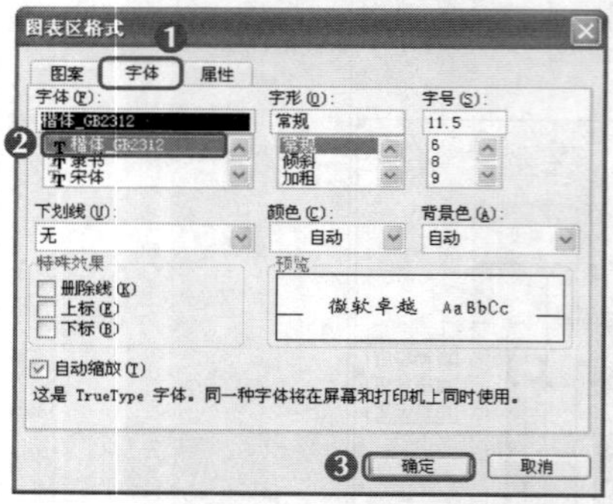

图6-32　设置图表区字体

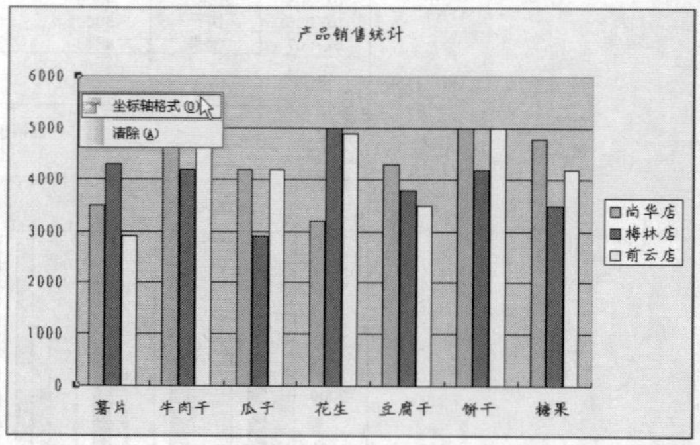

图6-33　选择“坐标轴格式”命令

STEP 5　在打开的“坐标轴格式”对话框中单击“刻度”选项卡，分别在“最大值”、“主要刻度单位”和“次要刻度单位”文本框中输入“5500”、“500”和“100”，然后单击 确定 按钮确认设置，如图6-34所示。

STEP 6　在网格线上单击鼠标右键，在弹出的快捷菜单中选择“网格线格式”命令，如图6-35所示，打开“网格线格式”对话框。

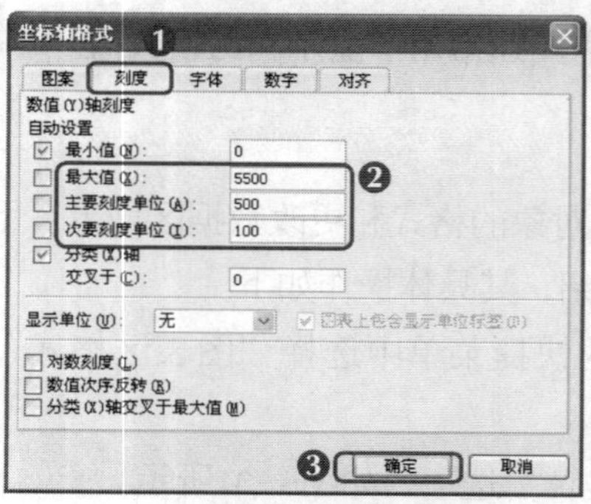

图6-34　设置坐标轴刻度

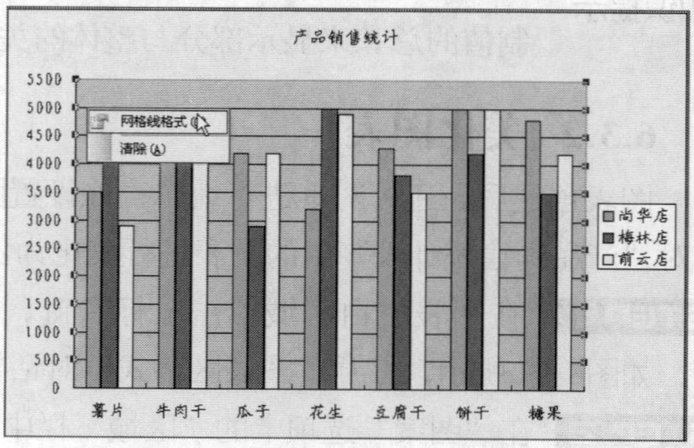

图6-35　选择“网格线格式”命令

STEP 7 在“图案”选项卡中的“样式”下拉列表框中选择“虚线”选项，单击 确定 按钮确认设置，如图6-36所示。

STEP 8 在“尚华店”数据系列上单击鼠标右键，在弹出的快捷菜单中选择“数据系列格式”命令，如图6-37所示，打开“数据系列格式”对话框。

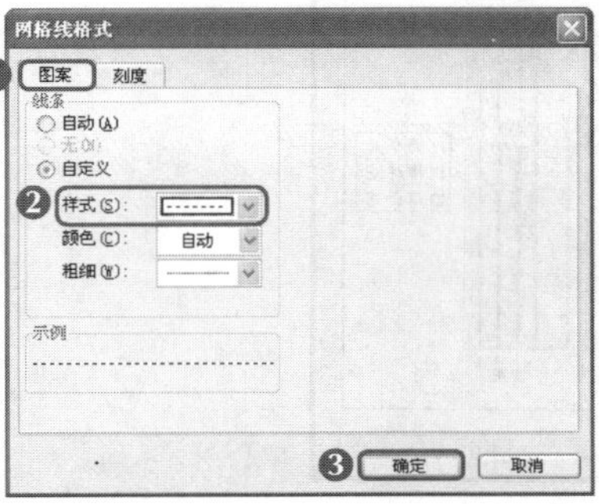

图6-36　设置网格线样式

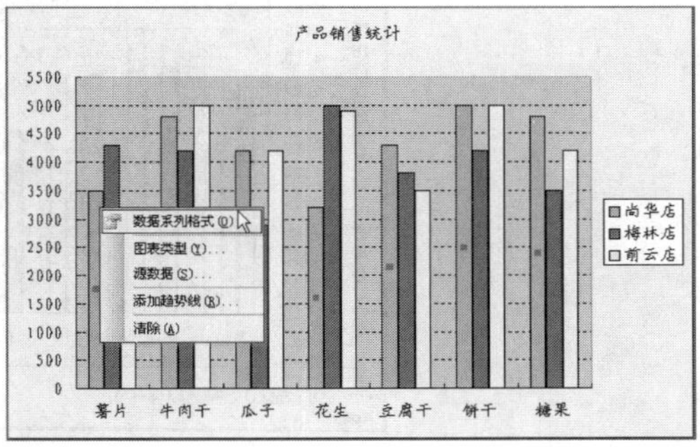

图6-37　选择“数据系列格式”命令

STEP 9 在“区域”栏中单击 填充效果(I)... 按钮，打开“填充效果”对话框。

STEP 10 在“渐变”选项卡中的“颜色”栏中单击选中“双色”单选项，在“颜色 1”和“颜色 2”下拉列表框中分别选择“深蓝”和“天蓝”选项。

STEP 11 在“底纹样式”栏中单击选中“垂直”单选项，在“变形”栏中选择第二行第一个选项，最后依次单击 确定 按钮确认设置，如图6-38所示。

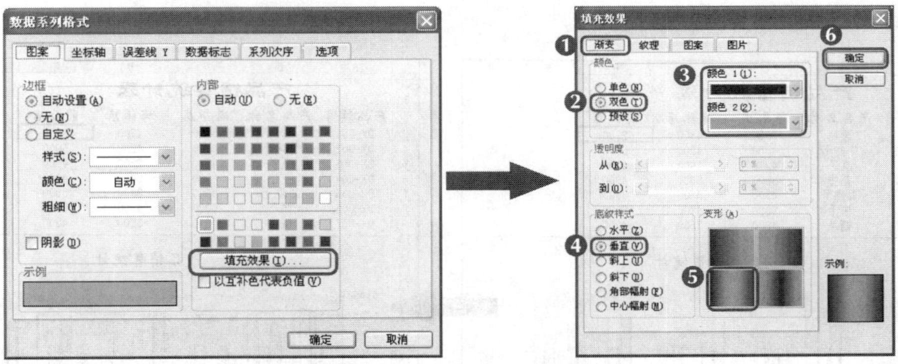

图6-38　设置数据系列填充图案

STEP 12 按照相同的方法为“梅林店”数据系列设置“深紫、淡紫”的渐变填充，为“前云店”数据系列设置“橙色、黄色”的渐变填充。

STEP 13 在图表标题上单击鼠标，在“格式”工具栏中将其设置为“16号、加粗”，如图6-39所示。

多学一招

直接在需要设置格式的图表对象上双击鼠标，也可打开对应的对话框进行设置。

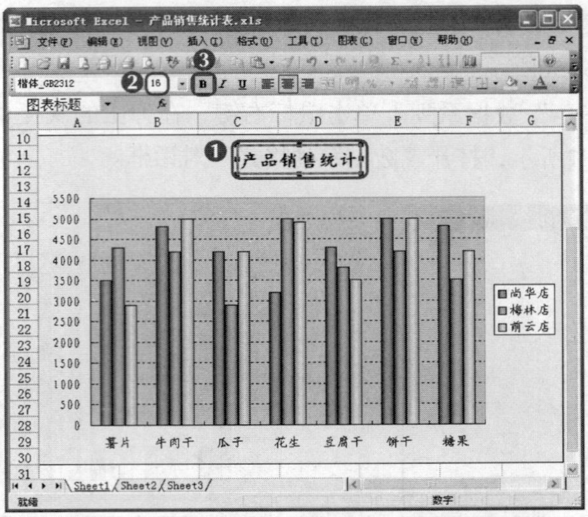

图6-39　设置图表标题格式

6.3.3　更新图表数据

当表格中的数据发生了变化，如增加了分析的数据或更改了表格中的数据等，此时就需要对图表中的数据进行更新。下面在“产品销售统计表”中更改图表数据，并增加数据系列，其具体操作如下。

STEP 1　将E3单元格中的数据更改为“5000”，即可查看到图表中对应的数据系随之也发生了变化，如图6-40所示。

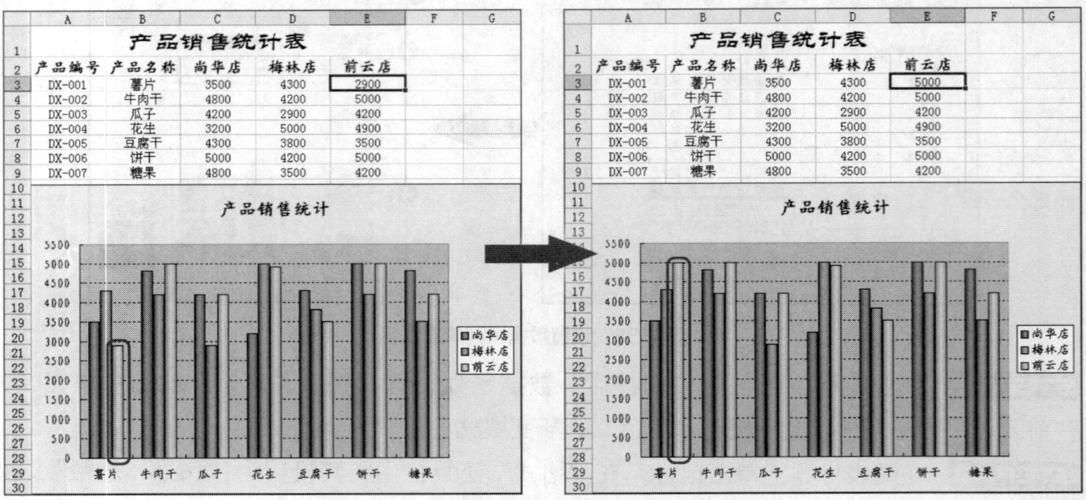

图6-40　更改表格数据

STEP 2　在F2单元格中输入“南路店”，并在F3:F9单元格区域中输入对应的数据，然后合并A1:F1单元格区域。

STEP 3　在图表区单击鼠标右键，在弹出的快捷菜单中选择“源数据”命令，如图6-41所示，打开“源数据”对话框。

STEP 4 在“数据区域”参数框中输入“=Sheet1!$B$2:$F$9”，然后单击 确定 按钮确认设置，如图6-42所示。

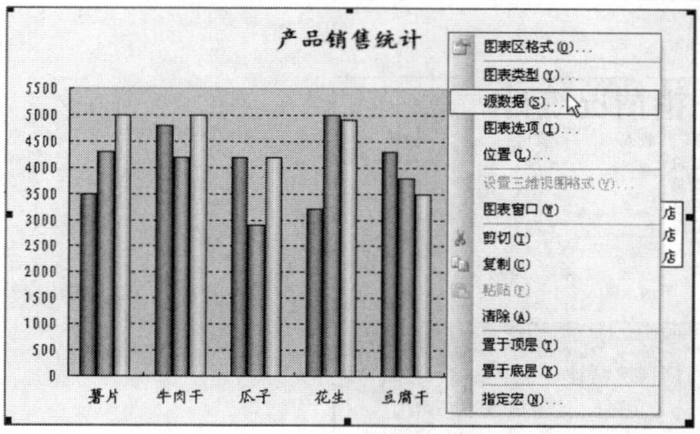

图6-41 选择“源数据”命令

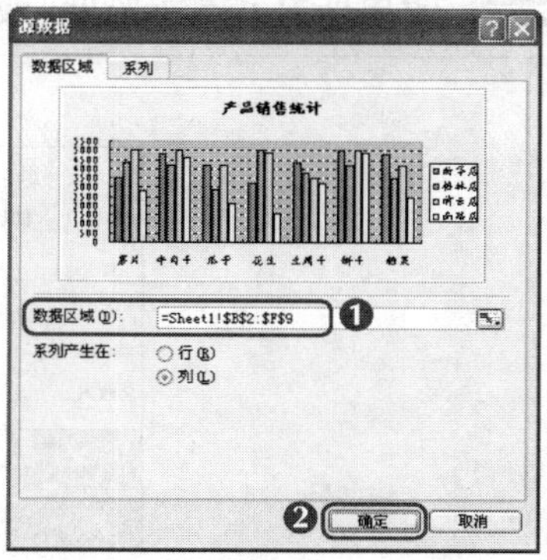

图6-42 设置数据区域

STEP 5 返回表格编辑区即可查看更新数据区域后的图表效果，在其中增加了“南路店”的数据系列，如图6-43所示。

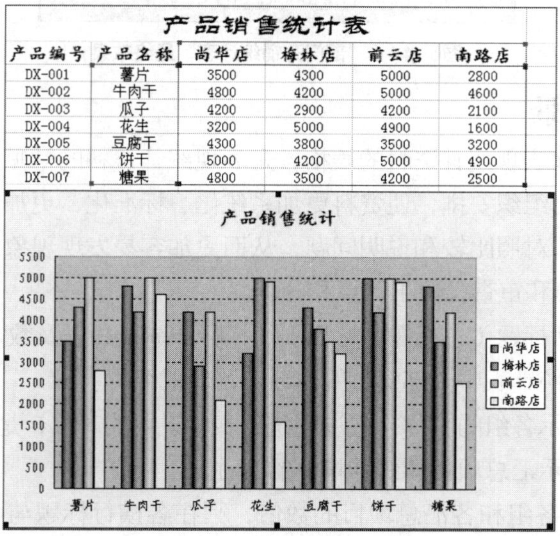

产品销售统计表

产品编号	产品名称	尚华店	梅林店	前云店	南路店
DX-001	薯片	3500	4300	5000	2800
DX-002	牛肉干	4800	4200	5000	4600
DX-003	瓜子	4200	2900	4200	2100
DX-004	花生	3200	5000	4900	1600
DX-005	豆腐干	4300	3800	3500	3200
DX-006	饼干	5000	4200	5000	4900
DX-007	糖果	4800	3500	4200	2500

图6-43 更新数据后的图表效果

6.4 实训——分析“部门开销统计表”

6.4.1 实训目标

本实训的目标是分析“部门开销统计表”。要完成该目标，需要使用公式对表格中的数据进行计算，并进行排序和分类汇总等操作，同时需要用到创建和编辑图表的相关知识。本实训的最终效果如图6-44所示。

素材所在位置 光盘:\素材文件\第6章\实训\部门开销统计表.xls
效果所在位置 光盘:\效果文件\第6章\实训\部门开销统计表.xls

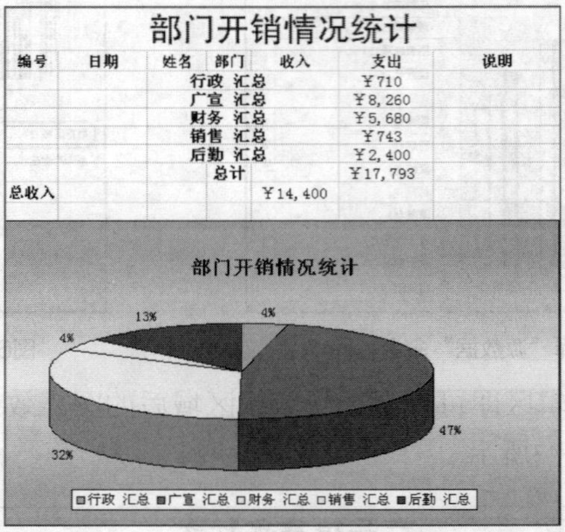

图6-44 “部门开销统计表”最终效果

6.4.2 专业背景

统计表是用线条来表现统计资料的表格，是表现统计资料的常见方式。统计表能将大量统计数字资料加以综合组织安排，使资料更加系统化、标准化，更加紧凑、简明、醒目和有条理，便于人们阅读、对照比较和说明问题，从而更加容易发现现象之间的规律性。利用统计表还便于资料的汇总和审查，便于计算和分析。

统计表一般都包括标题（总标题和标目）、横行和纵栏，以及数字资料等部分。

- **总标题：**概括统计表中全部资料的内容，是表的名称。
- **横行标题：**表示各组的名称，它说明统计表要说明的对象，是横行的名称。
- **纵栏标题：**表示汇总项目即统计指标的名称。
- **数字资料：**是各组和各汇总项目的数值，列在各横行标题与各纵栏标题交叉处，即统计表的右下方。

6.4.3 操作思路

要完成本例制作，需要先对数据进行求和计算，再对数据进行排序，然后进行分类汇总，最后创建图表并进行设置。其操作思路如图6-45所示。

职业素养

会计人员应当熟悉财经法律、法规，国家统一会计制度和本单位有关规定；应当保证提供的会计信息合法、真实、准确、及时和完整；在办理会计事务中，应当实事求是，客观公正；会计人员应当保守本单位的商业秘密，不私自向外界提供或泄露单位的会计信息。

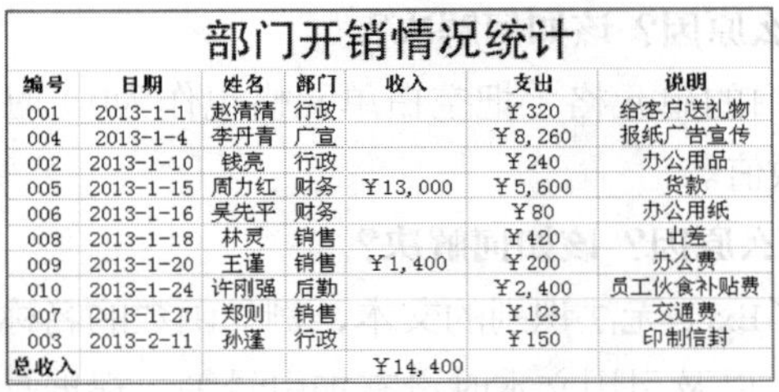

①求和数据

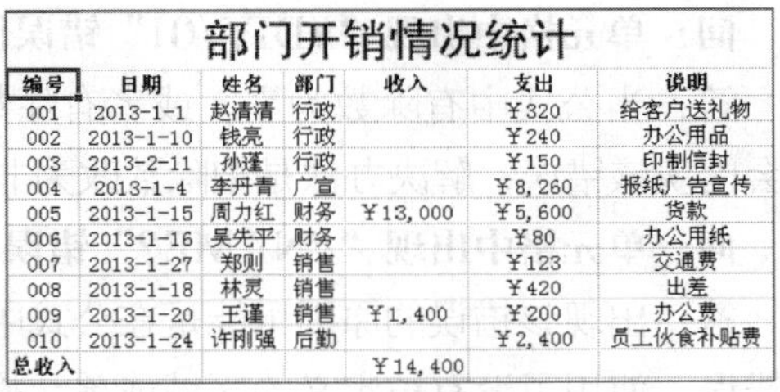

②排序数据

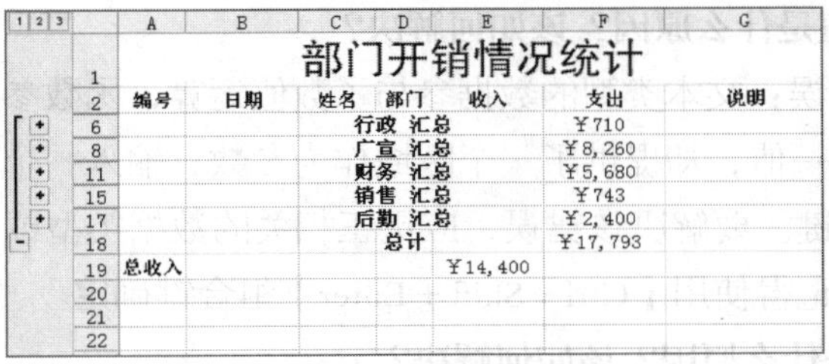

③分类汇总

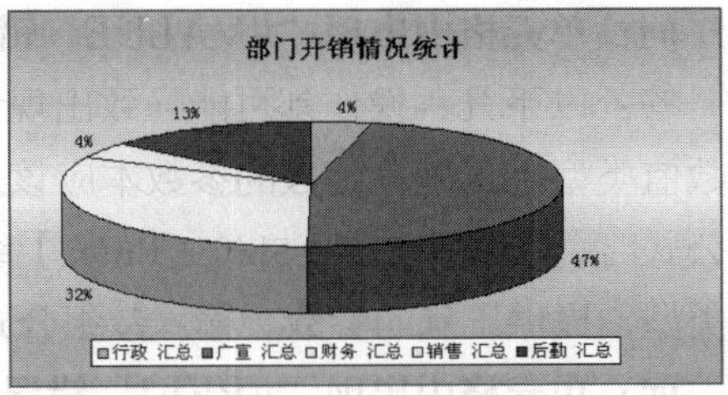

④插入图表

图6-45　“部门开销统计表”的制作思路

【步骤提示】

STEP 1 打开素材文件“部门开销统计表.xls”，使用SUM函数在E13单元格中计算E3:E12单元格区域中数据的总和。

STEP 2 根据A列对A2:G12单元格区域进行升序排序。

STEP 3 以“部门”为分类字段，“求和”为汇总方式，“支出”为汇总项，对A2:G12单元格区域进行分类汇总。

STEP 4 选择D2:D17和F2:F17单元格区域，创建第二种类型的饼图，使图例显示在图表下方，并显示“百分比”形式的数据标志。

STEP 5 将图表标题设置为“14号、加粗”，然后为图表区添加“雨后初晴”的渐变填充效果。

6.5 疑难解析

问：Excel自带的排序序列没有合适的，怎么办呢？

答：选择【格式】/【选项】菜单命令，打开“选项”对话框，单击“自定义序列”选项卡，在“输入序列”下的文本框中输入排序的序列，单击【添加(A)】和【确定】按钮。然后在工作表中选择需排序的数据列中的任意一个单元格，选择【数据】/【排序】菜单命令，打开“排序”对话框，在其中设置排序的关键字等信息，完成后单击【确定】按钮。

问：插入图表后，还能更改图表的类型吗？

答：可以。其方法是在图表区单击鼠标右键，在弹出的快捷菜单中选择“图表类型”菜单命令，在打开的“图表类型”对话框中进行选择，然后单击【确定】按钮即可。

问：单元格中出现"#DIV/0!"错误值是什么原因？该如何解决？

答：当公式中有除数为零，或者有除数为空白的单元格（把空白单元格也作为0）时，即会出现该错误，解决办法是把除数改为非零的数值。

问：单元格中出现"#NAME?"错误值是什么原因？该如何解决？

答：出现该错误的原因可能是在公式中使用了Excel无法识别的文本，例如函数的名称拼写错误，使用了没有被定义的区域或单元格名称，以及引用文本时没有加引号等。根据具体的公式，逐步分析出现该错误的可能，并加以改正即可。

问：单元格中出现"#VALUE"错误值是什么原因？该如何解决？

答：以下几种操作都可能导致出现该错误：文本类型的数据参与了数值运算，函数参数的数值类型不正确；函数的参数本应该是单一值，却提供了一个区域作为参数；输入一个数组公式时，未按【Ctrl+Shift+Enter】组合键。要解决该错误，应更正相关的数据类型或参数类型，提供正确的参数，输入数组公式时记得使用【Ctrl+Shift+Enter】组合键确定。

问：单元格中出现"#REF!"错误值是什么原因？该如何解决？

答：公式中使用了无效的单元格引用。导致该错误的原因主要包括删除了被公式引用的单元格，或把公式复制到了含有引用自身的单元格中。要解决该错误，应在操作时避免导致引用无效的操作，如果已经出现错误，需先撤销操作，然后用正确的方法操作。

问：单元格中出现"#NULL!"错误值是什么原因？该如何解决？

答：使用了不正确的区域运算符或引用的单元格区域的交集为空则会引起该错误。应修改区域运算符使之正确，更改引用使之相交。

问：打印表格时不想把其中的错误值也打印出来，该怎么操作呢？

答：选择【文件】/【页面设置】菜单命令，打开"页面设置"对话框，单击"工作表"选项卡，在"打印"栏中的"错误单元格打印为"下拉列表框中选择"<空白>"选项，单击 确定 按钮确认设置后再进行打印即可。

6.6 习题

本章主要介绍了Excel表格数据的计算，包括Excel函数和公式，排列、筛选和分类汇总数据，以及图表的相关知识。本章知识是学习Excel的重点，应加强掌握。

素材所在位置	光盘:\素材文件\第6章\习题\数码产品销售记录表.xls、成绩表.xls、车型报价表.xls
效果所在位置	光盘:\效果文件\第6章\习题\数码产品销售记录表.xls、成绩表.xls、车型报价表.xls

（1）打开素材文件"数码产品销售记录表.xls"，在其中插入图表，并将图表区中的字体设置为"14号"，如图6-46所示。

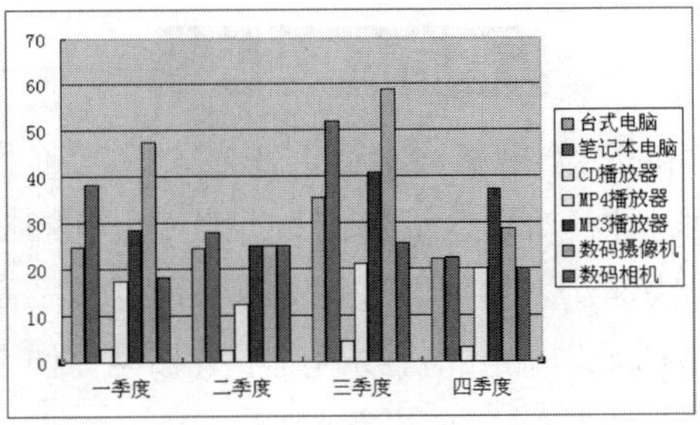

图6-46　“数码产品销售记录表”效果

（2）打开素材文件“成绩表.xls”，使用函数计算每个学生的总分和平均分，再按照总分对数据进行排序，然后在“名次”中填充序列，最终效果如图6-47所示。

期末成绩表

名次	姓　　名	语文	数学	英语	物理	化学	总分	平均分
1	徐鹏程	78	88	83	79	84	412	82.4
2	唐　刚	45	88	88	88	99	408	81.6
3	郑华兴	88	88	88	77	66	407	81.4
4	吴齐啸	55	88	88	88	74	393	78.6
5	桂登峰	88	55	88	88	62	381	76.2
6	刘　毅	80	76	86	70	68	380	76
7	欧阳帆	58	78	77	66	99	378	75.6
8	谢新兴	77	76	78	66	70	367	73.4
9	凌云飞	66	88	55	77	76	362	72.4
10	龚　凡	88	88	74	67	44	361	72.2
11	李春阳	55	67	88	76	66	352	70.4
12	叶子富	55	88	88	22	99	352	70.4
13	艾　洁	78	73	60	65	75	351	70.2
14	丁夏雨	87	89	54	77	44	351	70.2
15	蔡萨莎	88	22	88	58	88	344	68.8
16	周　天	56	78	67	75	67	343	68.6
17	占　丹	77	55	76	56	78	342	68.4
18	张谷玉	44	77	62	77	76	336	67.2
19	宋翼铭	78	88	55	55	58	334	66.8
20	伍行翼	58	44	88	55	89	334	66.8
21	汪滔滔	60	56	84	66	67	333	66.6
22	贝　贝	80	62	76	59	56	333	66.6
23	杨蒲英	67	74	59	63	68	331	66.2
24	齐　熹	45	77	66	88	55	331	66.2
25	郭　枫	76	55	88	55	45	319	63.8
26	陈利亚	77	66	66	55	55	319	63.8
27	陶　韬	77	55	55	88	33	308	61.6
28	费　铭	55	55	55	88	55	308	61.6
29	范　威	67	44	67	66	57	301	60.2
30	龙知自	47	55	77	55	22	256	51.2

图6-47　“成绩表”效果

（3）打开素材文件“车型报价表.xls”，将其中的图表类型更改为“条形图”，并将数据系列填充为“梅红色”，将图表区的字体设置为“10号”，然后对表格进行筛选，最终效果如图6-48所示。

车型报价表

品牌	出产年代	型号	参考价（万元）
大众迈腾	2008	1.8T手动标准型	￥18.25
奥迪A4	2008	至尊型	￥22.68
奥迪A4L	2008	舒适型	￥36.18
奥迪A4L	2008	标准型	￥29.88

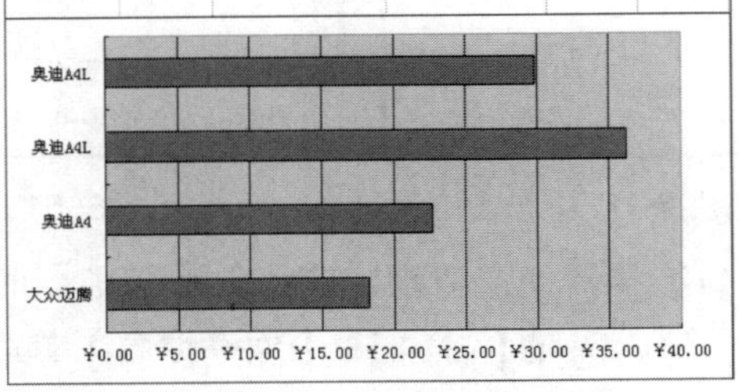

图6-48　“车型报价表”效果

课后拓展知识

当制作一个Excel表格时，如果表格中数据较多，一旦向下滚屏，则上面的标题行也跟着滚动，在处理数据时往往难以分清各列数据对应表头的标题，容易出现错误。此时利用“拆分”功能即可快速对表格数据进行查看。而“冻结窗口”则是将拆分后的内容固定不动，在拖动行或列时，固定的行或列则不会移动，便于对照查看。

冻结窗口有以下两种方法。

- **方法一**：选中要冻结的行下面的一行，然后选择【窗口】/【拆分】菜单命令，即可从所选行和上一行中间进行拆分，如图6-49所示。滚屏时被冻结的标题行总是显示在最上面，不会随着下面滚动条的移动而移动。表格的横向和竖向可以同时冻结，只要选中要冻结的垂直和水平交叉位置右下角的单元格，再选择相应菜单命令即可。

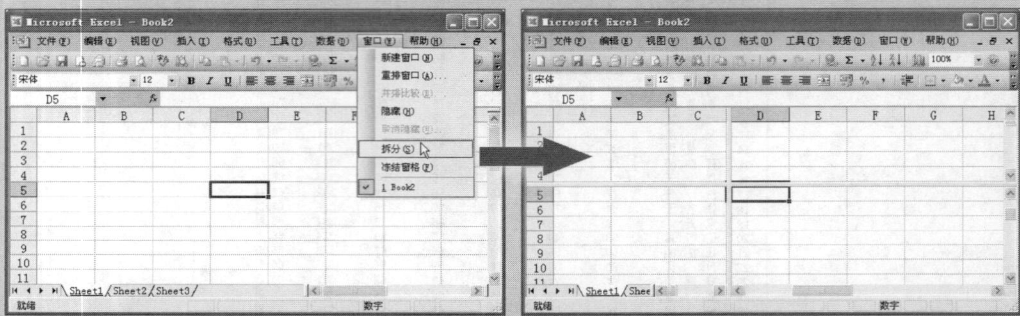

图6-49　利用菜单命令拆分窗口

- **方法二**：将鼠标指针移到垂直滚动条上端的—滑块上，当其变成≑形状时，按住鼠标左键向下将其拖曳至要拆分的位置，如图6-50所示。使用同样方法向左拖曳水平滚动条右端的|滑块可拆分列，如图6-51所示。

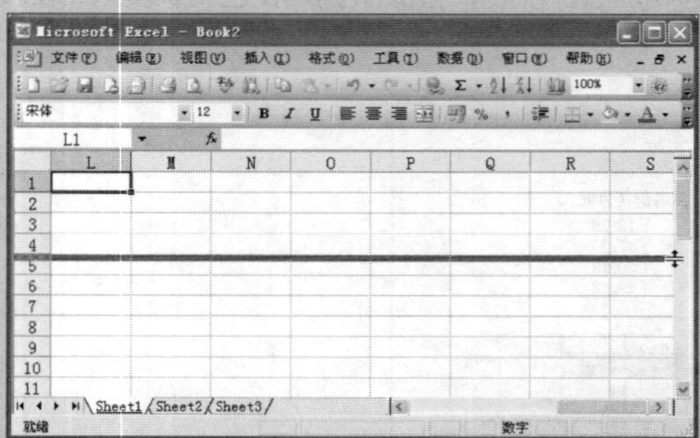

图6-50　利用滑块拆分行

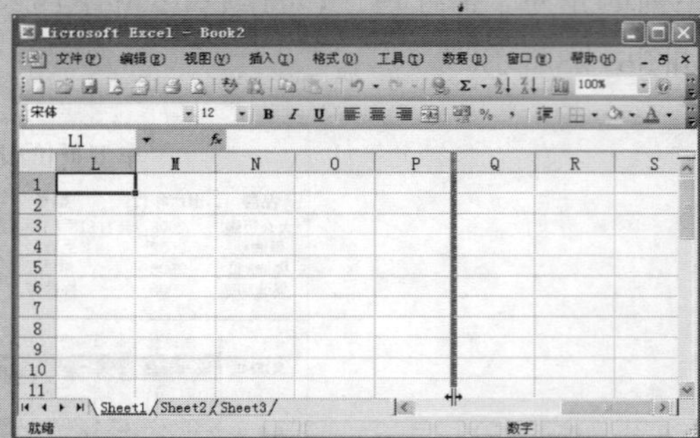

图6-51　利用滑块拆分列

进行拆分后可将窗口冻结，使窗口指定的部分不随滚屏而滚动，方法是在要冻结的部分选中任意单元格，然后选择【窗口】/【冻结窗口】菜单命令即可。要取消拆分和冻结窗口，可在“窗口”菜单中选择相应菜单命令。

PART 7

第7章 PowerPoint基本操作

情景导入

最近公司正在扩展业务，因此需要使用PowerPoint制作公司简介幻灯片，以便向合作方展示。这个艰巨的任务落在了实习生小白肩上。

知识技能目标

- 认识PowerPoint 2003的工作窗口。
- 掌握演示文稿的创建。
- 掌握幻灯片的基本操作。
- 掌握幻灯片的输入与编辑方法。

- 能够使用PowerPoint 2003创建基本的幻灯片。
- 能够使用各种对象使制作的幻灯片更具有吸引力。

课堂案例展示

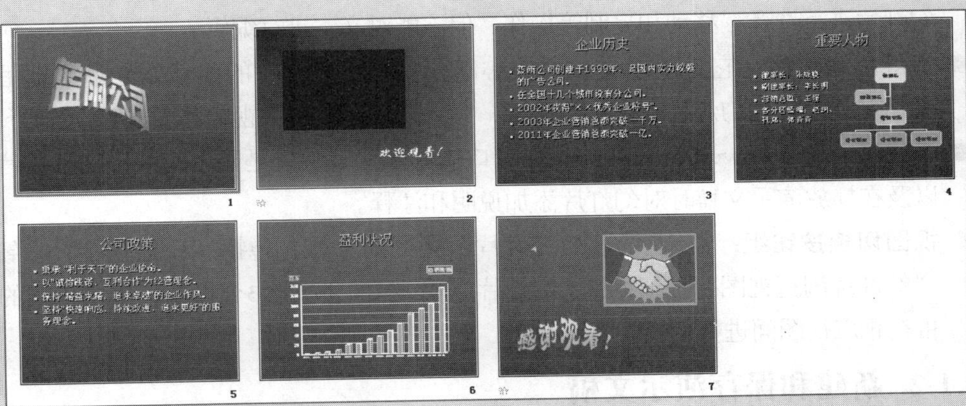

“公司简介”演示文稿最终效果

7.1 创建“公司简介”演示文稿

幻灯片能更加简单、直观地阐述观点，使观众更加容易理解，在商务演讲中是一种十分实用的辅助工具。要制作出好的幻灯片，需要先创建演示文稿，然后在其中对幻灯片进行相应的编辑操作。本例主要讲解PowerPoint 2003操作界面，以及演示文稿和幻灯片的基本操作。

7.1.1 PowerPoint 2003工作界面

启动PowerPoint 2003后，即可看到PowerPoint的工作窗口，其主要由标题栏、菜单栏、工具栏、任务窗格、“大纲/幻灯片”区域、幻灯片编辑区和备注区等部分组成。其中多个组成部分与Word 2003和Excel 2003相应部分的作用相同，下面仅介绍PowerPoint 2003特有的组成部分，如图7-1所示。

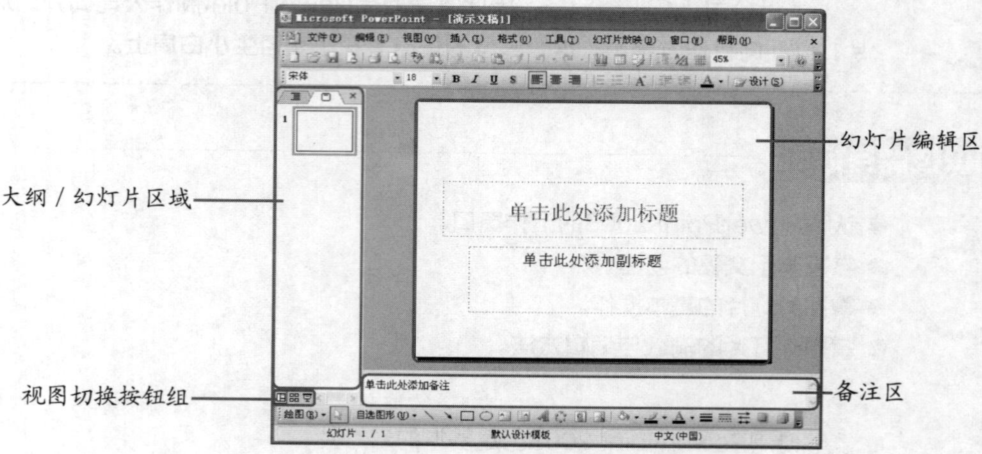

图7-1 PowerPoint 2003工作界面

- **“大纲”选项卡：**以大纲形式列出了当前演示文稿中各张幻灯片的文本内容，在其中可以对幻灯片进行切换和文本编辑操作。
- **“幻灯片”选项卡：**列出了组成当前演示文稿所有幻灯片的缩略图，在其中可以对幻灯片进行选择、移动和复制等操作，但不能对文本进行编辑。
- **幻灯片编辑区：**它是演示文稿的核心部分，可将幻灯片的整体效果形象地呈现出来，在其中可对幻灯片进行文本编辑，插入图片、声音、视频和图表等操作。
- **备注区：**位于PowerPoint 2003工作窗口的底部，其功能是显示幻灯片的相关信息，以及在播放演示文稿时对幻灯片添加说明和注释。
- **视图切换按钮组：**位于“大纲/幻灯片”区域的下方，包括“普通视图”按钮、“幻灯片浏览视图”按钮和“幻灯片放映视图”按钮3个按钮，单击不同的按钮可在相应视图间进行切换。

7.1.2 新建和保存演示文稿

打开、关闭和保存PowerPoint演示文稿的方法与在Word中进行相应的操作类似，而新建演示文稿主要有新建空演示文稿、新建应用设计模板的演示文稿、根据内容提示向导新建演示文稿和根据现有演示文稿新建演示文稿等方法。下面新建应用设计模板的演示文稿，然后将其以“公司简介”为名保存，其具体操作如下。

STEP 1 启动PowerPoint 2003，选择【文件】/【新建】菜单命令，打开“新建演示文稿”任务窗格。

STEP 2 在“新建”栏中单击“根据设计模板”超链接，如图7-2所示。

STEP 3 此时将新建“演示文稿2”，并打开“幻灯片设计”任务窗格。在“应用设计模板”列表框的“可供使用”栏中选择需要的设计模板，这里选择“Ocean”选项，即可为新建的演示文稿应用该模板，如图7-3所示。

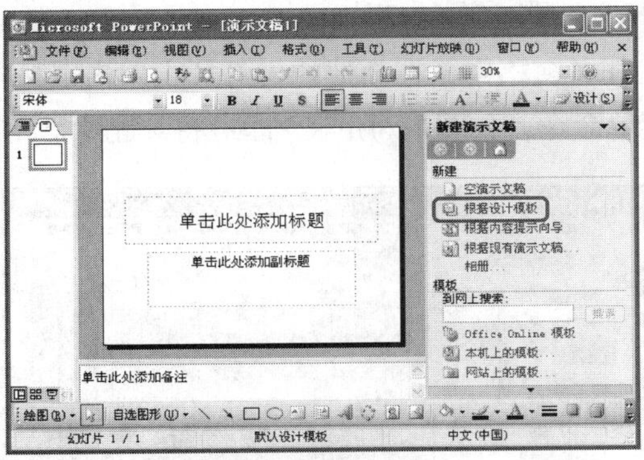

图7-2 单击超链接

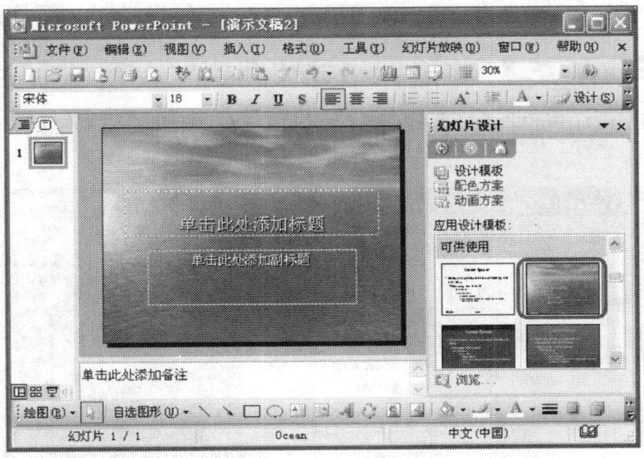

图7-3 选择模板

STEP 4 按【Ctrl+S】组合键，打开“另存为”对话框，选择文件的保存位置，并在“文件名”下拉列表框中输入“公司简介.ppt”，然后单击 保存(S) 按钮即可将其保存，如图7-4所示。

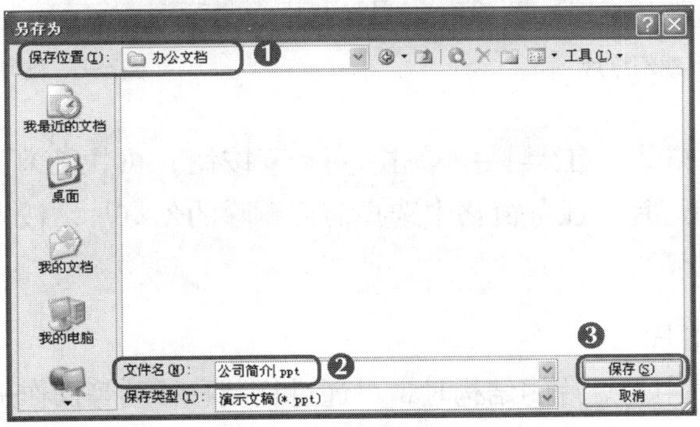

图7-4 保存演示文稿

多学一招

选择【文件】/【新建】菜单命令，在打开的“新建演示文稿”任务窗格中单击“根据内容提示向导”超链接。在打开的“内容提示向导”对话框中根据提示进行操作，可创建指定类型的演示文稿。

7.1.3 幻灯片的基本操作

演示文稿是由多张幻灯片组织在一起构成的，它是PowerPoint文档的表现形式。制作幻灯片的过程实际上是在演示文档中新建和编辑幻灯片的过程，因此在制作演示文稿的过程中往往需要对幻灯片进行操作，如添加幻灯片、应用幻灯片版式、选择幻灯片、移动和复制幻灯片，以及删除幻灯片等。

1. 新建与删除幻灯片

若演示文稿中的幻灯片数量不足，可手动在其中插入新的幻灯片，若有多余的幻灯片，则可将其删除。下面在“公司简介”演示文稿中新建幻灯片再将其删除，其具体操作如下。

STEP 1 在“大纲/幻灯片”任务窗格中选择幻灯片1，然后选择【插入】/【新幻灯片】菜单命令，如图7-5所示，所选幻灯片之后即会插入一张空白幻灯片。

STEP 2 将鼠标指针移动到“大纲/幻灯片”任务窗格中，在新建的幻灯片上单击鼠标右键，在弹出的快捷菜单中选择“删除幻灯片”菜单命令，如图7-6所示，即可将其删除。

图7-5 新建幻灯片

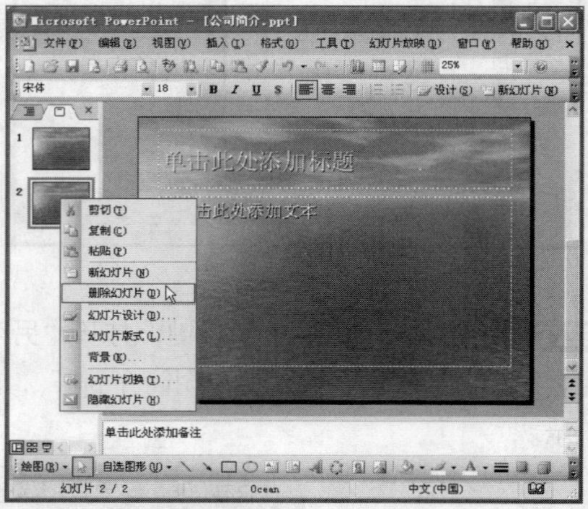

图7-6 删除幻灯片

> **多学一招**
>
> 在“格式”工具栏中单击“新幻灯片(N)”按钮，可快速新建空白幻灯片；在“大纲/幻灯片”任务窗格中选择需要删除的幻灯片，按【Delete】键可快速删除幻灯片。

2. 复制与移动幻灯片

当不满意演示文稿中幻灯片的结构时，可通过复制和移动等操作进行调整。下面在“公司简介”演示文稿中复制并移动幻灯片，其具体操作如下。

STEP 1 在普通视图的“大纲/幻灯片”任务窗格中选择需复制的幻灯片，选择【编辑】/【复制】菜单命令复制幻灯片，如图7-7所示。

STEP 2 然后将光标插入点定位到幻灯片1之后，选择【编辑】/【粘贴】菜单命令粘贴幻灯片，如图7-8所示，即可将幻灯片粘贴到该位置。

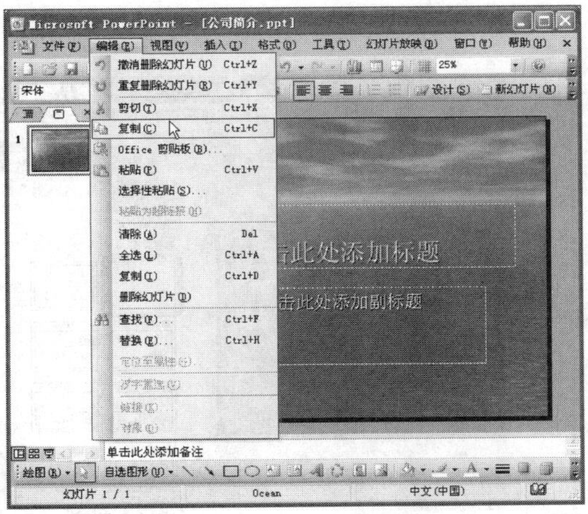

图7-7　选择“复制”菜单命令

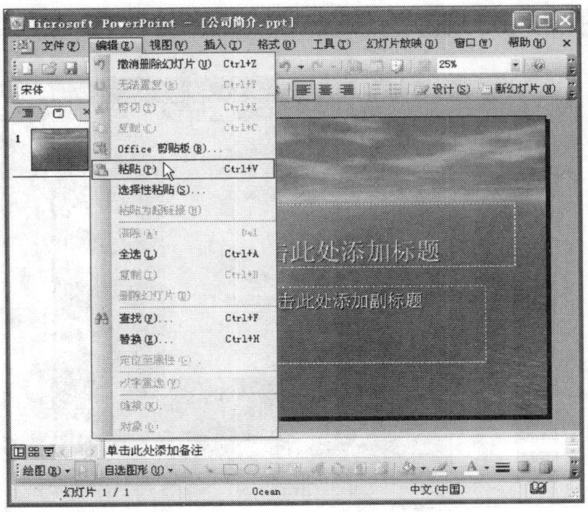

图7-8　选择“粘贴”菜单命令

STEP 3 将鼠标指针移动到“大纲/幻灯片”任务窗格中，在要移动的幻灯片上按住鼠标左键不放进行拖曳，此时将出现一条横线随之移动，当其到达所需的位置时释放鼠标左键，即可将幻灯片移动到该位置，如图7-9所示。

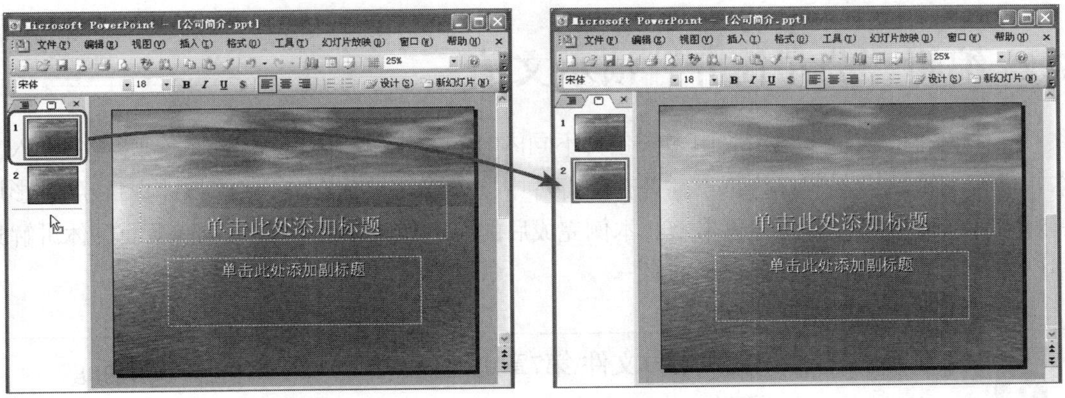

图7-9　移动幻灯片

> **多学一招**
>
> 使用“剪切”和“粘贴”菜单命令，也可实现移动幻灯片的目的；按住【Ctrl】键不放的同时拖曳幻灯片，即可进行复制。

3. 应用幻灯片版式

幻灯片版式是指幻灯片的内容布局，PowerPoint中预设了多种幻灯片版式，包括文字版式、内容版式、文字/内容版式和其他版式。幻灯片应用版式后，在其中会出现带有虚线边框的占位符。下面在“公司简介”演示文稿中为幻灯片应用版式，其具体操作如下。

STEP 1 利用“格式”工具栏中的“新幻灯片(N)”按钮新建6张幻灯片。选择第1张幻灯片，然后选择【格式】/【幻灯片版式】菜单命令，打开“幻灯片版式”任务窗格。

STEP 2 在“应用幻灯片版式”列表框的“内容版式”栏中选择“空白”选项，即可为所选幻灯片应用该版式，如图7-10所示。

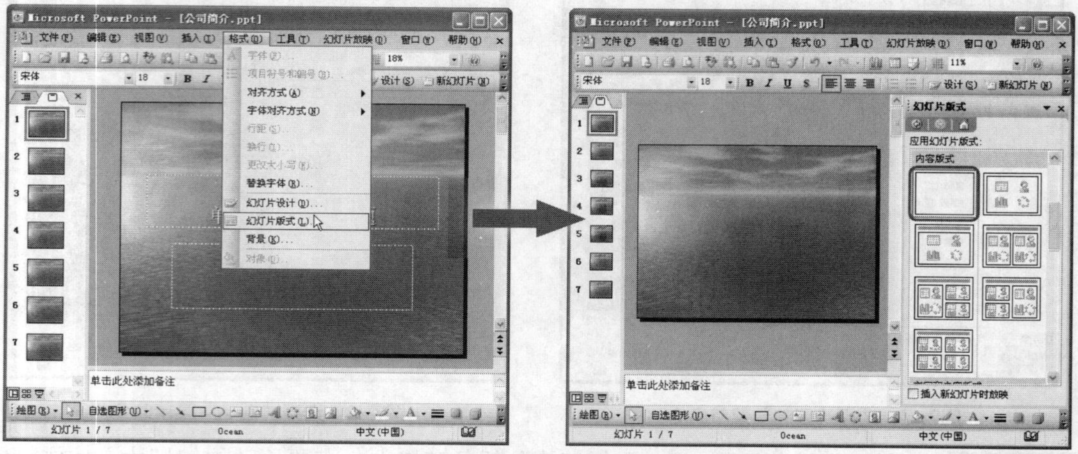

图7-10　应用“空白”版式

STEP 3 使用相同的方法，为第2~7张幻灯片分别应用“内容”、“标题和文本”、“标题，文本与内容”、“标题和文本”、“标题和图表”和“空白”版式。

7.2　编辑“公司简介”演示文稿

一个完整的演示文稿一般由多张包含不同内容的幻灯片组成，因此要在幻灯片中输入文本并进行编辑，设置幻灯片背景，并在幻灯片中插入图片、艺术字、组织结构图、声音影片等对象，以使幻灯片的内容更丰富。本例完成后的参考效果如图7-11所示，下面具体讲解其制作方法。

素材所在位置　光盘:\素材文件\第7章\课堂案例\公司简介.ppt、握手.jpg、蓝雨.avi

效果所在位置　光盘:\效果文件\第7章\公司简介.ppt

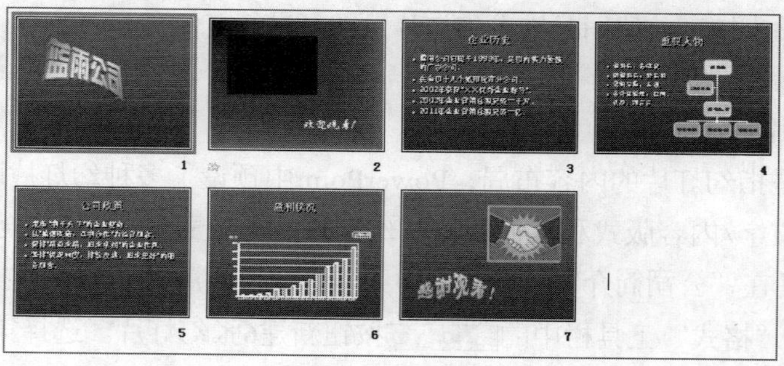

图7-11　“公司简介”最终效果

7.2.1 设置幻灯片背景

为幻灯片应用模板后，所有幻灯片的背景都是相同的，显得过于单调。在PowerPoint 2003中可根据需求设置幻灯片背景，不仅可以应用系统包含的背景样式，还可以选择各种颜色或渐变色作为背景。下面在“公司简介”演示文稿中为单张幻灯片设置背景，其具体操作如下。

STEP 1 打开素材文件“公司简介.ppt”，选择第二张幻灯片，选择【格式】/【背景】菜单命令，打开“背景”对话框。

STEP 2 在“背景填充”栏中单击下拉列表框右侧的下拉按钮，在打开的下拉菜单中选择“填充效果”命令，如图7-12所示。

STEP 3 在打开的“填充效果”对话框中的“颜色”栏中单击选中“预设”单选项，在“预设颜色”下拉列表框中选择“暮霭沉沉”选项。

STEP 4 在“底纹样式”栏中单击选中“角度辐射”单选项，在“变形”栏中选择第一个选项，单击 确定 按钮确认设置，如图7-13所示。

图7-12 选择“填充效果”命令

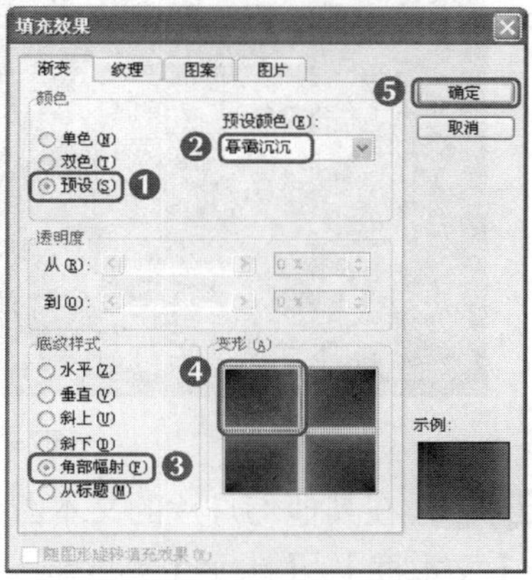

图7-13 设置填充效果

STEP 5 返回“背景”对话框，单击选中“忽略母版的背景图形”复选框，单击 应用(A) 按钮，即可为所选幻灯片应用背景，同时不影响其他幻灯片，如图7-14所示。

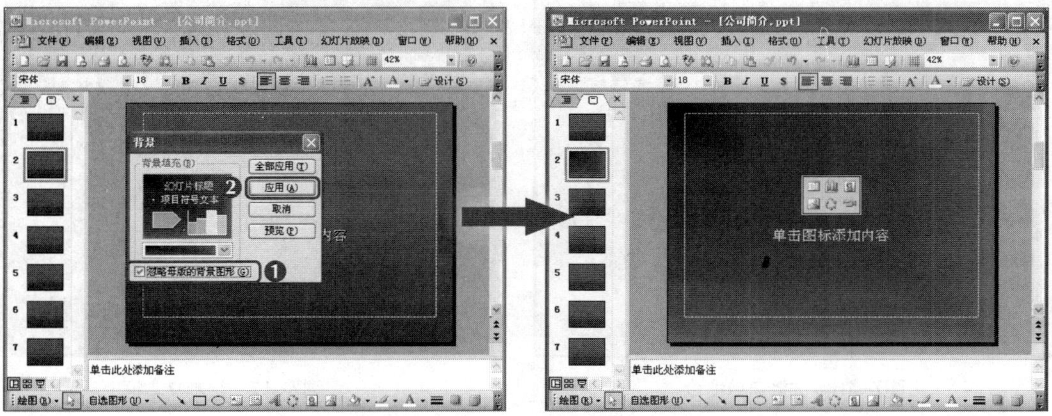

图7-14 应用填充效果

知识提示

若在“背景”对话框中撤消选中“忽略母版的背景图形”复选框，则应用背景后不会影响模板中已有的图形，只是更换背景颜色；单击 全部应用(T) 按钮会将所设置的背景应用于演示文稿中所有的幻灯片中。

7.2.2 输入和编辑幻灯片文本

在幻灯片中常常会看到包含“单击此处添加标题”、“单击此处添加文本”等文字的虚线框，被称为“文本占位符”。文本占位符用于放置标题、副标题和正文等文本内容，通过文本占位符输入文本只需单击文本占位符将文本插入点定位在其中，然后直接输入文本即可。还可对其字体、字号和颜色等进行设置。下面在“公司简介”演示文稿中输入并编辑文本，其具体操作如下。

STEP 1 选择第3张幻灯片，在“单击此处添加标题”文本占位符中单击鼠标，定位光标插入点，直接输入标题文本“企业历史”，输入的文本将自动套用预设的格式，如图7-15所示。

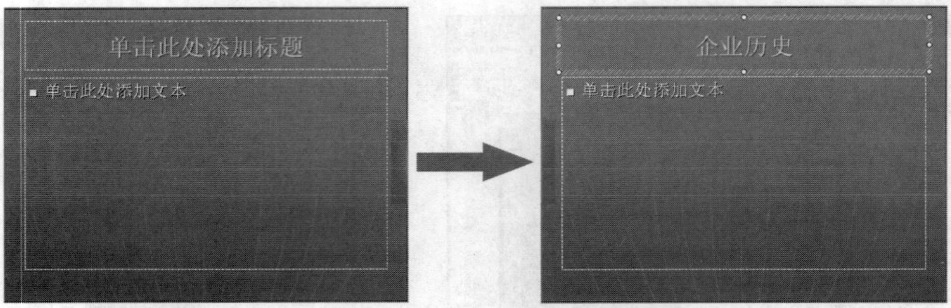

图7-15 在文本占位符中输入文本

STEP 2 在其他幻灯片的文本占位符中输入相应的文本。选择第二张幻灯片，选择【插入】/【文本框】/【水平】菜单命令，如图7-16所示。

STEP 3 此时鼠标指针将变成↓形状，在幻灯片中按住鼠标左键不放，同时进行拖动即可绘制水平文本框，如图7-17所示。

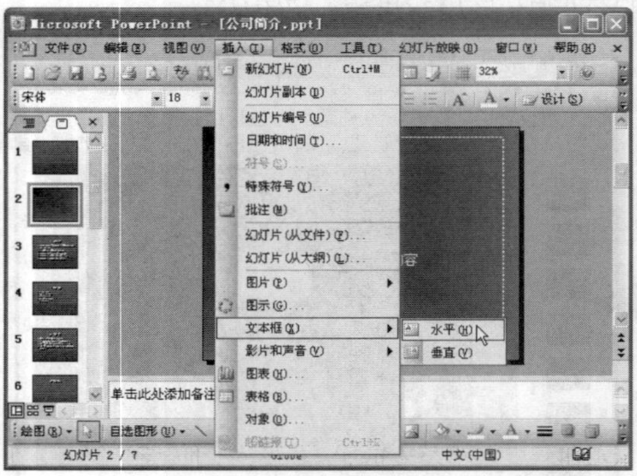

图7-16 选择菜单命令

图7-17 绘制文本框

STEP 4 在绘制的文本框中输入文本“欢迎观看！”，并将其字符格式设置为“华文行楷、48号”，然后将文本框拖到合适的位置，如图7−18和图7−19所示。

图7−18　输入文本

图7−19　设置文本格式

> **多学一招**
>
> 在“绘图”工具栏中单击“水平文本框”按钮，可快速进入文本框绘制状态；单击“垂直文本框”按钮，当鼠标指针变成⟷形状时，可快速进入垂直文本框的绘制状态。

7.2.3 插入图片和艺术字

在幻灯片中使用文本能够清晰、准确地表达各种内容，但是只使用文字会显得枯燥，很难引起观众的共鸣。在幻灯片中增加一些图形元素，如图片和艺术字等对象，可使幻灯片更加生动形象，从而增强观众的兴趣。下面在“公司简介”演示文稿中插入图片和艺术字，其具体操作如下。

STEP 1 选择第7张幻灯片，选择【插入】/【图片】/【艺术字】菜单命令，如图7−20所示。

STEP 2 在打开的“艺术字库”对话框中选择倒数第二行第二个选项，单击确定按钮，如图7−21所示。

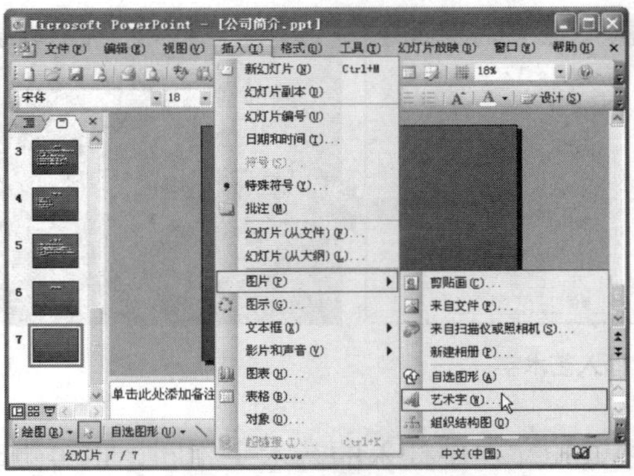

图7−20　选择命令

图7−21　选择艺术字样式

STEP 3 在打开的“编辑‘艺术字’文字”对话框中输入文本“感谢观看！”，并将其设置为“汉仪雁翎体简”，单击确定按钮，如图7−22所示。

STEP 4 返回幻灯片编辑区，调整插入的艺术字的位置和大小，如图7-23所示。

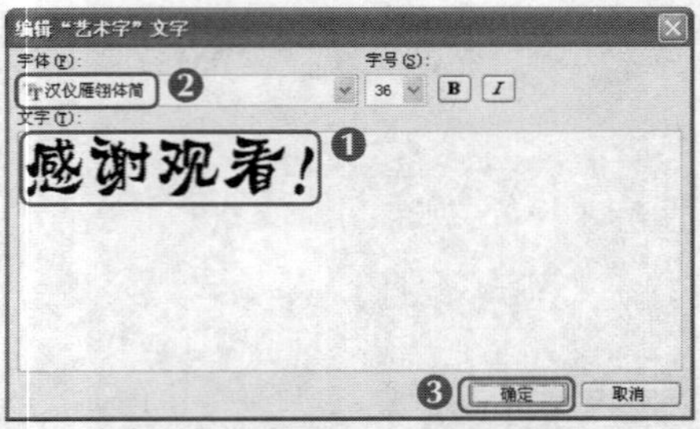

图7-22　输入艺术字文本

图7-23　调整艺术字

STEP 5 选择【插入】/【图片】/【来自文件】菜单命令，打开"插入图片"对话框，在其中选择需要的素材图片"握手.jpg"，单击 插入(S) 按钮。返回幻灯片编辑区，调整图片的位置和大小，如图7-24所示。

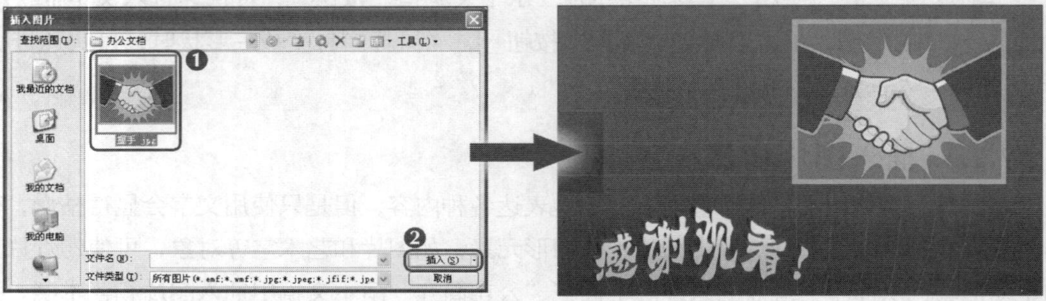

图7-24　插入图片

STEP 6 使用相同方法在第一张幻灯片中插入"艺术字库"对话框中倒数第一行第3个样式的艺术字"蓝雨公司"，字符格式为"方正综艺简体"，然后调整其大小和位置，如图7-25所示。

图7-25　插入艺术字

> **知识提示** 在幻灯片插入的艺术字和在Word文档中插入的艺术字相同，也可更改其填充颜色和边框颜色，还可更改其形状；双击艺术字可打开"编辑'艺术字'文字"对话框对文本进行编辑。

7.2.4 插入图示

在各种文档中经常需要创建组织结构图，在PowerPoint中也可为幻灯片添加组织结构图，以便更加直观地表达演示文稿的内容。下面在“公司简介”演示文稿中添加组织结构图，其具体操作如下。

STEP 1 选择第4张幻灯片，单击“插入组织结构图或其他图示”按钮。

STEP 2 在打开的“图示库”对话框中选择“组织结构图”选项，然后单击 确定 按钮，如图7-26所示。

STEP 3 在插入的组织结构图第一个形状的边框上单击鼠标右键，在弹出的快捷菜单中选择“助手”菜单命令，如图7-27所示，即可插入一个“助手”关系的新形状。

STEP 4 在第3行任意形状的边框上单击鼠标右键，在弹出的快捷菜单中选择“删除”菜单命令，如图7-28所示，然后再在该行中删除一个形状。

STEP 5 在第3行剩下的形状的边框上单击鼠标右键，在弹出的快捷菜单中选择“下属”菜单命令，如图7-29所示，即可在其下方插入一个新的形状。

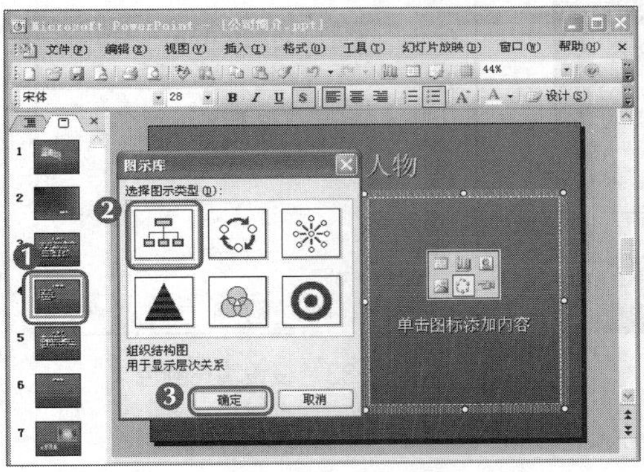

图7-26 选择组织结构图

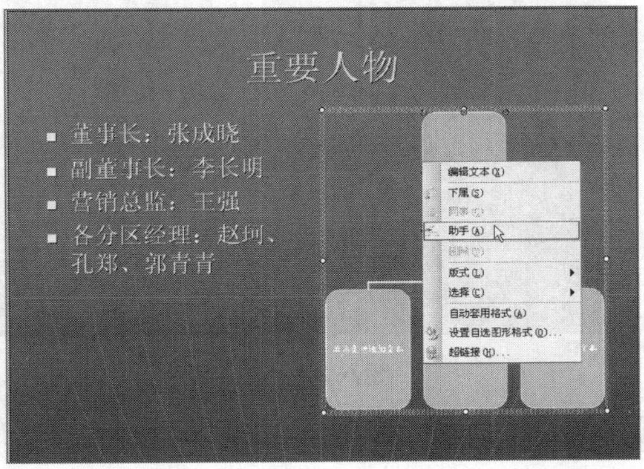

图7-27 添加“助手”形状

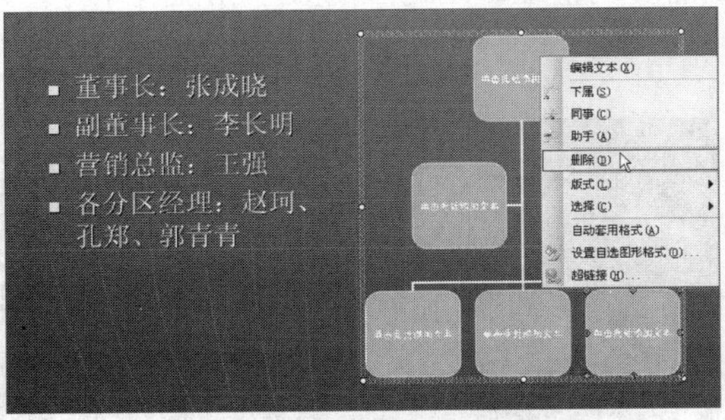

图7-28 删除形状

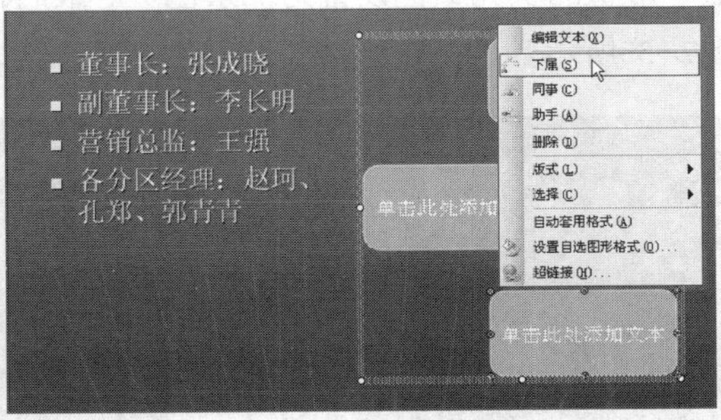

图7-29 添加“下属”形状

STEP 6 在新添加的形状的边框上单击鼠标右键，在弹出的快捷菜单中选择“同事”菜单命令，如图7-30所示，即可插入一个“同事”关系的新形状。

STEP 7 按照相同方法再插入一个“同事”形状。在各形状中输入相应的文本，然后将文本格式设置为“20号、按阴影配色方案、加粗”，如图7-31所示。

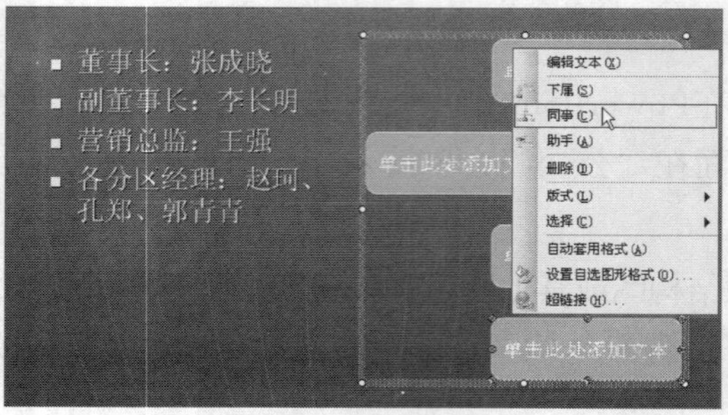

图7-30 添加“同事”形状

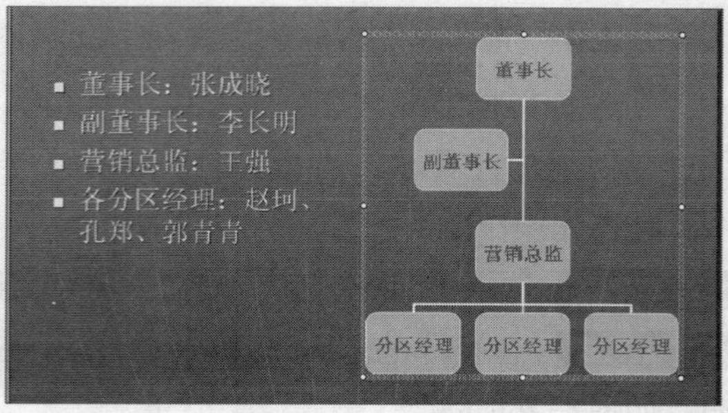

图7-31 输入并编辑文本

STEP 8 在“董事长”形状的边框上单击鼠标右键，在弹出的快捷菜单中选择“设置自选图形格式”菜单命令，如图7-32所示，打开“设置自选图形格式”对话框。

STEP 9 在“填充”栏中的“颜色”下拉列表框中选择“浅黄”选项，单击 确定 按钮，如图7-33所示。

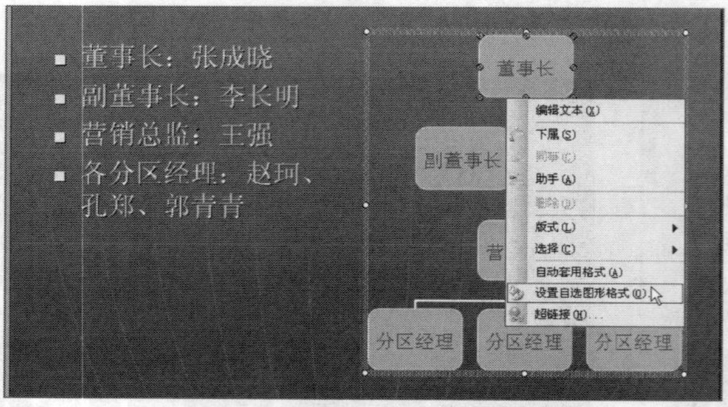

图7-32 选择命令

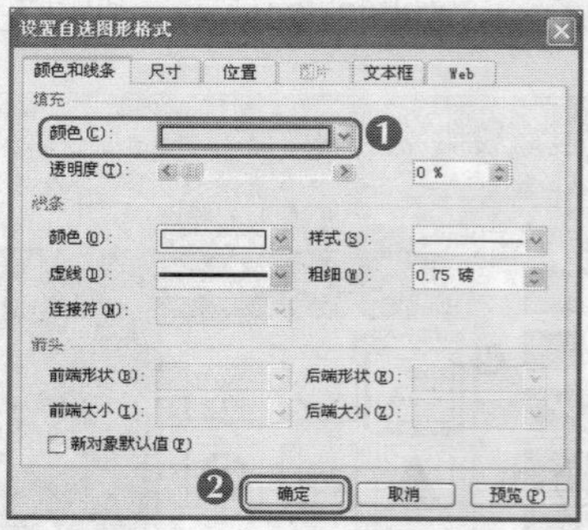

图7-33 设置填充颜色

STEP 10 返回幻灯片编辑区即可查看设置填充颜色后的效果，如图7-34所示。

STEP 11 使用相同方法将“副董事长”形状的填充颜色设置为“淡蓝”，将“营销总监”形状的填充颜色设置为“茶色”。最后根据需要调整组织结构图的大小和位置即可，如图7-35所示。

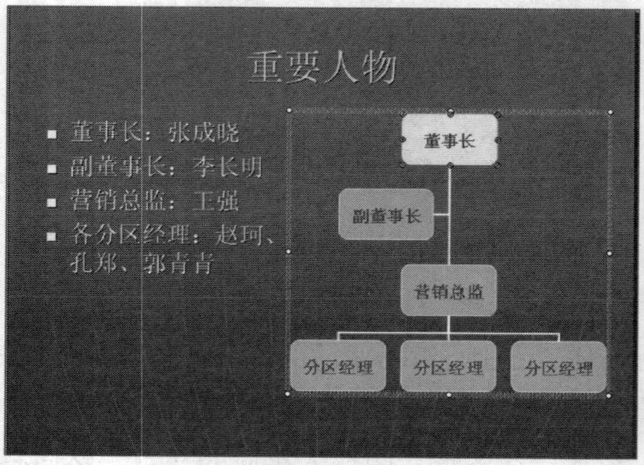

图7-34 设置效果

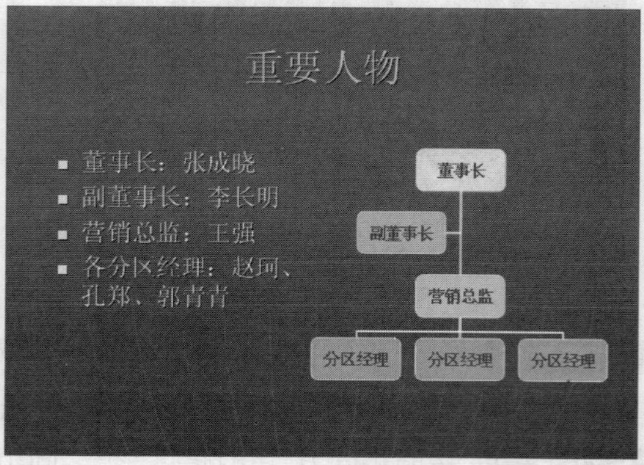

图7-35 调整位置和大小

7.2.5 插入图表

图表不仅可以在Excel中使用，也可以在PowerPoint演示文稿中使用，使幻灯片中的内容更便于观众理解。下面在“公司简介”演示文稿中插入图表，其具体操作如下。

STEP 1 选择第6张幻灯片，在“双击此处添加图表”占位符上双击鼠标，进入图表编辑状态，同时打开“公司简介.ppt－数据表”对话框。

STEP 2 在第2行和第3行的行号上按住鼠标左键拖动将其选中，然后单击鼠标右键，在弹出的快捷菜单中选择“删除”菜单命令，将这两行删除，如图7-36所示。

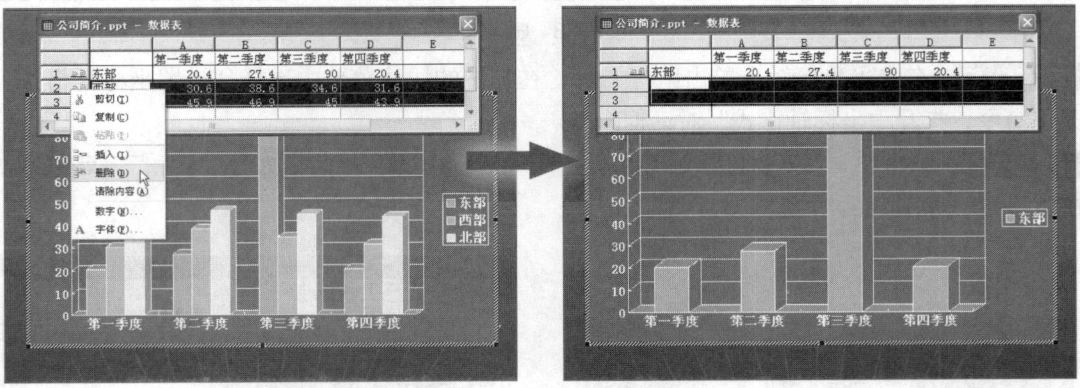

图7-36 删除原有数据

STEP 3 在表格中输入需要的数据，并调整列宽使表格中所有数据都完整显示，以便进行查看，如图7-37所示，然后单击对话框右上角的“关闭”按钮关闭对话框。

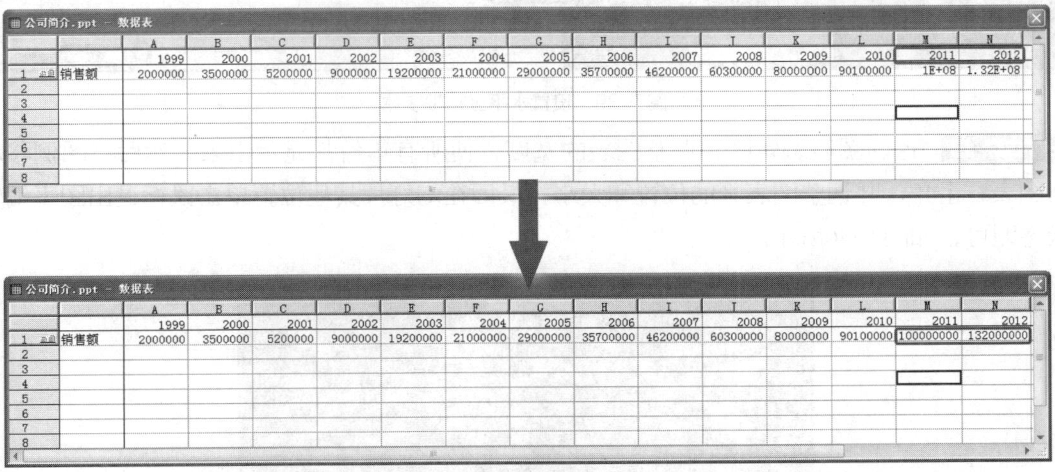

		A	B	C	D	E	F	G	H	I	J	K	L	M	N
		1999	2000	2001	2002	2003	2004	2005	2006	2007	2008	2009	2010	2011	2012
1	销售额	2000000	3500000	5200000	9000000	19200000	21000000	29000000	35700000	46200000	60300000	80000000	90100000	1E+08	1.32E+08

		A	B	C	D	E	F	G	H	I	J	K	L	M	N
		1999	2000	2001	2002	2003	2004	2005	2006	2007	2008	2009	2010	2011	2012
1	销售额	2000000	3500000	5200000	9000000	19200000	21000000	29000000	35700000	46200000	60300000	80000000	90100000	100000000	132000000

图7-37 输入数据

STEP 4 返回图表，在垂直坐标轴上单击鼠标右键，在弹出的快捷菜单中选择“设置坐标轴格式”菜单命令，打开“坐标轴格式”对话框。

STEP 5 单击“刻度”选项卡，在“显示单位”下拉列表框中选择“百万”选项，单击 确定 按钮确认设置，如图7-38所示。

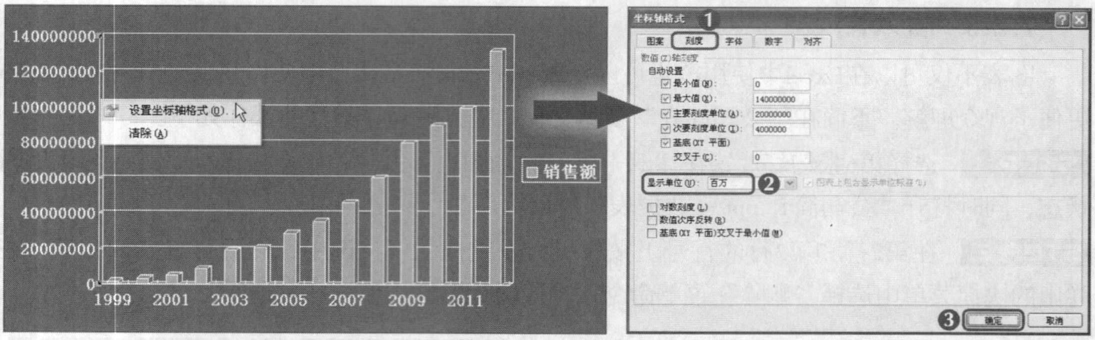

图7-38 显示单位

STEP 6 在水平坐标轴上单击鼠标右键，在弹出的快捷菜单中选择“设置坐标轴格式”菜单命令，打开“坐标轴格式”对话框。

STEP 7 单击“字体”选项卡，在“大小”列表框中选择“10”选项，单击 确定 按钮确认设置，如图7-39所示。

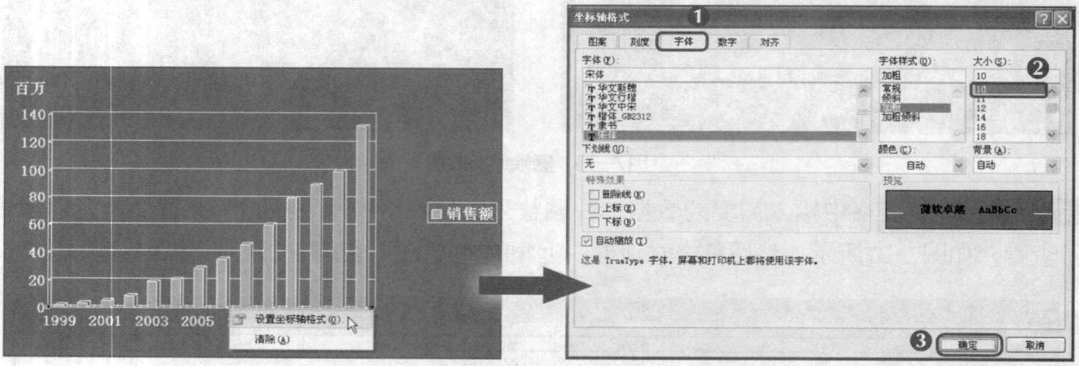

图7-39 设置水平坐标轴字体

STEP 8 返回图表编辑区，调整图表的宽度，使所有年份都显示出来。然后将图例移动到图表右上角，并调整图表区的位置和大小。最后在幻灯片其他位置单击鼠标退出图表编辑状态即可，如图7-40所示。

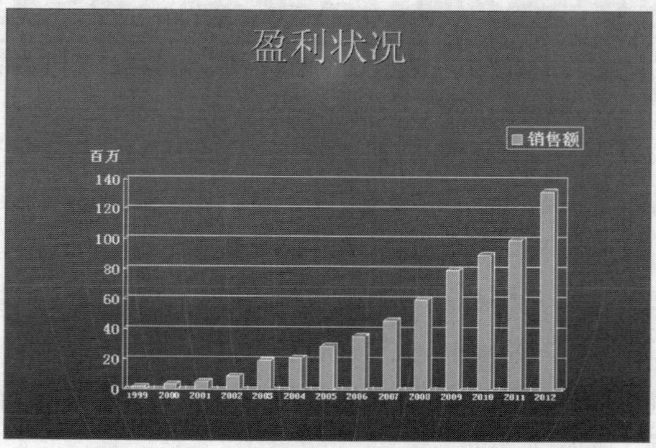

图7-40 调整图表

7.2.6 插入声音和视频

通常情况下，声形并茂的演示文稿能更加吸引观众，因此适当地添加声音和影片等多媒体元素，不仅能使幻灯片具有多样化的表现手法，也能使观众获得一种视听享受。下面在“公司简介”演示文稿中插入声音和视频，其具体操作如下。

STEP 1 选择第7张幻灯片，然后选择【插入】/【影片和声音】/【剪辑管理器中的声音】菜单命令，如图7-41所示。

STEP 2 在打开的“剪贴画”任务窗格的列表框中选择需要的声音选项，这里选择“Applause Loop，鼓掌声”选项。此时将打开提示对话框询问声音播放的方式，在其中单击 自动(A) 按钮使声音自动播放，如图7-42所示。

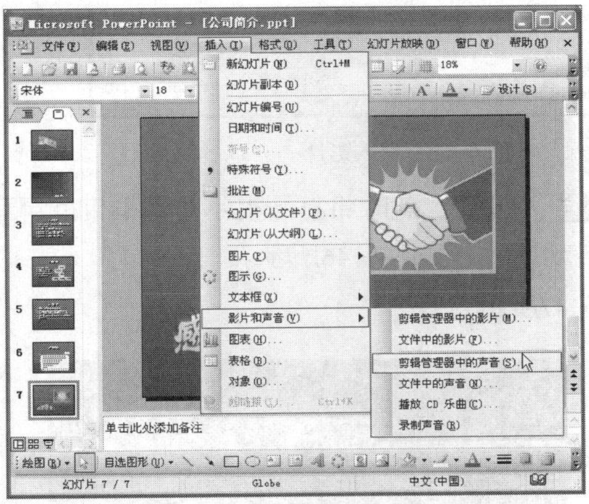

图7-41 选择菜单命令

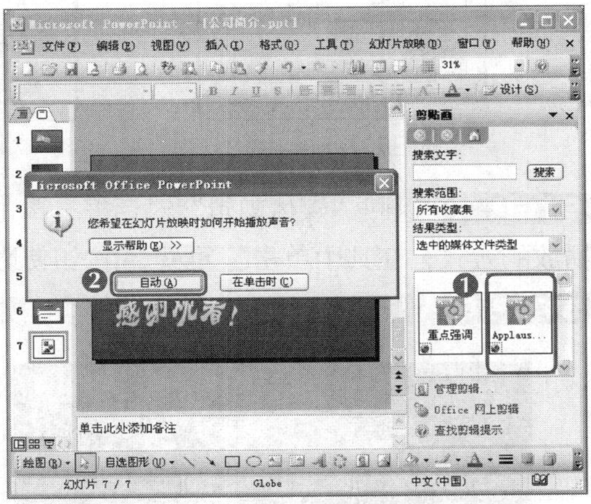

图7-42 插入声音

STEP 3 在插入的声音图标上单击鼠标右键，在弹出的快捷菜单中选择“编辑声音对象”菜单命令，打开“声音选项”对话框。

STEP 4 在“显示选项”栏中单击选中“幻灯片放映时隐藏声音图标”复选框，单击 确定 按钮确认设置，如图7-43所示。

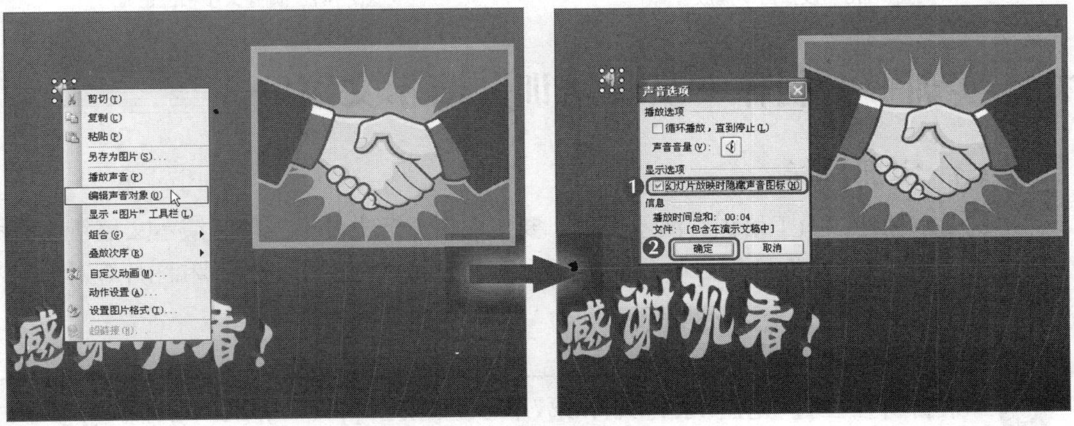

图7-43 设置播放时隐藏声音图标

STEP 5 选择第二张幻灯片，在“单击图标添加内容”占位符中单击“插入媒体剪辑”按钮，打开“媒体剪辑”对话框，在其中单击[导入(I)...]按钮，如图7-44所示。

STEP 6 在打开的“将剪辑添加到管理器”对话框中选择素材影片“蓝雨.avi”选项，然后单击[添加(A)]按钮，如图7-45所示。

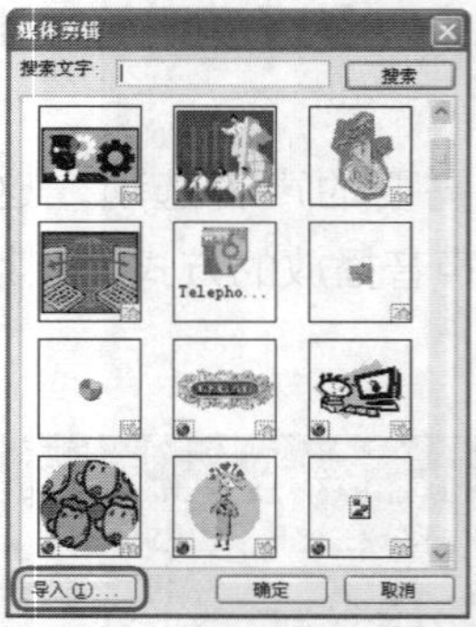
图7-44 单击按钮

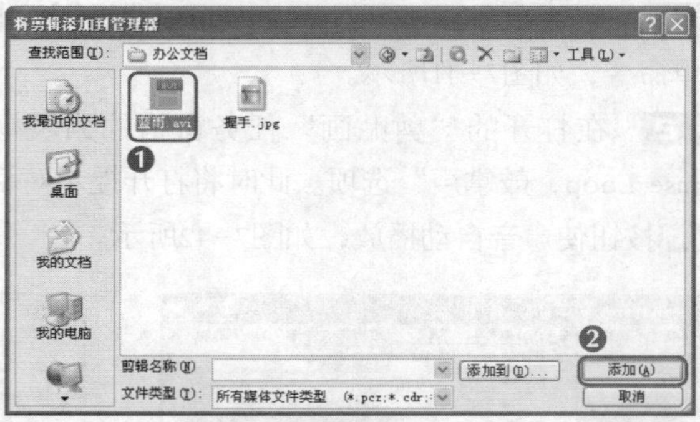
图7-45 导入影片

STEP 7 返回“媒体剪辑”对话框，单击[确定]按钮。此时将打开提示对话框询问声音播放的方式，在其中单击[自动(A)]按钮使影片自动播放，如图7-46所示。

STEP 8 调整影片的大小和位置即可，如图7-47所示。

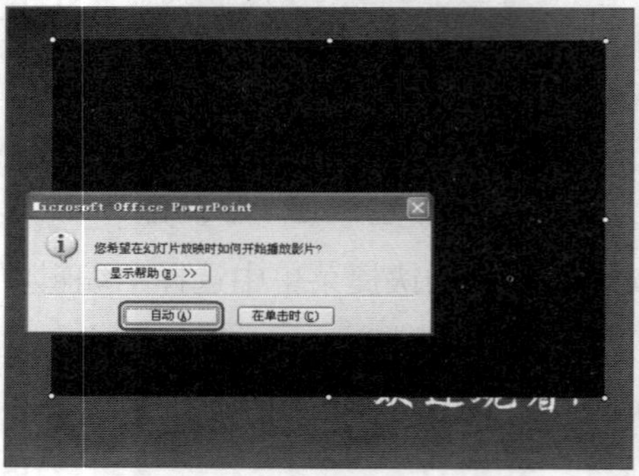
图7-46 设置自动播放

图7-47 调整大小和位置

7.3 实训——制作“员工培训”演示文稿

7.3.1 实训目标

本例要求创建“员工培训”演示文稿。要完成该任务先要根据现有演示文稿新建演示文稿，然后通过操作掌握输入文本，添加幻灯片，插入剪贴画、自选图形和图片等对象的方法。本实训的最终效果如图7-48所示。

素材所在位置 光盘:\素材文件\第7章\实训\模板.ppt、1.jpg、2.jpg、3.jpg
效果所在位置 光盘:\效果文件\第7章\实训\员工培训.ppt

职业素养

在商业场合使用的幻灯片在制作时应注意以下几点。

①语言使用尽量精准，能清楚地表达中心思想。

②配色应简洁美观，不宜使用过于花哨的颜色，或插入过多图片。

③制作完成后，要站在观众的角度对幻灯片进行审查。

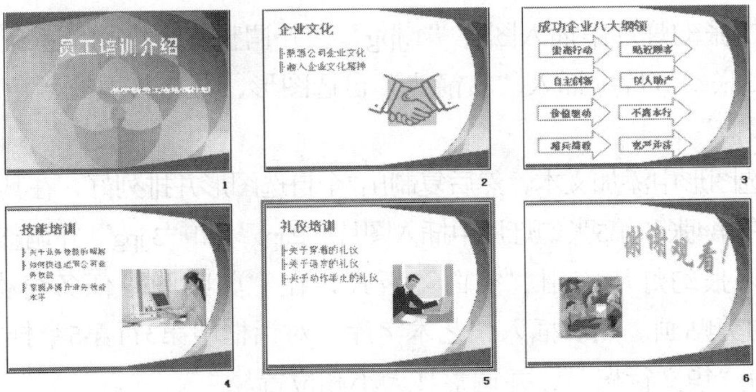

图7-48 “员工培训”最终效果

7.3.2 专业背景

要制作办公过程中使用的幻灯片，应先规划制作方案，以保证整个操作顺利进行，使制作出的幻灯片达到需要的效果。通常情况下，幻灯片的制作方案与规划主要有以下几个方面，具体介绍如下。

- **文稿策划**：根据所提供材料内容确定整体框架。
- **模板设计**：设计幻灯片模板，包括首页面、内页背板和尾页设计。
- **风格定位**：根据企业行业特征及视觉识别系统定位企业用于媒体演示的版式、色彩规范。
- **样式设计**：设置幻灯片的数据表单、流程样式、标题和段落样式等 。
- **动画设定**：设置页面元素动作效果等。

7.3.3 操作思路

要完成本例制作，可根据以下操作思路进行制作，如图7-49所示。

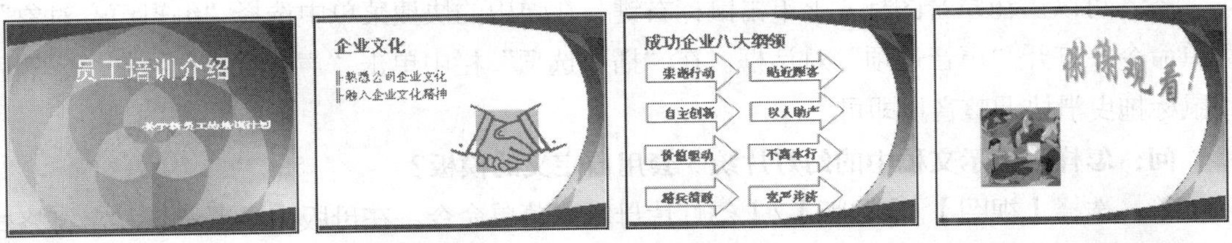

①使用模板并输入文本　②插入图片　③插入自选图形　④插入艺术字和剪贴画

图7-49 “员工培训”的制作思路

【步骤提示】

STEP 1 启动PowerPoint 2003，利用“根据现有演示文稿”超链接，根据“模板.ppt”新建演示文稿。

STEP 2 在标题页中通过单击占位符，分别输入“员工培训介绍”和“关于新员工的培训计划”文本。

STEP 3 选择【插入】/【新幻灯片】菜单命令插入5张幻灯片，然后在其中输入相应的文本。

STEP 4 在第二张幻灯片中插入图片“1.jpg”，并调整其大小和位置。

STEP 5 在第3张幻灯片中插入“右箭头”自选图形，并将其填充颜色设置为“无”，线条颜色设置为“浅蓝”。

STEP 6 在自选图形中添加文本，然后复制出7个自选图形并排列好，在其中输入相应文本。

STEP 7 分别在第4张和第5张幻灯片中插入图片“2.jpg”和“3.jpg”并调整其大小和位置。

STEP 8 为第6张幻灯片应用“空白”版式，在“剪贴画”任务窗格中搜索文本“会议”，插入相应的剪贴画。然后插入“艺术字库”对话框中第3行第5个样式的艺术字“谢谢观看！”，字体为“华文行楷”，并调整其大小和位置。

7.4 疑难解析

问：在制作演示文稿的过程中，会插入许多对象，有什么方法可以使其排列得美观？

答：按住【Ctrl】键选择需要排列的图形对象，在“绘图”工具栏中单击绘图(R)按钮，在弹出的下拉菜单中选择“对齐或分布”命令，然后在其子菜单中选择一种对齐方式即可。

问：当对图片进行修改后，在PowerPoint中还需重新插入，有没有让幻灯片中的图片自动更新的办法？

答：在演示文稿中选择【插入】/【图片】/【来自文件】菜单命令，打开“插入图片”对话框，在“查找范围”下拉列表框中选择图片所在的位置，在中间的列表框中选择要插入的图片，单击插入(S)按钮右侧的下拉按钮，在弹出的下拉菜单中选择“链接文件”命令。此时图片将以链接的形式插入到幻灯片中，当链接源发生改变后，幻灯片中的链接对象也会随之自动进行更新。

问：插入的声音文件在播放时声音太小，可以调整播放声音吗？

答：可以。在声音图标上单击鼠标右键，在弹出的快捷菜单中选择“编辑声音对象”菜单命令，打开“声音选项”对话框。在“播放选项”栏中单击“声音音量”按钮，然后用鼠标拖曳滑块调整音量即可。

问：怎样为演示文稿中的幻灯片统一套用自定义的模板？

答：选择【视图】/【母版】/【幻灯片母版】菜单命令，在母版中设置背景和字符格式等，退出母版视图后，演示文稿中的每张幻灯片都会应用所设置的背景和格式。

7.5 习题

本章主要介绍了PowerPoint的基本操作，包括PowerPoint 2003的操作界面、演示文稿和幻灯片的基本操作等知识，以及演示文稿的基本制作方法，包括输入和编辑幻灯片文本，插入图片、艺术字、图示、图表、声音和视频等对象的相关知识。本章知识是制作幻灯片的基础，读者需要熟练掌握。

素材所在位置 光盘:\素材文件\第7章\习题\烟花.png、主机1.jpg、主机2.jpg
效果所在位置 光盘:\效果文件\第7章\习题\新年贺卡.ppt、课件.ppt

（1）制作如图7-50所示的“新年贺卡”演示文稿，要求操作如下。

- 启动PowerPoint 2003，新建空白演示文稿，并应用“空白”版式，以“新年贺卡”为名保存。
- 将背景填充为“按强调文字配色方案”。
- 插入图片“烟花.png”，并调整其大小和位置。
- 利用“艺术字库”对话框插入第4行第3个艺术字“恭贺新春！万事如意！”，字体为“隶书”，再为其填充“熊熊火焰”填充效果。

图7-50 “新年贺卡”最终效果

（2）新建演示文稿，应用设计模板“Edge”，新建4张新幻灯片，在其中输入相应文本，然后在第5张幻灯片中插入图片“主机1.jpg”和“主机2.jpg”，效果如图7-51所示。

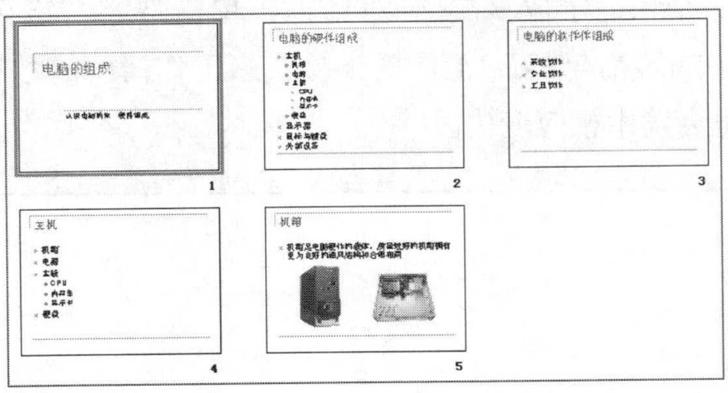

图7-51 “课件”最终效果

课后拓展知识

在PowerPoint演示文稿中还可插入现有表格，并根据表格创建图表，其具体介绍如下。

STEP 1 选择【插入】/【对象】菜单命令，打开“插入对象”对话框。

STEP 2 单击选中“由文件创建”单选项，单击 浏览(B)... 按钮，如图7-52所示。

STEP 3 在打开的“浏览”对话框中选择Excel工作簿文件，依次单击 确定 按钮确认插入。

STEP 4 在插入的表格上双击鼠标左键，进入表格编辑状态，并打开相对应的菜单和工具栏，如图7-53所示，使用方法与在Excel中相同。

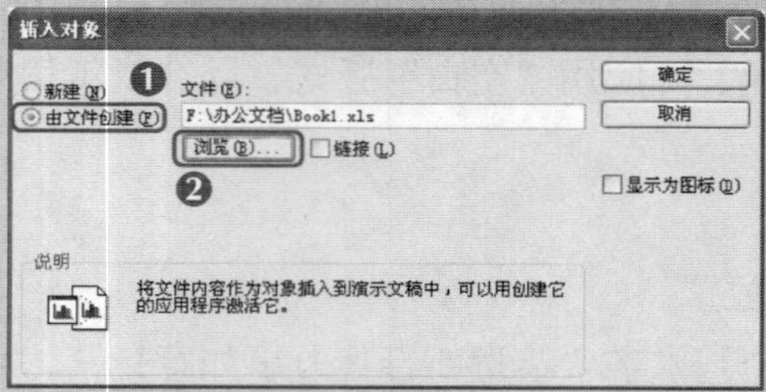

图7-52 “插入对象”对话框

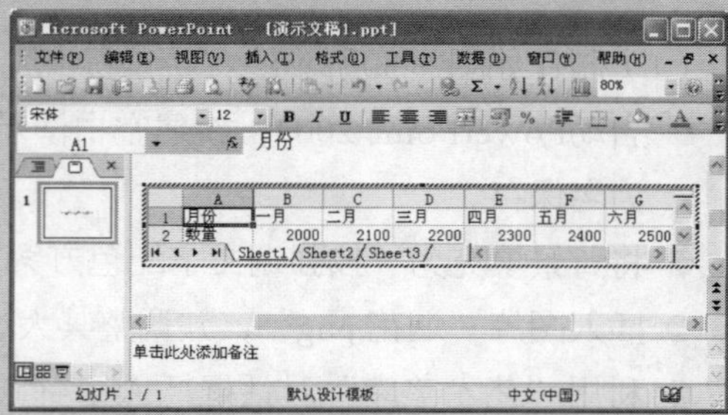

图7-53 表格编辑状态

STEP 5 单击“图表向导”按钮打开“图表向导”对话框，如图7-54所示。按照Excel中的操作方法依次进行设置，即可插入图表，如图7-55所示。

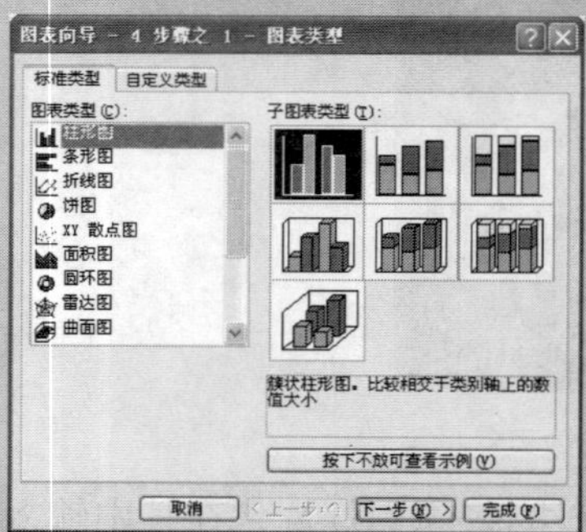

图7-54 “图表向导”对话框

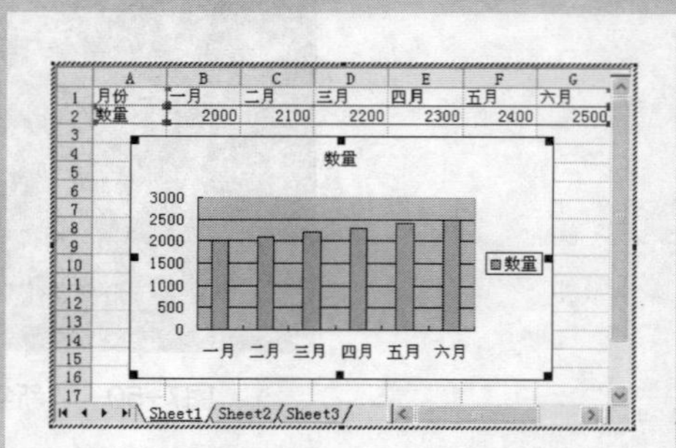

图7-55 插入图表

需要注意的是，若在“插入对象”对话框中单击选中“链接”复选框再插入表格，可将演示文稿中的表格与Excel工作簿链接，当工作簿中的数据发生变化时，演示文稿中的表格数据也会发生相应变化。

PART 8

第8章 幻灯片设计和放映

情景导入

前几天小白制作的公司简介演示文稿得到了上司的表扬，因此老张把公司新品设计幻灯片制作的任务也交给了小白。

知识技能目标

- 熟悉幻灯片版式的设计方法。
- 掌握设置幻灯片动画效果的方法。
- 掌握幻灯片的放映设置。
- 了解演示文稿打包的方法。

- 掌握幻灯片设计的整体思路。
- 能够使用多种方法设计版式丰富的幻灯片。
- 能够为幻灯片中的对象设置不同的动画效果。

课堂案例展示

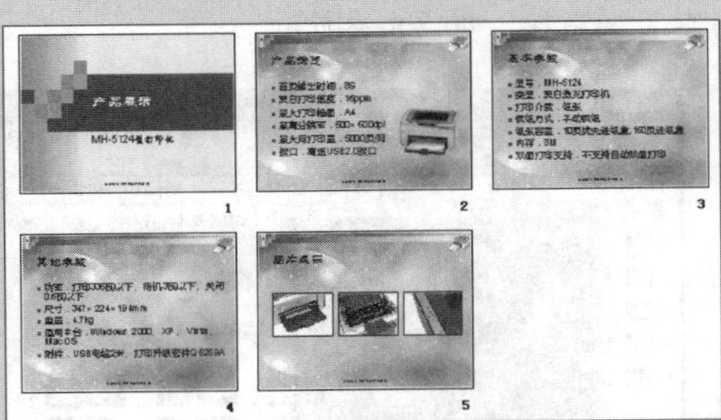

“产品展示”演示文稿最终效果

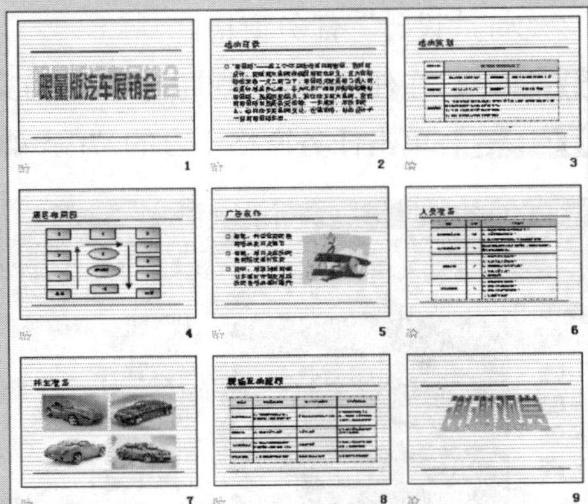

“展销会”演示文稿最终效果

8.1 设计“产品展示”演示文稿版式

小白接到的第一个任务是为一个新产品设计产品展示演示文稿，需要用到设置配色方案和幻灯片母版等知识。通过制作本例可熟悉幻灯片的母版类型，并掌握使用配色方案和母版达到统一的视觉效果。本例完成后的参考效果如图8-1所示，下面具体讲解其制作方法。

素材所在位置　光盘:\素材文件\第8章\课堂案例1\产品展示.ppt、背景.jpg、图标.png

效果所在位置　光盘:\效果文件\第8章\产品展示.ppt

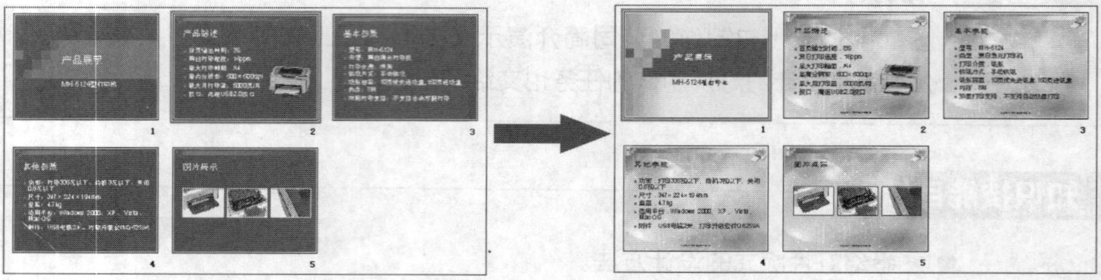

图8-1　“产品展示”设计前后对比效果

8.1.1 使用并编辑配色方案

幻灯片版式是由背景、文本、图形、表格和图片等多种元素和谐搭配在一起形成的，所以设计版式时需要考虑到各种元素与幻灯片主题的色彩搭配。如果对色彩搭配不擅长，可以使用PowerPoint提供的已搭配好颜色的幻灯片版式，也可应用系统提供的各种标准配色方案进行快速设置。除此之外，还可以根据个人喜好自定义幻灯片的配色方案。下面在“产品展示”演示文稿中使用自定义配色方案，其具体操作如下。

STEP 1 打开素材文件“产品展示.ppt”，选择【格式】/【幻灯片设计】菜单命令，打开“幻灯片设计”任务窗格。

STEP 2 在任务窗格中单击“配色方案”超链接，如图8-2所示。

STEP 3 单击任务窗格下方的“编辑配色方案”超链接，如图8-3所示。

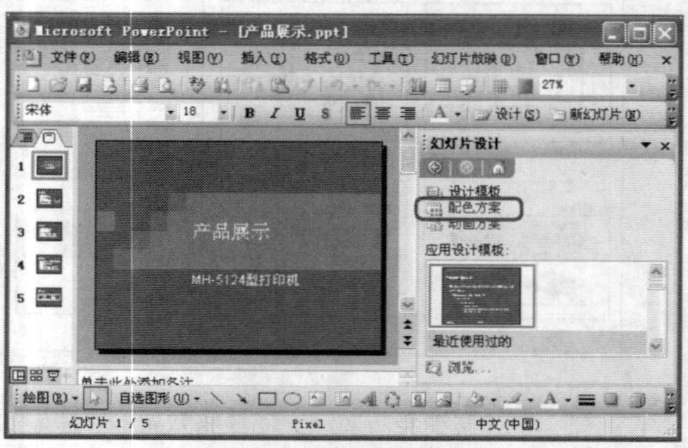

图8-2　单击超链接 1

图8-3　单击超链接 2

STEP 4 在打开的“编辑配色方案”对话框中单击“自定义”选项卡，在“配色方案颜色”栏中选择“背景”选项，单击[更改颜色(O)...]按钮，如图8-4所示。

STEP 5 在打开的“背景色”对话框中单击“标准”选项卡，在其中单击色块选择需要的颜色，单击[确定]按钮，如图8-5所示。

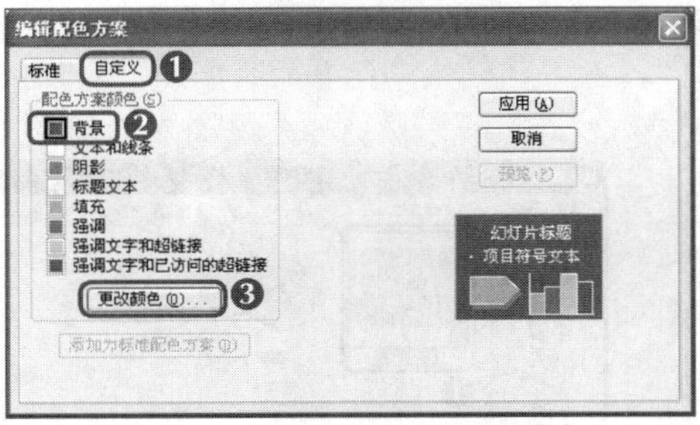

图8-4 单击“更改颜色”按钮

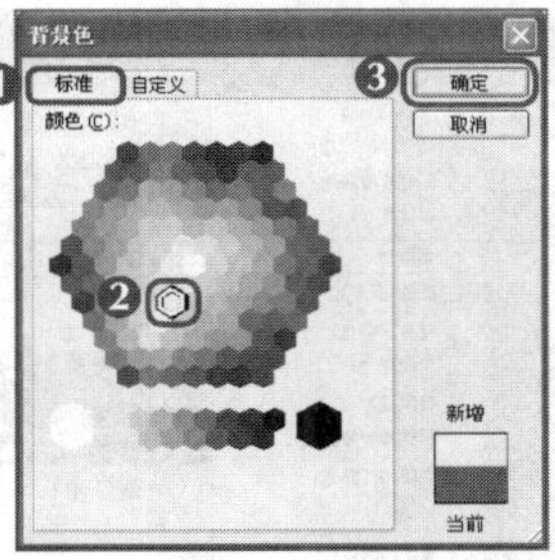

图8-5 设置背景颜色

STEP 6 返回“编辑配色方案”对话框，在其中选择其他配色选项，并进行设置。完成后单击[预览(P)]按钮预览设置效果，然后单击[应用(A)]按钮应用设置，如图8-6所示。

STEP 7 返回幻灯片编辑区即可查看应用配色方案后的效果，并且在“幻灯片设计”任务窗格的“应用配色方案”列表框中将显示刚才设置的配色方案，如图8-7所示。

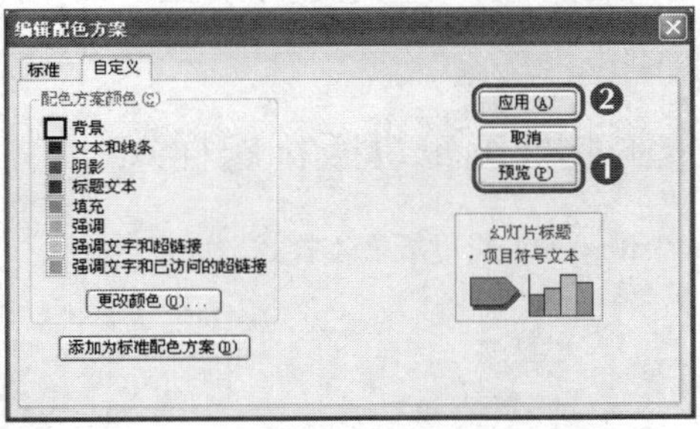

图8-6 完成设置

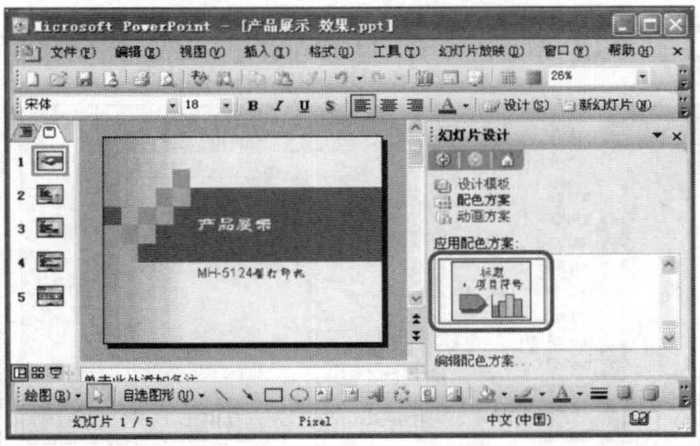

图8-7 应用配色方案后的效果

> **多学一招** 若要删除已有的配色方案，可打开“编辑配色方案”对话框，单击“标准”选项卡，在“配色方案”列表框中选择需要删除的配色方案，然后单击[删除配色方案(L)]按钮，即可将其删除。

8.1.2 母版的使用

幻灯片母版用于统一设置幻灯片的模板信息，包括文本、占位符的格式和位置，背景和配色方案等，方便设置具有统一格式的演示文稿，从而减少重复输入，提高工作效率。通常情况下，如果要将同一背景、标志、标题文本及主要文本格式运用到整篇文稿的每张幻灯片中，就可以使用PowerPoint的幻灯片母版功能。下面在“产品展示”演示文稿中设置幻灯片母版，其具体操作如下。

STEP 1 选择【视图】/【母版】/【幻灯片母版】菜单命令，进入母版视图，如图8-8所示。

STEP 2 选择第一张幻灯片母版，然后选择【插入】/【图片】/【来自文件】菜单命令，在打开的“插入图片”对话框中选择需要的图片“背景.jpg”，然后单击 插入(S) 按钮将其插入，如图8-9所示。

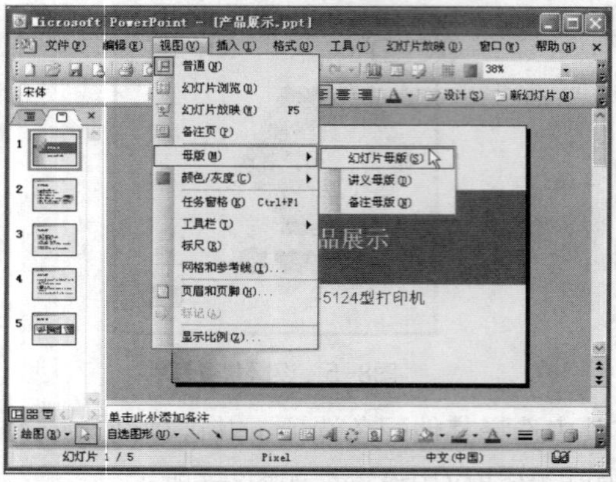

图8-8 进入母版视图

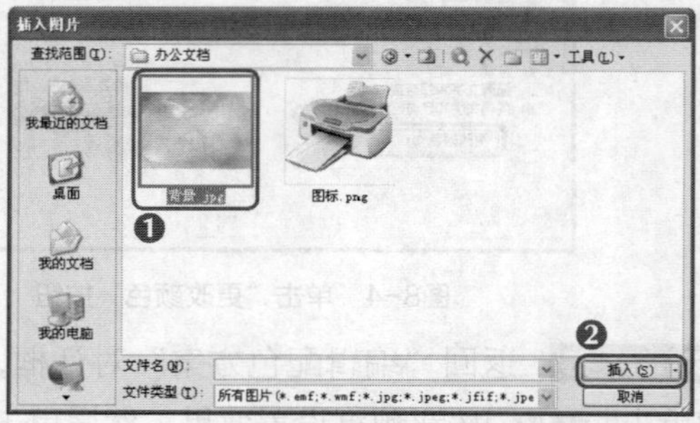

图8-9 插入图片

STEP 3 在插入的图片上单击鼠标右键，在弹出的快捷菜单中选择【叠放次序】/【置于底层】菜单命令，将其显示在文本下方，如图8-10所示。

STEP 4 插入图片“图标.jpg”，然后将其放在幻灯片右上角并调整其大小，如图8-11所示。

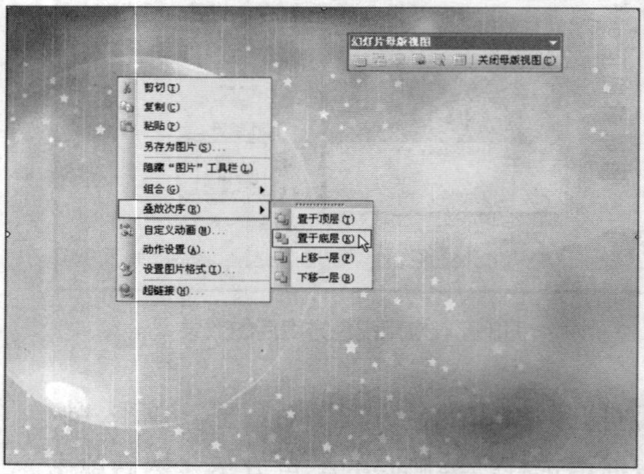

图8-10 设置叠放次序

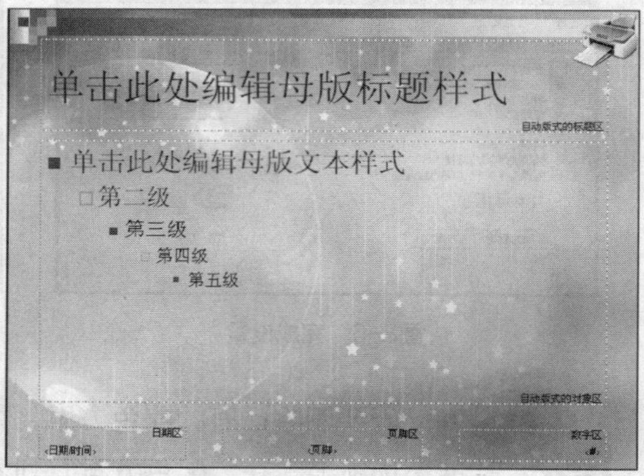

图8-11 插入图标

STEP 5 在“单击此处编辑母版标题样式”占位符中单击鼠标，将其中的文本选中，然后将其设置为“华文隶书”，并将母版文本格式设置为“微软雅黑”，如图8-12所示。

STEP 6 选择第二张幻灯片标题母版，按照相同的方法将母版副标题样式设置为“华文行楷”，如图8-13所示。

STEP 7 在两张母版的页脚区中输入文本“MH-5124型打印机”和“产品展示”。

STEP 8 完成后在“幻灯片母版”工具栏中单击 关闭母版视图(C) 按钮，即可退出母版视图查看效果，如图8-14所示。

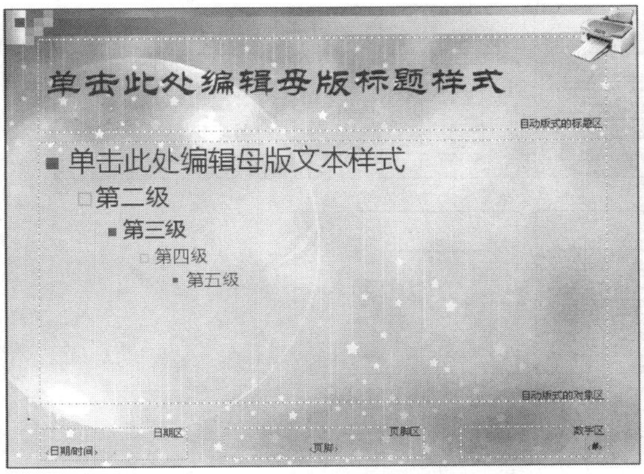

图8-12　设置母版标题和文本样式

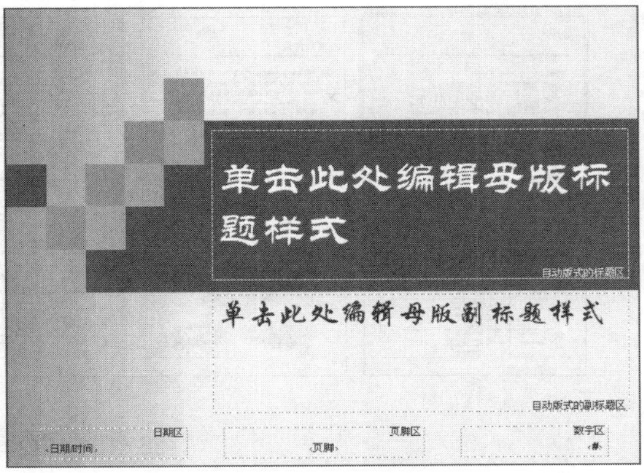

图8-13　设置母版副标题样式

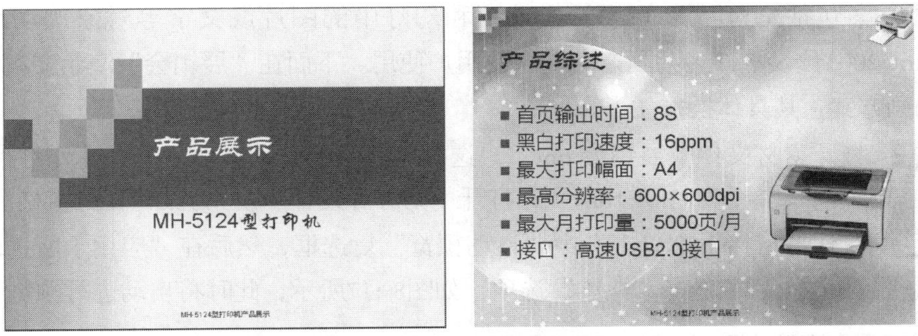

图8-14　查看设置效果

职业素养

颜色有冷色与暖色之分，冷色包括黄绿、绿、蓝绿、蓝、蓝紫和紫等颜色，给人以后退感；暖色包括黄、黄橙、橙、红、红橙和红紫等颜色，给人以前进感。使用相近的颜色进行搭配，可使幻灯片具有层次感和和谐感。幻灯片色彩应用的原则是总体协调、局部对比，即整个幻灯片主题的整体色彩效果应是协调的，只有局部、小范围的地方可以运用强烈色彩对比。

8.2 设置“展销会”演示文稿动画

在演示文稿的制作过程中还有一个非常重要的环节，就是设置幻灯片的动画效果。主要包括设置幻灯片中的文本、图片等对象的动画效果和幻灯片之间的切换动画效果等，并可通过为对象设置动画效果，使幻灯片在放映时更加生动。本例完成后的参考效果如图8-15所示，下面具体讲解其制作方法。

素材所在位置 光盘:\素材文件\第8章\课堂案例2\展销会.ppt
效果所在位置 光盘:\效果文件\第8章\展销会.ppt

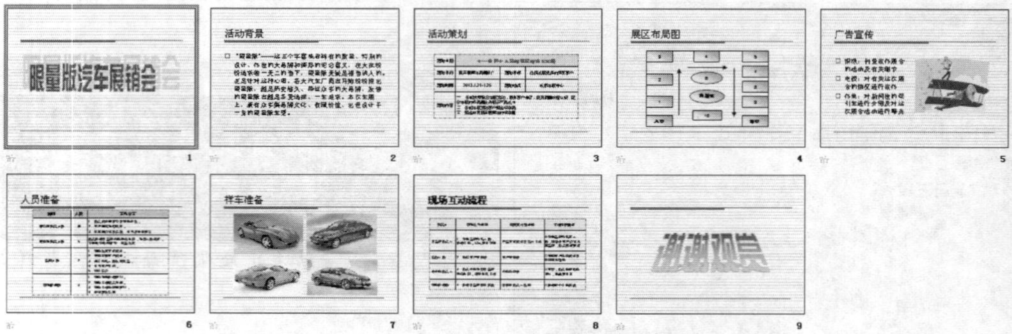

图8-15 “公司简介”最终效果

8.2.1 应用动画方案

动画方案包括幻灯片之间的切换动画和幻灯中的图片或文字等对象的动画效果，PowerPoint 2003预设了许多动画方案，以便用户使用。下面在“展销会”演示文稿中为幻灯片应用动画方案，其具体操作如下。

STEP 1 打开素材文件“展销会.ppt”，选择第二张幻灯片，然后选择【幻灯片放映】/【动画方案】菜单命令，如图8-16所示，打开“幻灯片设计-动画方案”任务窗格。

STEP 2 在任务窗格下方单击选中“自动预览”复选框，然后在“应用于所选幻灯片”列表框的“温和型”栏中选择“典雅”选项，如图8-17所示，此时将自动进行预览。

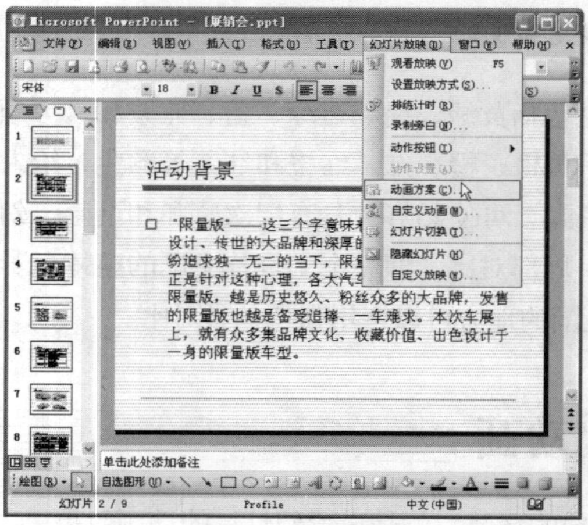

图8-16 选择“动画方案”命令

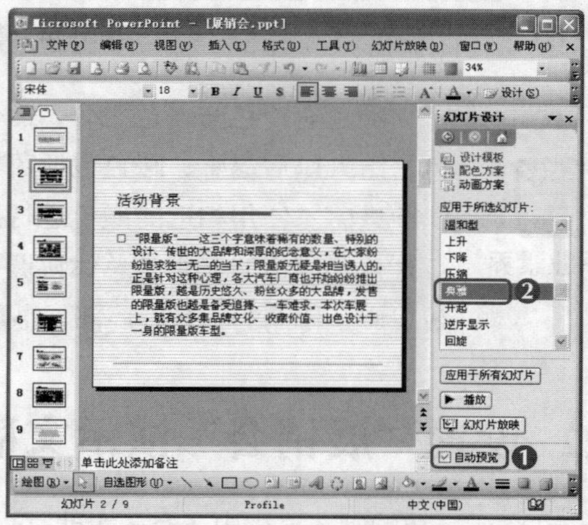

图8-17 选择动画方案

STEP 3 使用相同的方法为第3~8张幻灯片应用“压缩”、“缩放”、“上升”、“浮动”、“随机线条”和“向内溶解”动画方案。

> **多学一招**
>
> 在“幻灯片设计-动画方案”任务窗格中单击[应用于所有幻灯片]按钮，可为所有幻灯片应用所选动画方案；单击[▶ 播放]按钮可播放所选幻灯片，播放幻灯片的过程中单击[■ 停止]按钮可停止播放。

8.2.2 自定义动画设置

使用现有的动画方案只能设置幻灯片切换效果和幻灯片中文本的动画效果，幻灯片中的图片和表格等对象则不会添加效果，此时可根据需要依次设置每个对象的动画效果，使幻灯片在放映时更加生动、形象。下面为“展销会”演示文稿中的对象设置自定义动画效果，其具体操作如下。

STEP 1 选择第一张幻灯片，选择其中的艺术字，在“幻灯片设计-动画方案”任务窗格中单击“其他任务窗格”按钮▾，在打开的下拉菜单中选择“自定义动画”命令，如图8-18所示。

STEP 2 在打开的“自定义动画”任务窗格中单击[添加效果▾]按钮，在打开的下拉菜单中选择【进入】/【其他效果】命令，如图8-19所示。

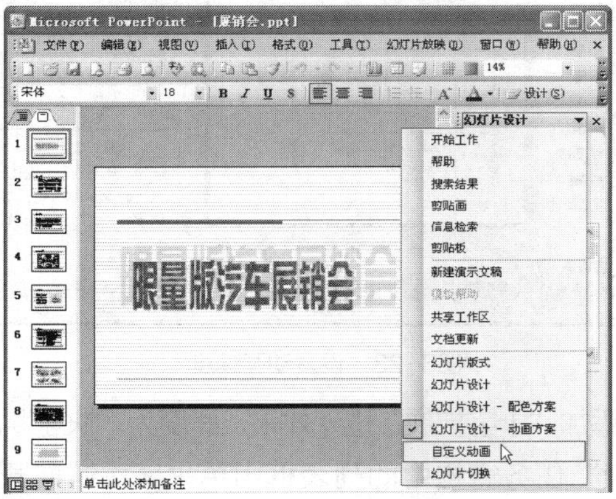

图8-18　切换“自定义动画”任务窗格

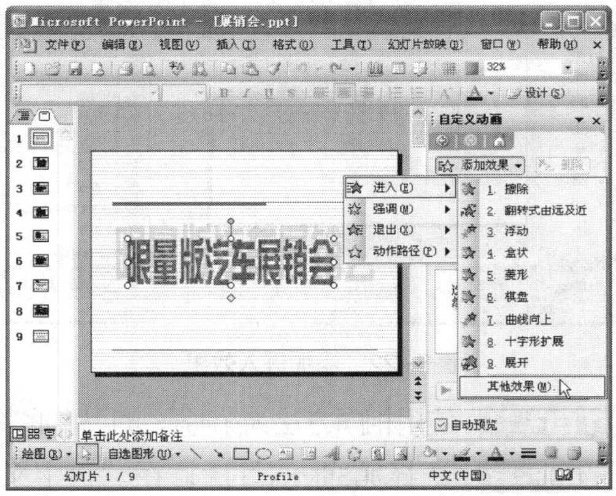

图8-19　选择“其他效果”命令

STEP 3 在打开的“添加进入效果”对话框中单击选中“预览效果”复选框，然后在列表框中的“细微型”栏中选择“展开”选项，此时将自动对所选动画效果进行预览，单击[确定]按钮，如图8-20所示。

STEP 4 返回“自定义动画”任务窗格，在“开始”下拉列表框中选择“之前”选项，如图8-21所示。

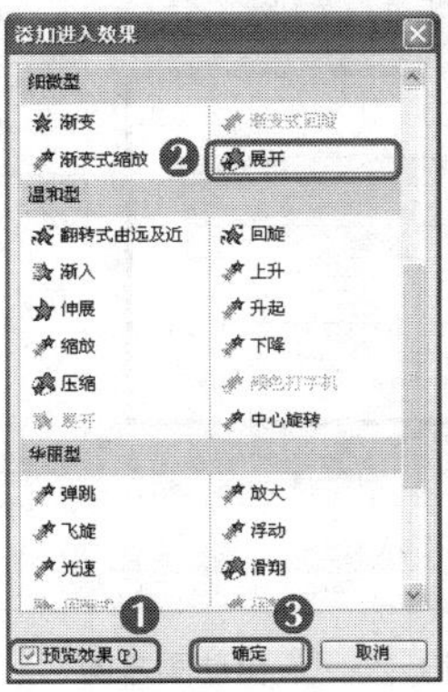

图8-20　选择进入效果

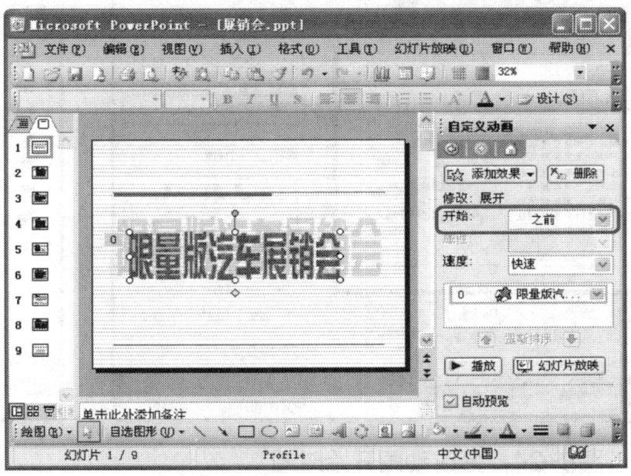

图8-21　设置开始时间

知识提示　“进入”设置对象进入放映界面时的动画效果；“强调”设置在放映过程中需要强调的部分动画效果；“退出”设置对象退出放映界面时的动画效果；“动作路径”设置对象展示动画效果的路径。

STEP 5 选择第3张幻灯片，在表格边框上单击鼠标将其选中，然后在“自定义动画”任务窗格中单击[添加效果]按钮，在打开的下拉菜单中选择【进入】/【菱形】菜单命令，如图8-22所示。

STEP 6 在“速度”下拉列表框中选择“快速”选项，如图8-23所示。

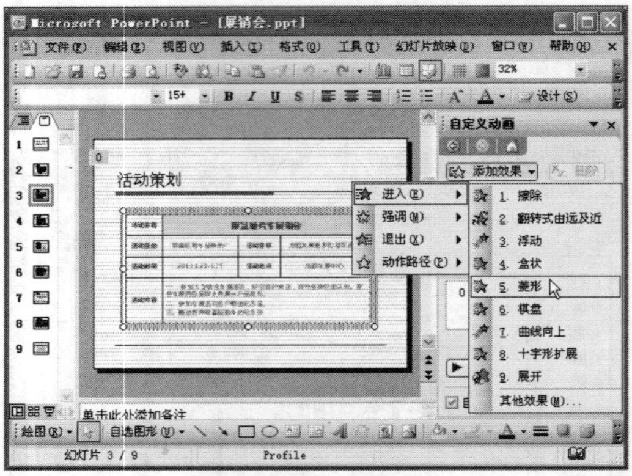

图8-22　添加进入效果

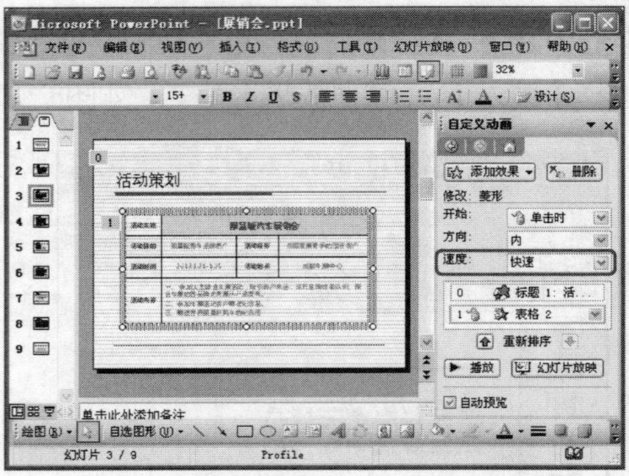

图8-23　设置动画速度

STEP 7 使用相同方法为第4张幻灯片中的图形添加“十字扩展”进入效果，速度为“快速”。

STEP 8 选择第5张幻灯片，在“自定义动画”任务窗格中的列表框中单击[展开]按钮展开内容，按住【Ctrl】键不放的同时选中第2个和第3个动画效果，在“开始”下拉列表框中选择“之后”选项，如图8-24所示。然后为图片设置“浮动”进入效果，开始时间为“之后”。

STEP 9 选择第6张幻灯片，在表格边框上单击鼠标将其选中，为其添加“擦除”进入效果。然后在“方向”下拉列表框中选择“自顶部”选项，如图8-25所示。

图8-24　修改动画开始时间

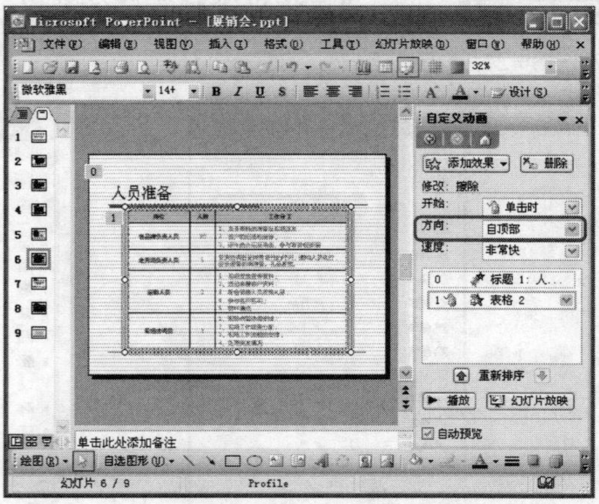

图8-25　设置动画方向

STEP 10 选择第7张幻灯片，按住【Ctrl】键不放，在4张图片上单击鼠标将其同时选中，然后添加“菱形”进入效果，方向为“外”，速度为“快速”，如图8-26所示。

STEP 11 为第8张幻灯片中的表格添加“盒状”进入效果。

STEP 12 选择第9张幻灯片，在艺术字上单击鼠标将其选中，然后在“自定义动画”任务窗格中单击“添加效果”按钮，在打开的下拉菜单中选择【进入】/【动作路径】/【绘制自定义路径】/【任意多边形】菜单命令，如图8-27所示。

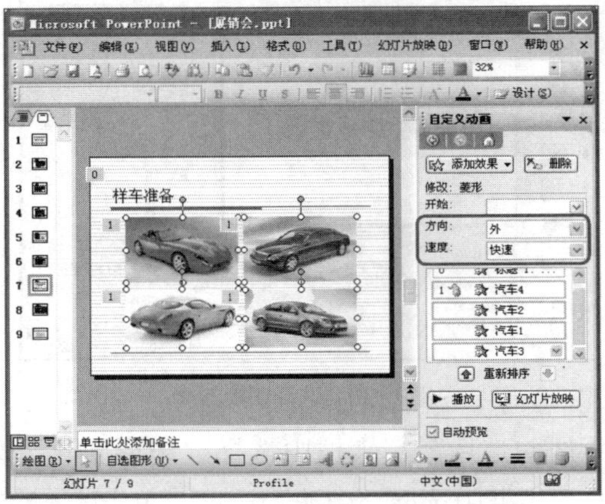

图8-26 为多个对象设置动画效果

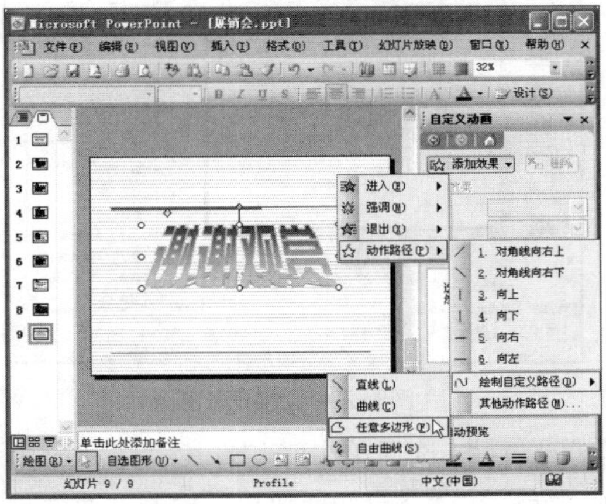

图8-27 选择动作路径

STEP 13 此时鼠标指针变成+形状，在幻灯片编辑区单击鼠标确定多边形的第一个顶点，接着在第二个顶点处再次单击鼠标，然后单击第3个顶点处，最后再次单击第一个顶点，完成菱形的绘制，如图8-28所示。完成后将动画的开始时间设置为“之前”。

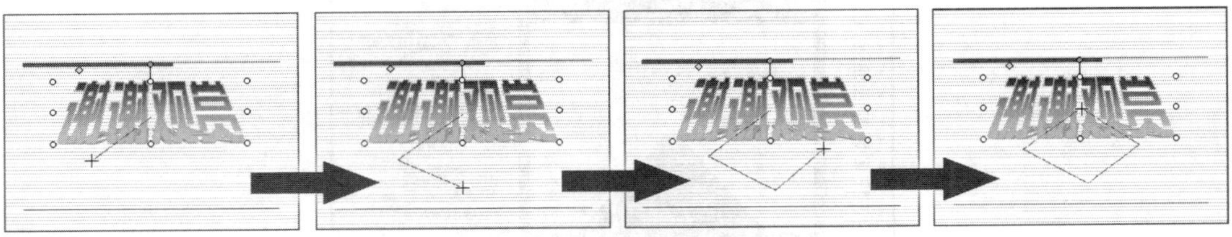

图8-28 绘制动作路径

> **多学一招** 添加自定义动画效果后，在“自定义动画”窗格的列表框中选择动画效果选项，然后单击“删除”按钮可将所选效果删除，单击“更改”按钮可更改所选效果，利用鼠标拖曳，或单击上移和下移按钮，可调整动画的顺序。

8.2.3 设置幻灯片切换效果

设置幻灯片切换动画就是设置一张幻灯片放映结束后切换到下一张幻灯片时的动画效果，设置之后可使幻灯片之间的衔接更加自然、生动。下面在“展销会”演示文稿中设置幻灯片的切换效果，其具体操作如下。

STEP 1 选择第一张幻灯片，在“自定义动画”任务窗格中单击“其他任务窗格”按钮

▼，在打开的下拉菜单中选择“幻灯片切换”菜单命令，如图8-29所示。

STEP 2 在打开的“幻灯片切换”任务窗格中的“应用于所选幻灯片”列表框中选择“中央向上下展开”选项，如图8-30所示，此时将自动预览切换效果。

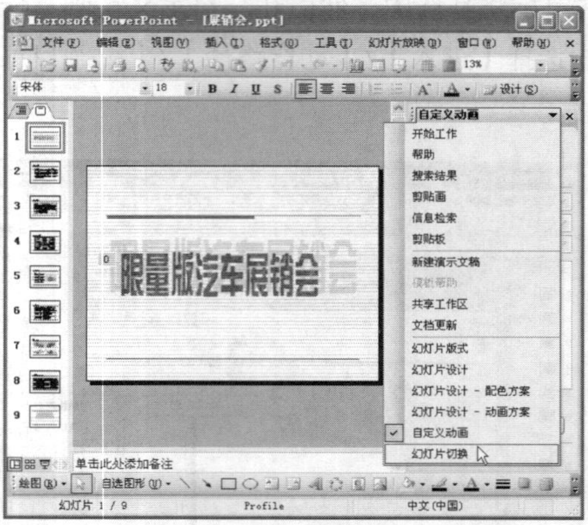

图8-29 切换任务窗格

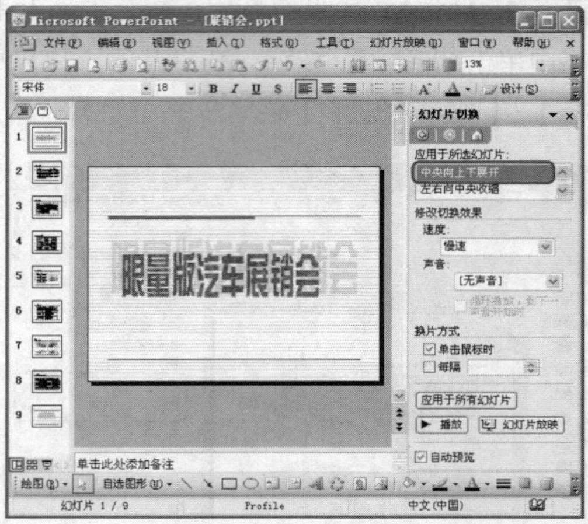

图8-30 选择切换效果

STEP 3 选择第二张幻灯片，在“应用于所选幻灯片”列表框中选择“扇形展开”选项，然后在“修改切换效果”栏的“速度”下拉列表框中选择“中速”选项，单击 ▶ 播放 按钮播放切换效果，如图8-31所示。

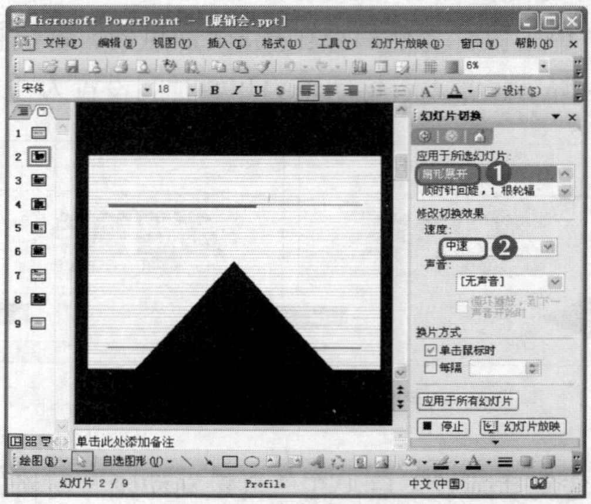

图8-31 播放切换效果

STEP 4 使用相同的方法分别为第3~9张幻灯片设置“圆形”、“垂直百叶窗”、“新闻快报、中速”、“水平梳理”、“顺时针回旋，4 根轮辐”、“向右插入、中速”和“阶梯状向左下展开”切换效果。

多学一招

在“幻灯片切换”任务窗格中的“换片方式”栏中单击选中“每隔”复选框，然后在其后的数值框中即可设置幻灯片自动换片的时间。

8.3 放映和输出“产品介绍”演示文稿

幻灯片制作完成后，即可开始放映。放映幻灯片前需对其进行相应设置，如设置放映类型、设置排练计时和设置动作按钮等，从而满足不同需求。在放映过程中还可进行相应控制操作。制作好的演示文稿可进行输出，如打印输出或打包成CD等。本例完成后的参考效果如图8-32所示，下面具体讲解其制作方法。

素材所在位置 光盘:\素材文件\第8章\课堂案例3\产品介绍.ppt
效果所在位置 光盘:\效果文件\第8章\产品介绍\

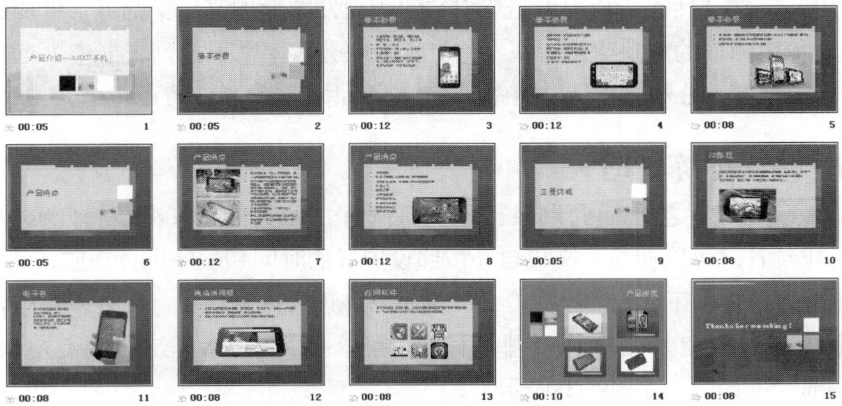

图8-32 “产品介绍”最终效果

8.3.1 设置放映方式

设置幻灯片的放映方式主要包括设置放映类型、放映幻灯片的数量、换片方式和是否循环放映演示文稿等。下面在“产品介绍”演示文稿中设置放映方式，其具体操作如下。

STEP 1 打开素材演示文稿“产品介绍.ppt”，选择【幻灯片放映】/【设置放映方式】菜单命令，如图8-33所示，打开“设置放映方式”对话框。

STEP 2 在“放映类型”栏中单击选中“演讲者放映（全屏幕）”单选项，在“放映选项”栏中单击选中“循环放映，按 Esc 键终止”复选框，并在下方的“绘图笔颜色”下拉列表框中选择“红色”选项，在“放映幻灯片”栏中单击选中“全部”单选项，在“换片方式”栏中单击选中“如果存在排练时间，则使用它”单选项，然后单击确定按钮确认设置，如图8-34所示。

> **知识提示**
> “演讲者放映”方式在放映时，演讲者具有完整的控制权；“观众自行浏览”方式在放映时，观众可通过菜单进行翻页、打印和浏览，但不能单击鼠标进行放映；“在展台浏览”方式在放映时，除了保留鼠标光标用于选择屏幕对象进行放映外，其他功能将全部失效。

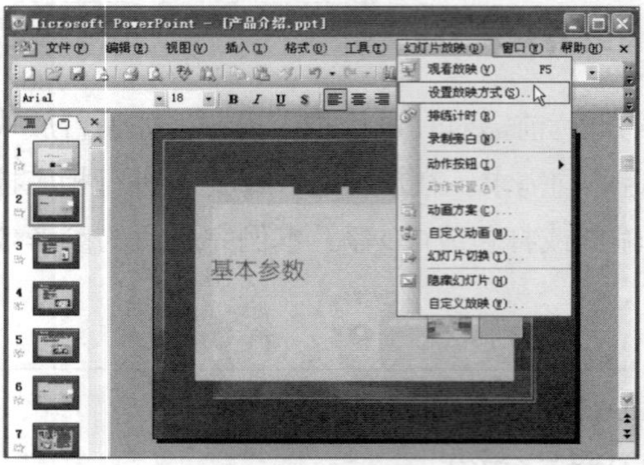

图8-33　选择菜单命令

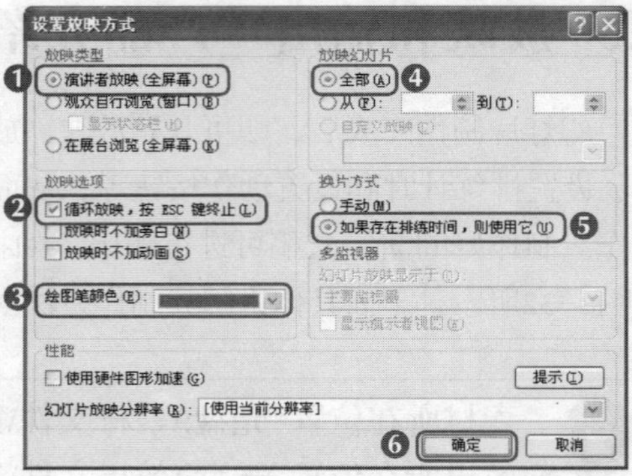

图8-34　设置放映方式

知识提示

在"性能"栏中单击选中"使用硬件图形加速"复选框，可加快演示文稿中图形的放映速度；在"幻灯片放映分辨率"下拉列表框中可选择显示的分辨率，分辨率越高，图像越清晰，但占用计算机的资源也越大。

8.3.2 设置排练计时

在正式放映幻灯片之前，可预先统计出放映整个演示文稿和放映每张幻灯片所需的大致时间，通过排练计时可以使演示文稿自动按照设置好的时间和顺序进行播放，从而使放映整个过程中不需要操作。下面为"产品介绍"演示文稿设置排练计时，其具体操作如下。

STEP 1 选择【幻灯片放映】/【排练计时】菜单命令，进入排练计时状态，此时左上角将打开"预演"工具栏，如图8-35所示。

STEP 2 在"幻灯片放映时间"文本框0:00:00中显示当前幻灯片的放映时间，若要指定该幻灯片的排练时间，可直接在文本框中输入，在其右侧显示演示文稿排练的总时间。

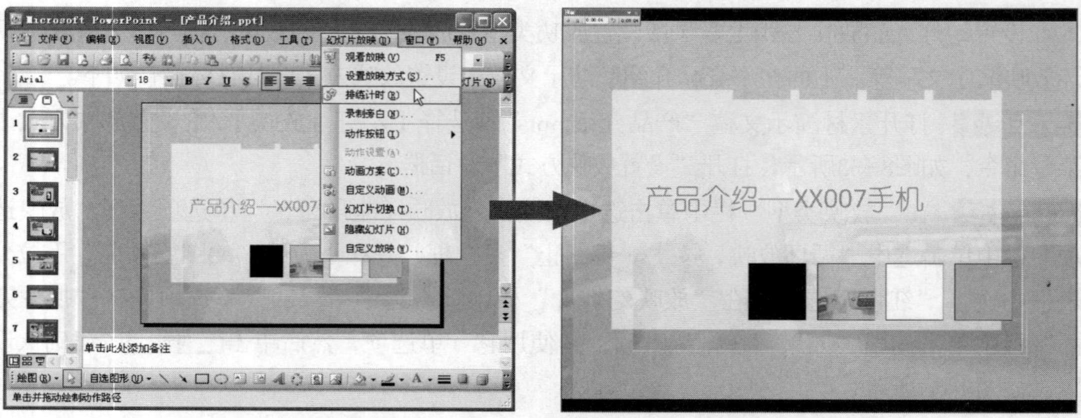

图8-35　开始排练计时

STEP 3 幻灯片放映结束后，将打开提示对话框提示是否保存排练时间，单击是(Y)按钮确认保存。

STEP 4 此时将自动切换到"幻灯片浏览"视图，在各幻灯片缩略图下方将显示该幻灯片的排练时间，如图8-36所示。

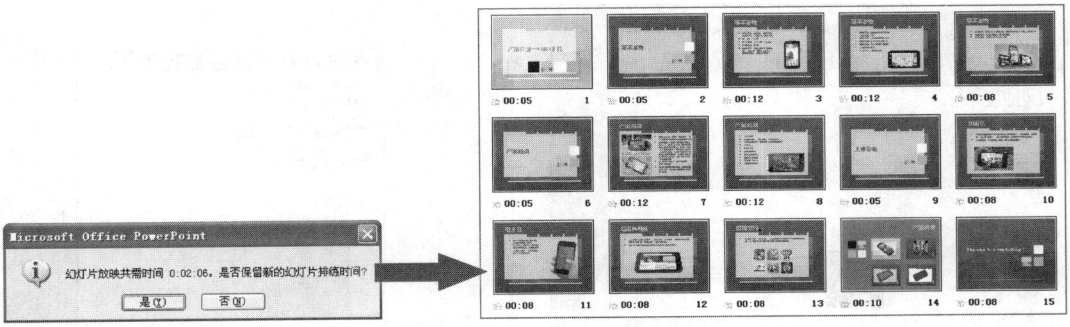

图8-36　完成排练计时

> **多学一招**　在排练计时的过程中，若觉得时间安排得不够合理，可在“预演”工具栏中单击“重复”按钮，重新开始该张幻灯片的排练。

8.3.3　设置动作按钮

在制作幻灯片的过程中可以在幻灯片中设置动作按钮，然后放映时只要单击设置的动作按钮，就可以切换到指定的幻灯片或启动其他应用程序，便于控制幻灯片的放映过程。下面在“产品介绍”演示文稿中设置动作按钮，其具体操作如下。

STEP 1　选择第一张幻灯片，选择【视图】/【普通】菜单命令切换到普通视图。选择【幻灯片放映】/【动作按钮】菜单命令，将鼠标指针移动到打开的子菜单上方，当鼠标指针变成✣形状时，按住鼠标左键不放，将其拖曳到幻灯片编辑区中，即可打开“动作按钮”工具栏，如图8-37所示。

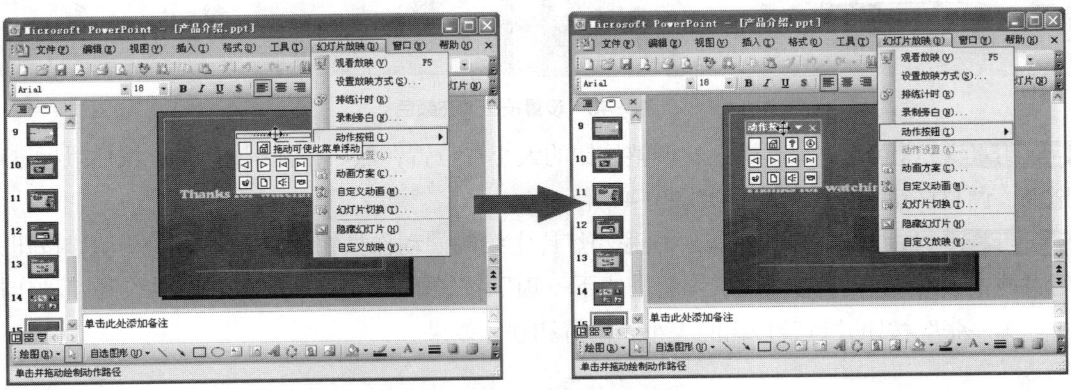

图8-37　打开“动作按钮”工具栏

STEP 2　选择第一张幻灯片，在“动作按钮”工具栏中单击“动作按钮：前进或下一项”按钮进入绘制状态，然后在幻灯片中拖动鼠标绘制按钮，如图8-38所示。

STEP 3　完成绘制后将自动打开“动作设置”对话框，在“单击鼠标”选项卡的“单击鼠标时的动作”栏中单击选中“超链接到”单选项，并在其下方的下拉列表框中选择“下一张幻灯片”选项，单击 确定 按钮确认设置，如图8-39所示。

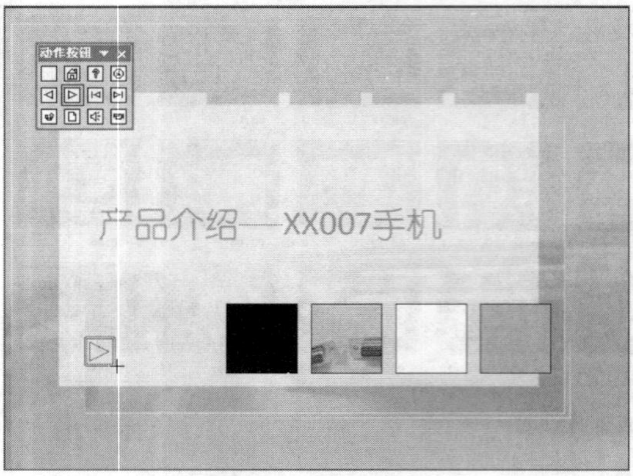

图8-38　绘制按钮

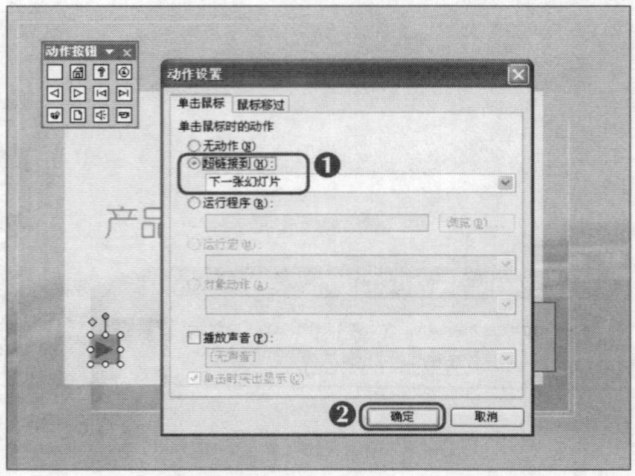

图8-39　设置动作

STEP 4 在按钮上单击鼠标右键，在弹出的快捷菜单中选择“设置自选图形格式”菜单命令，打开“设置自选图形格式”对话框。

STEP 5 在“填充”栏的“颜色”下拉列表框中选择“灰色-40%”选项，单击 预览(P) 按钮进行预览，效果满意后单击 确定 按钮确认设置，如图8-40所示。

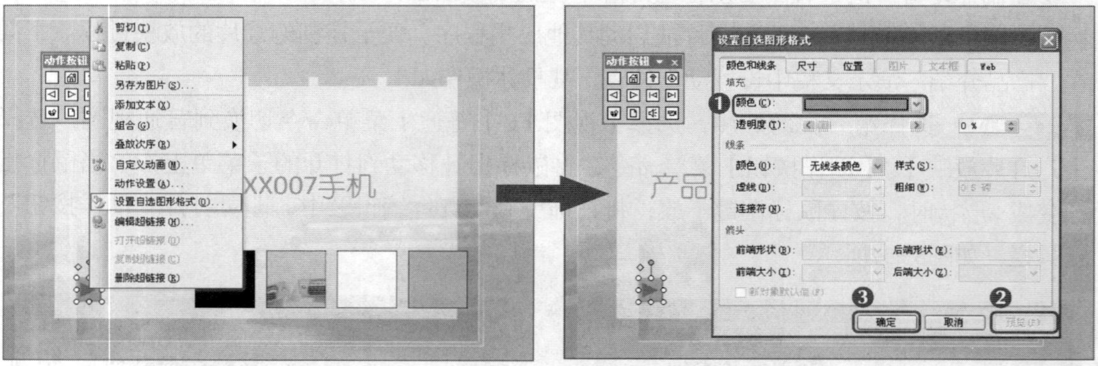

图8-40　设置按钮填充颜色

STEP 6 返回幻灯片编辑区，调整按钮的大小和位置，然后在控制按钮◇上按住鼠标进行拖曳，调整按钮的立体效果，如图8-41所示。

STEP 7 按照相同方法在第2~14张幻灯片中绘制“动作按钮：第一张”、“动作按钮：后退或前一项”和“动作按钮：前进或下一项”按钮，在最后一张幻灯片中绘制“动作按钮：第一张”按钮并调整按钮的大小、位置和立体效果。

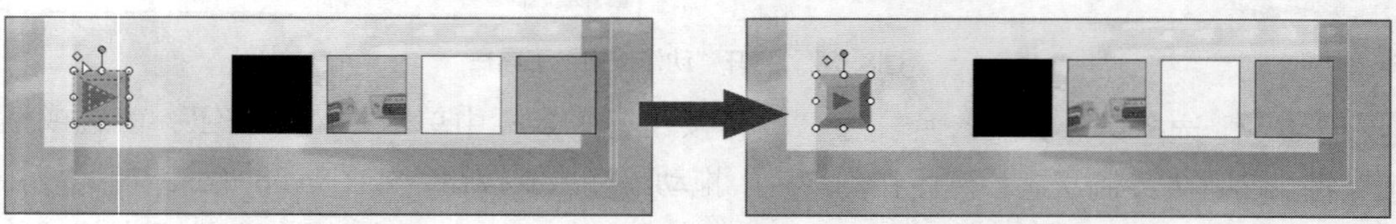

图8-41　调整按钮

8.3.4 幻灯片放映过程中的控制

对幻灯片进行设置后，即可开始放映幻灯片。在放映幻灯片的过程中，可进行开始放映、自定义放映、切换或结束放映，以及添加标记等操作。下面放映“产品介绍”演示文稿，其具体操作如下。

STEP 1 选择【幻灯片放映】/【观看放映】菜单命令，进入幻灯片放映状态。

STEP 2 在放映过程中单击鼠标右键，在弹出的快捷菜单中选择【定位至幻灯片】/【7 产品特点】菜单命令，即可定位到所对应的第7张幻灯片，如图8-42所示。

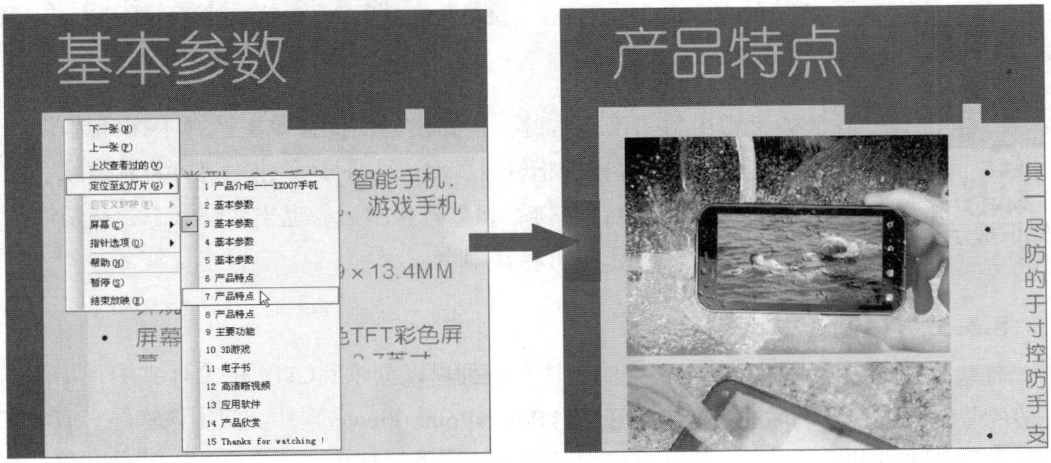

图8-42 定位幻灯片

STEP 3 单击鼠标右键，在弹出的快捷菜单中选择【指针选项】/【圆珠笔】菜单命令，如图8-43所示，然后在幻灯片中进行标记。

STEP 4 单击鼠标右键，在弹出的快捷菜单中选择“结束放映”菜单命令，如图8-44所示。

图8-43 使用圆珠笔

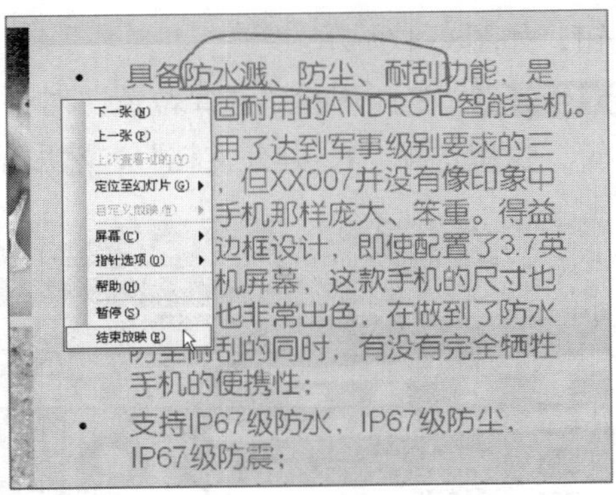

图8-44 结束放映

STEP 5 此时将打开提示对话框提示是否保留墨迹，在其中单击【保留(K)】按钮确认保留，如图8-45所示。

STEP 6 返回幻灯片编辑区即可查看墨迹效果，如图8-46所示。

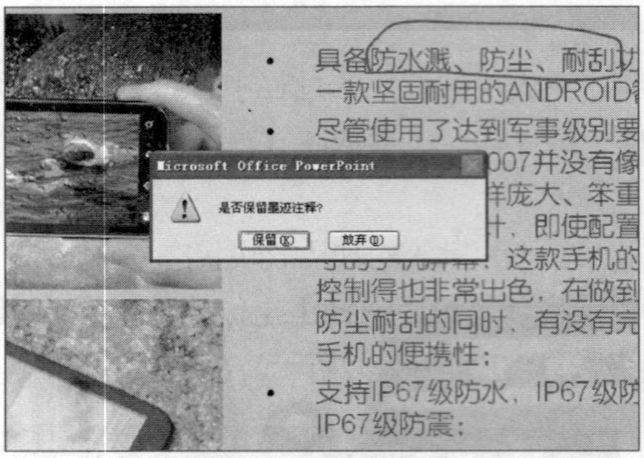

图8-45　保留墨迹

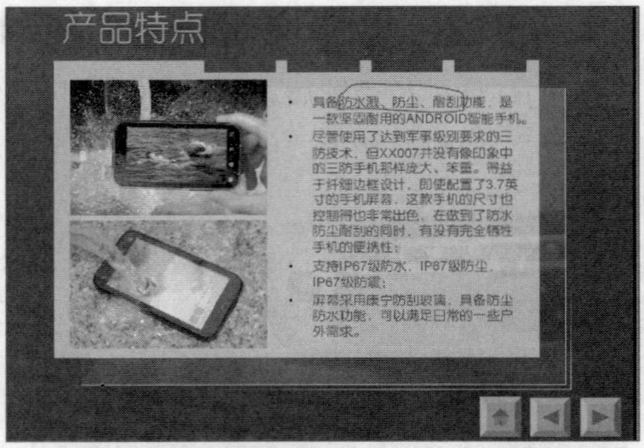

图8-46　墨迹效果

知识提示

在放映过程中单击鼠标右键，在弹出的快捷菜单中选择【指针选项】/【橡皮擦】菜单命令，当鼠标指针变成形状时，单击墨迹可将其擦除，但只能擦除本次放映中添加的墨迹。将墨迹保留后，退出放映状态，在幻灯片中单击墨迹，按【Delete】键可将其删除。

8.3.5 打包演示文稿

打包是指将演示文稿和与之链接的文件复制到可以刻录到CD上的文件夹中，不等同于一般的复制操作，复制后的文件夹中还包含PowerPoint Viewer软件。使用该软件，演示文稿就能在其他未安装PowerPoint的计算机中正常放映。下面打包“产品介绍”演示文稿，其具体操作如下。

STEP 1 选择【文件】/【打包成 CD】菜单命令，打开“打包成 CD”对话框。

STEP 2 在“将 CD 命名为”文本框中输入CD名称“产品介绍 CD”，然后单击复制到文件夹(F)...按钮，在打开的“复制到文件夹”对话框中单击“位置”文本框右侧的浏览(B)...按钮，如图8-47所示。

STEP 3 在打开的“选择位置”对话框中的“查找范围”下拉列表框中选择文件保存的位置，这里选择“F:\办公文档”，然后单击选择(E)按钮，如图8-48所示。

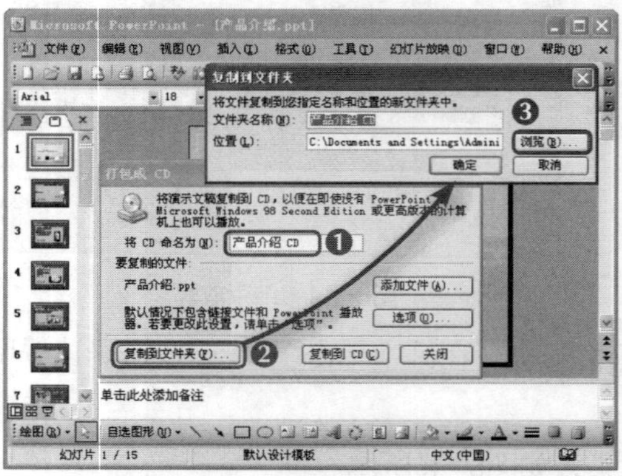

图8-47　复制到文件夹

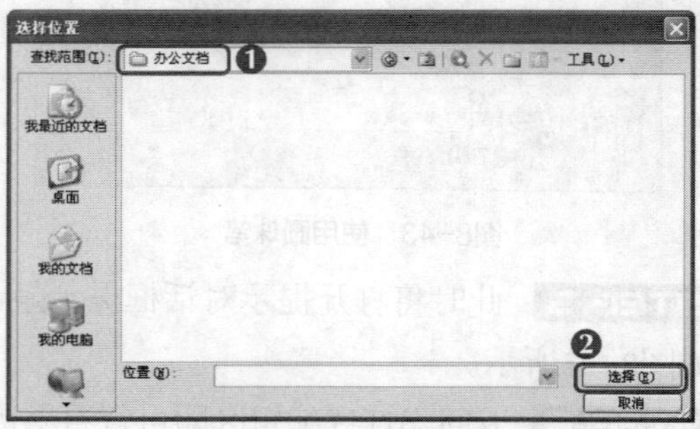

图8-48　选择保存位置

STEP 4 此时将开始打包，并打开提示对话框提示演示文稿中含有注释，单击[继续(C)]按钮继续打包，如图8-49所示。

STEP 5 完成后单击[关闭]按钮关闭对话框。打开CD保存的位置即可查看到“产品介绍 CD”文件夹，在其中包含了放映演示文稿所需的程序等内容，如图8-50所示。

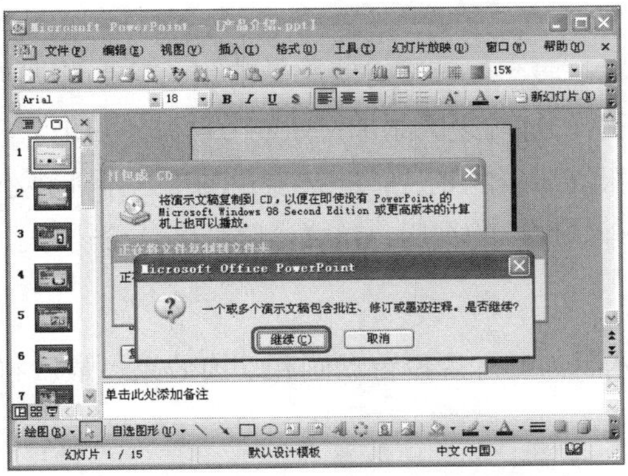

图8-49 打包CD

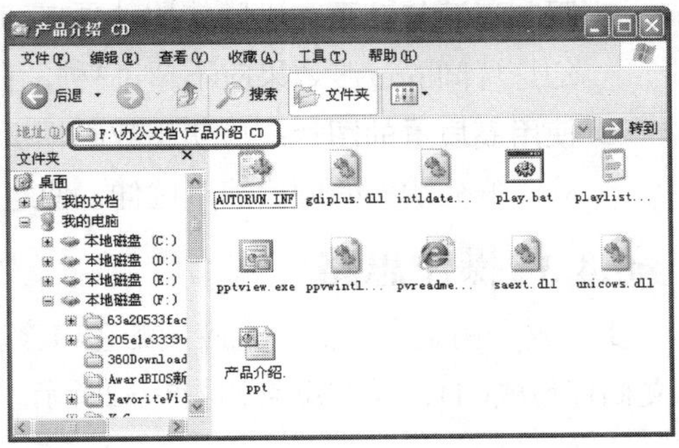

图8-50 CD文件夹

知识提示

单击[复制到 CD(C)]按钮可将打包的文件夹刻录在CD光盘中；单击[添加文件(A)...]按钮可在打开的“添加文件”对话框中添加文件进行打包；单击[选项(O)...]按钮可在打开的“选项”对话框中设置程序包类型和保护密码等。

8.4 实训——制作“总结分析报告”演示文稿

8.4.1 实训目标

本实训将制作“总结分析报告”演示文稿，需要使用配色方案、母版、自定义动画、幻灯片切换和打包演示文稿等方面的知识，通过制作本例，可巩固和熟悉对幻灯片进行版式设计和放映幻灯片的相关操作。本实训的最终效果如图8-51所示。

素材所在位置 光盘:\素材文件\第8章\实训\总结分析报告.ppt
效果所在位置 光盘:\效果文件\第8章\实训\总结分析报告\

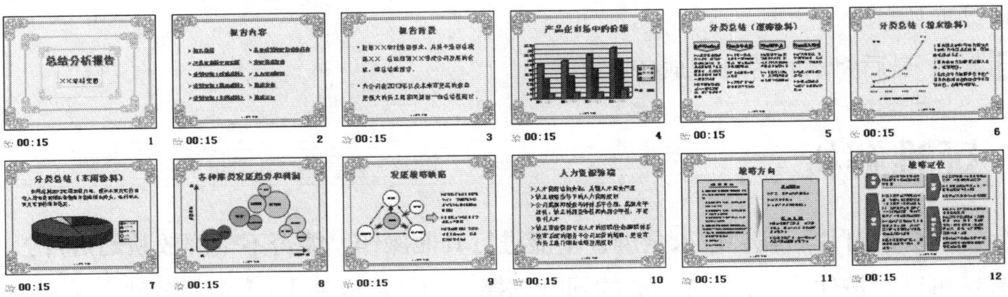

图8-51 “总结分析报告”最终效果

8.4.2 专业背景

企业播放专业的幻灯片应该注意以下几个问题。

- **限制要点与文本数量**：演示的对象是观众，幻灯片中的要点过多会令观众生厌。优秀的幻灯片可能根本没有文本。设置幻灯片时，一定要把目标定位于支持解说者的叙述，而不是使解说者成为多余的人。
- **限制过渡与动画**：谨慎使用动画与幻灯片过渡，但应坚持使用最精致、专业的动画。幻灯片间的过渡效果应不超过3种，在所有幻灯片之间添加特效的方法并不可取。
- **使用高质量的图片**：可使用数码相机拍摄高质量的相片，购买专业图库。不能将小尺寸、低分辨率的照片简单拉伸，使之适合幻灯片的布局，这样会降低图片分辨率。

8.4.3 操作思路

要完成本例制作，需要先应用配色方案，然后为幻灯片设置动画和切换效果，最后将演示文稿打包成CD，操作思路如图8-52所示。

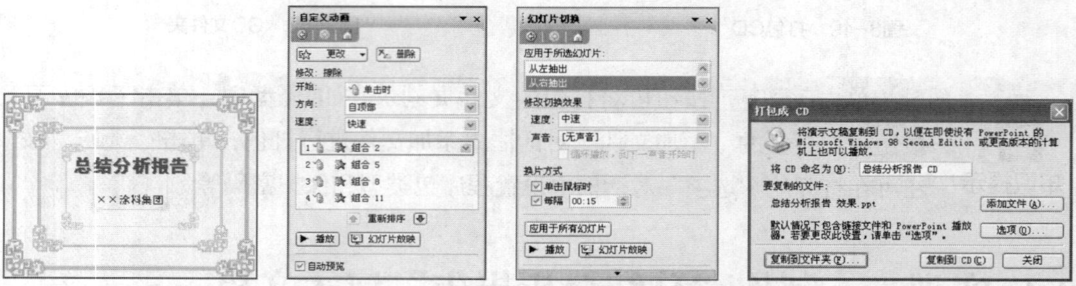

①应用配色方案　②添加动画效果　③设置切换效果　④打包演示文稿

图8-52　“员工培训”的制作思路

【步骤提示】

STEP 1 打开素材文件“总结分析报告.ppt”演示文稿，应用第3种配色方案。

STEP 2 在母版中添加页脚“××涂料集团”。

STEP 3 为第二张幻灯片中的文本框添加“下降”动画效果，要求将文本框作为一个整体对象。然后按照相同方法为幻灯片中的其他对象添加动画效果。

STEP 4 将第二张幻灯片中的小标题文本分别与对应的幻灯片超链接。

STEP 5 为所有幻灯片设置“从右抽出”切换效果，并设置单击鼠标换片和“每隔10秒”自动换片。

STEP 6 最后将幻灯片打包成CD。

8.5 疑难解析

问：播放幻灯片后就会进入全屏，不能进行其他操作，能否不全屏放映幻灯片？

答：可以。按住【Ctrl】键不放的同时选择【幻灯片放映】/【观看放映】菜单命令，或在“视图切换按钮组”中单击“从当前幻灯片开始幻灯片放映”按钮，在PowerPoint窗口的左上方即会出现缩略图形式的幻灯片放映窗口。

问：放映幻灯片时，发现幻灯片反应较慢，有什么办法可以通过改善幻灯片的放映性能来提高其反应速度?

答：缩小幻灯片放映时演示文稿显示的分辨率；缩小图片和文本的尺寸；尽量少用渐变、旋转或缩放等动画效果，可使用其他动画效果替换这些效果；减少同步动画数目，可以尝试将同步动画更改为序列动画。

问：带有大量图片的演示文稿通常都很大，打开和关闭都不方便，有没有方法让演示文稿的大小减少一些?

答：选择【文件】/【另存为】菜单命令，打开“另存为”对话框。单击工具(L)按钮，在打开的下拉菜单中选择“压缩图片”命令。在打开的“压缩图片”对话框中设置压缩选项，然后单击确定按钮返回“另存为”对话框进行保存即可。

问：在幻灯片中插入声音后，只会在放映该张幻灯片时才会播放，一旦切换幻灯片就会停止，有没有方法让背景音乐一直播放?

答：选择声音图标所在的幻灯片，然后打开“自定义动画”任务窗格。在列表框中单击声音对象对应的动画效果选项右侧的下拉按钮，在打开的下拉菜单中选择“效果选项”菜单命令。在打开的“播放 声音”对话框中的“效果”选项卡中，单击选中“停止播放”栏中的“在：张幻灯片后”单选项，然后在其后的数值框中输入当前演示文稿中包含的幻灯片数，单击确定按钮确认设置即可。

8.6 习题

本章介绍了PowerPoint在版式设计和放映方面的内容，包括设计幻灯片版式、设置幻灯片动画效果、设置幻灯片放映方式、放映幻灯片和打包演示文稿等。本章内容是制作出色幻灯片所必备知识，对能否更好地应用PowerPoint起到了至关重要的作用，读者要善于思考和总结，熟练掌握本章知识。

素材所在位置 光盘:\素材文件\第8章\习题\可行性报告.ppt、礼仪培训.ppt
效果所在位置 光盘:\效果文件\第8章\习题\可行性报告文件夹、礼仪培训.ppt

（1）打开素材文件“可行性报告.ppt”演示文稿，要求操作如下。

- 将放映方式设置为“观众自行浏览、循环播放、不加旁白和动画”。
- 设置硬件加速，并设置分辨率为“1024×768”。
- 设置排练计时，每张幻灯片时间为“8”秒。
- 为所有幻灯片绘制“第一张”、“后退或前一项”和“前进或下一项”按钮。
- 打包演示文稿。

（2）打开素材文件“礼仪培训.ppt”演示文稿，要求操作如下。

- 将所有幻灯片的换片方式设置为“中央向左右扩展、中速”，并设置每隔“10秒”自动换片。
- 使用母版为所有标题文本添加“下降”动画效果。
- 放映幻灯片，并使用“毡尖笔”在第二张幻灯片中做标注，然后保留墨迹。

课后拓展知识

当同一个演示文稿被不同的人，或在不同的场合放映时，所针对的人群和放映要求都可能有所差异。此时可运用PowerPoint 2003的自定义放映功能选择演示文稿中的某些幻灯片进行放映，还可按照需要安排放映顺序。

STEP 1 选择【幻灯片放映】/【自定义放映】菜单命令，打开“自定义放映”对话框，如图8-53所示。

STEP 2 单击[新建(N)...]按钮，打开“定义自定义放映”对话框，如图8-54所示。

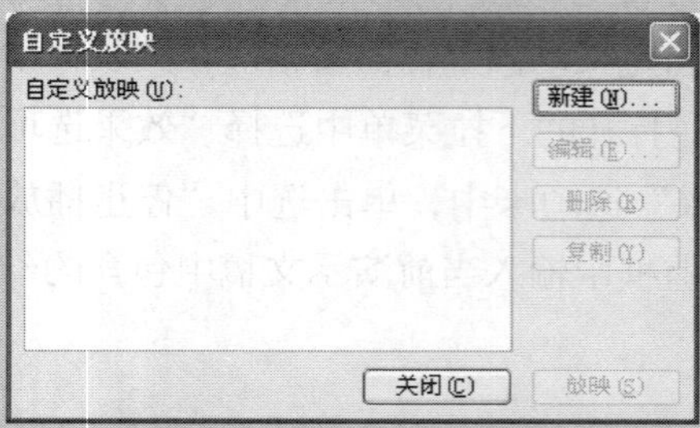

图8-53 “自定义放映”对话框

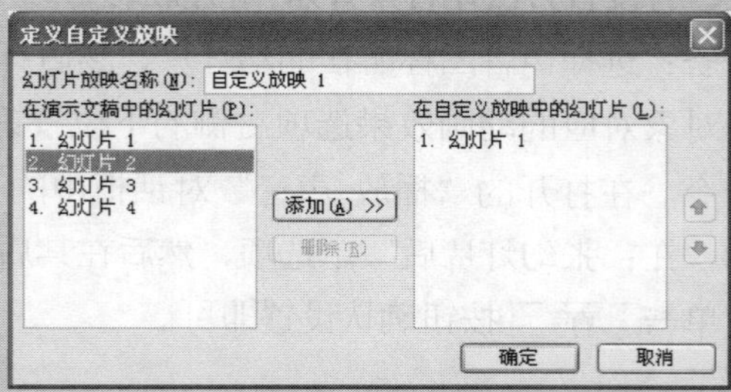

图8-54 “定义自定义放映”对话框

- 在“在演示文稿中的幻灯片”列表框中选择需要放映的幻灯片，单击[添加(A) >>]按钮可将所选幻灯片添加到“在自定义放映中的幻灯片”列表框中。
- 在“在自定义放映中的幻灯片”列表中选择幻灯片，单击[删除(R)]按钮可将其移出列表框。
- 在“在自定义放映中的幻灯片”列表中选择幻灯片，单击[↑]或[↓]按钮，可调整其放映顺序。

STEP 3 单击[确定]按钮回到“自定义放映”对话框，单击[放映(S)]按钮，即可进行自定义放映。

STEP 4 再次打开“自定义放映”对话框，选择已有的自定义放映项目。

- 单击[编辑(E)...]按钮可对其进行编辑。
- 单击[删除(R)]按钮可将其删除。
- 单击[复制(Y)]按钮可进行复制。

PART 9

第9章 常用办公工具软件的使用

情景导入

经过这段时间的工作，小白觉得不能只满足于掌握Office三大组件的使用方法，还要掌握更多的知识才能使办公变得高效。

知识技能目标

- 掌握WinRAR解压缩软件的使用方法。
- 掌握金山词霸的使用方法。
- 掌握Adobe Reader的使用方法。
- 掌握ACDSee的使用方法。
- 掌握360杀毒软件的使用方法。

- 能够熟练使用工具软件处理文件。
- 掌握保护重要文件的相关操作。

课堂案例展示

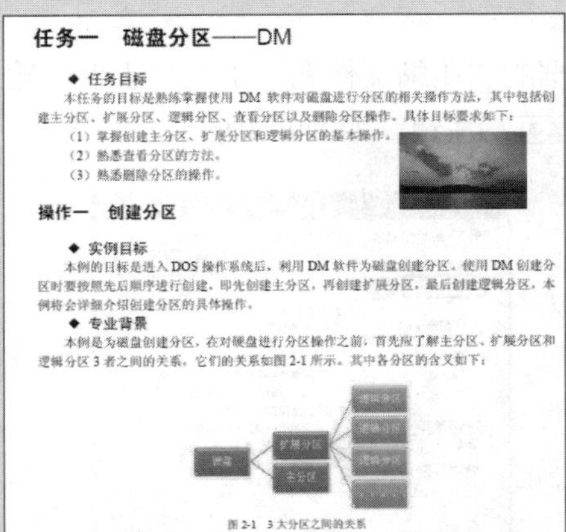

任务一 磁盘分区——DM

◆ 任务目标

本任务的目标是熟练掌握使用 DM 软件对磁盘进行分区的相关操作方法，其中包括创建主分区、扩展分区、逻辑分区、查看分区以及删除分区操作。具体目标要求如下：

（1）掌握创建主分区、扩展分区和逻辑分区的基本操作。

（2）熟悉查看分区的方法。

（3）熟悉删除分区的操作。

操作一 创建分区

◆ 实例目标

本例的目标是进入DOS操作系统后，利用DM软件为磁盘创建分区。使用DM创建分区时要按照先后顺序进行创建，即先创建主分区，再创建扩展分区，最后创建逻辑分区，本例将会详细介绍创建分区的具体操作。

◆ 专业背景

本例是为磁盘创建分区，在对硬盘进行分区操作之前，首先应了解主分区、扩展分区和逻辑分区3者之间的关系，它们的关系如图2-1所示。其中各分区的含义如下：

图2-1 3大分区之间的关系

PDF文档的效果

使用ACDSee编辑后的图片效果

9.1 使用压缩软件

文件压缩是指将大尺寸的文件压缩成小尺寸的文件，以节约计算机的磁盘空间，提高文件传输速率。WinRAR是目前最流行的压缩工具，其压缩文件格式为RAR，并完全兼容ZIP压缩文件格式，压缩比例比ZIP文件要高出30%左右，同时还可解压CAB、ARJ、LZH和TAR等多种类型的压缩文件。WinRAR的操作界面如图9-1所示。

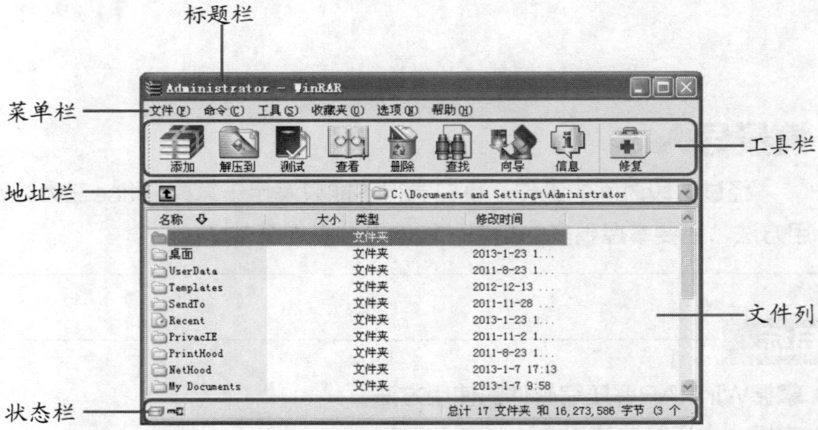

图9-1 WinRAR的操作界面

9.1.1 使用WinRAR压缩文件

通过WinRAR可以将计算机中的多个文件或文件夹压缩成一个文件，即生成一个压缩包。压缩后可以保留源文件（备份文件时可保留），也可删除源文件。创建压缩文件可在WinRAR窗口中进行，也可在资源管理器中直接选择文件进行操作，下面以使用右键快捷菜单为例进行介绍，其具体操作如下。

STEP 1 选择需进行压缩的多个文件，在其上单击鼠标右键，在弹出的快捷菜单中选择“添加到压缩文件”菜单命令（在计算机中安装了WinRAR后，右键快捷菜单会自动添加此命令），如图9-2所示。

STEP 2 在打开的“压缩文件名和参数”对话框的“压缩文件名”下拉列表框中输入生成的压缩文件名称，这里输入“文件.rar”，单击浏览(B)...按钮，如图9-3所示。

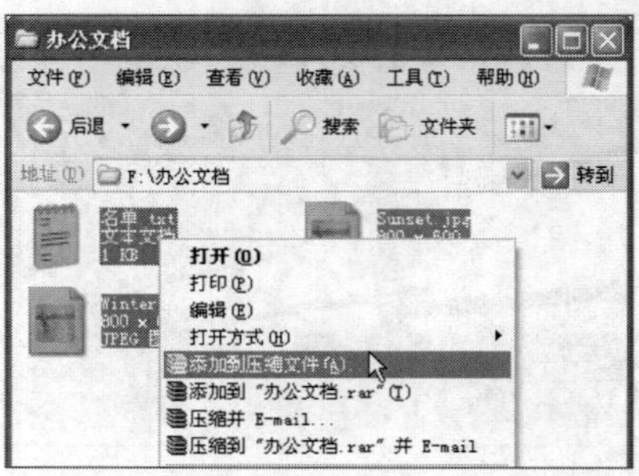

图9-2 选择文件

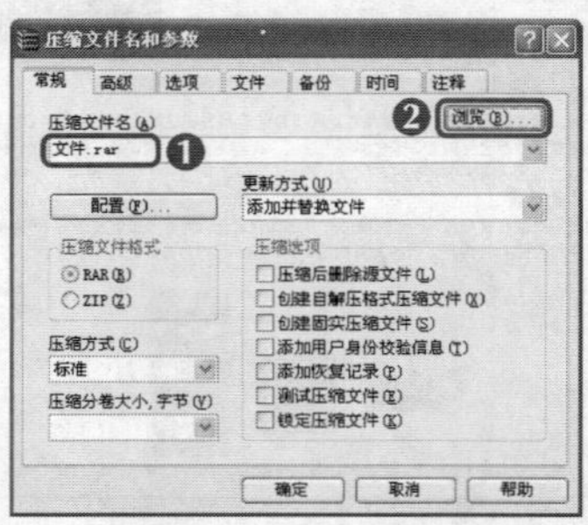

图9-3 输入文件名

STEP 3 打开“查找压缩文件”对话框，在“保存在”下拉列表框中选择压缩文件的保存位置，然后单击保存(S)按钮，如图9-4所示。

STEP 4 返回“压缩文件名和参数”对话框，单击确定按钮，如图9-5所示。

图9-4 选择文件保存位置

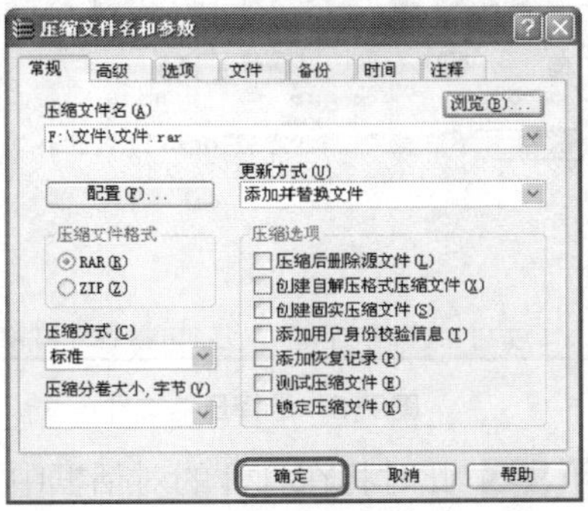

图9-5 确认压缩

STEP 5 此时将打开显示压缩进度的对话框，如图9-6所示，其中将显示压缩文件已消耗的时间和完成压缩的剩余时间等信息。

STEP 6 压缩完成后将自动退出WinRAR软件，此时可在设置的保存位置查看到压缩生成的文件，如图9-7所示。

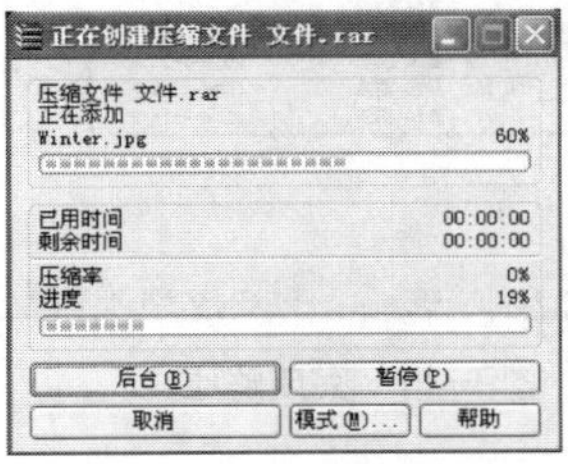

图9-6 压缩进度

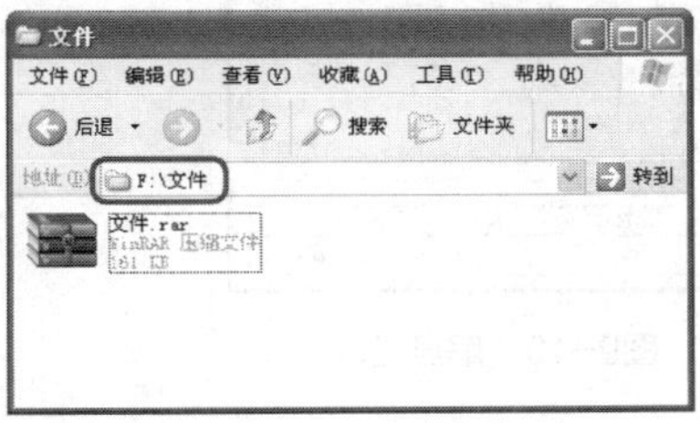

图9-7 完成压缩

> **多学一招**
>
> 在WinRAR窗口的工具栏中单击“向导”按钮，在打开的“向导”对话框中根据提示逐步进行操作，即可创建压缩文件。

9.1.2 使用WinRAR解压缩文件

在计算机中安装了WinRAR后，压缩文件通常以图标显示，这类文件必须对其进行解压操作才能使用。下面解压之前创建的“文件.rar”压缩文件，其具体操作如下。

STEP 1 选择【开始】/【所有程序】/【WinRAR】/【WinRAR】菜单命令，打开WinRAR窗口，在地址栏中选择压缩文件所在位置“F:\文件”，并在下方的文件列表框中选择“文件.rar”选项，然后在工具栏中单击“解压到”按钮，如图9-8所示。

STEP 2 打开“解压路径和选项”对话框，在右侧的列表框中选择解压后的文件保存位置，这里选择“F:\文件”选项，然后单击确定按钮，如图9-9所示。

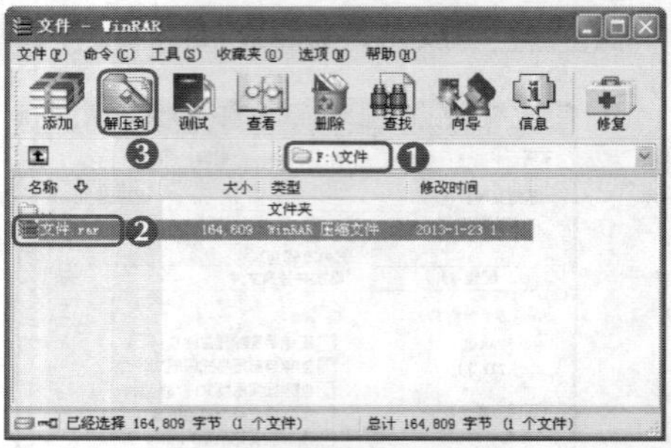

图9-8 选择压缩文件

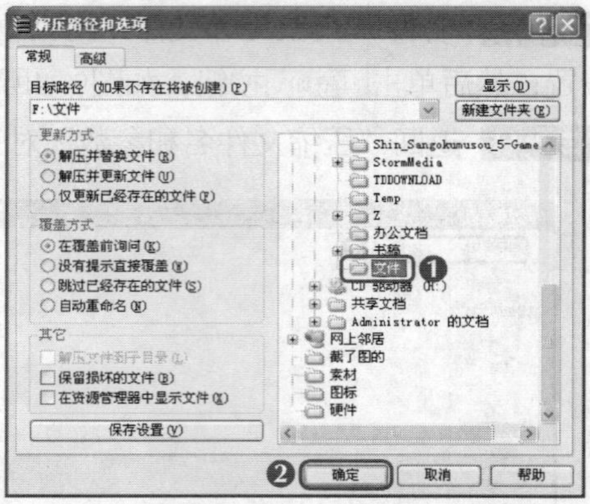

图9-9 选择解压位置

STEP 3 此时将在打开的对话框中显示解压文件的进度，如图9-10所示。

STEP 4 完成后返回WinRAR窗口，在文件列表框中即可看到解压的文件，如图9-11所示。

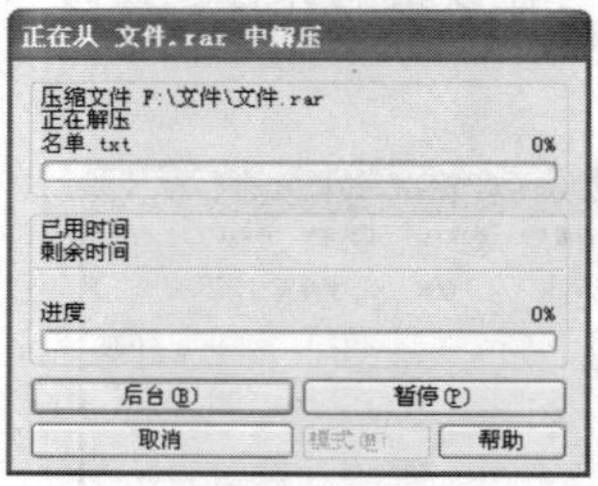

图9-10 解压进度

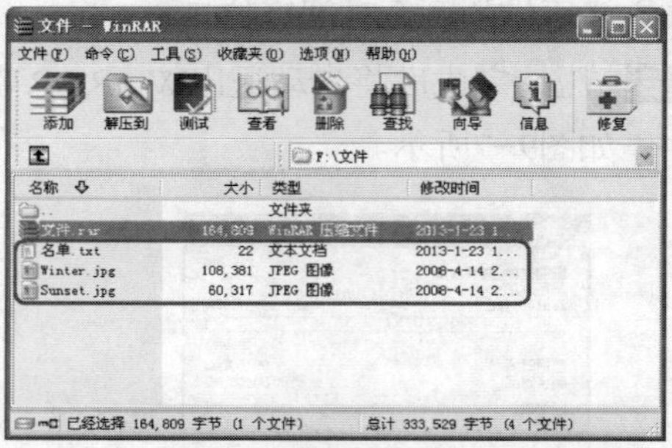

图9-11 完成解压

> **多学一招**
>
> 在压缩文件上单击鼠标右键，在弹出的快捷菜单中选择“解压文件”菜单命令，也可打开“解压路径和选项”对话框；选择“解压到当前文件夹”菜单命令，可直接将文件解压到当前文件夹中。

9.2 使用金山词霸

随着公司业务的发展，小白在工作中越来越多地接触到英文文档，有时甚至需要给客户撰写英文邮件，这时翻译软件金山词霸就成了好帮手。金山词霸是由金山软件公司开发的翻译软件，当用户阅读英文文章时，可帮助用户对英文的字、词、句甚至整段文章进行翻译，同时具备英汉互译、单词发声、屏幕取词、划词翻译和在线翻译功能。

9.2.1 使用金山词霸进行英汉互译

使用金山词霸不仅可查找单词的释义，还可使用句库功能查看单词相关的例句，从而帮助英文文章的写作。下面使用金山词霸进行英汉互译，其具体操作如下。

STEP 1 选择【开始】/【所有程序】/【金山词霸】/【金山词霸】菜单命令，打开金山词霸窗口。

STEP 2 在“词典”选项卡中的搜索框中输入要查询的英文单词，这里输入“write”，然后按【Enter】键，如图9-12所示。

STEP 3 在打开的窗口中即会显示“write”的释义，如图9-13所示。将鼠标指针移动到单词右侧的“真人发音”图标上即可播放单词发音。在下方的列表框中显示了不同词典中“write”的释义，单击不同的选项卡可查看相应内容。

图9-12 输入查找单词

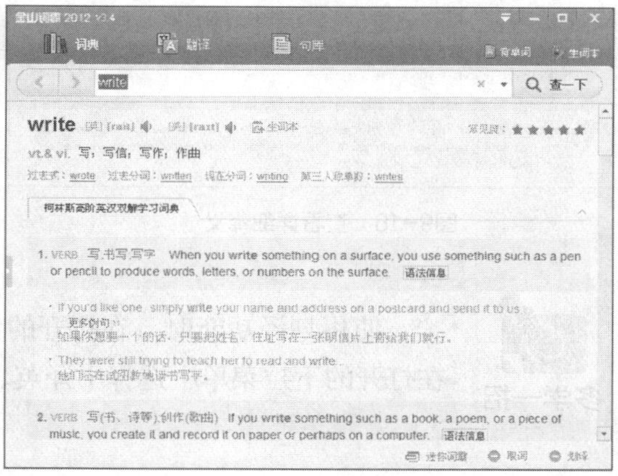

图9-13 查找结果

9.2.2 使用取词和划译功能

要使用取词和划译功能，需先开启相应功能。取词功能会自动捕捉屏幕中鼠标指针指向的单词，并进行翻译；划译功能可翻译所选中的整个句子、整篇文档或特殊词组。下面在英文文档中使用取词和划译功能，其具体操作如下。

STEP 1 安装金山词霸后默认关闭了取词和划译功能，因此需在金山词霸操作界面右下角单击“开启取词”按钮和“开启划译”按钮，使其呈和状态，如图9-14所示。

STEP 2 打开需要翻译的文档，将鼠标指针移动到要翻译的单词上，如“grape”，此时将打开信息框，在其中显示了“grape”的释义，如图9-15所示。在信息框中单击“详细”超链接，可打开金山词霸主界面查看详细结果，如图9-16所示。

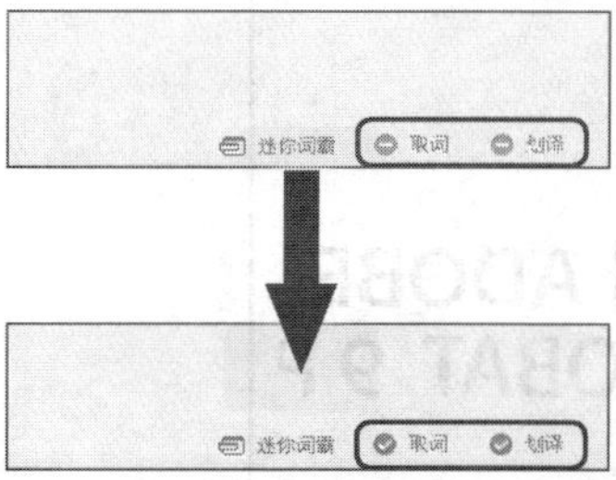

图9-14 开启取词和划译功能

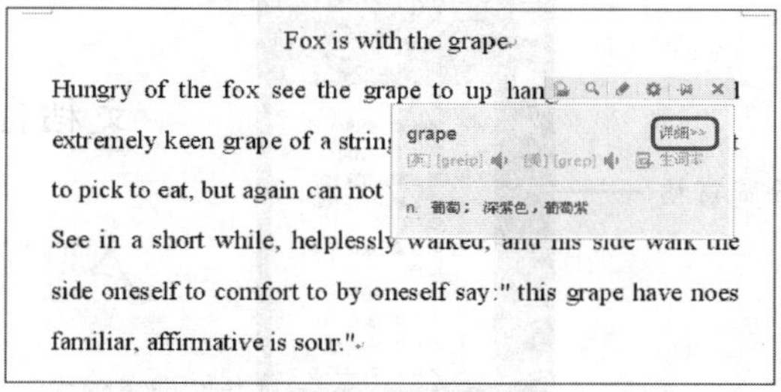

图9-15 划词释义

STEP 3 在文档中拖动鼠标选中需要翻译的句子，如“Hungry of the fox see the grape to up hang the radiant and extremely keen grape of a string”，保持鼠标的位置不动，即会打开信息框显示该句的释义，如图9-17所示。

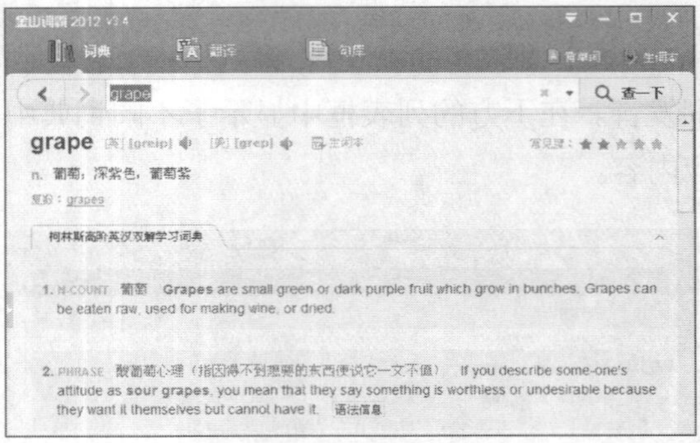

图9-16　查看详细释义

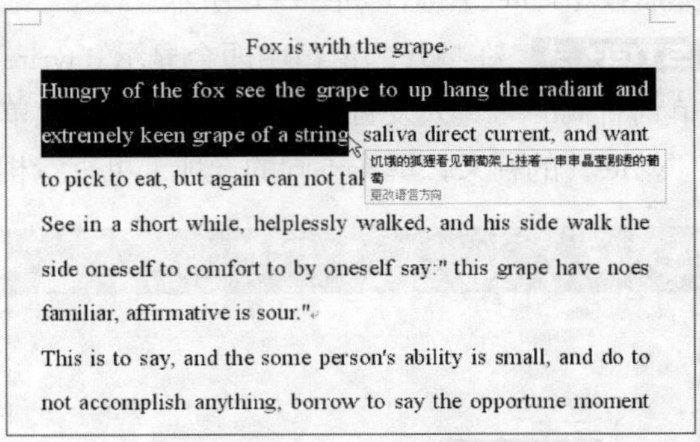

图9-17　使用划译功能

多学一招

使用划译功能时，在打开的信息框中单击“更改语言方向”超链接，可在打开的下拉菜单中选择中译英、英译中、中译日和日译中等翻译方式。

9.3　使用Adobe Acrobat

PDF格式是一种全新的电子文档格式，该格式能如实保留文档原来的面貌和内容，以及字体和图像。使用Adobe Acrobat可方便地阅读、创建、转换、编辑和打印PDF文档，下面以Adobe Acrobat 9.0版本为例进行介绍，其操作界面如图9-18所示。

素材所在位置　光盘:\素材文件\第9章\课堂案例1\任务一.doc、Sunset.jpg
效果所在位置　光盘:\效果文件\第9章\课堂案例1\任务一.pdf

图9-18　Adobe Acrobat 9.0的操作界面

9.3.1 阅读PDF文档

使用Adobe Acrobat可打开PDF格式的文档进行查看，在其中可使用多种工具帮助用户浏览文档。下面使用Adobe Acrobat查看PDF文档，其具体操作如下。

STEP 1 启动Adobe Acrobat，选择【文件】/【打开】菜单命令，如图9-19所示。

STEP 2 在打开的“打开”对话框中选择要打开的PDF文档，这里选择“Acrobat.pdf”，然后单击 打开 按钮，如图9-20所示。

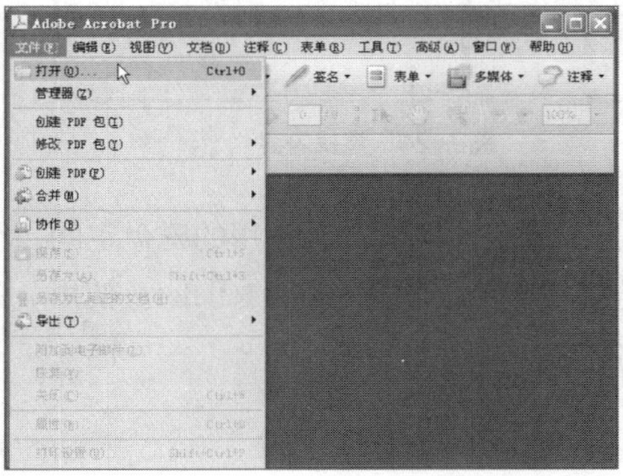

图9-19 选择命令

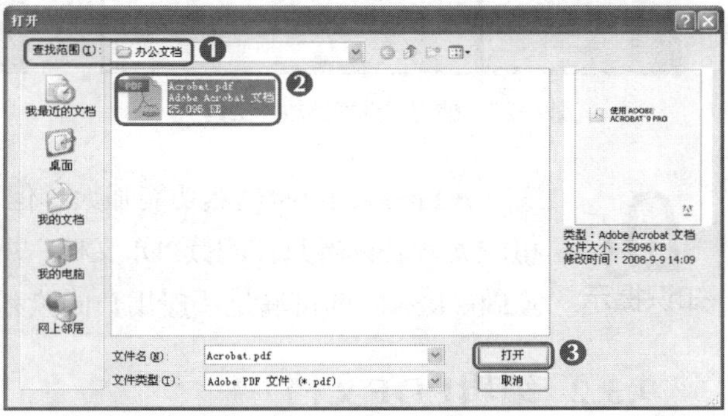

图9-20 选择PDF文档

STEP 3 在导览窗格的“书签”选项卡中单击“第2章”书签，即可跳转到相应位置，如图9-21所示。

STEP 4 在导览窗格中单击“页面”选项卡切换至页面视图，单击缩略图“18”即可跳转到第18页。在缩略图中使用鼠标拖曳红色的视图框，可移动和缩放查看范围，如图9-22所示。

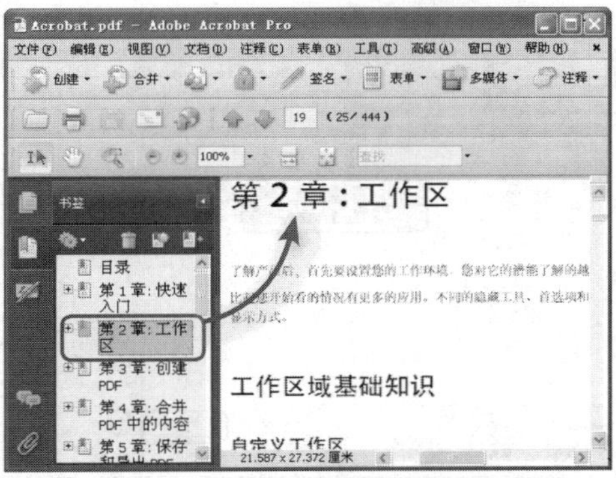

图9-21 使用书签查看文档

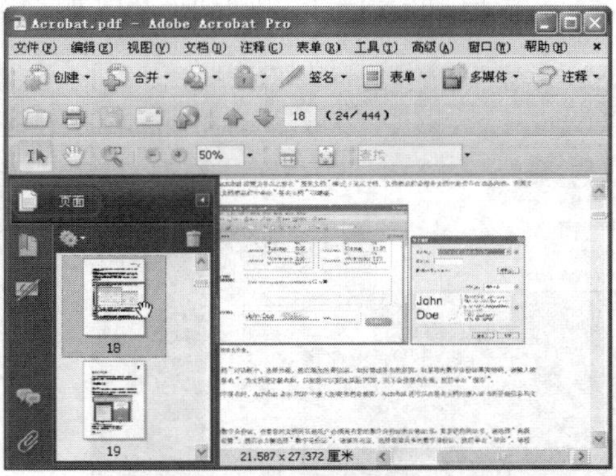

图9-22 使用页面查看文档

STEP 5 在“选择和缩放”工具栏中单击“选框缩放”按钮，当鼠标指针变成形状时在文档窗格中按住鼠标进行拖曳，即可放大所选范围，如图9-23所示。

STEP 6 在“查找工具”工具栏的文本框中输入查找内容“工作区域”，然后按【Enter】键，即可在文档中进行查找，并跳转到查找结果页面，如图9-24所示。单击文本框后的“上一条结果”按钮和“下一条结果”按钮，可逐条查看查找结果。

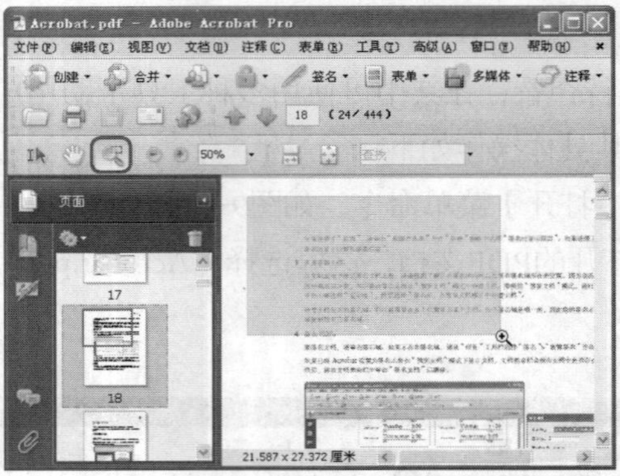

图9-23　使用“选框缩放”工具

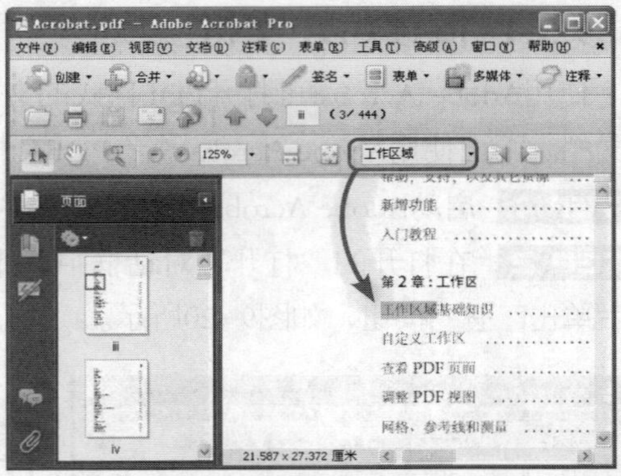

图9-24　查找内容

知识提示　Adobe Acrobat虽然功能强大，但正版软件需要购买，且占用的磁盘空间也较大。若读者只需阅读PDF文档，可选择安装免费软件Adobe Reader。使用Adobe Reader即可满足一般用户阅读和打印PDF文档的要求。

9.3.2　编辑PDF文档

Adobe Acrobat可通过不同方式创建PDF文档，还可将现有的Office文档转换成PDF格式；对于已有的PDF文档则可在其中添加、删除和复制内容等。下面使用Adobe Acrobat创建并编辑PDF文档，其具体操作如下。

STEP 1　启动Adobe Acrobat，在“任务”工具栏中单击“创建”按钮，在打开的下拉菜单中选择“从文件创建 PDF”菜单命令，如图9-25所示。

STEP 2　在打开的“打开”对话框中选择需要转换的文档，这里选择“任务一.doc”文档，然后单击打开按钮，如图9-26所示。

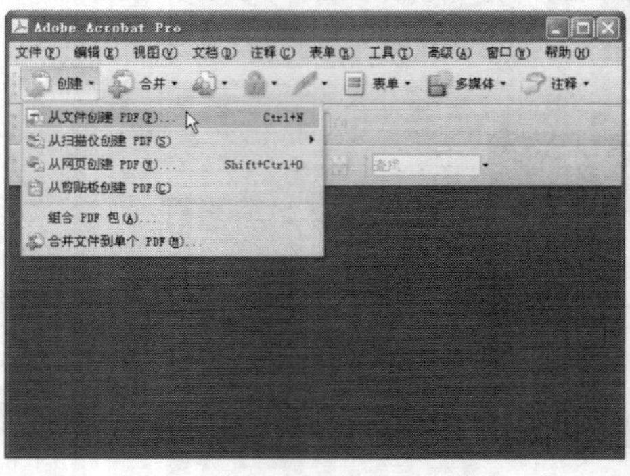

图9-25　从文件创建

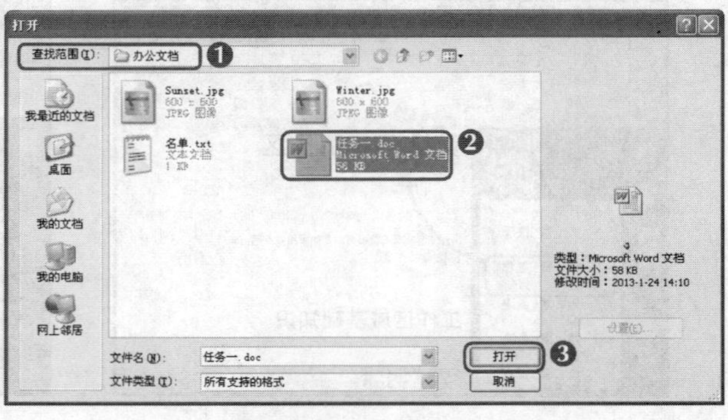

图9-26　选择文件

STEP 3　此时将打开对话框显示转换进度，如图9-27所示。

STEP 4　稍后即可完成转换，并打开文档。选择【工具】/【高级编辑】/【显示“高级编辑”工具栏】菜单命令，如图9-28所示。

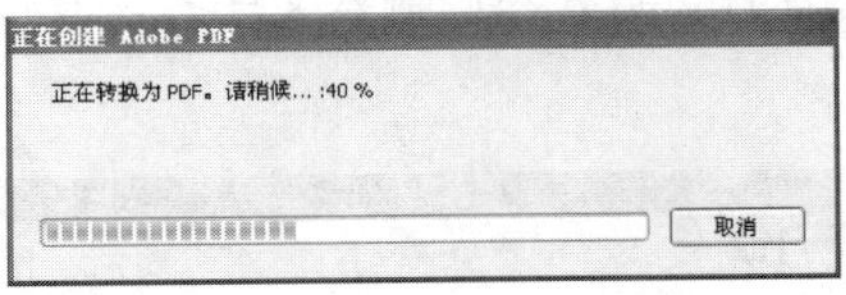

图9-27　创建进度

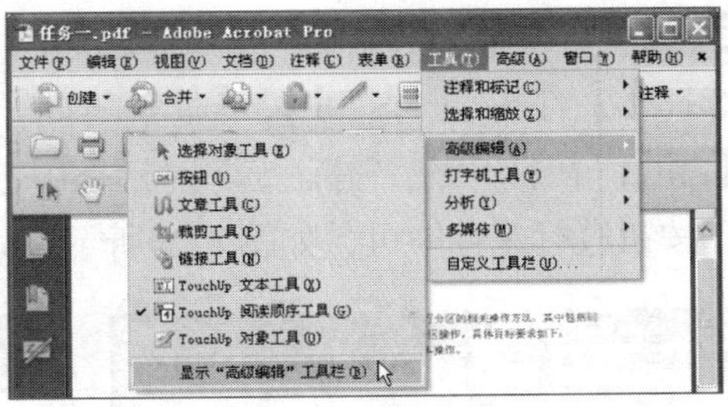

图9-28　显示"高级编辑"工具栏

STEP 5　在打开的"高级编辑"工具栏中单击"TouchUp 文本"按钮，在需要修改的位置单击鼠标定位光标插入点，该段落周围将出现蓝色的编辑框，如图9-29所示，在其中可进行添加、删除和复制文本等操作。

STEP 6　在"高级编辑"工具栏中单击"TouchUp 对象"按钮，在文本段落上按住鼠标进行拖曳，可移动其位置，如图9-30所示。

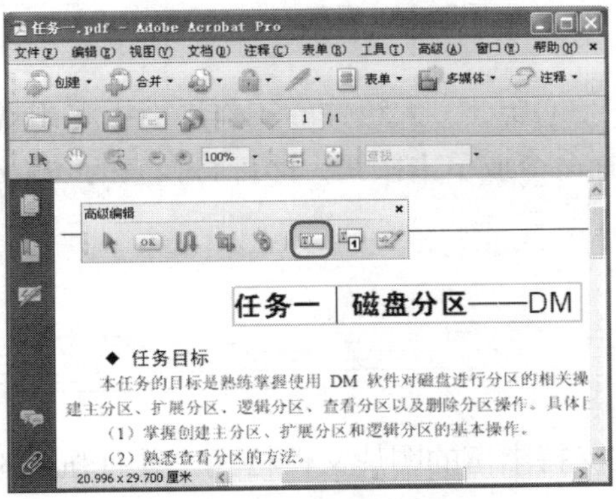

图9-29　编辑文本

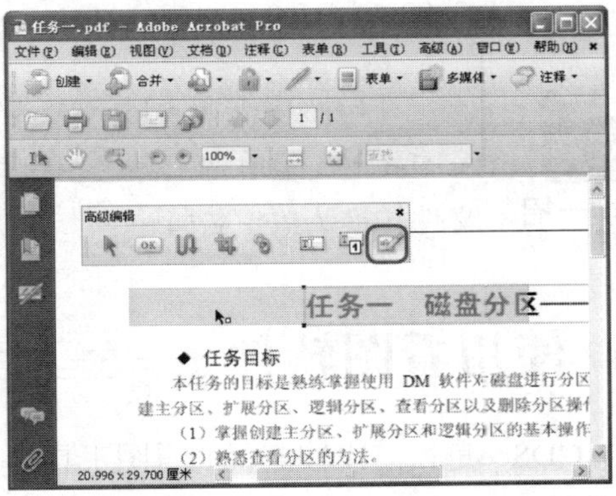

图9-30　移动文本段落

STEP 7　在空白位置单击鼠标取消对象的选中状态，然后单击鼠标右键，在弹出的快捷菜单中选择"放置图像"菜单命令，如图9-31所示。

STEP 8　在打开的"打开"对话框中选择图片，然后单击打开按钮，如图9-32所示，即可将其插入到文档中。

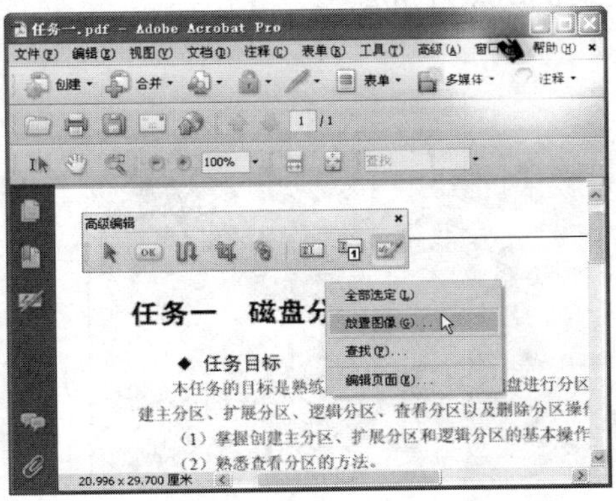

图9-31　选择命令

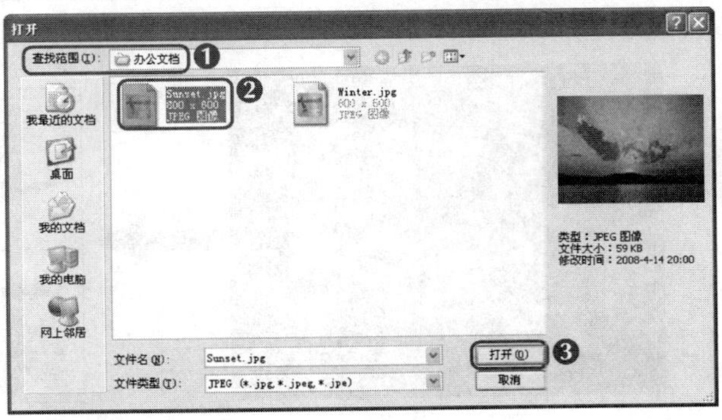

图9-32　插入图片

STEP 9 返回文档窗格，可对插入的图片进行编辑，如调整大小和位置等。完成编辑后，选择【文件】/【保存】菜单命令，如图9-33所示。

STEP 10 在打开的“另存为”对话框中选择文档保存位置，然后输入文件名，最后单击保存(S)按钮进行保存即可，如图9-34所示。

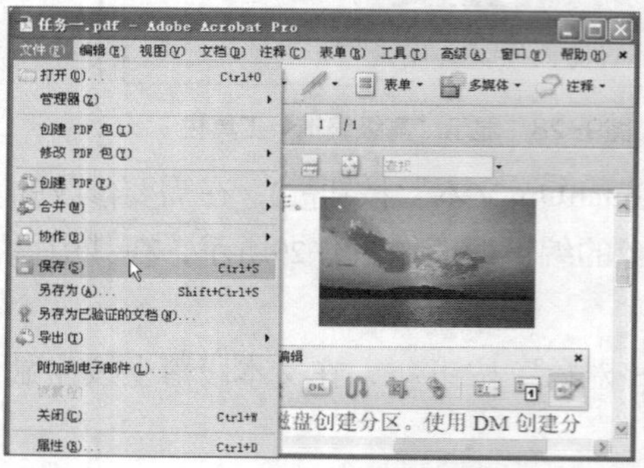

图9-33 选择命令

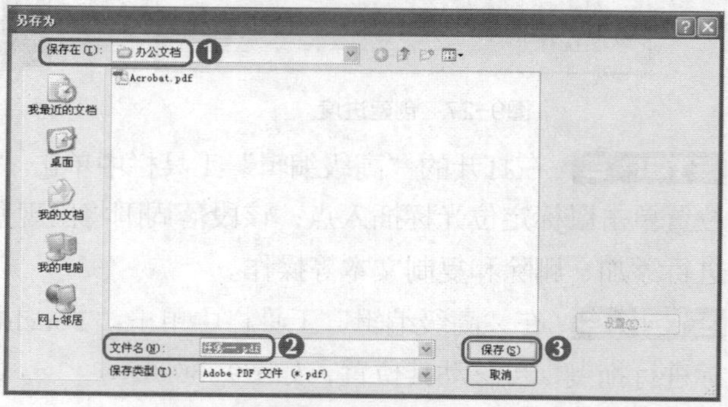

图9-34 保存文档

多学一招 在电脑中安装Adobe Acrobat后，在Office三大组件的工作界面中将出现Adobe PDF菜单和工具栏，在其中选择命令或单击按钮，即可将相应的Office文件转换为PDF文档。

9.4 使用看图软件

ACDSee是目前比较流行的看图工具之一，它支持丰富的图片文件格式，具有强大的图片文件管理功能、良好的操作界面和人性化的操作方式，可以从数码相机和扫描仪高效获取图片，并进行查找、编辑和组织等操作。本例编辑前后的对比效果如图9-35所示，下面具体讲解其制作方法。

素材所在位置 光盘:\素材文件\第9章\课堂案例2\照片.jpg
效果所在位置 光盘:\效果文件\第9章\课堂案例2\照片.jpg

图9-35 图片编辑前后对比效果

9.4.1 ACDSee的界面介绍

下载并在计算机中安装ACDSee后，启动程序即可看到ACDSee的操作界面。下面以最新版本的ACDSee 14为例进行介绍，其操作界面如图9-36所示。

图9-36 ACDSee 14的操作界面

- **“文件夹”窗格**：通过该窗格可以按文件夹或日期浏览文件，或创建收藏夹来提高浏览速度。在窗格中单击“文件夹”或“收藏夹”选项卡，可进行切换。
- **“预览”窗格**：显示当前选中图片文件的放大效果，如在文件列表中选中某个图片文件的缩略图时，在“预览”窗格中便可查看该图片的放大效果。
- **地址栏**：显示当前图片的路径位置。
- **文件列表**：查看图片文件的缩略图，还可以对图片进行过滤、组合和排序等设置。
- **“整理”窗格**：通过该窗格可以指定图片的类别、评级、标签和属性。

知识提示

在“视图”菜单中选择相应菜单命令，可打开相应的窗格，各窗格都可用鼠标拖曳，使之浮动在操作界面中，以便于用户进行操作。选择【视图】/【重设布局】菜单命令，即可恢复默认的操作界面布局。

9.4.2 浏览图片

使用ACDSee可十分方便地浏览计算机中的图片，还可使用多种工具进行详细查看。下面使用ACDSee 14浏览并查看“F:\办公文档”目录中的图片，其具体操作如下。

STEP 1 选择【开始】/【所有程序】/【ACDSee Systems】/【ACDSee 14】菜单命令，打开ACDSee 14窗口。

STEP 2 在“文件夹”窗格中找到并选择“F:\办公文档”文件夹，然后在文件列表中选择要浏览的图片文件“照片.jpg”，在“预览”窗格中便会显示该图片的预览效果，如图9-37所示。

图9-37　预览图片

STEP 3 在菜单栏中单击“查看”选项卡，切换至查看窗口，如图9-38所示。

图9-38　查看窗口

STEP 4 在工具栏中可单击按钮使用相应功能查看图片，主要按钮功能分别如下。

- “向左旋转”按钮：将所选图片向左旋转90°。
- “向右旋转”按钮：将所选图片向右旋转90°。
- “滚动工具”按钮：当鼠标指针变成形状时，可按住鼠标拖曳图片进行查看。
- “选择工具”按钮：当鼠标指针变成形状时，可使用鼠标在图片上选取范围。
- “缩放工具”按钮：当鼠标指针变成形状时，可在图片上单击鼠标放大图片。
- “全屏幕”按钮：可进入全屏模式查看图片，按【F】键可退出该模式。

9.4.3 编辑图片

使用ACDSee除了可以浏览图片外，还可对图片进行编辑，如裁剪图片、调整颜色和光线，以及添加文本和边框等。下面使用ACDSee 14对图片“风景.jpg”进行编辑，其具体操作如下。

STEP 1 在菜单栏中单击“编辑”选项卡，切换编辑窗口，在底部的“胶片”栏中单击选择图片“风景.jpg”，然后在“操作”窗格中单击“曝光”超链接，如图9-39所示。

STEP 2 此时将打开“曝光”面板，分别在“曝光”、“对比度”和“填充光线”数值框中输入“55”、“35”和“20”，然后在面板底部单击 完成 按钮应用设置并退出操作，如图9-40所示。

图9-39 编辑窗口

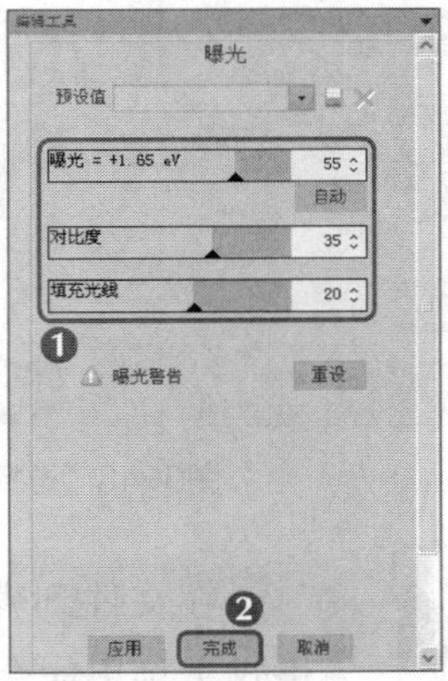

图9-40 调整曝光

STEP 3 返回编辑窗口，在“编辑工具”窗格的“几何形状”栏中单击“裁剪”超链接，进入裁剪状态。在图片上拖曳鼠标选择剪裁范围，如图9-41所示，然后在左侧面板底部单击 完成 按钮确认并退出操作。

STEP 4 返回编辑窗口，在“编辑工具”窗格的“添加”栏中单击“文本”超链接。在打开的“添加文本”面板中的文本框中输入文本“Summer”，并将字体设置为“Freestyle Script”，字号为“81”，然后在图片中调整文本框的大小和位置，如图9-42所示。最后在左侧面板底部单击 完成 按钮确认并退出操作。

图9-41 裁剪图片

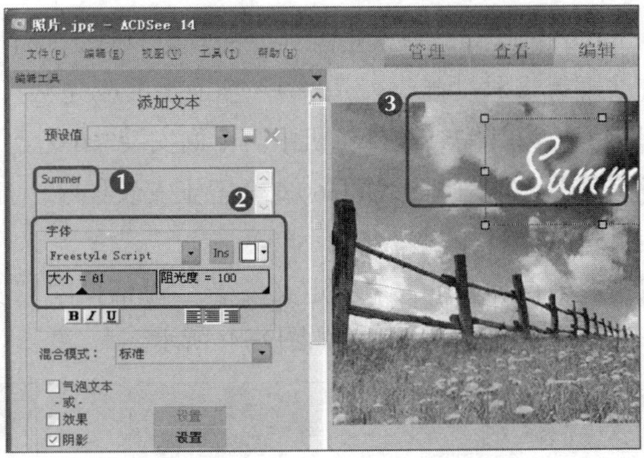

图9-42 添加文本

STEP 5 完成编辑后，返回编辑窗口，选择【文件】/【另存为】菜单命令，如图9-43所示。

STEP 6 在打开的“图像另存为”对话框中选择文件的保存位置，并输入文件名，然后单击 保存(S) 按钮保存图片，如图9-44所示。

图9-43 选择命令

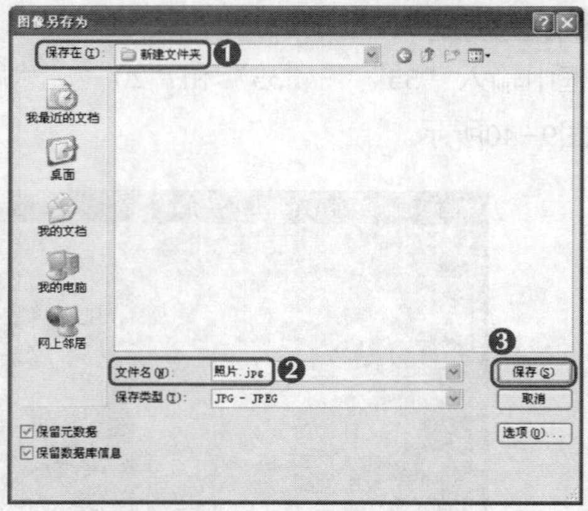

图9-44 另存文件

多学一招 在文件列表中选择多张图片，然后选择【工具】/【批量】/【转换文件格式】菜单命令，在打开的“批量转换文件格式”对话框中进行相应操作，可将所选图片一次性转换为其他格式。

9.5 使用安全防护软件

网络在为日常办公带来便利的同时，也带来了计算机安全问题。计算机接入网络后，网络病毒和木马则变为影响计算机安全最重要的因素。若计算机感染病毒，则会导致系统出现故障，发生丢失重要数据等情况，因此需要使用安全防护软件，保护计算机安全。

9.5.1 安装360安全卫士

360安全卫士是一款功能强大的安全软件，拥有查杀恶意软件、查杀木马、修复漏洞和系统清理等多种功能。使用360安全卫士前应先从其官方网站（http://www.360.cn）下载安装程序，再将其安装在计算机中。下面安装360安全卫士，其具体操作如下。

STEP 1 双击已下载的360安全卫士安装程序，打开安装对话框。在右下角单击“自定义安装”超链接，如图9-45所示。

STEP 2 在打开的“自定义安装”对话框的“安装路径”文本框中输入软件的安装位置，然后单击立即安装按钮，如图9-46所示。

图9-45 安装对话框

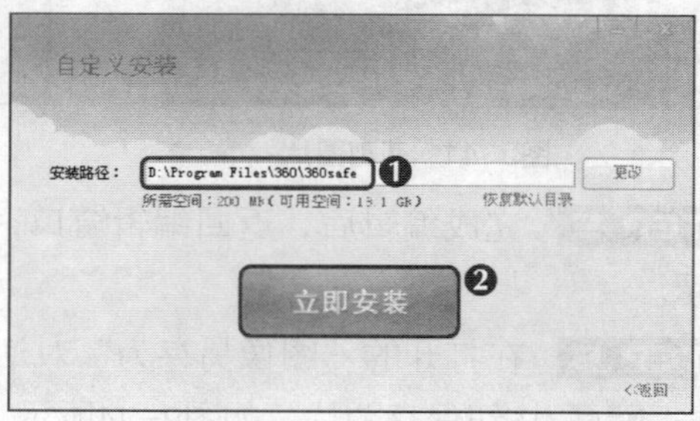

图9-46 设置安装位置

STEP 3 此时即可开始安装程序，窗口下方将显示安装进度，如图9-47所示。

STEP 4 安装结束后根据需要单击选中或撤消选中相应的复选框，然后单击 完成 按钮即可完成安装，如图9-48所示。

图9-47 安装进度

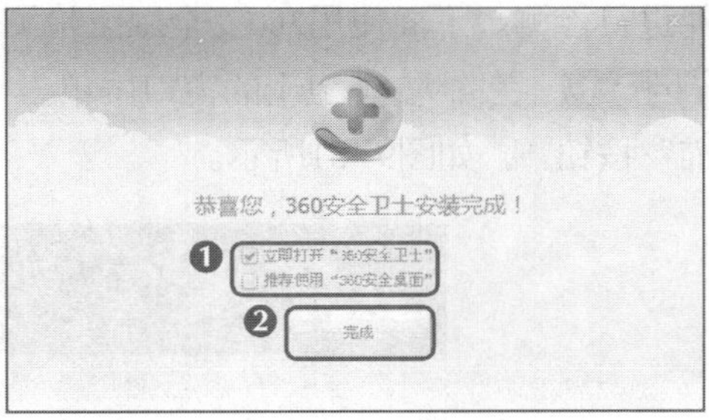

图9-48 完成安装

9.5.2 修复系统漏洞

系统漏洞是指应用软件或操作系统中的缺陷或错误，他人可能会通过在其中植入病毒或木马，窃取计算机中的重要资料，甚至破坏系统。使用360安全卫士的漏洞修复功能可扫描并修复计算机中存在的漏洞。下面使用360安全卫士扫描并修复漏洞，其具体操作如下。

STEP 1 打开360安全卫士的窗口，单击“漏洞修复”选项卡，此时360安全卫士将自动对系统进行扫描。完成扫描后将显示系统中存在的漏洞，选择需要修复的漏洞，单击 立即修复 按钮开始修复漏洞，如图9-49所示。

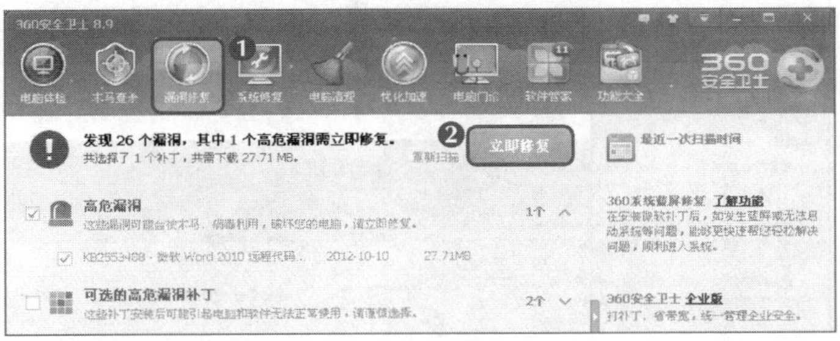

图9-49 扫描漏洞

STEP 2 修复完成后将显示提示信息，如图9-50所示。

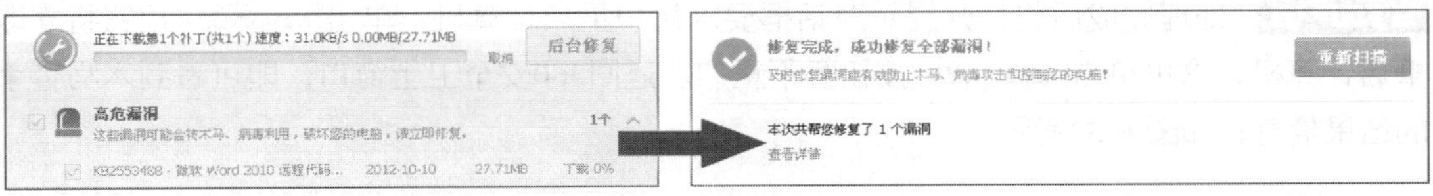

图9-50 扫描漏洞

> **职业素养** 在为公司的电脑修复漏洞时，应优先选择高危漏洞进行修复；对于可选的漏洞补丁，不应盲目安装，应考虑其稳定性，以及与当前系统的兼容性，再选择安装，一般情况下不需要安装这些补丁。

9.5.3 木马检测与查杀

利用计算机程序的漏洞侵入系统并窃取计算机中资料的程序称为木马，其具有隐藏性和自发性等特点，一般不会直接对计算机产生危害，且难以通过明显现象发觉，因此需要使用软件进行检测。下面使用360安全卫士检测并查杀木马，其具体操作如下。

STEP 1 在360安全卫士的窗口中单击“木马查杀”选项卡，在打开的窗口中单击“快速扫描”按钮，如图9-51所示。

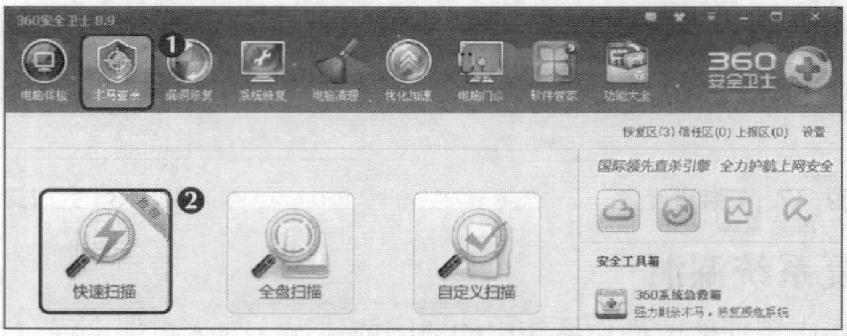

图9-51 选择快速扫描模式

STEP 2 此时将开始扫描计算机中的木马程序，并显示扫描进度。扫描结束后，将显示检测出的具有威胁的项目，单击立即处理按钮立即进行处理，如图9-52所示。

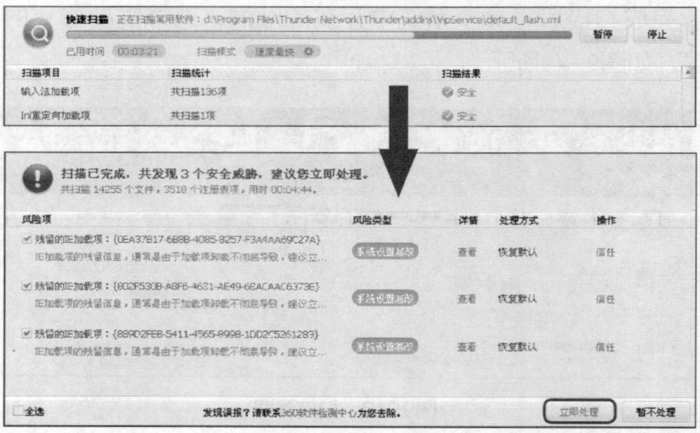

图9-52 扫描木马

STEP 3 处理完成后将打开提示对话框要求用户重启计算机，单击好的，立刻重启按钮将立即重启计算机，这里单击稍后我自行重启按钮暂不重启。返回360安全卫士窗口，即可看到木马查杀的结果信息，如图9-53所示。

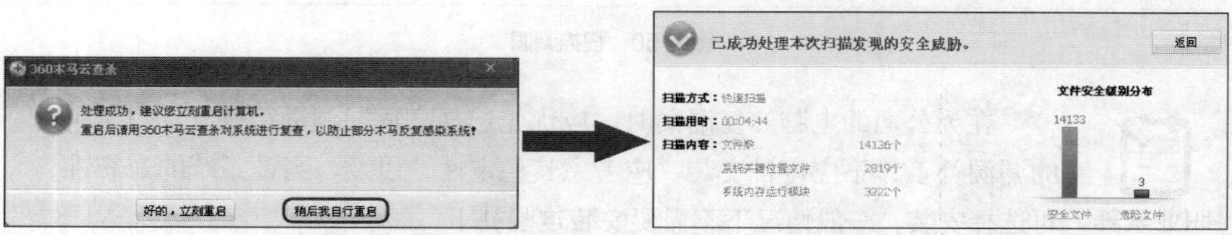

图9-53 完成木马查杀

9.6 实训——加密压缩公司文件

9.6.1 实训目标

本实训要求使用WinRAR加密压缩文件。公司一些保密型资料需要添加密码，以确保即使资料泄露，也不会立即造成太大的损失。因此压缩这些资料时，就可选择加密压缩。

9.6.2 专业背景

WinRAR可创建RAR和ZIP两种不同格式的压缩文件。

- **RAR格式**：比ZIP具有更好的压缩率；支持多卷压缩文件；允许物理受损数据的恢复；可管理的文件大小几乎无限制，而以ZIP压缩文件的单个文件的最大值仅为4GB。
- **ZIP压缩文件**：具有较高的普及率；在创建时速度通常比RAR更快。

9.6.3 操作思路

本实训按压缩文件的操作步骤进行即可，只是在打开“压缩文件名和参数”对话框后还需打开“带密码压缩”对话框设置密码，操作思路如图9-54所示。

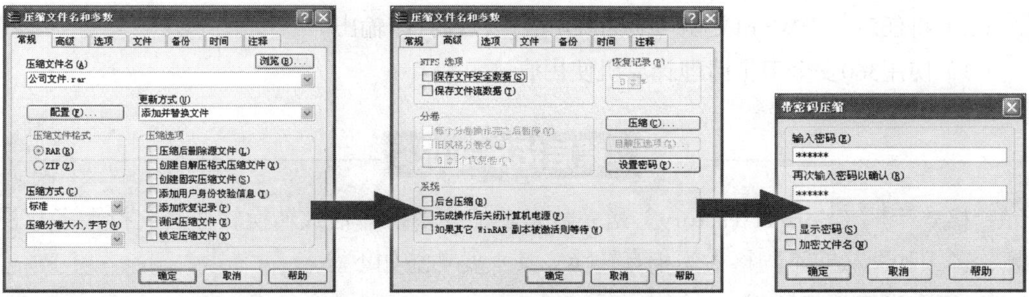

①设置压缩文件名和保存路径　　②单击“设置密码”按钮　　③设置密码

图9-54　加密压缩文件的操作思路

【步骤提示】

STEP 1 选择多个要压缩的文件夹，单击鼠标右键，在弹出的快捷菜单中选择“添加到压缩文件”菜单命令，打开“压缩文件名和参数”对话框。

STEP 2 在“常规”选项卡中设置压缩文件名称和保存路径，单击“高级”选项卡。在其中单击“设置密码(P)...”按钮，打开“带密码压缩”对话框。

STEP 3 在“输入密码”文本框中输入加密密码，在“再次输入密码以确认”文本框中输入相同的密码，最后单击“确定”按钮即可。

9.7 疑难解析

问：一些平台允许上传的文件尺寸不能大于2M，但压缩后的文件还是过大，怎么办？

答：可通过分卷压缩解决该问题。打开“压缩文件名和参数”对话框，在“压缩分卷大小，字节”下拉列表框中输入小于2MB的数值（2MB=2048KB=2097152Byte），然后单击

[确定]按钮进行压缩即可。

问：在Word中将文档转换为PDF时，总是提示“PDFMAKER无法找到ADOBE PDF打印机的打印驱动程序”，该如何解决？

答：Adobe Acrobat是通过一个虚拟打印程序实现Office文档到PDF文档转化的，在转换时出现该信息说明虚拟打印机的驱动程序安装出错。可通过手动添加打印机的方法解决，具体操作为，在“添加打印机向导”对话框中单击选中“连接到此计算机的本地打印机”单选项，端口选择“Adobe PDF”选项，单击[从磁盘安装(H)...]按钮，进入Acrobat安装文件夹下的“Xtras”子目录，选择“AdobePDF.inf ”，然后进行安装即可。安装完成前，系统会复制安装驱动程序必需的文件，若提示缺少相关文件，可在网络中搜索并将其添加到指定目录下。

9.8 习题

本章介绍了一些常用办公软件的使用方法，熟练使用这些工具软件能有效提高办公速度。读者可亲自使用本章介绍的工具软件，掌握相关的基本操作。

（1）使用金山词霸浏览英文网站。

（2）将任意一篇Word文档转换为PDF格式，并打印输出。

（3）使用360安全卫士清理计算机使用痕迹。

课后拓展知识

格式工厂（Format Factory）是一款多功能的多媒体格式转换软件，支持大多数视频、音频和图像在不同格式间相互转换，其主要功能如下。

- 所有类型视频转到MP4、3GP、AVI、MKV、WMV、MPG、VOB、FLV、SWF、RMVB和MOV格式。
- 所有类型音频转到MP3、WMA、FLAC、AAC、MMF、AMR、M4A、M4R、OGG、MP2和WAV格式。
- 所有类型图片转到JPG、PNG、ICO、BMP、GIF、TIF、PCX和TGA。
- 支持iPhone、iPod和PSP等媒体定制格式。
- 可提供视频的裁剪。
- 可设置文件输出配置（包括视频的屏幕大小、每秒帧数、比特率和视频编码，音频的采样率和比特率，字幕的字体和大小等）。
- 转换过程中可修复某些损坏的视频。
- 支持从DVD复制视频。
- 支持从CD复制音乐。
- 支持60个国家的语言。

PART 10

第10章 网络办公应用

情景导入

通过这段时间的行政工作，小白发现很多客户都习惯通过网络与公司进行沟通交流，于是她开始向老张学习网络办公的知识。

知识技能目标

- 掌握搜索并下载网络资源的方法。
- 掌握MSN的使用方法。
- 掌握远程控制的相关知识。

- 能够熟练使用搜索引擎找到需要的资源。
- 能够使用MSN与他人进行交流。
- 掌握远程控制的操作方法。

课堂案例展示

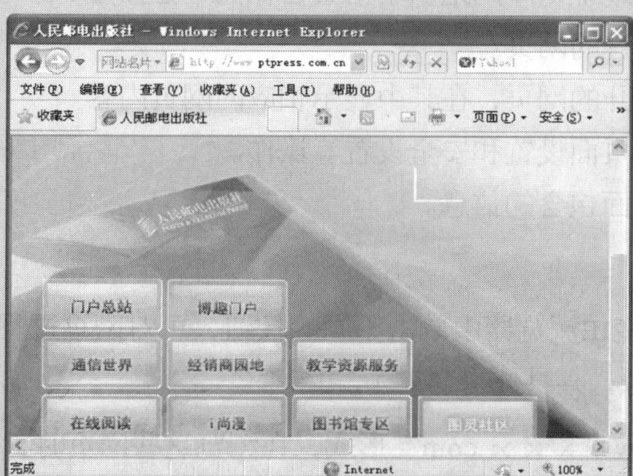

使用IE浏览器浏览网页

使用MSN进行交流

10.1 网络资源的搜索与下载

Internet是目前世界上最大的计算机网络，包含了各种各样的资源信息，是现代文秘办公中不可缺少的组成部分。将计算机连入Internet后即可在网络世界中浏览各种信息，进行浏览前应先学会如何使用浏览器。IE（Internet Explorer）浏览器是目前最常使用的网页浏览器之一，使用IE浏览器可搜索和下载网络资源。

10.1.1 认识IE浏览器

IE浏览器集成在Windows XP中，安装Windows XP后即可使用IE浏览器浏览网页。IE浏览器由标题栏、工具栏、菜单栏、地址栏、状态栏以及网页浏览窗口等部分组成，如图10-1所示。其中大部分组成部分与Windows XP的窗口中相应组成部分的作用相同，下面以IE 8浏览器为例进行介绍。

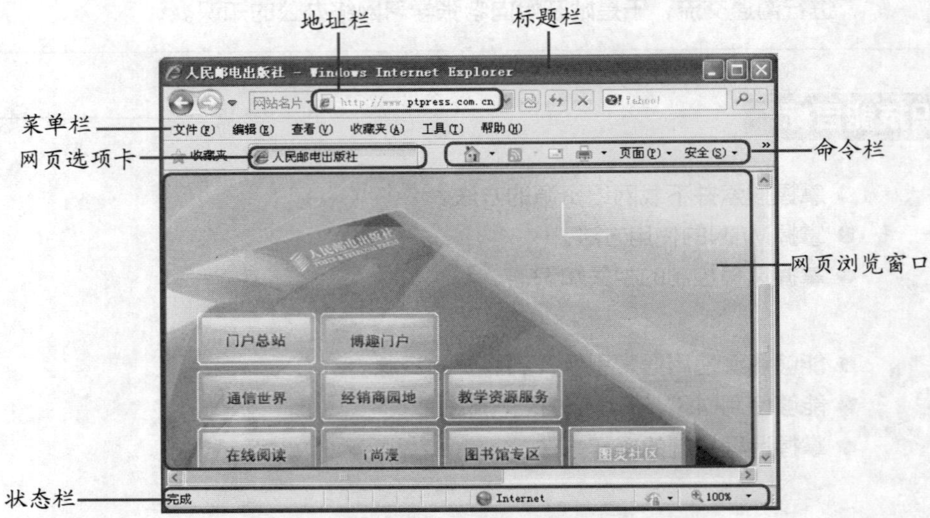

图10-1 IE 8浏览器的操作界面

- **地址栏**：用于输入或显示当前网页的地址，即网址。单击其右侧的下拉按钮，可在打开的下拉列表中快速访问曾经浏览过的网页。
- **网页选项卡**：每个选项卡对应一个打开的网页，在其中显示相应的网页内容。
- **命令栏**：在其中可对网页进行打印、页面设置和安全设置等操作。
- **网页浏览窗口**：主要用于显示网页里面包含的信息。

10.1.2 使用IE浏览器

打开IE浏览器之后即可开始浏览网页，在IE浏览器中单击不同的按钮，可对网页进行相应的控制。下面使用IE浏览器浏览并添加收藏，其具体操作如下。

> **多学一招**
>
> 大部分网页的网址都是“www.×××.com”形式，在浏览这些网页时，可只在地址栏中输入中间的字符段，如要打开“www.baidu.com”，可只输入“baidu”，然后按【Ctrl+Enter】组合键即可快速打开该网页。

STEP 1 选择【开始】/【所有程序】/【Internet Explorer】菜单命令，打开IE浏览器窗口，在地址栏中输入“搜狐”的网址“www.sohu.com”，然后按【Enter】键，即可在打开的窗口中浏览该网页的内容，如图10-2所示。

STEP 2 单击网页中的“天气”超链接，稍后即可打开超链接指向的目标网页，如图10-3所示。

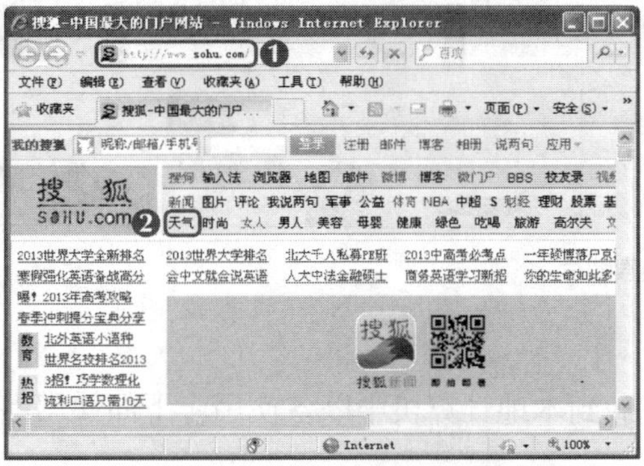

图10-2 通过地址栏打开网页

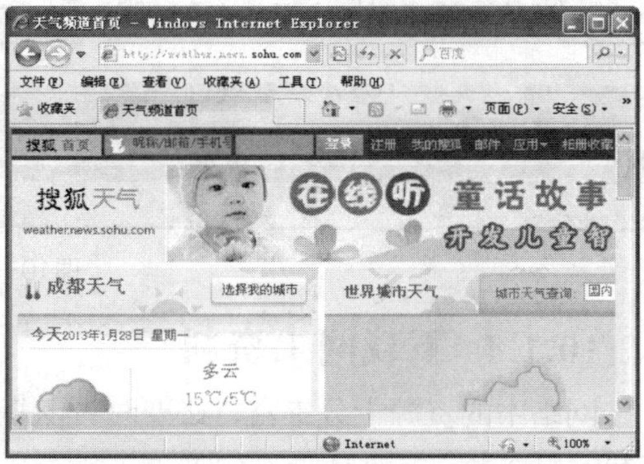

图10-3 打开超链接

STEP 3 在网页选项卡左侧单击“收藏夹”按钮[收藏夹]，在打开的下拉菜单中单击[添加到收藏夹...]按钮，打开“添加收藏”对话框。在其中单击[添加(A)]按钮，即可将当前网页添加到收藏夹中，如图10-4所示。

图10-4 添加收藏

10.1.3 使用搜索引擎

Internet是一个巨大的信息库，若想在其中找到所需的信息，则需要掌握一定的搜索技巧。使用搜索引擎可帮助用户快速在Internet中搜索到需要的资源。下面使用“百度”搜索引擎搜索“简历封面”的相关图片，其具体操作如下。

STEP 1 启动IE浏览器，在地址栏中输入“www.baidu.com”，按【Enter】键打开百度网首页。

STEP 2 单击“图片”超链接进入图片搜索页面，在搜索框中输入文本“简历封面”，单击[百度一下]按钮。在打开的网页中即可查看与简历封面相关的图片，如图10-5所示。

图10-5　搜索图片

10.1.4　下载网上资料

网络中的资源十分丰富，必要时可以将其下载到本地计算机中以备使用。下面使用迅雷下载网上资源，其具体操作如下。

STEP 1　打开百度网页，搜索“MSN”。单击找到的MSN程序对应的 官方下载 按钮，如图10-6所示。此时将启动迅雷下载软件，在“新建任务”对话框中设置文件的保存位置，然后单击 立即下载 按钮，如图10-7所示。

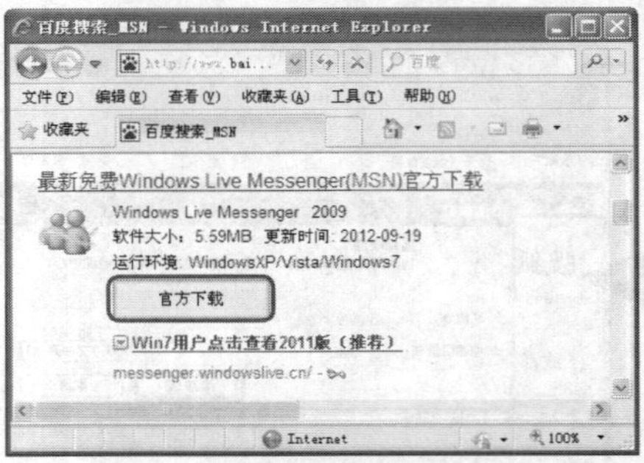

图10-6　单击按钮

图10-7　设置文件位置

STEP 2　迅雷将开始下载程序，并显示下载进度，如图10-8所示。下载完成后即可在所设置的文件夹中查看到下载的程序，如图10-9所示。

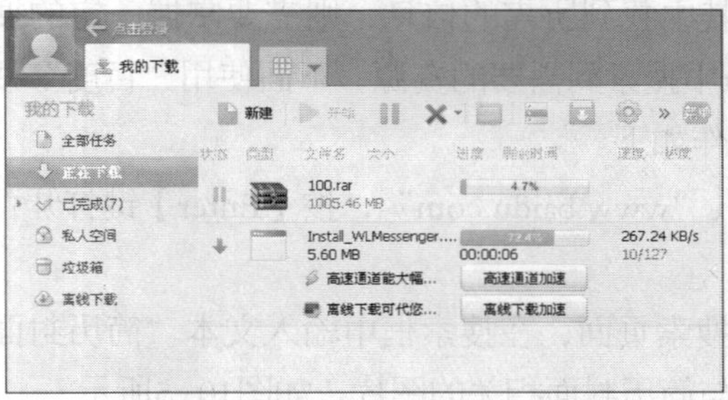

图10-8　正在下载程序

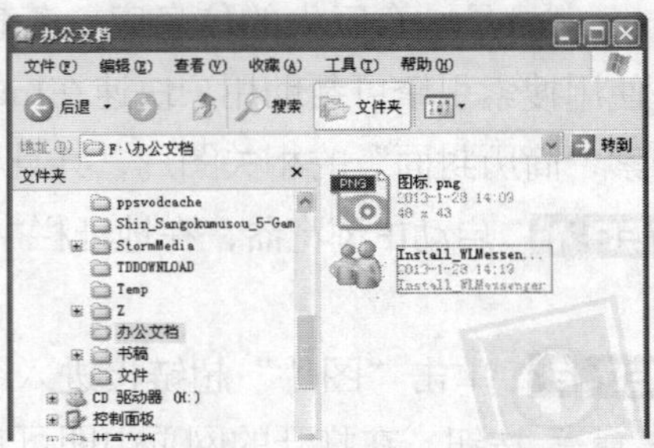

图10-9　查看下载的程序

> **知识提示**
>
> 若计算机中没有安装迅雷下载软件，则在单击[官方下载]按钮后会打开提示对话框询问是否保存文件。在其中单击[运行(R)]按钮可在下载完成后直接运行程序；单击[保存(S)]按钮将打开“另存为”对话框，设置文件的保存位置后，单击[保存(S)]按钮即可开始下载，并在打开的对话框中显示下载进度。

10.2 网上交流

网络通信已经成为广大用户最常使用的通信方式，常用的网络通信媒介有电子邮件、MSN、Outlook和QQ等。MSN Messenger是一款全球性的网络通信服务软件，通过它可以使用文字、语音、视频与他人对话，或召开网络会议等。与电子邮件相比，MSN Messenger的传输速度更快，是对话的绝佳选择；与腾讯QQ相比，MSN Messenger更倾向于工作和学习讨论，在办公人群中有更多的用户。

10.2.1 注册MSN账户

在MSN Messenger中，每个用户都有唯一的识别码，即Hotmail邮箱地址，相当于QQ中的QQ号码。要使用MSN Messenger，必须先申请Hotmail账户。下面注册MSN账户，其具体操作如下。

STEP 1 启动MSN，在登录窗口单击“注册”超链接。

STEP 2 在打开的网页中填写个人信息，如图10-10所示，填写完成后在页面底端单击[接受]按钮。

STEP 3 注册成功后将打开个人主页。返回MSN登录窗口，在其中输入刚才注册的Hotmail账户和密码，单击[登录(S)]按钮，即可登录MSN，如图10-11所示。

图10-10 填写个人信息

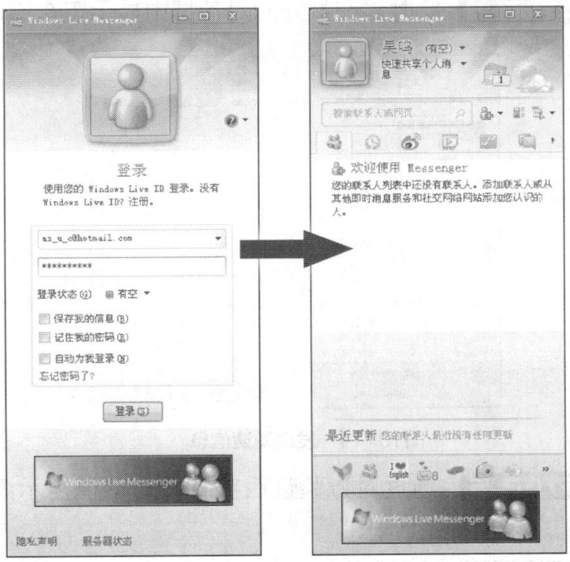

图10-11 登录MSN

多学一招　登录MSN后，在主界面单击账户名称，在打开的下拉菜单中选择“选项”菜单命令，可在打开的“选项”对话框中对个人信息、布局和提示消息等选项进行设置；单击头像，可在打开的对话框中选择图片进行更换。

10.2.2 添加好友

初次登录MSN Messenger后，联系人列表里面没有联系人，必须先进行添加。下面在MSN中添加联系人，其具体操作如下。

STEP 1 登录MSN，在联系人列表中单击“添加联系人”超链接，如图10-12所示。

STEP 2 打开“输入此人的信息”对话框，在“即时消息地址”文本框中输入对方的邮件地址，然后单击 下一步(N) 按钮，如图10-13所示。

图10-12　单击超链接

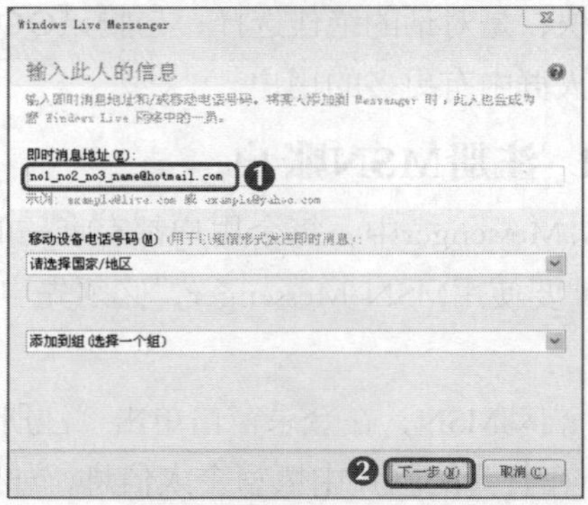

图10-13　输入好友信息

STEP 3 在打开的“发送邀请”对话框中输入邀请信息“你好！”，然后单击 发送邀请(S) 按钮，如图10-14所示。

STEP 4 此时将在打开的对话框中显示正在添加用户的信息，如图10-15所示。

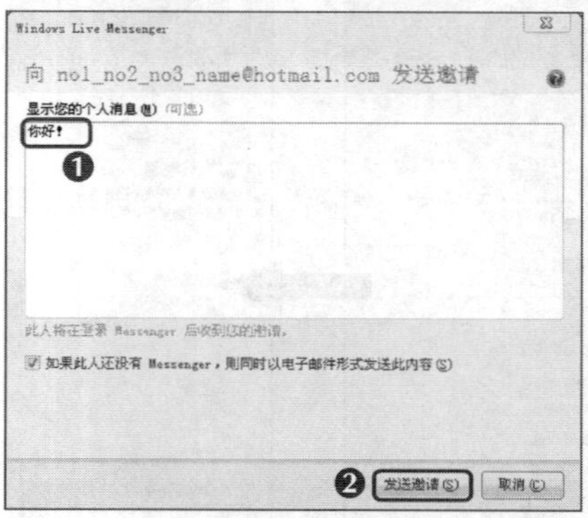

图10-14　发送邀请信息

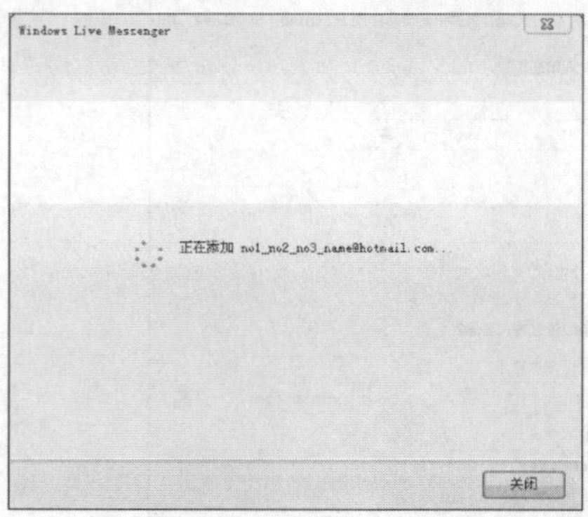

图10-15　正在添加好友

STEP 5 通过对方验证后将打开对话框提示添加成功，在其中单击 关闭 按钮关闭对话框，如图10-16所示。

STEP 6 返回MSN主界面，即可在联系人列表中查看添加的好友，如图10-17所示。

知识提示 若需要添加的好友还未使用MSN，则不能及时将其添加为好友，此时可在发送邀请对话框中单击选中“如果此人还没有 Messenger ，则同时以电子邮件形式发送此内容”复选框，对方即可在邮箱中查看到邀请信息。

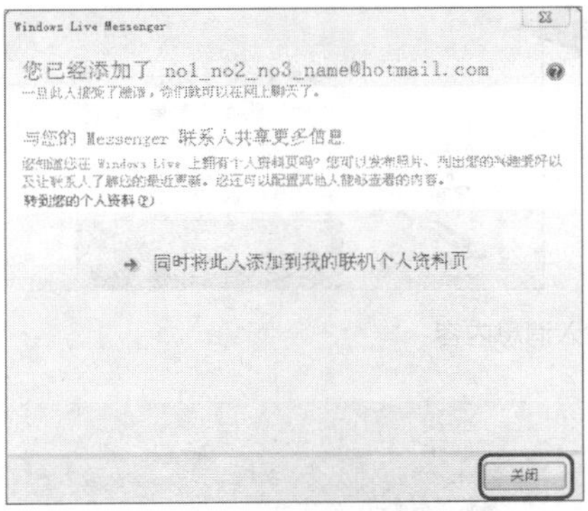

图10-16　添加成功

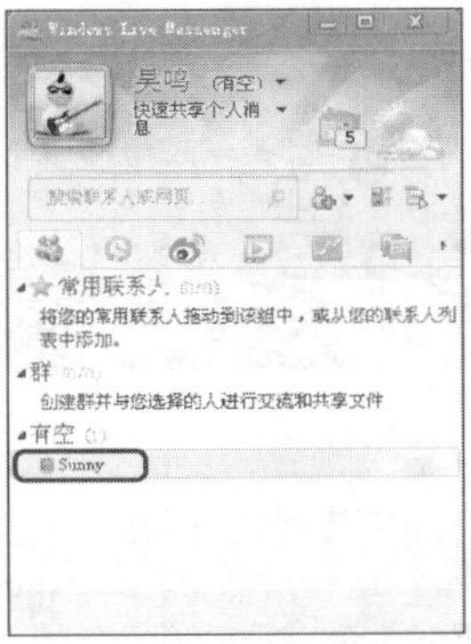

图10-17　添加的好友

10.2.3 交流信息

添加联系人后，即可与其进行文字和语音等交流。下面以文字交流为例进行讲解，其具体操作如下。

STEP 1 在MSN联系人列表中双击需要交流的对象，此时将打开与其对话的窗口，用于输入和显示双方的交流内容。

STEP 2 在对话窗口下方单击按钮，在打开的“更改字体”对话框中设置聊天文字的字体、字形、字号和颜色，然后单击确定按钮确认设置，如图10-18所示。

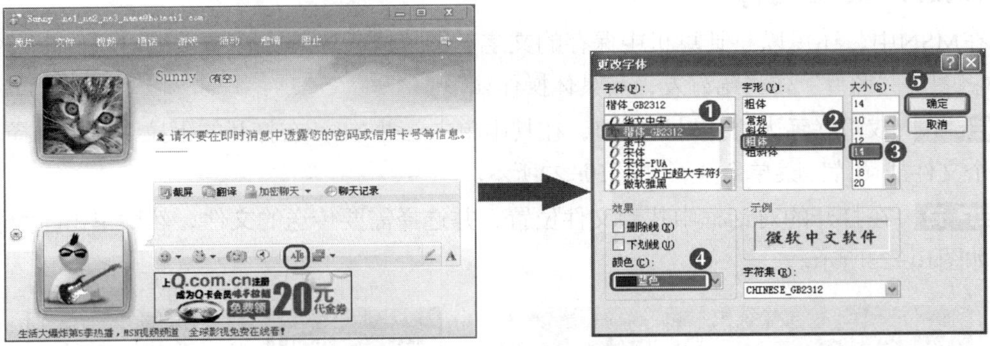

图10-18　设置聊天字体

STEP 3 返回对话窗口，在下方的文本框中输入要与对方交流的文本“你好！最近天气如何？”，然后单击文本框下方的“图释”按钮，在打开的列表中选择“彩虹”图释，如图10-19所示。

STEP 4 信息输入完后，按【Enter】键即可发送消息，如图10-20所示。

STEP 5 当对方回复消息时，即可在对话窗口中查看到信息，如图10-21所示。

图10-19　输入消息内容

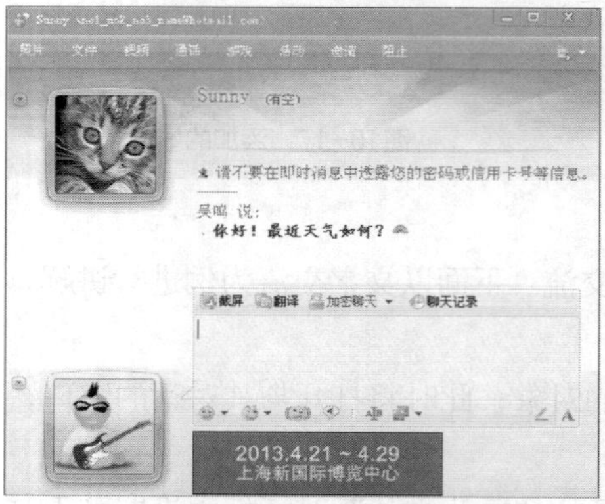

图10-20　发送消息

图10-21　接收消息

10.2.4 收发文件

在MSN中，还可以将计算机中保存的文字、图片或程序等文件传送给对方。下面使用MSN将图片“照片”传送给好友，其具体操作如下。

STEP 1 双击联系人打开对话窗口，在其中单击[文件]按钮，在打开的下拉菜单中选择“发送一个文件或照片”菜单命令，如图10-22所示。

STEP 2 在打开的对话框中找到文件位置，并选择需要传送的文件，然后单击[打开(O)]按钮，如图10-23所示。

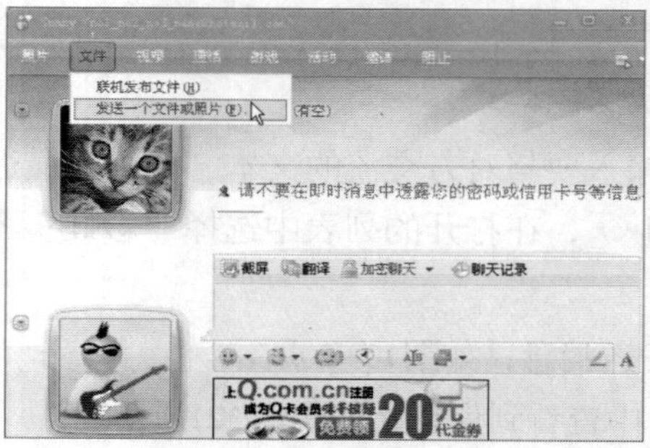

图10-22　选择命令

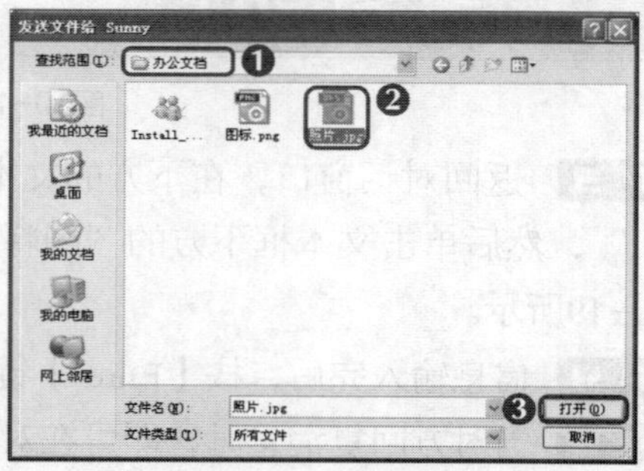

图10-23　选择文件

STEP 3 此时在显示框中将显示发送的文件名称信息，如图10-24所示，等待对方接收文件。

STEP 4 当接收文件的联系人接收文件后，即会在对话窗口显示提示信息，如图10-25所示。

图10-24 等待对方接收文件

图10-25 发送成功

> **知识提示**
> 当接收文件的联系人看到消息后，只需单击“接受”或“另存为”超链接，即可将文件保存到本地计算机上。

10.3 远程控制

远程控制是在网络上由一台计算机（主控端 Remote/客户端）远距离控制另一台计算机（被控端 Host/服务器端）的技术。随着网络的高度发展，以及计算机的管理和技术支持的需要，远程控制技术被越来越普遍地使用。远程控制一般支持LAN、WAN、拨号链接和互联网等网络方式。

10.3.1 远程控制技术的作用

远程控制技术的作用主要有以下几点。

- **远程办公**：通过远程控制功能可以轻松地实现远程办公，这种办公方式既新颖，又便捷，从一定程度上可以提高工作效率。
- **远程技术支持**：远距离技术支持必须依赖技术人员和用户间的交流，通常采用的方式是电话交流，但这种交流方式既耗时又容易出错。而使用远程控制技术，技术人员即可远程控制用户的计算机，如同直接操作本地计算机一样，这样就能快速找到需要解决的问题，并及时加以处理。
- **远程交流**：利用远程技术，商业公司可以实现和用户的远程交流，采用交互式的教学模式，通过实际操作培训用户，使用户更轻松地从专业技术人员那里学习知识。

教师和学生间也可采用远程控制技术实现教学问题的交流与研讨。学生可以在无法直接面对教师的情况下，得到教师的辅导。学生可直接在计算机中进行习题操作，教师则能观看到整个操作过程，从而方便对其加以实时指导。

- **远程维护和管理**：网络管理员或者普通用户可以通过远程控制技术为远端的计算机安装和配置软件、下载和安装软件修补程序、配置应用程序，以及进行系统软件设置。

10.3.2 Windows“远程桌面”的应用

Windows XP专业版中提供了“远程桌面”控制方式，利用“远程桌面”，用户可在远离办公室的地方通过网络对计算机进行远程控制。即使主机处于无人状况，“远程桌面”仍然可以顺利进行。使用远程桌面连接前，需要先配置连接的服务器，然后在客户端上进行连接。服务器指接受远程桌面连接的计算机，客户端指发起远程控制的计算机。下面配置远程桌面连接，其具体操作如下。

STEP 1 在服务器端以管理员身份登录系统，然后在“电脑”图标上单击鼠标右键，在弹出的快捷菜单中选择“属性”菜单命令。

STEP 2 在打开的“系统属性”对话框中单击“远程”选项卡，在“远程桌面”栏中单击选中“允许用户远程连接到此计算机”复选框，然后单击确定按钮确认设置，如图10-26所示。

STEP 3 在客户端选择【开始】/【所有程序】/【附件】/【远程桌面连接】菜单命令，打开“远程桌面连接”对话框。

STEP 4 在其中输入服务器的IP地址，单击连接按钮，如图10-27所示。

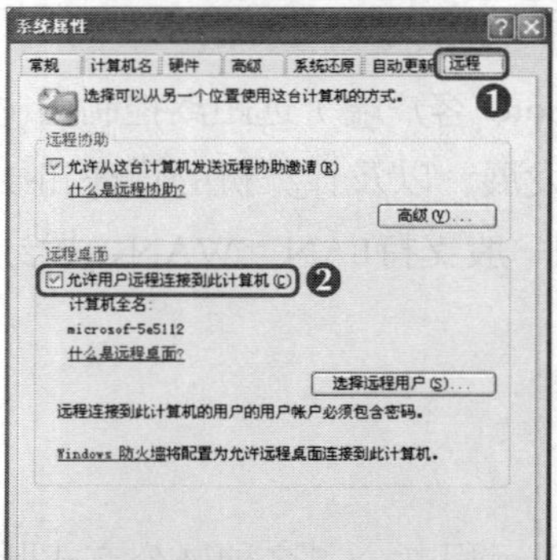

图10-26 开启远程桌面

图10-27 连接远程桌面

STEP 5 此时将打开远程桌面窗口，并打开Windows登录框。在其中输入服务器的用户名和密码，单击确定按钮登录服务器，如图10-28所示。

> 知识提示
>
> 设置远程桌面服务器时，必须为登录服务器的账户设置密码，否则将无法进行远程桌面连接。

STEP 6 在打开的提示对话框中单击 是(Y) 按钮确认连接，即可连接到服务器。加载完对方的个人设置后，即可对服务器计算机进行操作，如图10-29所示。

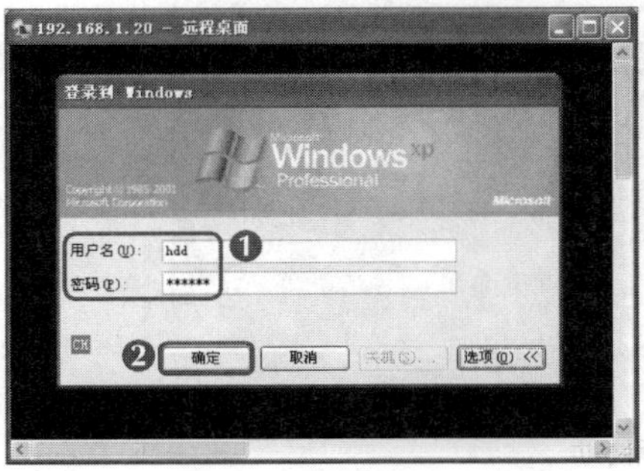

图10-28 登录Windows

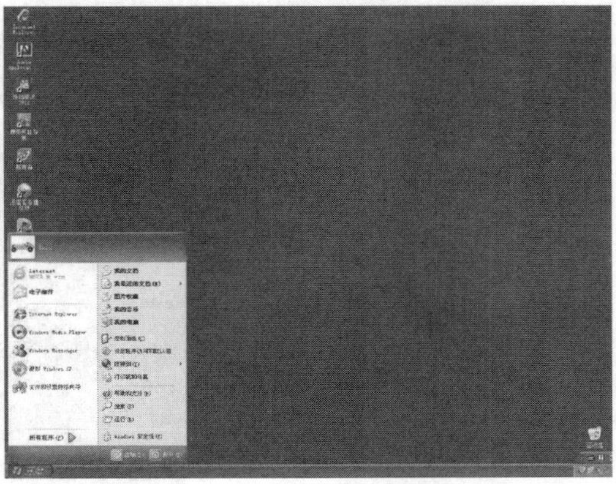

图10-29 成功连接到远程桌面

STEP 7 单击 开始 按钮，在打开的菜单中单击“断开”按钮，在打开的提示对话框中单击 断开(D) 按钮即可断开远程桌面连接。

10.3.3 利用QQ远程协助

使用Windows远程桌面操作起来较为复杂，且双方不能同时进行交互式操作。其实常用聊天工具QQ就带有远程协助功能，在与好友对话时即可发送远程协助请求，对方接受请求之后即可控制计算机。下面使用QQ进行远程协助，其具体操作如下。

STEP 1 在计算机A上启动QQ，并打开好友聊天窗口，在窗口上方单击“远程协助”按钮，给B方发送远程协助请求，如图10-30所示。

STEP 2 B方接收到信息之后，单击 拒绝 按钮可拒绝请求。这里单击 接受 按钮接受请求，如图10-31所示。

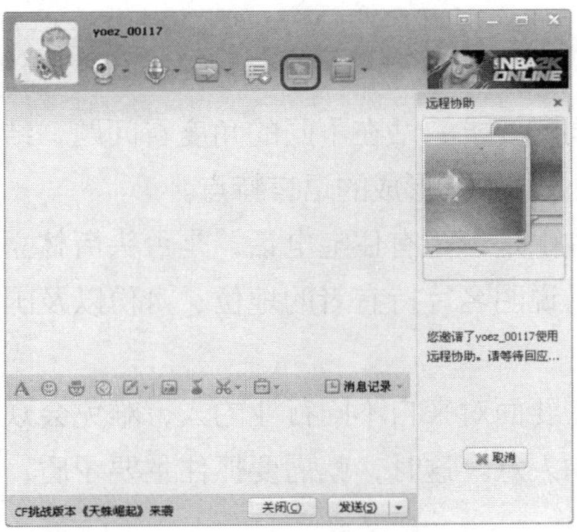

图10-30 发送远程协助请求

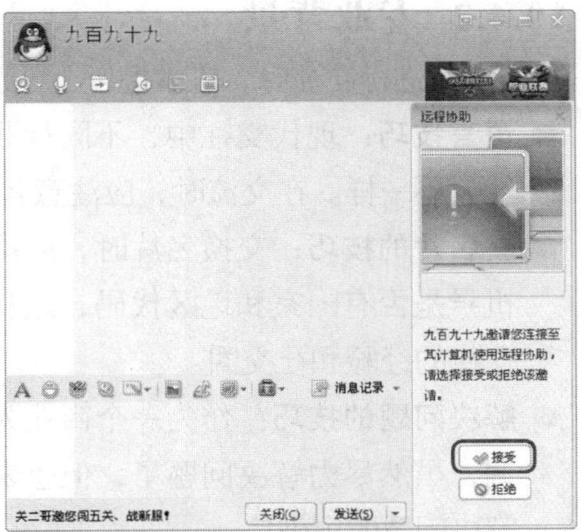

图10-31 接受远程协助请求

STEP 3 此时B方即可连接到A计算机进行远程控制，如图10-32所示。此时A可观看B在A计算机上进行的操作，但无法控制鼠标。当B单击“释放控制”超链接，即可释放对鼠标的控制，只监控A计算机的桌面显示状态，A即可进行操作。

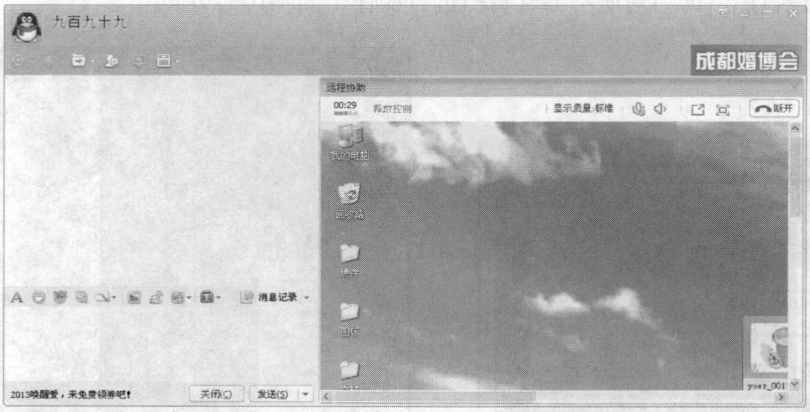

图10-32 进行远程协助

STEP 4 完成协助之后单击"断开"按钮即可断开远程连接。

> **职业素养** 在使用远程控制技术时，应先确定对方的身份，特别是在进行涉及商业机密的交流时，更应做好保密工作。对本地计算机中的重要文件应事先进行加密操作，以确保重要信息的安全。

10.4 实训——与客户交流项目

10.4.1 实训目标

本实训要求使用MSN与客户进行交流，并进行远程协助。本实训考查了使用MSN的相关知识，包括发送即时消息、发送文件和远程协助等操作。

10.4.2 专业背景

在与客户进行交流时，应掌握以下几点技巧。

- **语言技巧**：现代交往中，不同行业有不同的要求，站在不同的角度看问题，结果可能大不一样。在交流时，应注意客户的职业导致其形成的语言特点。
- **看名片的技巧**：交换名片时，应注意名片上是否印有住宅电话，是否头衔林立，座机号是否有国家和地区代码，这几点可以说明名片持有者的地位、身份以及国内外交往的经验和社交圈。
- **解决问题的技巧**：作为一个商业人士，需要面对来自不同行业的人，难免会众口难调，虽然尽力解决问题了，但也未必尽如人意。这时，就需要抓住主要矛盾，找到解决问题的突破口。
- **打电话挂机时的技巧**：常规意识中都认为应"对方先挂"，但若打电话的双方都等着对方挂，结果只能是占用了宝贵的时间。因此交际礼仪给了一个规范的做法，即

"地位高者先挂电话"。

10.4.3 操作思路

进行本实训时，应先注册MSN账户，然后登录并将客户添加为好友，接着与客户进行文字或语音交流，并给客户发送资料，最后利用远程协助为客户进行演示操作。如图10-33所示即为请求远程协助的操作。

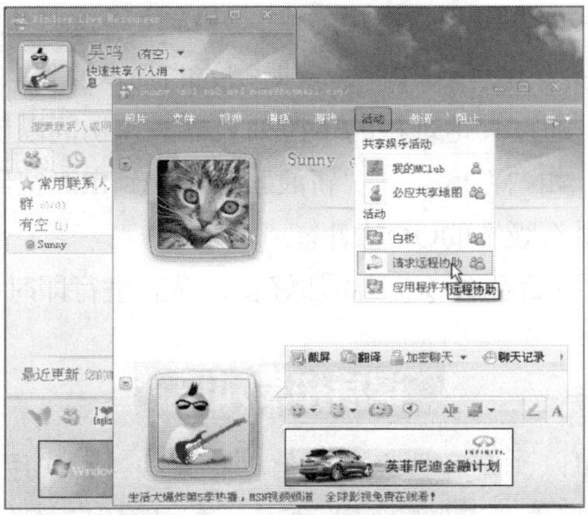

图10-33 利用MSN请求远程协助

【步骤提示】

STEP 1 注册MSN账户，然后登录MSN，并添加好友。

STEP 2 打开对话窗口与客户进行交流，然后将本地计算机上的文件传送给客户。

STEP 3 让客户方在对话窗口上方单击[活动]按钮，在打开的下拉菜单中选择"请求远程协助"菜单命令。

STEP 4 接受请求，然后进行远程协助操作。

10.5 疑难解析

问：每次在IE浏览器中都要输入网页的地址才能进行访问，能不能将经常访问的网页设置为主页，使每次启动IE浏览器时即可打开相应网站?

答：可以。打开IE浏览器，选择【工具】/【Internet 选项】菜单命令，在打开的"Internet 选项"对话框中输入主页地址，然后单击[确定]按钮确认设置即可。

问：安装迅雷之后，不想将其设置成默认下载器，应该怎么取消其与浏览器的关联?

答：打开IE浏览器，选择【工具】/【管理加载项】菜单命令，在打开的对话框中选择"迅雷下载支持"选项，然后单击右下角的[禁用(B)]按钮，即可取消迅雷与浏览器的关联。

问：使用MSN发送远程协助请求时，提示需要更新版本，但是MSN已经是最新版本了，是不是提示错误了？该怎么解决?

答：提示信息并无误，需要安装的是最新版本的Windows Messenger，而不是一般使用的Windows Live Messenger或MSN Messenger。Windows Messenger自带于Windows XP中，若缺少则无法进行远程协助操作。读者可在网上搜索下载，然后安装在计算机上，即可使用远程协助功能。

10.6 习题

本章介绍了一些常用办公软件的使用方法，熟练使用这些工具软件能有效提高办公速度。读者可亲自使用本章介绍的工具软件，掌握相关的基本操作。

（1）启动IE浏览器，通过其地址栏的下拉列表框快速访问以前浏览过的网站。

（2）将常用的网站，如“百度”、“新浪”等添加到IE浏览器的收藏夹中。

（3）使用迅雷下载最新版本的QQ软件。

（4）申请QQ账号，然后登录QQ。添加好友，然后进行即时交流。

课后拓展知识

利用Internet不仅可以浏览和搜索各种信息、下载各种实用的资源，还可进行网上购物。网上购物给用户提供了方便的购买途径，通过简单的操作，用户即可足不出户地收到送货上门的网购物品，且其还具有完善的售后服务。很多网上商城不仅能实现送货上门，还支持货到付款，使网上购物的安全性得到了更好的保障。

不同购物网的购物流程都很相似。

- 搜索需要的商品，选择数量、颜色和大小等参数，然后提交订单。
- 确认购买信息后，可直接按照系统的提示进行操作付款。也可先跟卖家进行沟通，询问相关信息，如是否缺货等，以确保购物成功。
- 确认收货信息，无误后通过超链接进入付款页面。
- 使用网上银行或支付宝等进行付款，系统提示成功后表明付款完成。

网络购物虽然便捷，但仍存在实物和照片有差距、不能试穿、网络支付不安全、商家诚信问题、配送速度缓慢和退货不方便等缺点。

最严重的是安全问题，若不慎进入“钓鱼网站”，还可能被窃取个人信息，从而遭受损失。因此网购时应安装网络安全防护软件，如360网盾等；在使用网上银行时，应使用银行发放的U盾等高级别安全工具，以保证个人信息和财产的安全。

PART 11

第11章 办公设备的使用与维护

情景导入

公司最近购置了一些新的办公设备，为了更好地使用这些设备，老张把小白叫到办公室，给她讲了一些办公设备的使用和维护知识。

知识技能目标

- 了解常用办公设备的类型和工作原理。
- 掌握常用办公设备的使用方法。
- 掌握常用办公设备的维护知识。

- 能够使用常见的办公设备。
- 能够处理办公设备出现的问题。

课堂案例展示

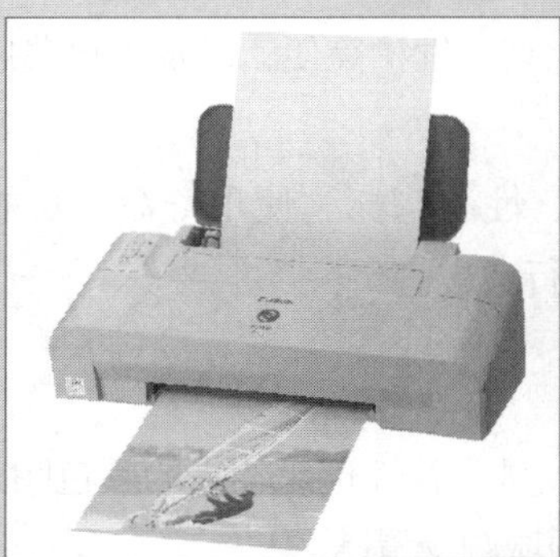

喷墨打印机

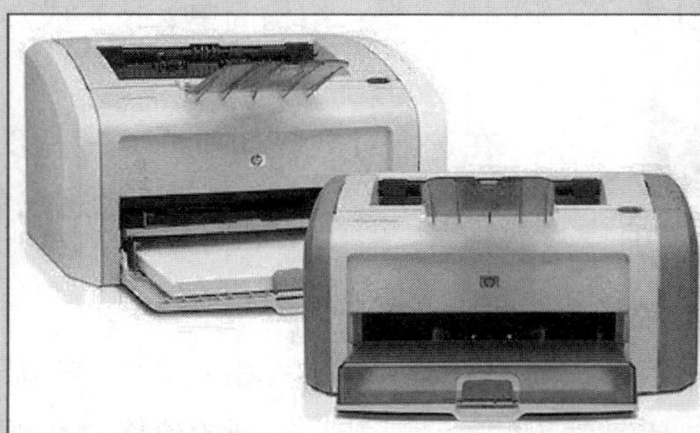

激光打印机

11.1 打印机的使用

打印机是办公自动化中重要的输出设备之一，主要用于将计算机运算和处理后的结果输出到纸张上。用户可通过简单的操作，利用打印机把制作的各种类型的文档适时地输出到纸张或有关介质上，从而便于在不同场合传送、阅读和保存。

11.1.1 打印机的类型

办公中常用的打印机按工作方式和原理可分为3种：针式打印机、喷墨打印机和激光打印机。

1. 针式打印机

用打印针和色带以机械冲击的方式在纸张上印字的打印机称为针式打印机，针式打印机是一种典型的击打式打印机，包括印字机构、横移机构、走纸机构和色带机构4部分，如图11-1所示。

虽然在如今的打印领域中，喷墨打印机和激光打印机已经占领了主导地位，但商务应用中票据、报表的多层打印，喷墨打印机和激光打印机却是无法完成的，唯有针式打印机才能胜任。

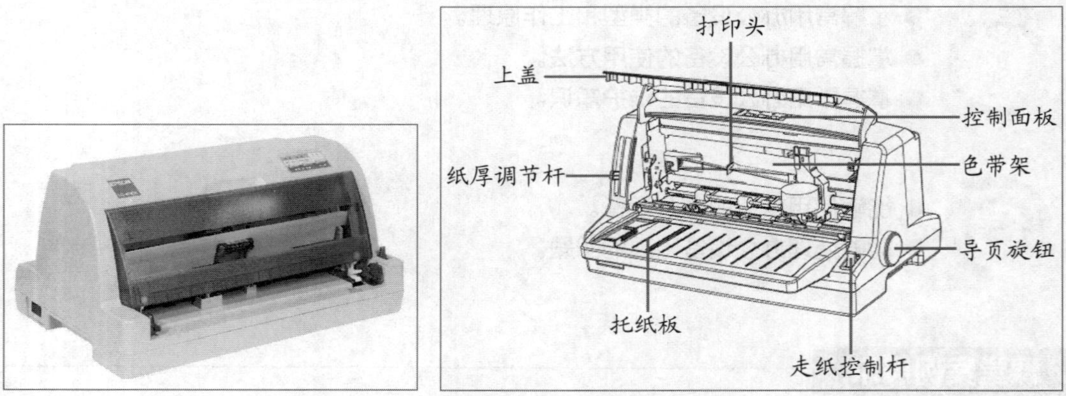

图11-1 针式打印机的结构

针式打印机的特点是：结构简单、技术成熟、性价比高、维护简便，以及消耗费用低。

> **多学一招**
>
> 在选购针式打印机时，应从现实需要、性能指标、使用寿命、功能优劣、是否安装字库和服务质量这几个方面进行考虑。

2. 喷墨打印机

喷墨打印机是一种经济型非击打式的高品质打印机，是一款性价比较高的彩色图像输出设备，因其强大的彩色功能和较低的价格，在现代办公领域颇受青睐。

喷墨打印机将墨水喷到纸张上形成点阵图像，打印机主要由喷头和墨盒、清洁单元、小车单元和送纸单元4部分组成，其外观如图11-2所示。

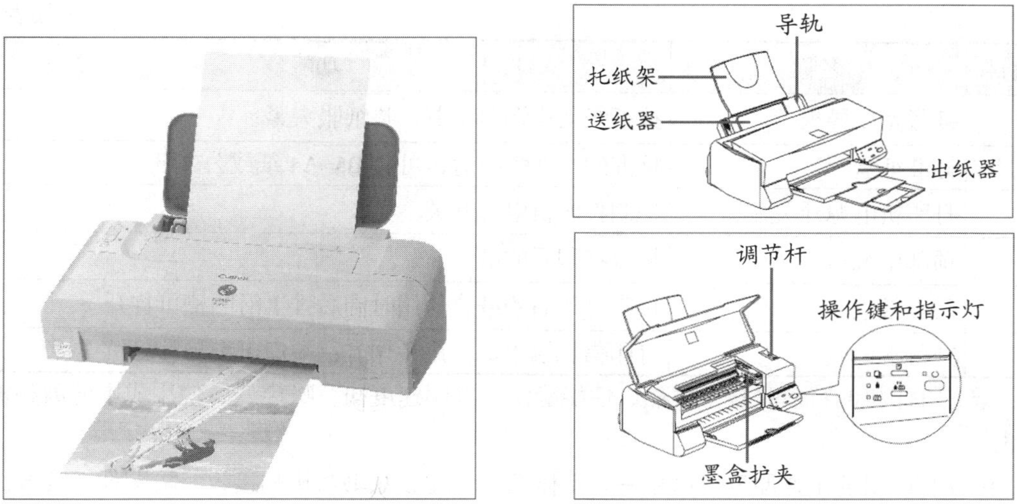

图11-2 喷墨打印机结构

喷墨打印机的特点是体积小、操作简单方便、打印速度快、工作噪音低和分辨率高。

多学一招

在选购喷墨打印机时，应注意墨滴控制、打印精度、耗材成本和打印速度几个方面，还应注意是否能直接打印照片。

3. 激光打印机

激光打印机是现代高新技术的结晶，其打印速度和打印质量是3种打印机中最好的，已成为现代办公中不可缺少的办公设备。如图11-3所示为激光打印机的外观图，表11-1所示为图中打印机各组成部分对应的名称和功能。

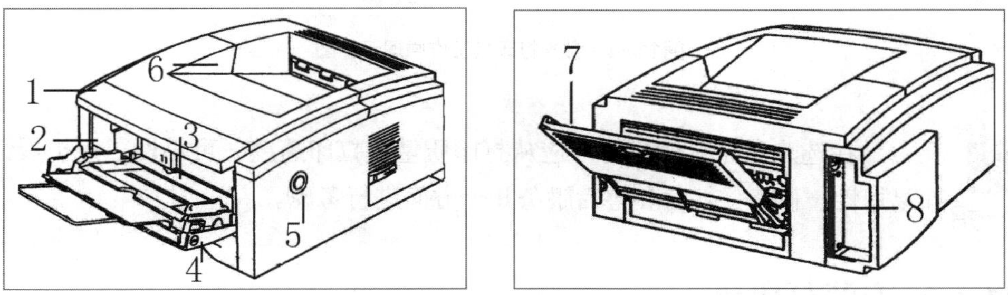

图11-3 打印机组成部分示意图

表 11-1 打印机组成部分的名称和功能

编号	名称	功能
1	控制面板	有 5 个指示灯，从左到右依次是电源、准备就绪、卡纸、多功能纸盘状态和标准纸盘状态（就绪灯亮为进纸或纸张就绪状态，就绪灯灭且纸盒灯闪表明对应纸盒缺纸）
2	多功能纸盒	放置纸、信封等打印介质，按住两侧凸块向前拉可打开

续表

编号	名称	功能
3	纸张宽度导板	按纸张大小调节位置，将纸张夹紧
4	标准纸盒	标准的 250 张纸盒，可装 B5~A4 纸或公文纸
5	打印机电源开关按钮	控制打印机电源开关
6	顶部出纸盘	接收打印后的纸
7	后出纸盘	接收打印后的纸，使用时向后推上沿凹槽可打开
8	并行端口	打印信息输入口，用专用并行端口电缆与计算机连接

激光打印机的特点是技术成熟、性能稳定、打印速度快、噪声低、使用成本低廉和输出质量高。

激光打印机的工作原理可以用一句话概括：感光鼓从书写机构接收一幅图像，变成由电荷阵列组成的潜在图像，用墨粉对图像显影后，再将其传输到纸张上，最后将纸上的墨粉颗粒进行热压熔结后浸入到打印纸中，输出打印好的文本或图像。如图11-4所示即为激光打印机的工作原理和工序。

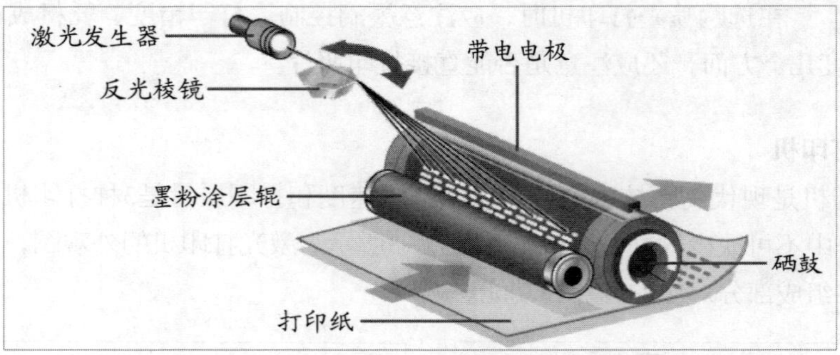

图11-4　激光打印机工作原理示意图

> **多学一招**
> 在选购激光打印机时，应从打印质量、打印速度、可靠性、可扩展性、易用性、价格、耗材和售后服务几个方面进行考虑。

11.1.2 安装打印机

购买打印机后，需先将其与计算机主机相连接，然后安装相应的打印机驱动程序，最后对打印机进行设置。下面安装打印机，其具体操作如下。

STEP 1 选择【开始】/【打印机和传真】菜单命令，打开“打印机和传真”窗口，单击任务窗格中的“添加打印机”超链接，如图11-5所示。

STEP 2 打开“添加打印机向导”对话框，单击 下一步(N) > 按钮，打开“本地或网络打印机”对话框，单击选中“连接到此计算机的本地打印机”单选项，此时下方的复选框自动被选中，单击 下一步(N) > 按钮，如图11-6所示。

图11-5　添加打印机

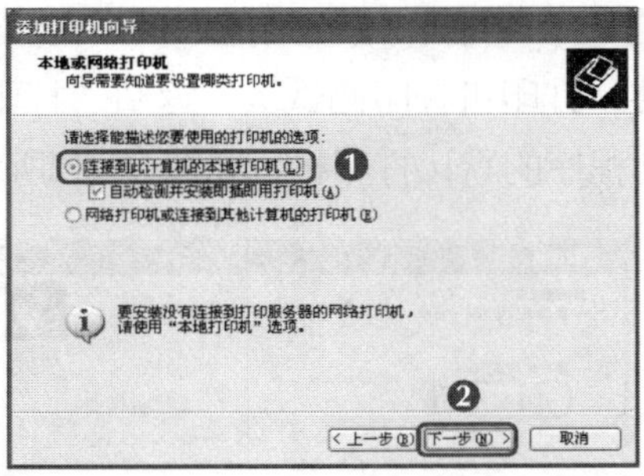

图11-6　连接本地打印机

STEP 3　打开"选择打印机端口"对话框，根据购买的打印机端口类型选择相应的选项，单击[下一步(N) >]按钮，如图11-7所示。

STEP 4　打开"安装打印机软件"对话框，在"打印机"列表框中选择驱动程序（第一次安装时，应单击[从磁盘安装(H)...]按钮，在打开的对话框中选择光盘中的驱动程序文件），单击[下一步(N) >]按钮，如图11-8所示。

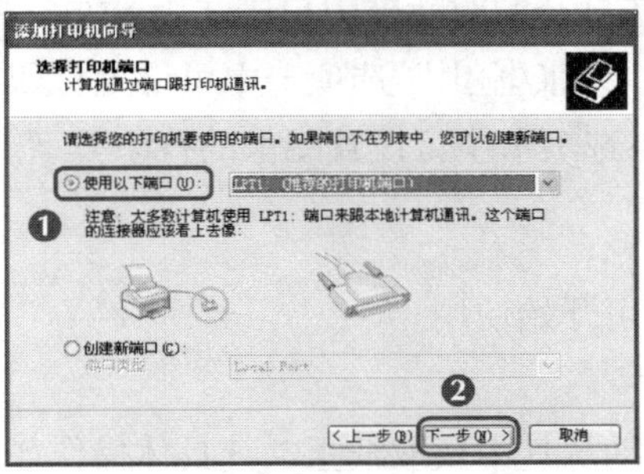

图11-7　选择打印机端口类型

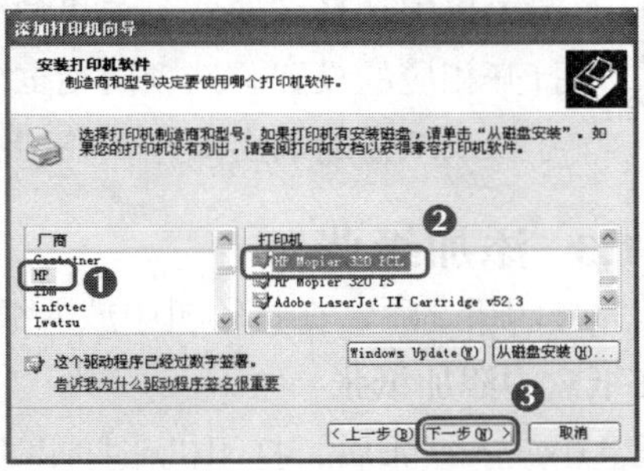

图11-8　选择打印机型号

STEP 5　打开"命名打印机"对话框，在"打印机名"文本框中输入打印机名称，单击选中"是"单选项，将其设置为默认打印机，单击[下一步(N) >]按钮。如图11-9所示。

STEP 6　打开"打印机共享"对话框，单击选中"不共享这台打印机"单选项，单击[下一步(N) >]按钮，如图11-10所示。

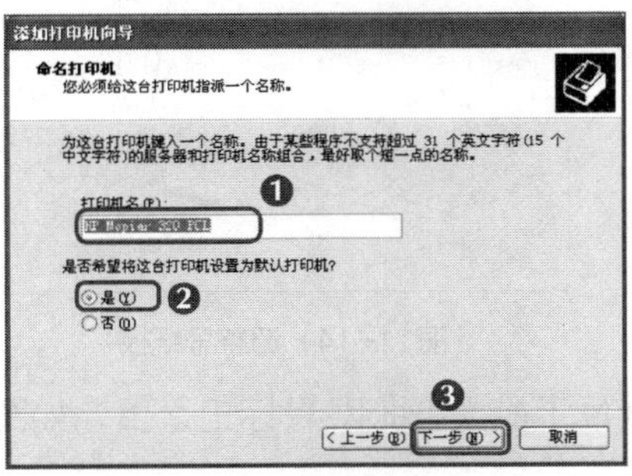

图11-9　设置打印机名称

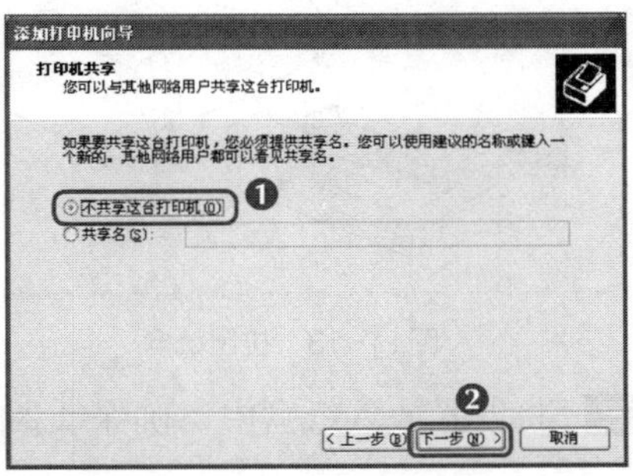

图11-10　设置是否共享打印机

STEP 7　打开"打印测试页"对话框，单击选中"是"单选项，单击[下一步(N) >]按钮，如图11-11所示。

STEP 8 将打印纸放入打印机，在打开的对话框中单击下一步(N) >按钮，打印机驱动程序完成安装，打印机打印测试页，返回“打印机和传真”窗口，带有✔标记的打印机就是刚刚安装驱动程序的默认打印机，如图11-12所示。

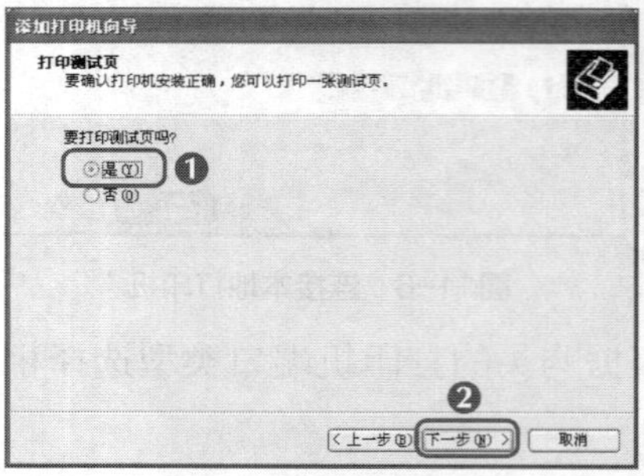

图11-11 设置是否打印测试页

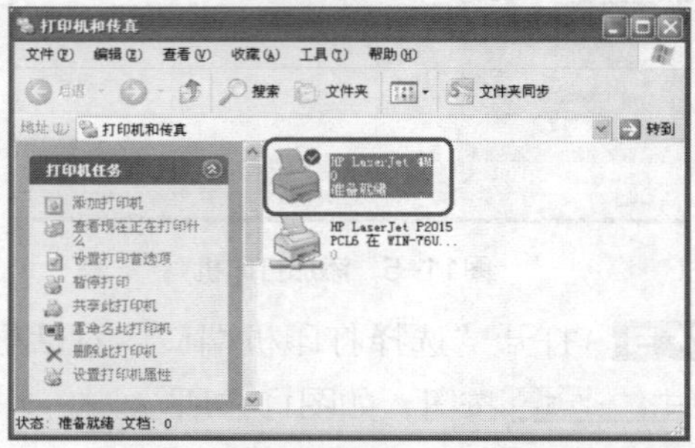

图11-12 成功安装打印机驱动

> **多学一招**
>
> 在“打印机和传真”窗口中的打印机图标上单击鼠标右键，在弹出的快捷菜单中选择“属性”菜单命令，在打开的对话框中单击打印首选项(I)...按钮，打开相应的设置首选项对话框。在“纸张/输出”选项卡中可设置打印缩放尺寸以及纸张的输出尺寸，在“图形”选项卡中可设置图像的打印类型。

11.1.3 添加纸张

安装完打印机之后，在打印机中放入纸张即可开始使用。

1. 在纸盒中添加纸张

在纸盒中放入纸张后，打印机在打印时会自动从其中获取纸张，其具体操作如下。

STEP 1 将纸盒从设备中完全拉出，如图11-13所示。按下导纸释放杆，然后滑动导纸板以适合纸张大小，并确保其牢固地插入插槽中，如图11-14所示。

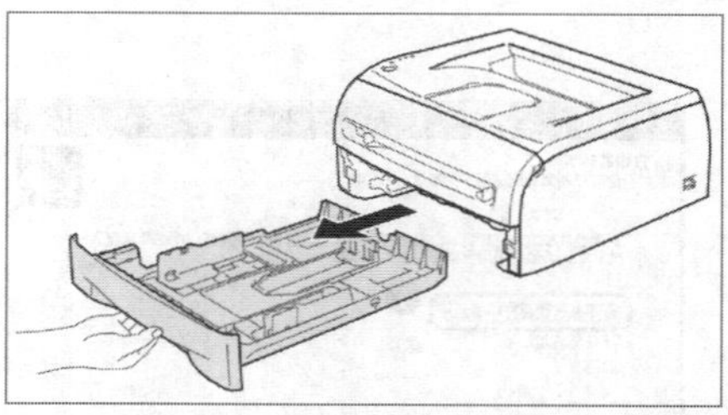

图11-13 拉出纸盒

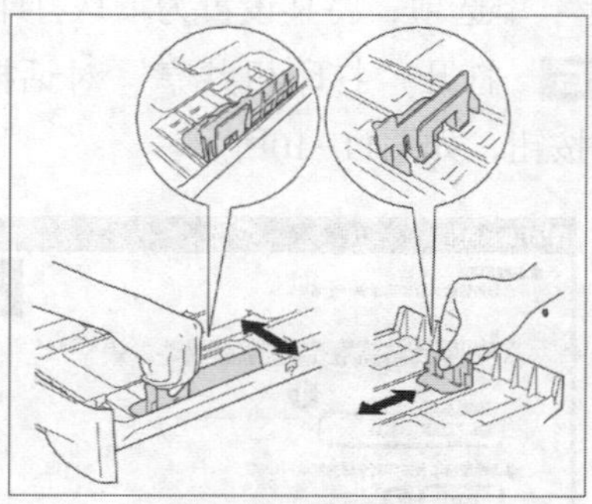

图11-14 调整导纸板

STEP 2 将纸张放入纸盒中，确保纸张的厚度位于最大纸张限量标记之下，如图11-15所示。

STEP 3 将纸盒牢固地装回设备中，确保其完整地置于打印机中。

STEP 4 展开纸张支撑翼板，如图11-16所示，以免纸张从出纸托板中滑出。

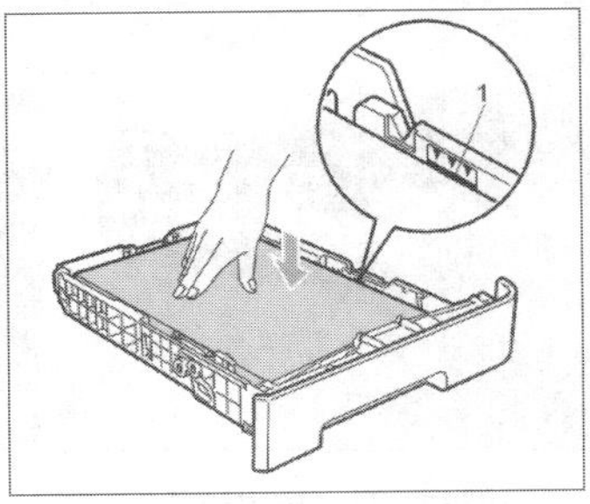

图11-15　放入纸张

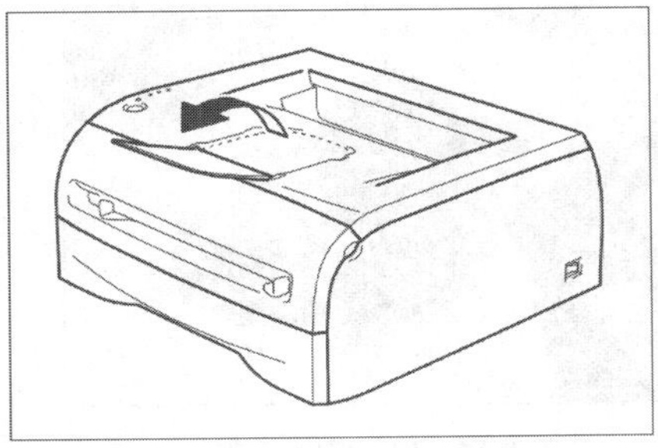

图11-16　展开支撑翼板

2. 在手动进纸槽中添加纸张

除了纸盒，用户还可选择在手动进纸槽中添加纸张，其具体操作如下。

STEP 1 展开纸张支撑翼板，然后打开手动进纸槽。

STEP 2 用双手滑动导纸板，使其适合要使用的纸张宽度，如图11-17所示。

STEP 3 双手将一张纸放入手动进纸槽，直到纸张前端边缘触碰到进纸辊。当感到打印机吸入纸张时，松开双手使纸张进入设备，如图11-18所示。

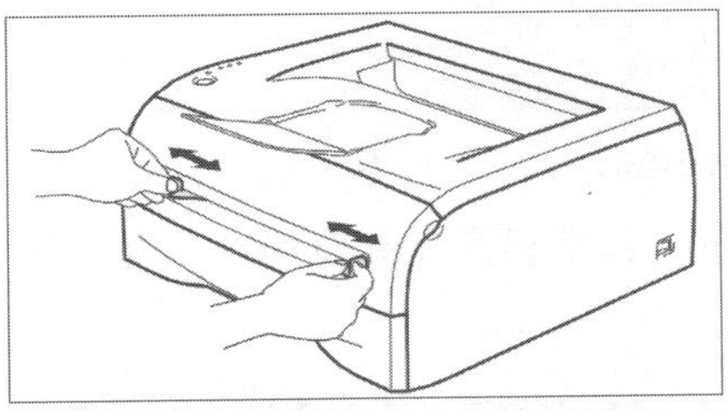

图11-17　调整导纸板

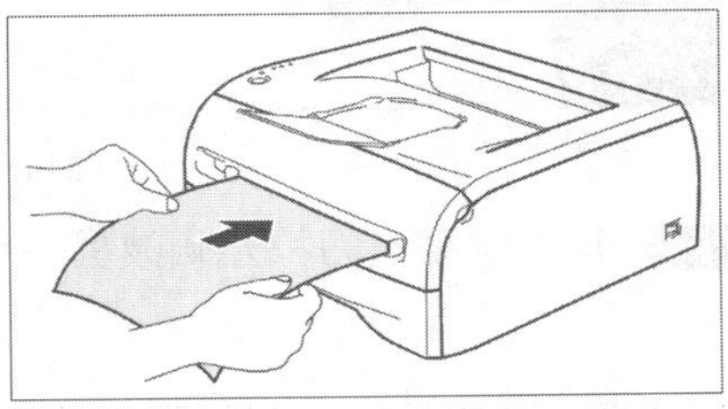

图11-18　放入纸张

11.1.4 打印机的维护

打印机的日常维护包括更换打印耗材、清洁打印机、清除卡纸等多个方面，下面以激光打印机为例，简单介绍维护打印机的方法，其具体操作如下。

STEP 1 打开前盖，取出硒鼓单元和墨粉盒组件，按下蓝色锁杆并将墨粉盒从硒鼓单元中取出，如图11-19所示。

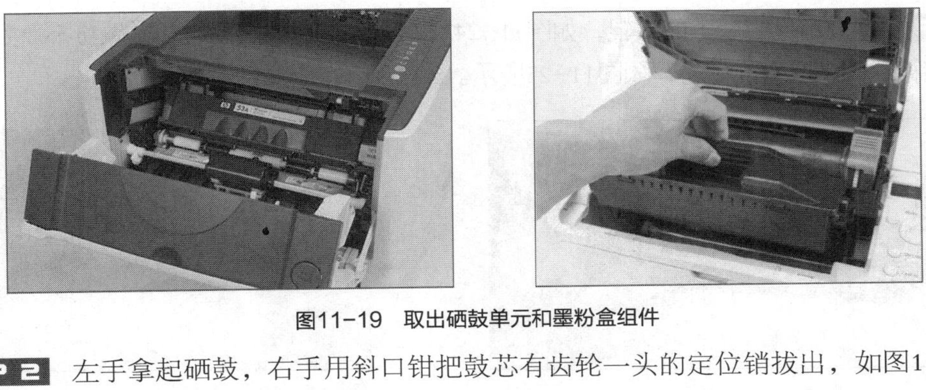

图11-19　取出硒鼓单元和墨粉盒组件

STEP 2 左手拿起硒鼓，右手用斜口钳把鼓芯有齿轮一头的定位销拔出，如图11-20所示，然后抓住鼓芯的塑料齿轮拔出鼓芯，如图11-21所示。

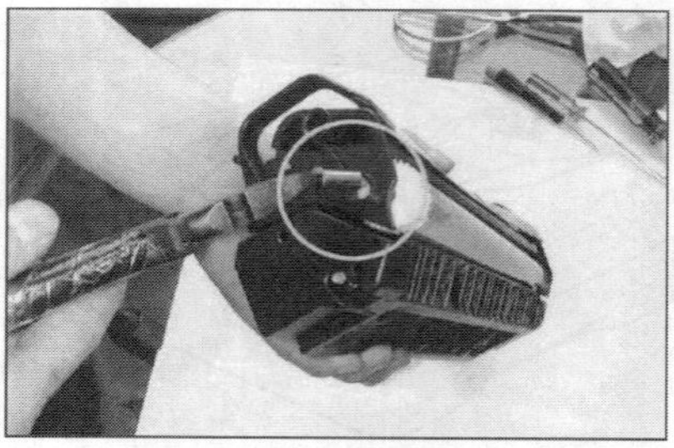

图11-20 拔出定位销

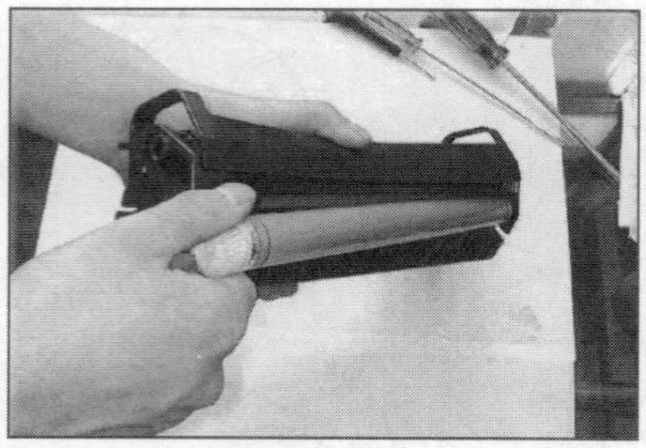

图11-21 拔出鼓芯

STEP 3 用一字螺丝刀向上挑出充电辊的一头，将其抽出，再用斜口钳把顶出来的铁销拔出，如图11-22所示。

图11-22 取出充电辊

STEP 4 用十字螺丝刀拧开硒鼓另一头的螺丝，并把显影仓和废粉仓分开，如图11-23所示。

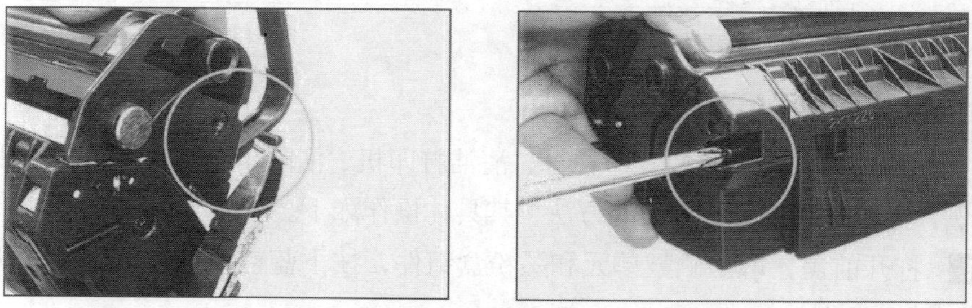

图11-23 分开显影仓和废粉仓

STEP 5 取出显影仓上的磁辊，如图11-24所示，为防止所加碳粉和原碳粉不兼容，应先用布擦掉磁辊上原有的碳粉，如图11-25所示。

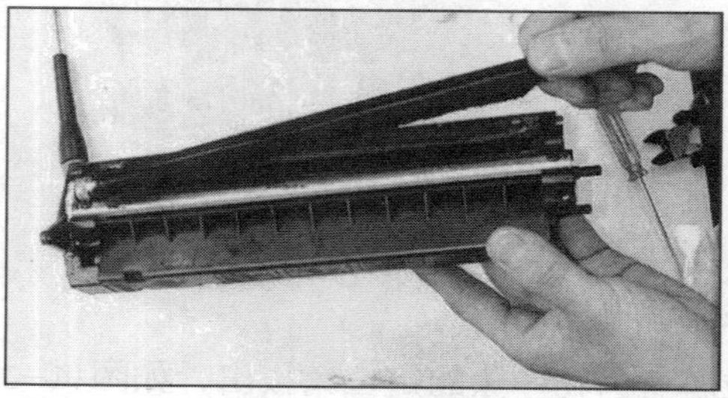

图11-24 取出磁辊

图11-25 清洁磁辊

STEP 6 用一张废纸叠成槽口形状，便于向粉仓中加粉，如图11−26所示。

STEP 7 加完碳粉后，安装磁辊并合上齿轮盖，注意齿轮不要丢失或者反装，如图11−27所示。

图11−26　进行加粉

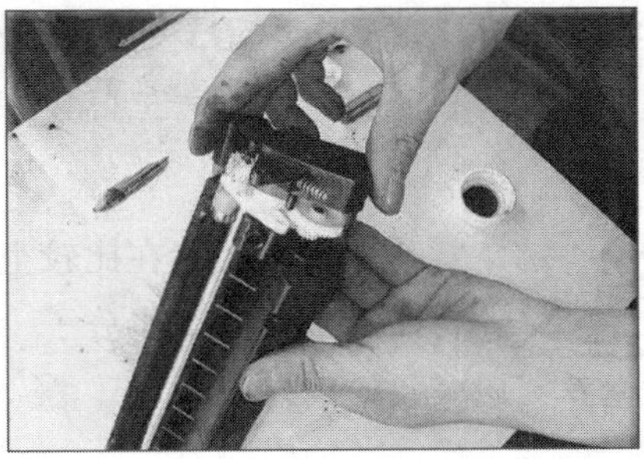

图11−27　安装磁辊

STEP 8 合上清洁过的废粉仓和加好碳粉后的显影仓，如图11−28所示，然后将各元件重新组装即可完成加粉。

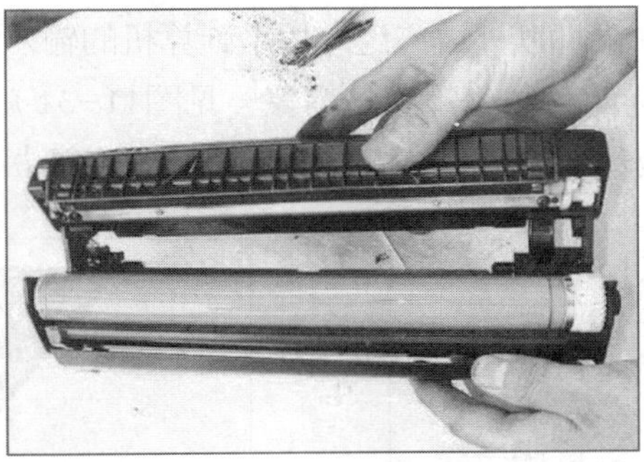

图11−28　进行组装

STEP 9 关闭打印机并拔下电源插头，将纸盒从打印机中拉出，然后用干燥的无绒抹布擦拭打印机外部、纸盒内部等位置以清除污垢，完成后将纸盒重新装回打印机内部，如图11−29所示。

STEP 10 按下前盖释放按钮打开前盖，用干燥的无绒抹布擦拭激光器窗口，完成后将硒鼓单元和墨粉盒组件重新装入打印机，合上前盖，如图11−30所示。

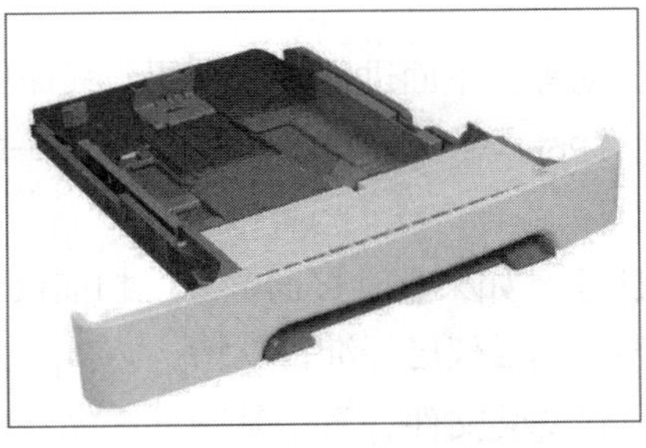

图11−29　取出纸盒

图11−30　清洁激光器窗口

知识提示

打印机卡纸有多种情况，具体介绍如下。

①墨粉盒卡纸：取出硒鼓单元和墨粉盒，卡纸会随之一起取出。

②纸盒卡纸：将纸盒拉出，将卡纸从纸盒上方的纸盆中拉出即可。

③硒鼓单元卡纸：按下硒鼓单元的蓝色锁杆，取出墨粉盒，清除卡纸。

④打开后盖，左右滑动滑块，打开定影单元盖，清除卡纸。

职业素养

打印机应放置在比较空旷的位置，确保当前环境空气流动，防止打印机在打印时产生的细小分子（墨粉）进入人体。打印机设备应进行定期清洁，以延长使用寿命。

11.2 扫描仪的使用

扫描仪是一种捕获图像并将其转换为计算机可以显示、编辑、储存和输出的数字化输入设备。扫描仪是除键盘和鼠标以外被广泛应用于计算机的输入设备。扫描仪的种类很多，根据工作原理的不同可分为两种：滚筒式扫描仪（见图11-31）和平板式扫描仪（见图11-32）。下面以平板式扫描仪为例，介绍扫描仪的使用和维护方法。

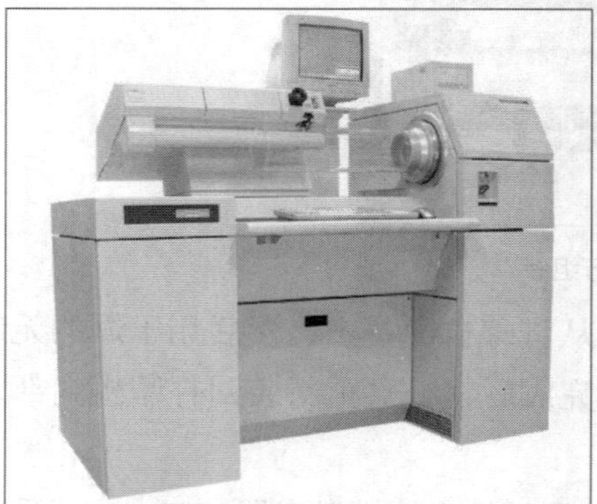

图11-31　滚筒式扫描仪

图11-32　平板式扫描仪

11.2.1 安装扫描仪设备

使用扫描仪之前，必须安装好扫描仪硬件和驱动等，下面进行具体介绍，其操作如下。

STEP 1 将扫描仪信号电缆线一端与其背部的“Port A”标志端口连接，另外一端与计算机主机背面中对应的端口连接，如图11-33所示。

STEP 2 将扫描仪的电源线接好，如图11-34所示。如果这时接通电源，扫描仪会进行自测。测试成功后，LCD指示灯将保持绿色状态，表示扫描仪已经准备就绪。

STEP 3 将随机附件光盘插入光盘驱动器，找到安装文件，双击其图标，系统即可开始安装必要的驱动文件。

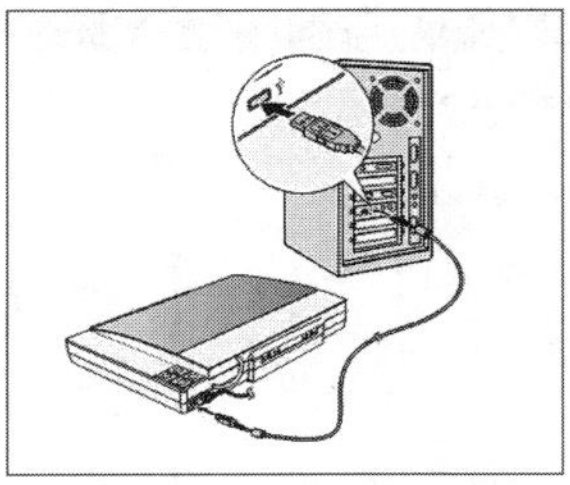

图11-33 连接扫描仪与计算机

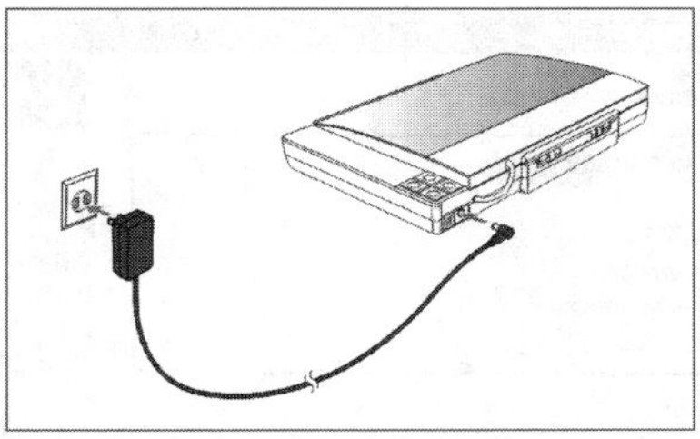

图11-34 电源连接

STEP 4 当系统检测到连接到计算机上的扫描仪硬件后，将打开“添加硬件向导”对话框，在其中按照默认步骤进行操作，即可完成安装。

11.2.2 扫描文件

使用扫描仪之前，必须进行准备工作，包括安装扫描仪硬件和驱动等，下面进行具体介绍，其具体操作如下。

STEP 1 打开扫描仪盖，将要扫描的文件放在文件台上，需要扫描的面朝下，将文件抚平，盖上扫描仪盖。

STEP 2 打开“我的电脑”窗口，在“扫描仪和照相机”栏显示了当前连接到计算机的扫描仪图标，双击该图标打开与扫描仪型号对应的对话框，在列表框中选择“Microsoft扫描仪和照相机向导从照相机或扫描仪下载照片”选项，单击 确定 按钮，如图11-35所示。

STEP 3 打开“扫描仪和照相机向导”对话框，单击 下一步(N) > 按钮，进入“选择扫描首选项”对话框，在“图片类型”栏单击选中“彩色照片”单选项，单击 预览(P) 按钮，预览区将显示扫描对象的预览状态，单击 下一步(N) > 按钮，如图11-36所示。

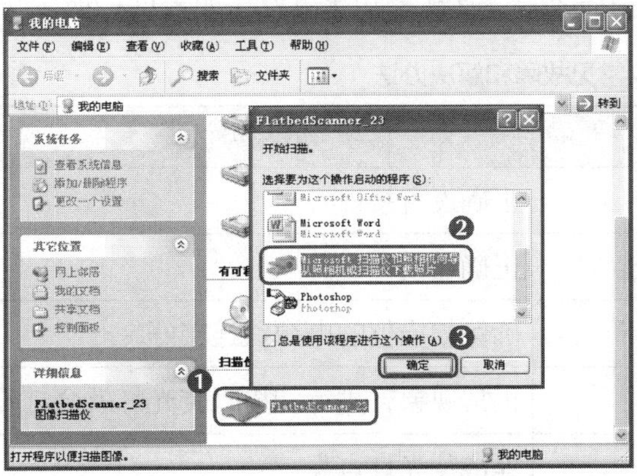

图11-35 选择扫描仪启动选项

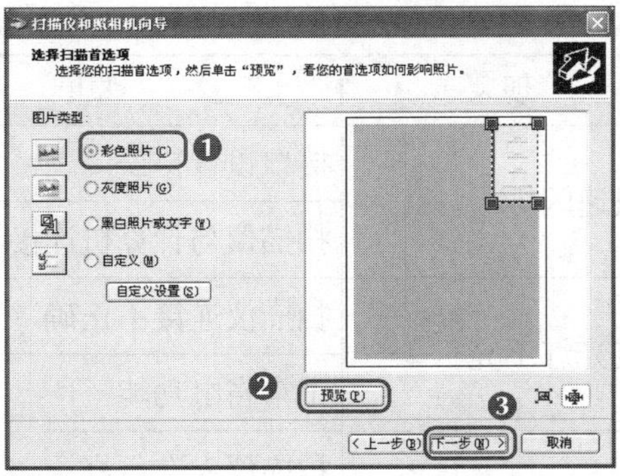

图11-36 设置打印类型并预览效果

STEP 4 打开“照片名和目标”对话框，设置文件名称、格式和保存路径，单击 下一步(N) > 按钮，打开“正在扫描照片”对话框，如图11-37所示。

STEP 5 扫描完成后自动打开“其他选项”对话框，单击选中“什么都不做。我已处理完这些照片”单选项，单击 下一步(N) > 按钮，在打开的对话框中单击 完成 按钮即可完成扫描，如图11-38所示。

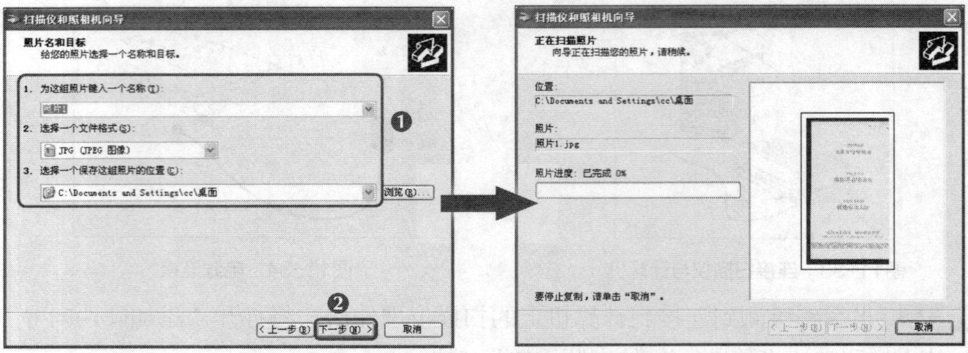

图11-37　设置参数并扫描文件

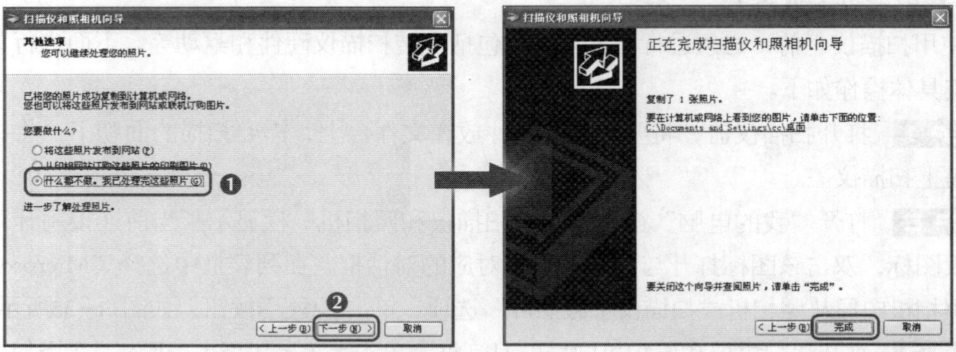

图11-38　完成扫描

11.2.3　扫描仪的维护

扫描仪使用一段时间后可能会发生各种扫描故障，其现象和解决办法如表11-2所示。

表 11-2　扫描仪常见故障和解决办法

现象	原因	解决办法
快速闪烁	接口设置错误	正确设置接口
	扫描仪与计算机连接不当	正确连接
荧光灯不亮	扫描仪连接不正确	确保扫描仪的电源线连接好
	正常省电功能	正常现象，进行扫描时荧光灯就会打开
扫描仪不扫描	扫描仪未准备好	等待荧光灯点亮
	不止一个 USB 集线器正在使用	将扫描仪直接连接到计算机的 USB 接口
文件边缘扫描不到	文件尺寸超过可扫描的区域	使扫描区域距离文件台侧边 3mm 以上
图像变形或模糊	文件放置不当	确保文件平放在文件台上，并不发生移动
图像边缘色彩失真	文件太厚或翘曲，外光太多	用纸遮住文件的边缘遮蔽外光

续表

现象	原因	解决办法
图像与原件不同	图像设置不正确	在扫描仪软件中尝试不同图像设置组合
	色彩匹配不足或安装不当	设置匹配色彩，正确安装软件
	文件格式不当	选择合适的格式
图像全黑	屏幕没有校准	进行屏幕校准
图像有一行点丢失	打印头故障	若只在打印结果中出现，则更换打印头
	扫描仪传感器故障	更换扫描仪传感器
图像上总有一行点	文件台上有灰尘	清洁文件台
	文件台上有划痕	若文件台出现划痕，则应及时更换

使用扫描仪的过程中还应注意以下几点事项。

- 应避免震动和碰撞扫描仪，在室内搬运时应小心平稳，需要长距离搬运时，必须先复位固定螺栓。
- 避免将物件放在扫描板玻璃和外盖上。
- 扫描时，如原稿不平整，可轻压上盖，注意不可过于用力。
- 应保持扫描仪的清洁，扫描仪板上如有污垢，可用软布蘸少量酒精擦拭。
- 不要拆开扫描仪或给一些部件加润滑油。

11.3 传真机的使用

传真机是现代图像通信设备的重要组成部分，它是目前采用公用电话网传送并记录图文真迹的唯一技术手段。传真通信是把记录在纸上的文字、图表和相片等静止的图像变换成电信号，经传输线路传递到接收方，在接收方获得与发送原稿相似的记录图像的通信方式。传真机的组成部分如图11-39所示。

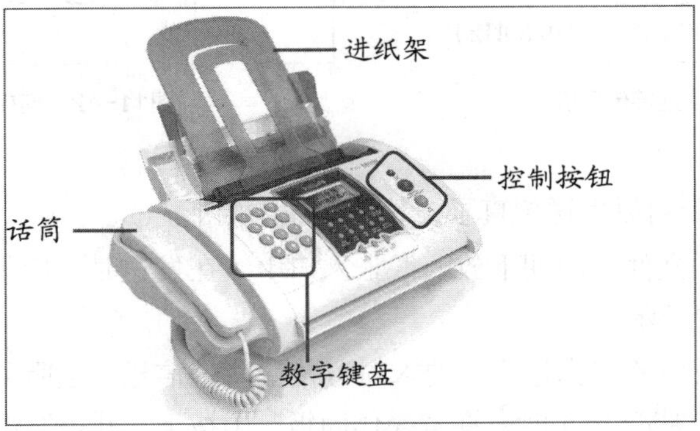

图11-39 传真机组成部分示意图

11.3.1 传真机的工作原理

传真通信和其他通信系统一样，由发送、接收和通信线路3部分组成。要将一张原稿完整地由发送方传送到接收方，首先就要将传真图像经发送方进行图像扫描、数字化处理、编码和调制成模拟信号后，送往传输线路，经线路传送到接收方后，经过解调、译码、记录转换和接收扫描，最后还原为与发送图像一致的图像信息。

传真机的基本工作原理可以归纳为5个环节：发送扫描、光电变换、传真信号的调制解调、记录变换和接收扫描，如图11-40所示。

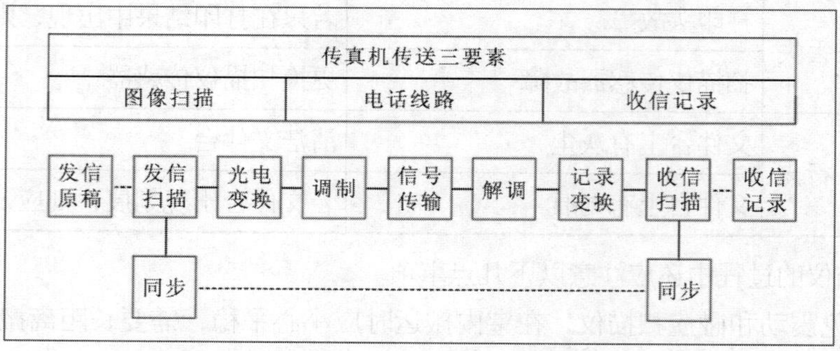

图11-40　传真通信的基本原理

11.3.2 传真机的使用

在发送传真前，首先要正确连接电话线，如图11-41所示。当传真机与计算机一起使用时，网络提供商可能会要求安装滤波器，则应按照如图11-42所示进行安装。

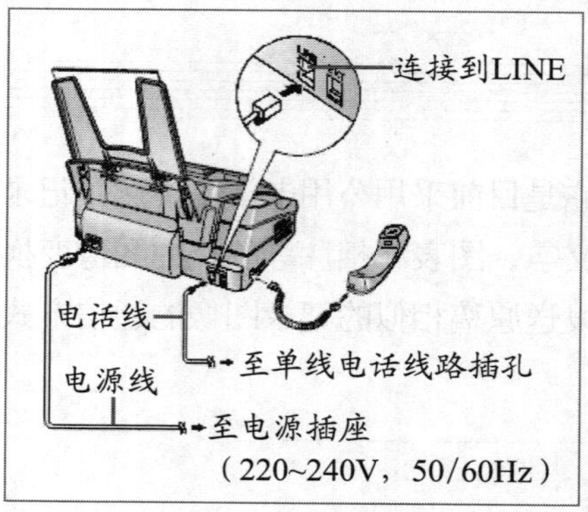

图11-41　连接传真机

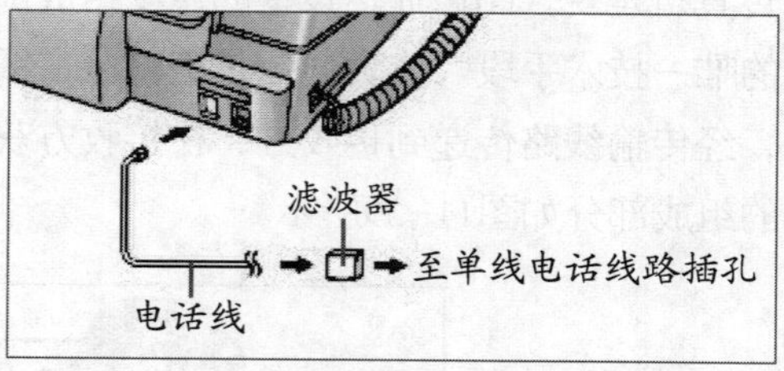

图11-42　连接滤波器

1. 发送传真

连接好传真机后就可以发送传真了，其具体操作如下。

STEP 1 将发送的文件正面朝下放入纸张入口中（在发送时，应把先发送的文件放置在最下面），如图11-43所示。

STEP 2 拨打接收方的传真号码，要求对方传输一个信号，当听到从接收方传真机传来的传输信号（一般是“嘟”声）时，在“操作面板”中按下“开始”键，如图11-44所示。

图11-43　放入要传送文件

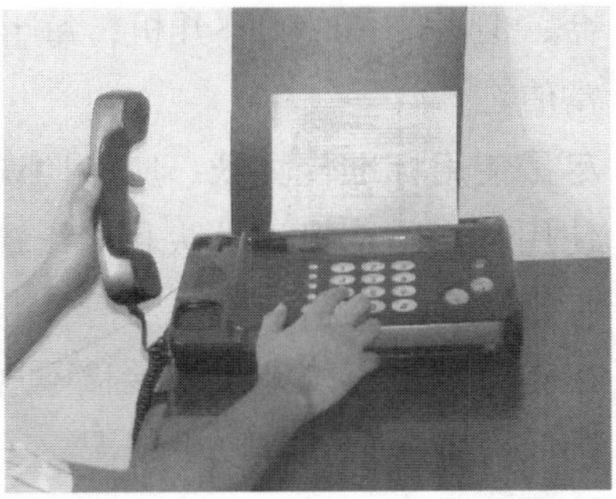

图11-44　拨号要求传输信号

STEP 3 听到传真机响起时拿起话筒，对方要求发送一个信号，按“开始”键发送信号，对方发送传真数据后，传真机将自动接收传真文件。

2. 接收传真

用户可按“功能”键设置传真机的接收方式，共有4种接收方式。

- **“电话优先”方式**：电话铃响起时，拿起话筒，传真机发现收到的是传真而不是电话时，会给出“请放下电话开始接收”或“开始接收”等语音提示，系统自动开始接收传真。若电话无人接听，传真机将自动转为接收传真方式开始接收传真。
- **“传真优先”方式**：当对方选用自动发送传真时，电话铃响3声后传真机就会自动接收传真；当对方选用手动发送传真时，电话铃第二次响3声后传真机自动接收传真。
- **“传真专用”方式**：电话铃响一声后传真机开始自动接收传真。此方式在接收传真时还可向外拨打电话，但不能接听电话，也不能使用电话录音功能。可用此方式设置只接收电话簿上登录的用户发来的传真，可防止垃圾传真；还可为此方式设置指定时间段响铃或不响铃接收。
- **“传真录音”方式**：电话铃响两声后电话接通，开始播放录音留言，录音留言播放完毕后自动切换为传真接收方式或电话录音方式。

11.3.3 传真机的维护

为了延长传真机的使用寿命，保证传真质量，有效地发挥传真机的作用，要做好传真机的保养和维护工作。下面重点介绍传真机的使用注意事项，以及日常维护、清洁和保养等方法。

1. 传真机的使用注意事项

- **注意使用环境**：传真机应放在室内的平台上，与其他物品保持一定的空间距离，可利于通风并避免造成干扰；避免受到阳光直射和热辐射；勿将机器置于潮湿、灰尘多的环境；不要把传真机安装在有震动和不稳固的地方以及冷、暖机附近；尽量不与空调、打字机等易产生噪声的机器共用一个电源；在遇到闪电、雷雨等天气时，应立即停止使用传真机，并且拔掉电源和电话线，以免雷击造成损坏。
- **注意开机频率**：每次开关机都会使机内的电子元器件发生冷热变化，频繁地冷热变化容易导致机内元器件提前老化，每次开机的冲击电流也会缩短传真机的使用寿命；但不能长时间不开机，每半年应开机4小时以上，以免传真机电池的电压低于正常值。

- **尽量使用标准传真纸**：应参照说明书使用推荐的传真纸。劣质传真纸光洁度不够，使用时会对感热记录头和输纸辊造成磨损；记录纸上的化学染料配方不合理，会使打印质量不佳。
- **检查原稿是否规范**：若原稿不规范则会造成卡纸、轧纸和撕纸等故障，严重的还会损坏设备。凡出现以下情况之一的原稿都不能使用：大于技术规格规定的最大幅面的原稿；小于最小幅度或小于文件检测传感器所能检测到的最小距离的原稿；严重皱折、卷曲、破损或残缺的原稿；过厚（大于0.15mm）或过薄（小于0.06mm）的原稿；纸上有大头针、回形针或其他硬物的原稿。

2. 传真机日常清洁和保养

- **保持机器表面清洁**：使用传真机时应注意保持机器表面的清洁，外壳及其他部件一般可用干布擦拭，切勿使用苯或稀释液擦拭。
- **做好记录头清洁**：传真机的记录头洁净与否，是传真效果的重要保证，因此应注意经常清洁。清除灰尘时，应先切断电源，打开操作面板，取出记录纸，然后用干净的软布蘸化学纯酒精轻轻擦拭记录头和记录头盖；若传真机刚接收了大量文件，记录头可能发热，此时不能马上进行清洁工作，以免损坏记录头。
- **定期清洁传真机内部**：经过一段时间使用后，原稿滚筒和扫描仪上会累积灰尘，最好每半年清洁一次。原稿滚筒可使用干净的软布或蘸酒精的纱布进行清洁；扫描仪部分在传真机内部，需要使用特殊的清洁工具，切不可直接用手或布、纸进行擦拭。

11.4 复印机的使用

复印机是一种将已有文件快捷产生多个备份的办公设备，如今的复印技术主要有传统的静电复印和数码复印两种。复印机中使用最广泛的是静电复印机，如图11-45所示。

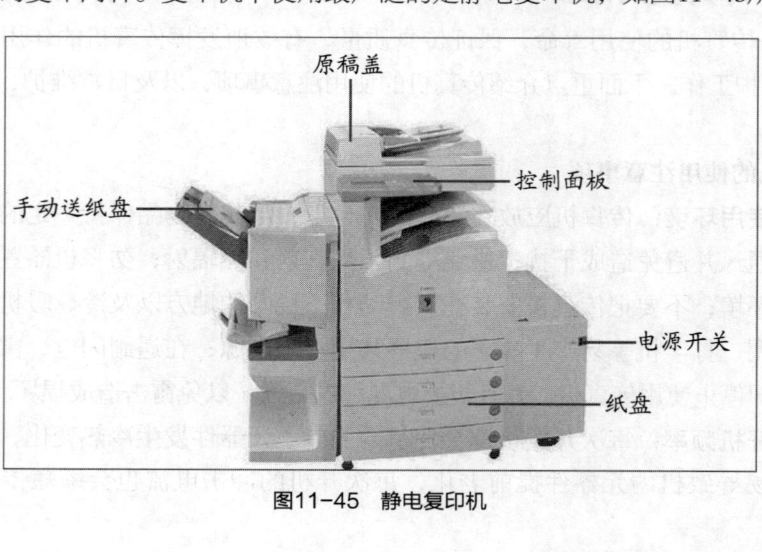

图11-45 静电复印机

11.4.1 复印机的基本工作原理

静电复印技术是将纸或其他媒介上的内容转印到另外一个媒介上。静电复印系统的组成结构如图11–46所示。

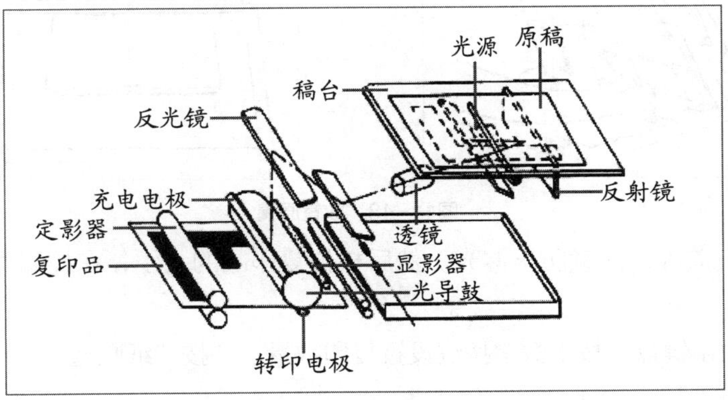

图11–46 静电复印系统示意图

目前所使用的静电复印机，其复印过程必须经过充电、曝光、显影、转印和定影5个工序，如图11–47所示。用电摄影方式对原稿进行摄影，将原稿上的图文内容投影在某种光导材料制成的光导体鼓面上。利用静电效应，在导体表面带上电荷，形成与原稿图文内容一样的潜像，由这些电荷吸引带有异性电荷的色粉微粒，这样在光导体表面就会显示出色粉图像。经过转印，将光导体表面的色粉图像印到复印纸上，再经过某种定影方法，即可得到需要的复印品。

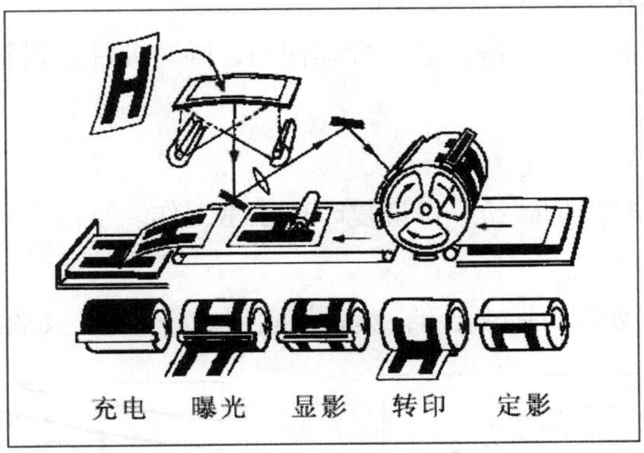

图11–47 静电复印工序示意图

11.4.2 复印机的使用

使用复印机可方便快捷地复制出多份文件。下面以静电复印机为例，介绍使用复印机的方法，其具体操作如下。

STEP 1 将复印机电源线连接好，然后开机进行预热，当操作面板上的指示灯由红色变为绿色时，预热完成。

STEP 2 在复印机纸盒中装入纸张，然后打开盖板，将要复印的文件放在原稿台上，注意对准定位标志，如图11−48所示。

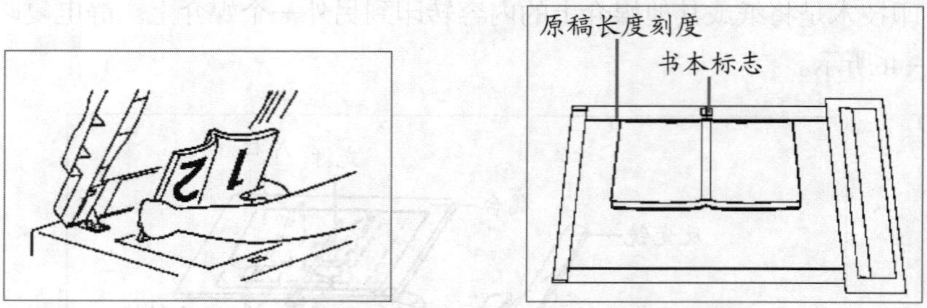

图11−48　放置原稿

STEP 3 盖上盖板，注意防止漏光。然后根据复印品的大小，在控制面板上选择复印倍率和复印纸尺寸。

STEP 4 在数字键盘上按下数字按键设置复印数量，并按“纸匣选择”键，选择从旁边的纸盒进纸。

STEP 5 最后按“开始”按键，即可开始复印。

> **知识提示**
> 复印文档时按下控制面板中的“暂停”键可暂停复印，再次按下“暂停”键可继续复印；按下“停止”键可取消当前复印任务。若复印机有定影温度调节按钮，应在复印厚纸时设定为“高温”，在复印薄纸时设定为“低温”，否则会出现定影过度或定影不牢的现象。

11.4.3　复印机的维护

复印机是一种精密的办公设备，必须合理使用，同时要注意进行日常维护，以延长其使用寿命。

1. 组件更换

当碳粉不足时应及时添加碳粉，保证复印机正常工作。下面介绍添加碳粉的方法，其具体操作如下。

STEP 1 打开前盖，如图11−49所示，然后将固定拨杆搬起，如图11−50所示。

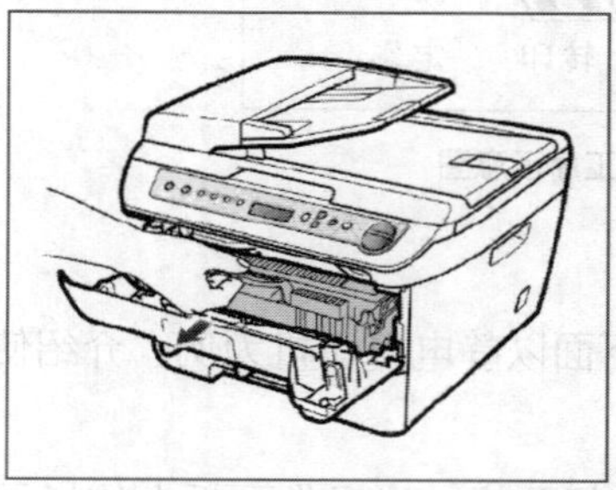

图11−49　打开复印机前盖

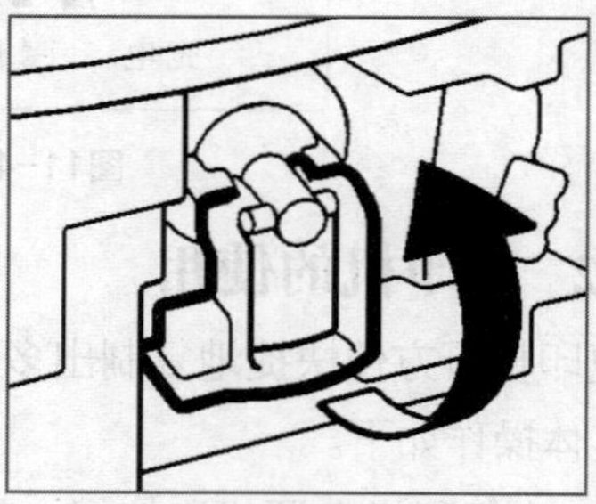

图11−50　搬起固定拨杆

STEP 2 推开拨杆，然后轻轻拉出粉瓶架。向后压粉瓶，将瓶头抬起，然后取出碳粉瓶，如图11−51所示。

STEP 3 水平拿住新的碳粉瓶，摇动几次后去掉保护盖，如图11−52所示。

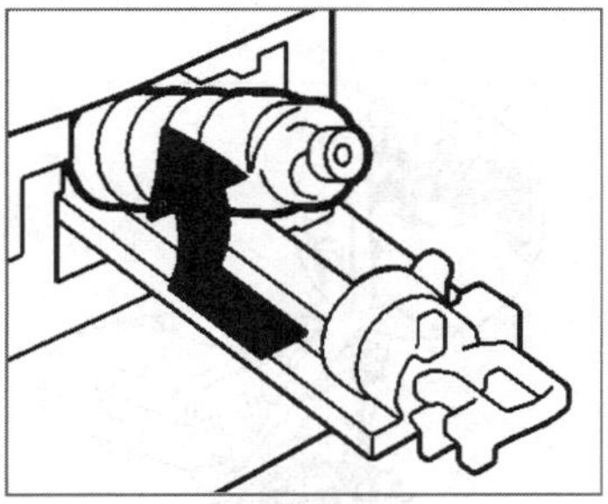

图11−51　取出碳粉瓶

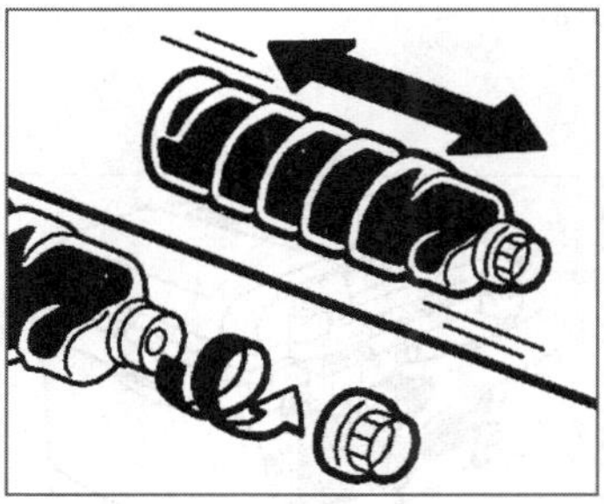

图11−52　去掉保护盖

STEP 4 将碳粉瓶放到碳粉架上，然后向前拉瓶头，如图11−53所示。

STEP 5 按下固定拨杆，然后合上机器前盖即可，如图11−54所示。

图11−53　放入碳粉瓶

图11−54　按下固定拨杆

> **知识提示** 碳粉在存放时要注意避开火源，避免阳光直射；废弃的碳粉瓶不能直接暴露在阳光下，否则有燃烧的危险；添加碳粉时要注意，碳粉不能重复使用，且应使用设备推荐的碳粉，以避免出现故障。

2. 卡纸处理

卡纸是复印机使用过程中常见的故障，当发生卡纸时复印机将停止工作，同时“卡纸”指示灯将闪烁。要处理卡纸现象，应先确定卡纸的位置。下面介绍卡纸的处理方法，其具体操作如下。

STEP 1 打开前盖，如图11−55所示，取出硒鼓单元及墨粉盒组件，如图11−56所示。

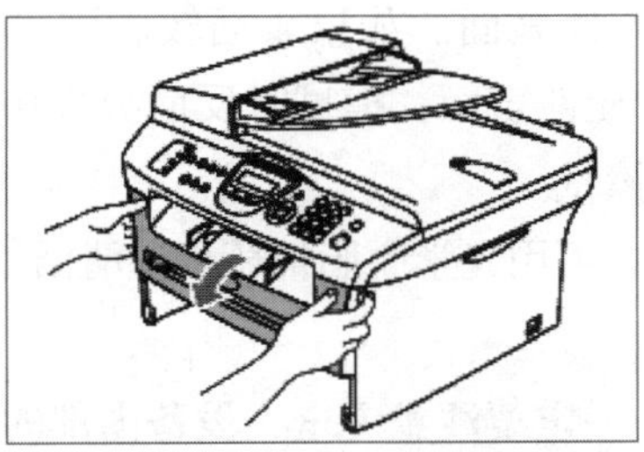

图11−55　打开前盖

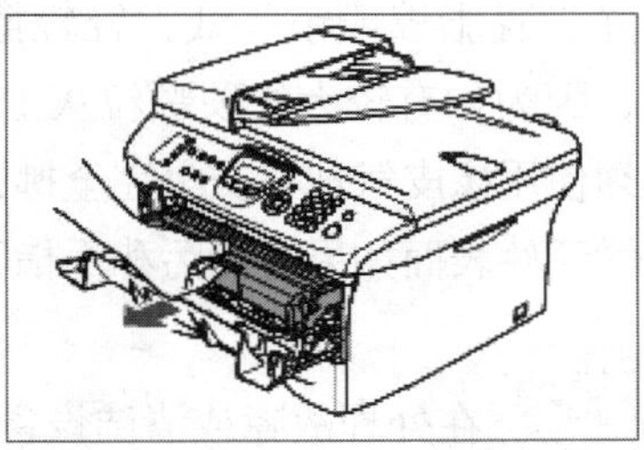

图11−56　取出组件

STEP 2 打开后盖，如图11–57所示，然后将滑块朝身体方向拉出，打开后部斜槽盖，如图11–58所示。

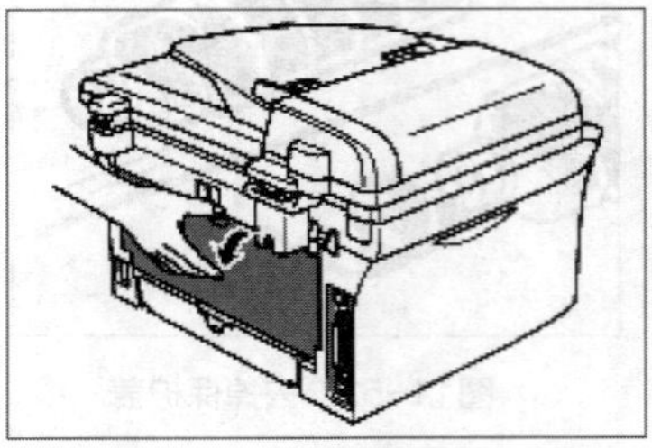

图11–57　打开后盖

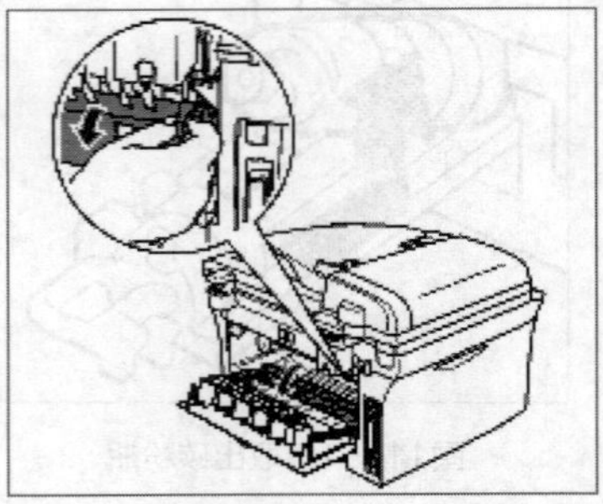

图11–58　拉出滑块

STEP 3 将卡纸从定影单元中抽出。如果不能轻松地抽出卡纸，需先用一只手按下蓝色滑块，另一只手轻轻将卡纸抽出，如图11–59所示。

STEP 4 合上后盖，然后将硒鼓单元和墨粉盒组件装回设备中，最后合上前盖即可，如图11–60所示。

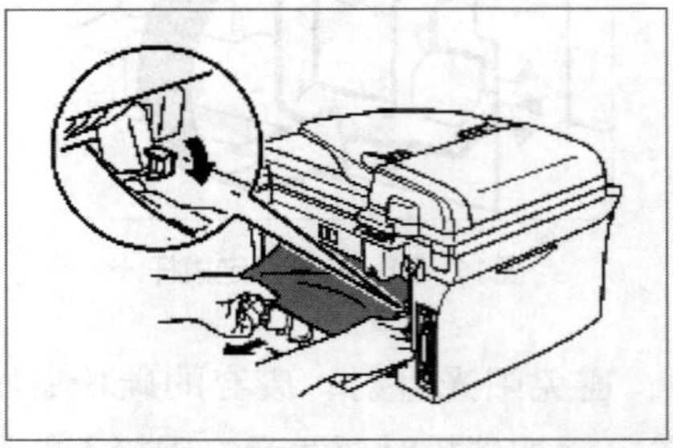

图11–59　抽出卡纸

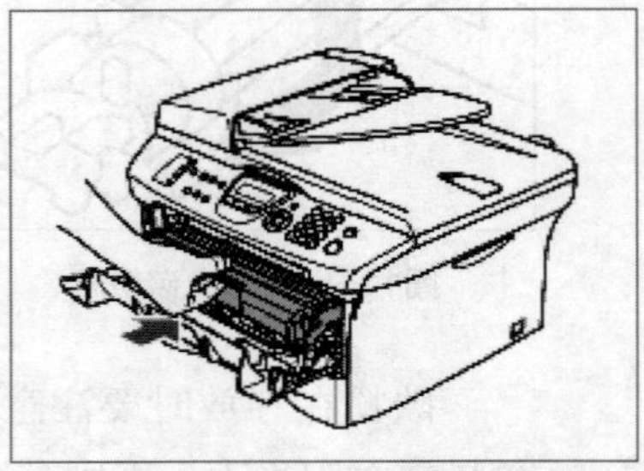

图11–60　将组件装回设备

3. 日常保养

复印机经过一段时间的使用后，难免会出现一些故障。为避免复印机出现故障从而影响使用，应定时对其进行清洁。若复印品出现质量问题，一般是由复印机受到污染引起的，此时可采用以下几种方法对复印机的光学系统进行清洁。

- 用橡皮气球把光学元件（透镜和反射镜）表面的灰尘及墨粉吹去，也可用软毛刷（最好使用专用的镜头毛刷）轻轻将嵌在缝隙中的灰尘刷去。
- 用光学脱脂棉或镜头纸，轻轻擦拭光学元件表面。如果表面较脏则不能使用该方法，因为如有较大的硬颗粒灰尘留在光学元件表面，擦拭时反而会损伤元件，此时必须使用橡皮气球将灰尘完全拂去后才能擦拭。
- 光学元件表面如果有油污和手指印等污迹，可用光学脱脂棉蘸少量清洁液擦洗。

知识提示

在处理故障或清洁设备内部时，一定要注意安全，设备内部的定影组件等部分温度可能极高，要小心烫伤或其他隐患。

11.5 一体化速印机的使用

一体化速印机是一种新型的现代化办公设备，集制版、印刷于一体，通过数字扫描，热敏制版成像的方式进行工作，从而实现高清晰的印刷质量，印刷速度可达每分钟100张以上。同时它还具有对原稿缩放印刷、拼接印刷、自动分纸控制等多种功能，绝大多数的机型还支持计算机打印直接输出的功能，如图11-61所示。

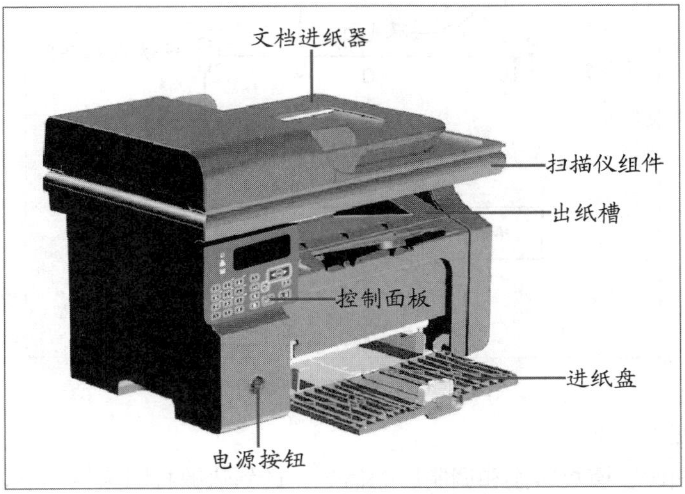

图11-61 一体化速印机结构示意图

11.5.1 一体化速印机的工作原理

一体化速印机采用电子扫描方法阅读原稿件，热敏头根据电子扫描所得到的原稿内容打印在热敏纸上制成印刷用版，然后以自动油印的方法进行印刷，整个过程自动化程度很高，操作非常简便。印刷过程可分为卸版、扫描、制版、挂版、进纸、印刷和出纸等步骤。

1. 卸版

在制新纸版前，必须先将滚裹在滚筒上已印刷过的纸版卸掉。卸版机构如图11-62所示，其中最左部分表示滚筒与印刷向相反方向转动，卸版轮转动并接近于滚筒；中间的部分表示纸版前沿卷起的部分被卷夹在上、下卸版轮之间，使纸被卸下并送往废版盒；右侧部分表示废纸版被压板压缩，以节省废版盒内的空间。

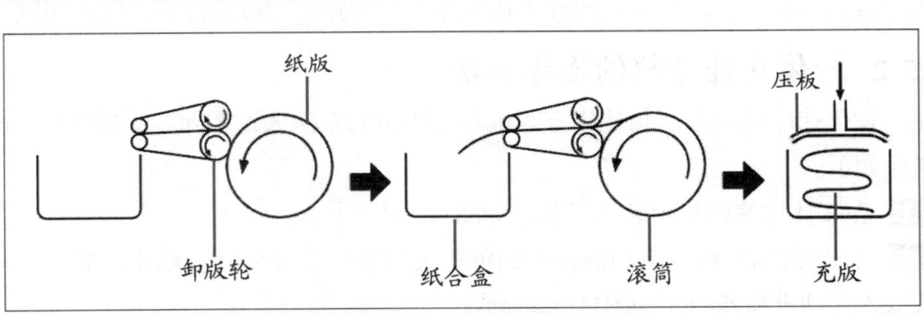

图11-62 卸版机构示意图

2. 扫描

输入原稿时，原稿的图文通过反射镜和镜头照射到电荷耦合器上，把扫描信号以像素的形式暂存于电荷耦合器中，再将像素模拟信号通过A/D（模/数）转换器转换成数码信号。该数码信号经调制后，送到热敏打印头的控制电路，用以控制热敏打印头的动作。如图11-63所示是光学纸版系统的原理图。

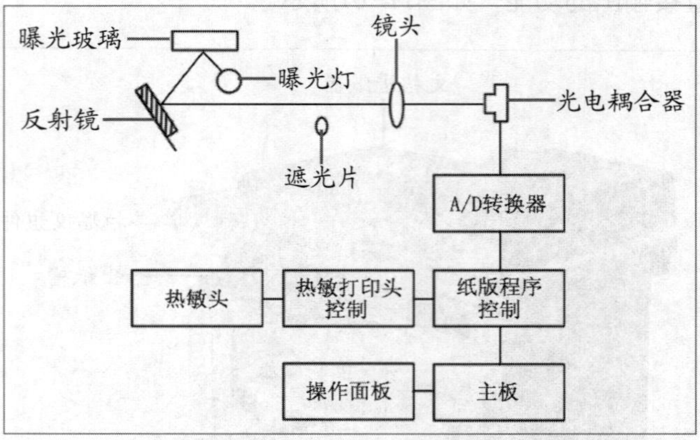

图11-63　光学纸版系统原理图

3. 制版、挂版

原稿图文经扫像、模数转换和调制后的信号，送到热敏打印头控制器，从而控制热敏打印头在热敏蜡纸上打出与原稿相应的矩阵蜂巢状的孔，完成制版工作。挂版是将打印好的纸张挂包在滚筒上，挂版在输入原稿时就已进行了。

4. 进纸

进纸机构由纸轮，上、下分层轮，第二层上、下进纸轮等组成。进纸轮输送印纸；分离片和上、下层分离轮组成中央分离机构，从而防止送纸过程中发生送多张印纸或卡纸的故障；进纸机构的作用是有效地将单张印纸送入印刷滚筒的下方。

5. 印刷

将纸张从进纸台上送入印刷筒的下方。油墨通过供墨装置流入印刷滚筒，再从滚筒上的钢网、油网和印刷版上的孔印在印纸上，这样印纸上即可形成与原稿一致的油墨图像。

6. 出纸

利用分离爪和风扇，将印刷后的纸张从滚筒上分离并送到接纸台上，完成印刷。

11.5.2　一体化速印机的操作方法

使用一体化速印机的方法与使用打印机和复印机的方法大致相同，下面进行简单介绍，其具体操作如下。

STEP 1 在一体化速印机中装入纸张，如图11-64所示。

STEP 2 打开原稿盖板，将扫描复印的资料（多张）充分展开，以正面朝上、顶端先进入的方式放入自动进稿器中，如图11-65所示。

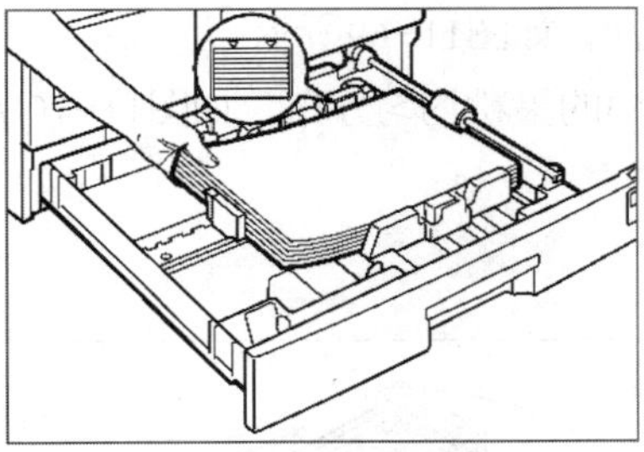

图11-64　放入纸张

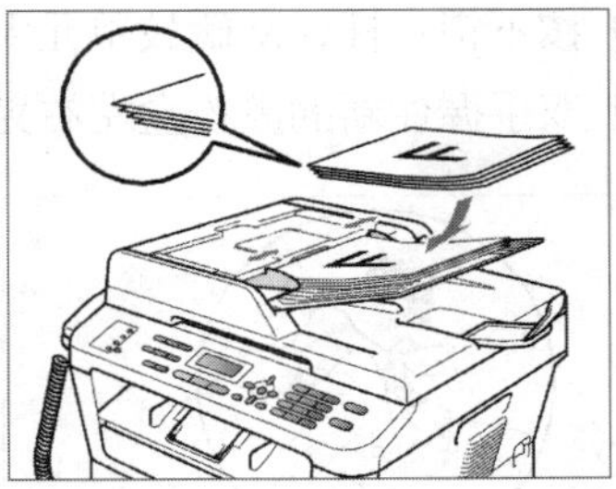

图11-65　将原稿放入自动进稿器

STEP 3 在控制面板上选择“复印”模式，按下“开始”按键。此时进纸口自动按从上到下的顺序单张进纸，并依次复制资料中的每一页。

STEP 4 打开原稿盖板，将原稿放在平板扫描器上，注意对准左侧与顶端的基准线，如图11-66所示。

STEP 5 放下原稿盖板，选择“扫描”模式，然后按下“开始”按键扫描文件。

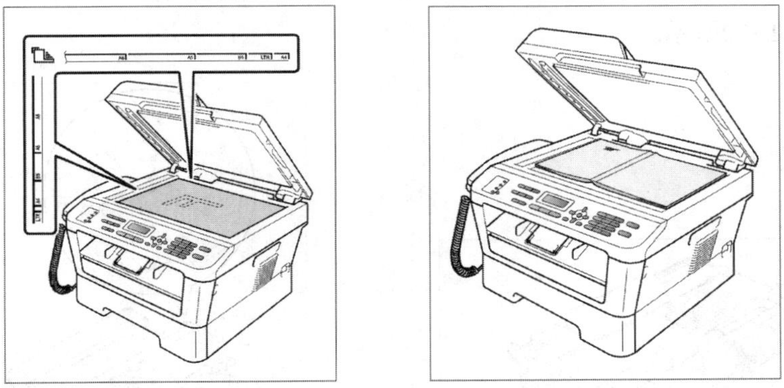

图11-66　将原稿放入平板扫描器

11.5.3　一体化速印机的维护和保养

一体化速印机的日常维护和保养包括更换耗材和清洁设备等，下面分别进行讲解。

1. 更换耗材

当墨粉等耗材用尽时，应及时进行更换，其具体操作如下。

STEP 1 打开设备前盖等待其冷却，如图11-67所示，取出硒鼓单元和墨粉组件，如图11-68所示。

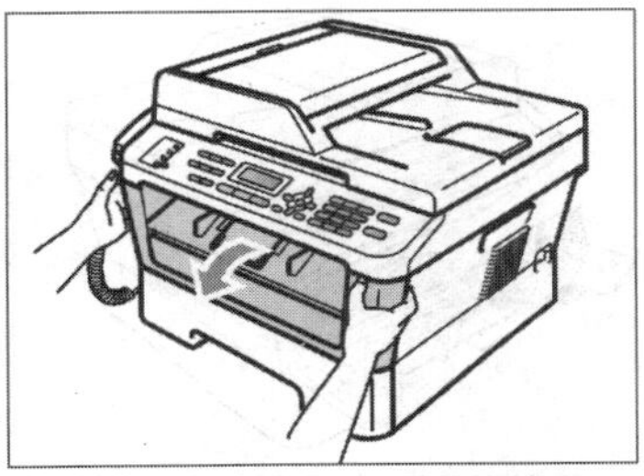

图11-67　打开前盖

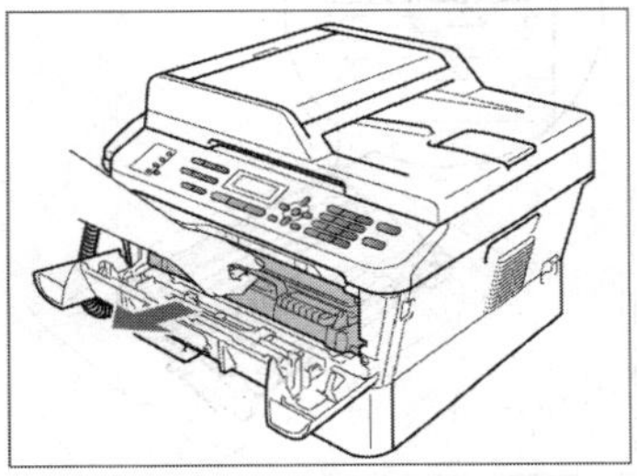

图11-68　取出硒鼓单元

STEP 2 按下锁定杆，从硒鼓单元中取出墨粉盒，如图11-69所示。

STEP 3 双手握住新的墨粉盒左右晃动，使其中的墨粉均匀分布，如图11-70所示。

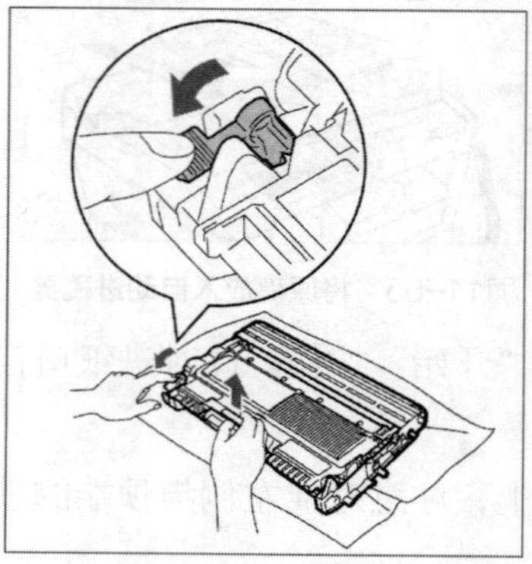

图11-69 取出墨粉盒

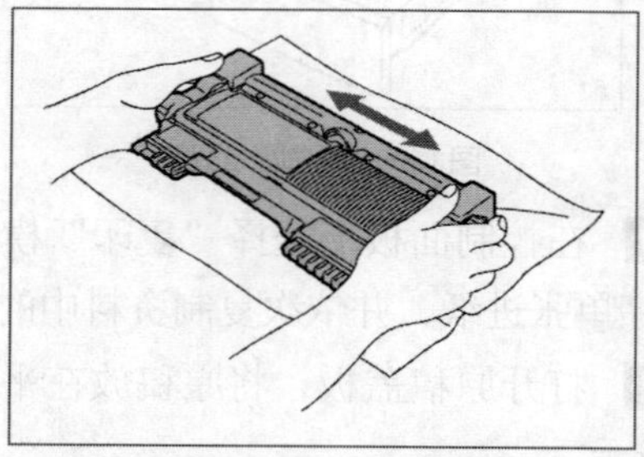

图11-70 摇晃墨粉盒

STEP 4 拆下新墨粉盒上的保护盖，如图11-71所示，然后将其装入硒鼓单元中，直至锁定位置，如图11-72所示。

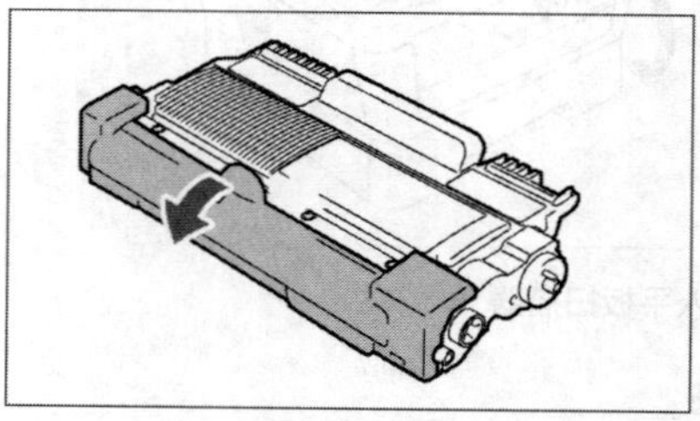

图11-71 拆下保护盖

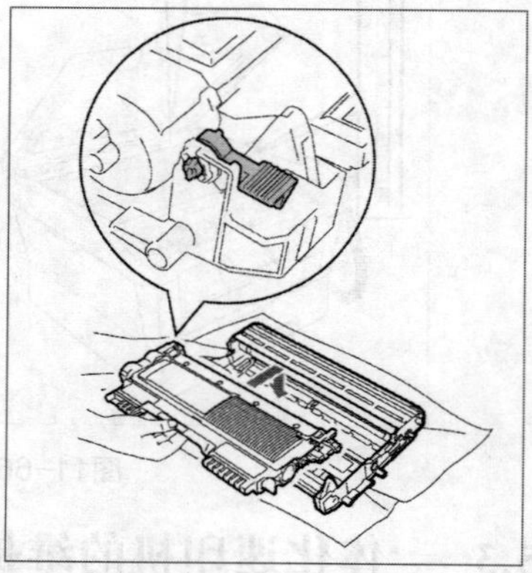

图11-72 装入墨粉盒

STEP 5 左右滑动滑块，清洁硒鼓单元中的电晕丝，如图11-73所示。

STEP 6 最后将硒鼓单元和墨粉组件装回设备，并盖上前盖即可，如图11-74所示。

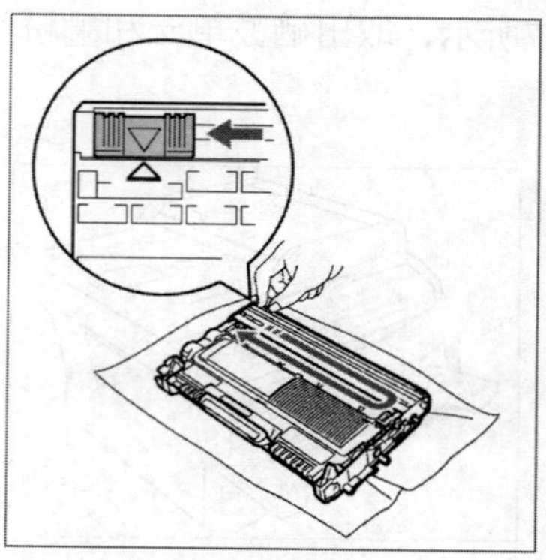

图11-73 滑动滑块

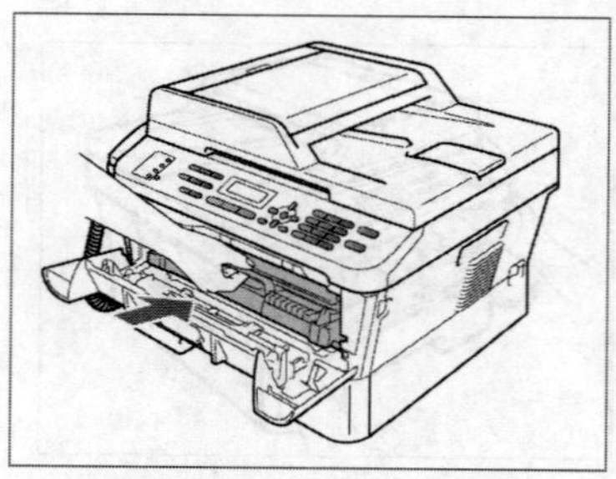

图11-74 将组件装回设备

2. 清洁设备

在使用一体机的过程中应定期进行清洁，以保证其正常工作，其具体操作如下。

STEP 1 关闭设备电源，用柔软的无绒干布擦去设备外部的灰尘。

STEP 2 取出纸盒，用无绒干布擦拭纸盒内外部的灰尘，如图11–75所示，然后擦拭设备内部的搓纸辊，如图11–76所示。

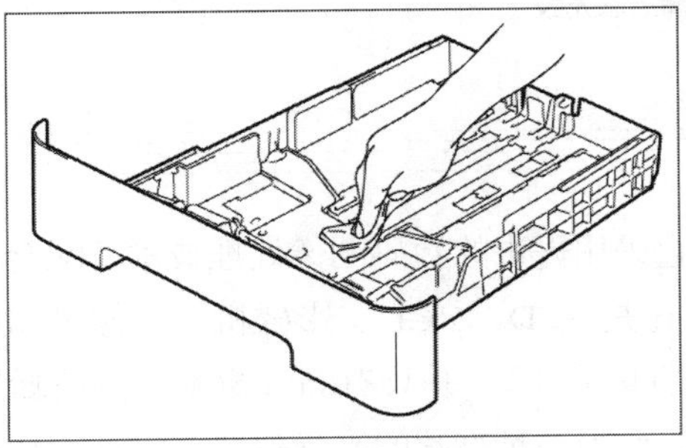

图11–75 清洁纸盒

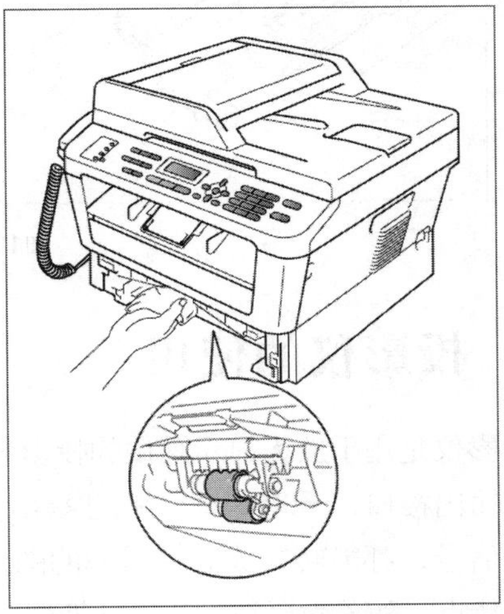

图11–76 清洁搓纸辊

STEP 3 抬起原稿盖板，用柔软的无绒湿布清洁白色塑料表面和其下方的平板扫描器玻璃，如图11–77所示。

STEP 4 在自动进稿器单元中，用柔软的无绒湿布清洁白色塑料条和其下方的平板扫描器玻璃条，如图11–78所示。

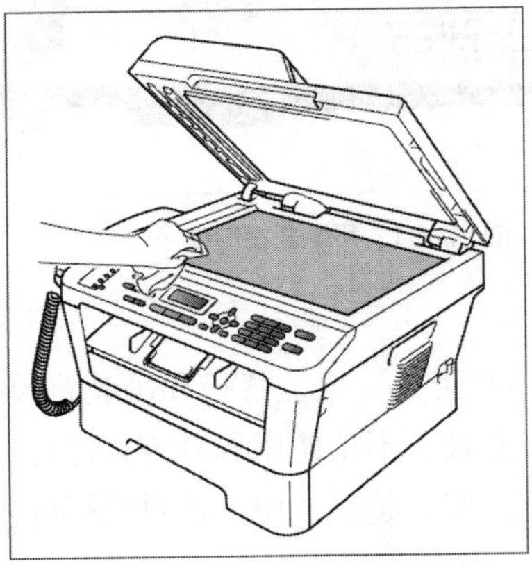

图11–77 清洁平板扫描器

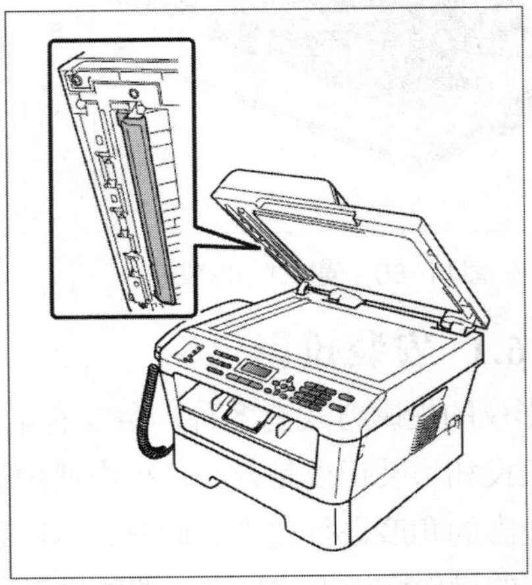

图11–78 清洁自动进稿器单元

STEP 5 打开设备前盖等待其冷却，然后取出硒鼓单元和墨粉组件。

STEP 6 转动硒鼓单元的齿轮查看感光鼓，找到污迹时，用干棉签将其擦除，如图11–79所示。

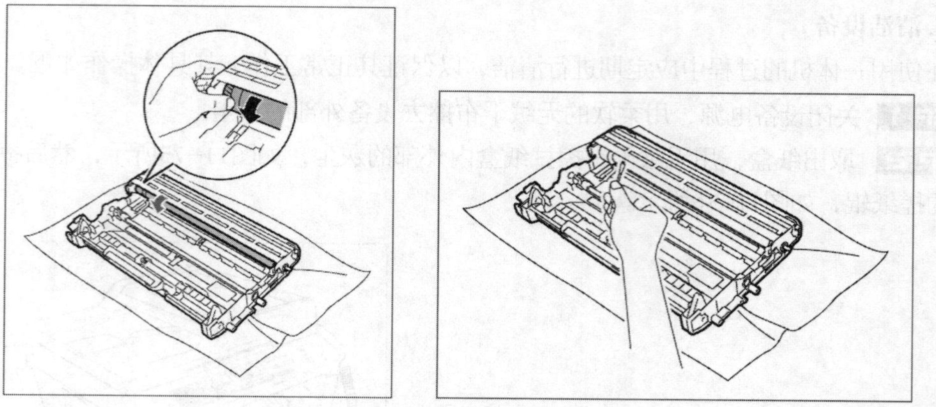

图11-79 清洁感光鼓

11.6 投影仪的使用

投影仪是用于放大显示图像的投影装置，它采用先进的数码图像处理技术，配合多种信号输入输出接口，无论是计算机的RGB信号，还是DVD、VCD、影碟机、录像机和展示台的视频信号，都能转换成高分辨率的图像投在打屏幕上， 并具有高分辨率、高清晰度和高亮度等特点。随着数码技术的迅猛发展，投影仪作为一种高端的光学仪器，已被广泛应用于教学、移动办公、讲座演示和商务活动中。投影仪一般可分为两种，即便携式投影仪，如图11-80所示；吊装式投影仪，如图11-81所示。

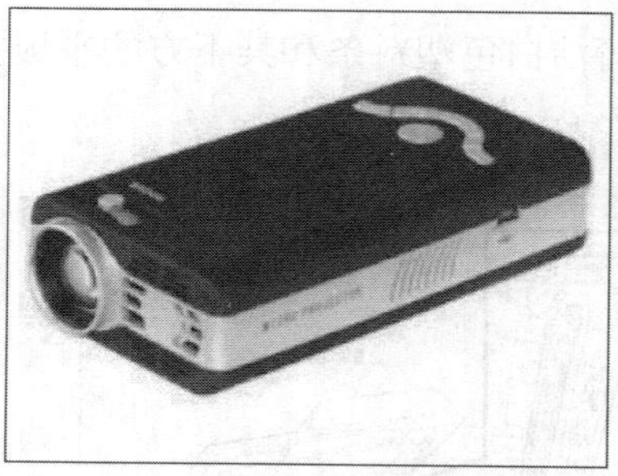

图11-80 便携式投影仪

图11-81 吊装式投影仪

11.6.1 安装投影仪

投影仪的投影方式有多种，主要有桌上正投、吊装正投、桌上背投和吊装背投4种，其中桌上正投和吊装正投是办公过程中使用最多的投影方式。不论使用哪种方式进行投影，都必须对投影的角度进行适当的调整，所以首先可将投影仪安装好，使其正对投影屏幕，再通过投影仪的操作面板上的按键，调整投影角度和投影大小。

- **桌上正投**：投影机位于屏幕的正前方，如图11-82所示，是放置投影机最常用的方式，安装快速并具移动性。
- **吊装正投**：投影机倒挂于屏幕正前方的天花板上，如图11-83所示。

- **桌上背投**：投影机位于屏幕的正后方，如图11-84所示，此安装位置需要一个专用的投影屏幕。
- **吊装背投**：投影机倒挂于屏幕正后方的天花板，如图11-85所示，此安装位置需要一个专用的投影屏幕和投影机天花板悬挂安装套件。

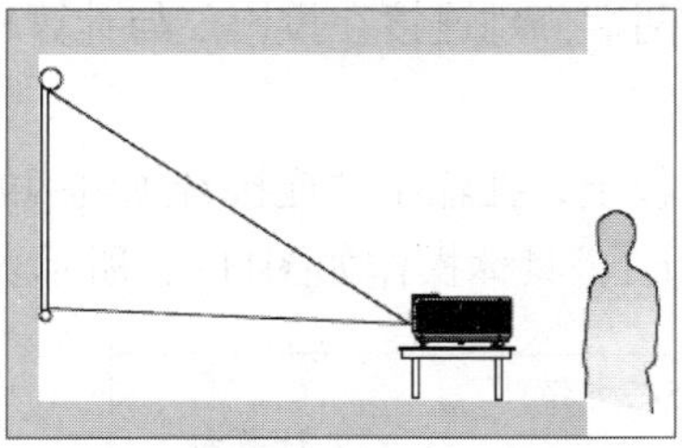

图11-82 桌上正投

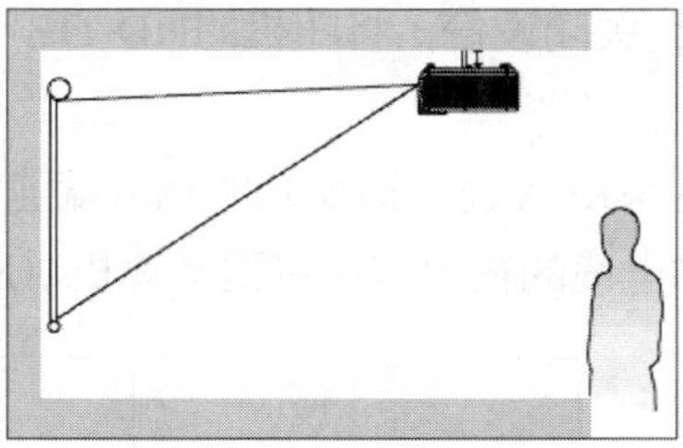

图11-83 吊装正投

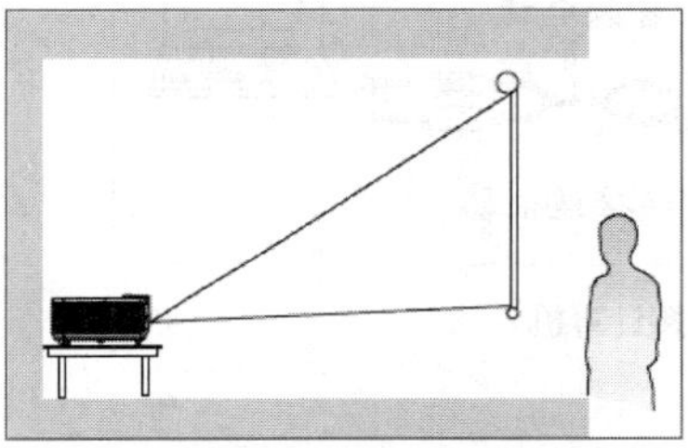

图11-84 桌上背投

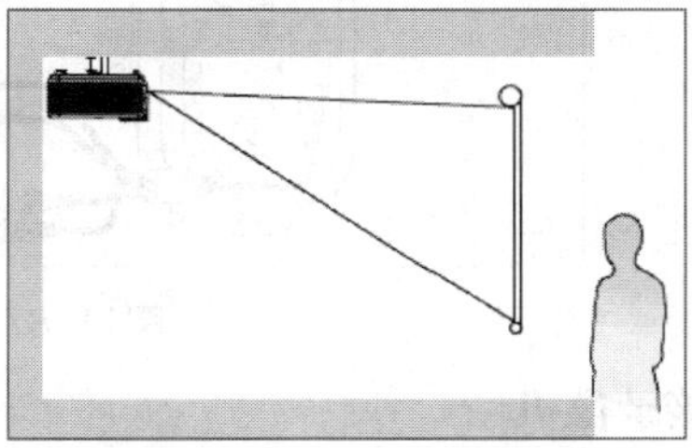

图11-85 吊装背投

安装投影仪时要注意镜头和屏幕之间的距离，如图11-86所示。屏幕的大小不同，其数值也有相应变化，可参考表11-3中的参数进行调整，实际操作中应根据需要和实际情况进行调整。

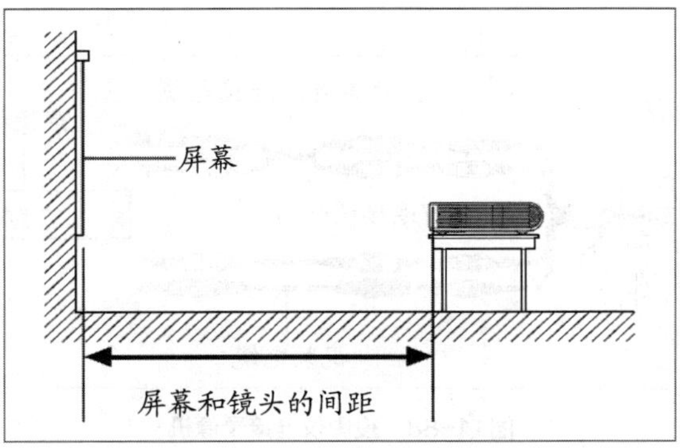

图11-86 屏幕和镜头的距离

表 11-3 屏幕和镜头间距的设置参数

屏幕尺寸 /m	40	80	100	150	200	250	300
最小距离 /m	1.2	2.3	2.9	4.4	5.9	7.3	8.8
最大距离 /m	1.4	2.8	3.6	5.4	7.2	9.0	10.7

11.6.2 连接投影仪

投影仪可以与计算机和录像机等多种设备进行连接使用，下面分别进行介绍。

1. 连接计算机

将投影仪连接到计算机上，即可放映计算机中的视频文件，其具体操作如下。

STEP 1 关闭设备，将随机的HD D副15芯电缆两端分别连接在投影仪与计算机对应的端口上。

STEP 2 将A/V连接适配器的输入端连接到投影仪上，在输出端连接音频电缆的输入端，然后将音频电缆的输出端连接到计算机对应的端口上1，具体操作如图11-87所示。

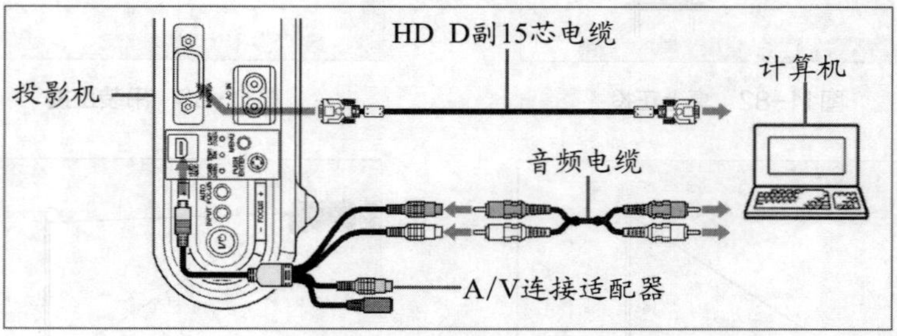

图11-87 投影仪连接计算机

2. 连接录像机

投影仪还可与录像机相连接，从而播放录像内容，其具体操作如下。

STEP 1 将A/V连接适配器的输入端连接在投影仪对应的端口上。

STEP 2 在A/V连接适配器输出端连接上视频电缆和立体声音频连接电缆的输入端，然后将视频电缆和立体声音频连接电缆的输出端分别连接到计算机对应的端口上。具体操作如图11-88所示。

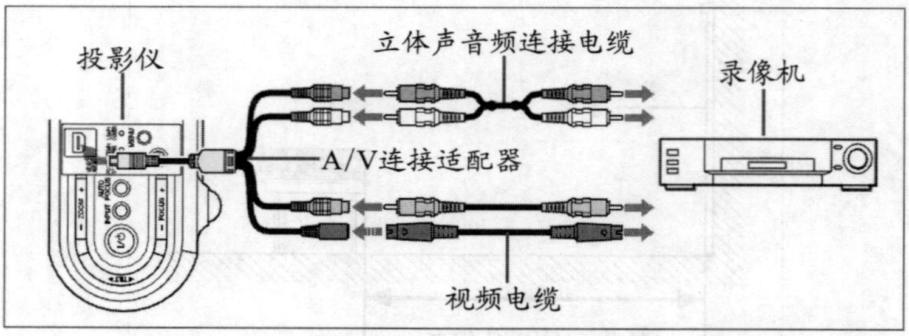

图11-88 投影仪连接录像机

11.6.3 使用投影仪

投影仪安装完成后即可开始使用，在投影过程中可根据投影效果进行相应调试，其具体操作如下。

STEP 1 连接设备，当指示灯亮起时，表示投影仪进入待机状态，按下开机键。

STEP 2 使投影仪与投影屏幕垂直（不能垂直时可稍微调整角度，最大10°），同时按投影仪上的调节按键，调整投影仪高度，如图11-89所示。

STEP 3 切换所连接的装置向投影仪输出信号，根据计算机类型的不同，可能需要按下某个功能键来切换计算机的输出，如图11−90所示。

STEP 4 按操作面板上的“Wide”按键，放大投影尺寸，按“Tele”按键减小投影尺寸，适当情况下，可将投影仪移至离投影屏幕更远的地方，进一步放大映像。

STEP 5 当图像不太清晰时，可在操作界面上按下相应按键调整焦距。

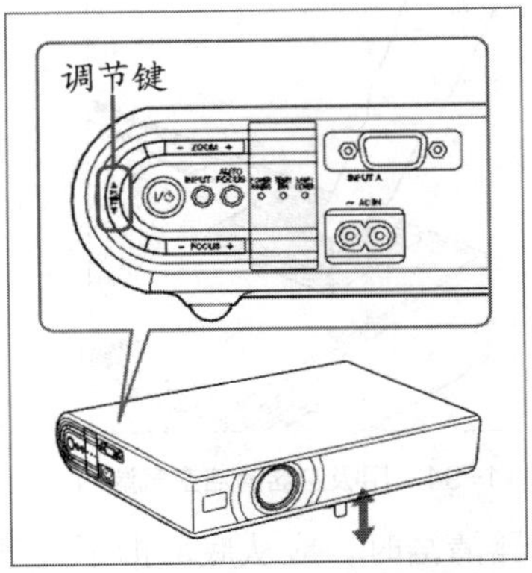

图11−89 调节投影仪高度

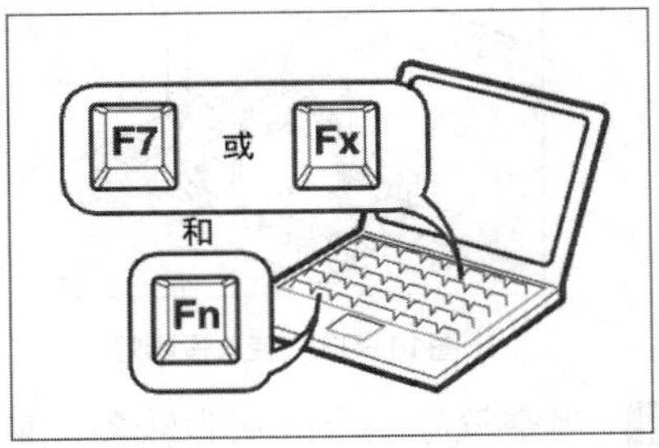

图11−90 笔记本电脑上的切换功能键

11.6.4 投影仪的维护和保养

投影仪需要定期清洁，组件损坏时需要及时更换，同时还需注意相关使用事项，下面分别进行讲解。

1. 更换和清洁组件

投影仪属于精密仪器，在使用时应定期清洁，并更换损坏的组件，其具体操作如下。

STEP 1 关闭投影仪电源并拔出电源线。

STEP 2 将投影仪底面朝上，用螺丝刀拧开底盖，如图11−91所示。

STEP 3 用螺丝刀拧松投影灯上的螺丝，扳开把手，然后握住把手将投影灯拉出。如图11−92所示。

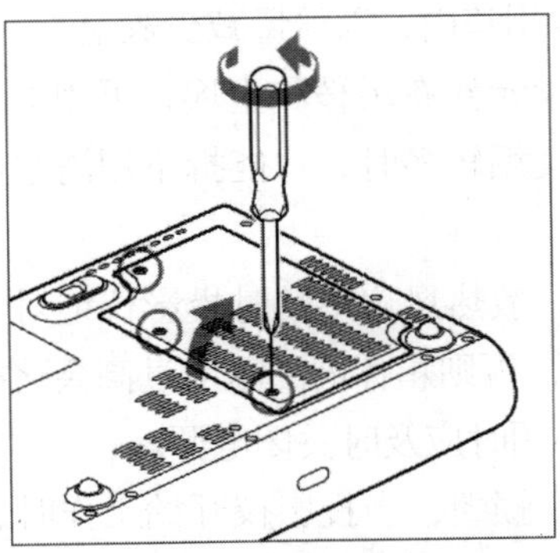

图11−91 拧开底盖

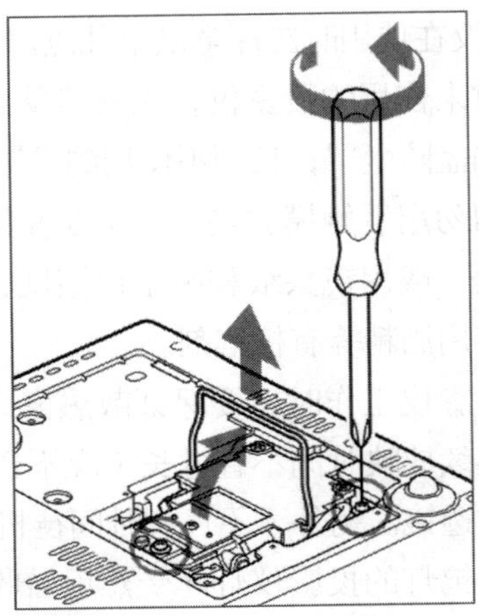

图11−92 拉出投影灯

STEP 4 放入新的投影灯，拧紧螺丝，然后折下把手，如图11-93所示，然后盖上底盖并拧上螺丝。

STEP 5 使用真空吸尘器从通风口外清除空气滤网上的灰尘，如图11-94所示。

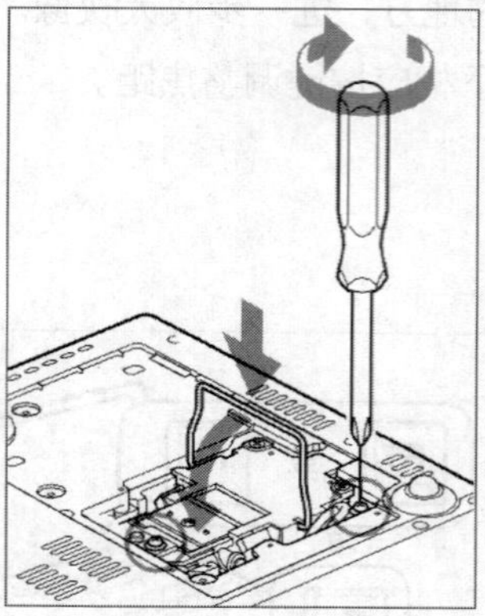

图11-93 装入投影灯

图11-94 用吸尘器清洁空气滤网

STEP 6 当空气滤网上的灰尘较多，难以用吸尘器清洁时，应从底部拆下空气滤网盖，然后取出空气滤网，如图11-95所示。

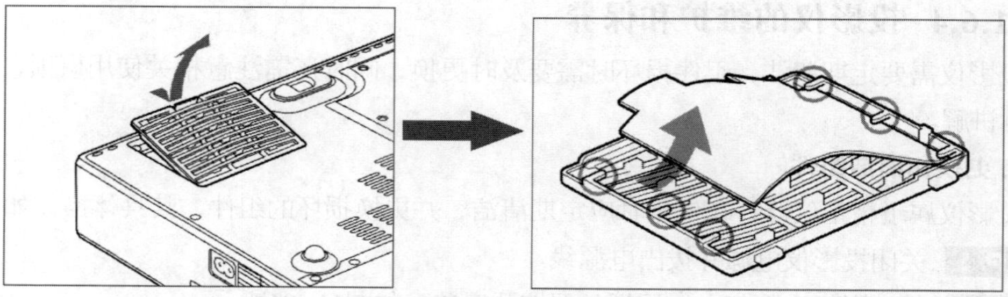

图11-95 拆下空气滤网

STEP 7 用清水清洗滤网，然后将其放在阴暗处晾干，最后重新装回设备中。

2. 日常维护

投影仪在使用时应注意以下几点。

- 对未使用的投影仪，应将其反射镜盖上，遮住放映镜头；短期不使用的投影仪还应加盖防尘罩；长期不使用的投影仪应放入专用箱内，以尽量减少灰尘。
- 切勿用手触摸放映镜和正面反射镜。若光学元件有污秽和尘埃，可用橡皮球吹风除尘，或用镜头纸和脱脂棉擦拭、螺纹透镜集垢较多时，只能拆下用清水冲洗，不得使用酒精等有机溶剂。
- 投影仪工作时，要保证散热窗口通风流畅，散热风扇不转时投影仪绝对不能使用。连续放映时间不宜过长（应不超过1小时），否则箱体内的温度过高会烤裂新月和螺纹透镜。另外，不可长时间待机，投影器不用时应及时关闭电源。
- 溴钨灯的投影仪灯丝受热后若收到震动容易损毁，当投影仪开始工作时，应尽可能减少搬运，勿剧烈震动。若要搬动则应先关机，待灯丝冷却后再搬运。

3. 故障排除

投影仪常见的故障现象、产生原因和排除方法如表11-4所示。

表 11-4 投影仪常见故障和解决办法

故障现象	产生原因	排除方法
灯泡不亮	灯泡钨丝烧断	更换同种规格的灯泡
	灯泡接触不良	检查灯脚与灯座、电源接触点是否接牢
	与灯泡有关的开关接触不良	更换开关或将开关修好
	保险丝烧断	更换相同规格的保险丝
图像模糊	放映镜头位置没有调好	调节镜头位置的高低
	灯泡离聚光灯太近	通过色边调节器调节灯泡与聚光灯的距离
图像缺损	聚光镜、反光镜或灯泡位置不正	调好聚光镜、反光镜和灯泡的位置
	物镜偏离主轴，部分光线未通过	调整物镜位置，使光束通过其中心
图像部分模糊	螺纹透镜变形	更换新的螺纹透镜
	光程差太大	尽量减少光程差
	放映物镜偏斜、不平行	调节物镜位置，使其与螺纹透镜平行

11.7 刻录机的使用

刻录机与普通光驱的外观一样，它除了可以读取光盘内容外，还可以往刻录光盘中写入数据，而普通光驱则只能读取数据不能写入数据。随着数据信息量的扩大，普通的软盘已经不能适应计算机用户的需要，越来越多的用户开始使用光盘保存庞大的数据信息。在办公时或多或少会遇到这方面的问题，有些公司为了长期保存一些重要资料，也常采用刻录机将一些资料刻录在光盘中。如图11-96所示即为一款刻录机的外观。

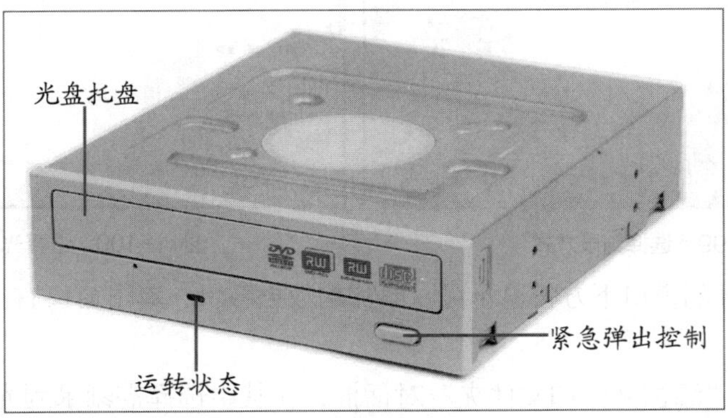

图11-96 刻录机外观图

11.7.1 光盘刻录软件Nero

Nero光盘刻录软件主要用于将文件和文件夹通过刻录机或具备刻录功能的光驱刻录到光盘中，在Nero官网即可下载其试用版免费试用（试用有一定的时间限制，需购买该产品才能长期使用并享受相应的服务）。下面介绍利用该软件刻录数据的方法，其具体操作如下。

STEP 1 将一张空白的DVD光盘放入刻录光驱中，如图11-97所示。

STEP 2 将Nero软件安装到计算机中后，双击桌面上的图标，打开如图11-98所示的窗口，单击“翻录和刻录”选项卡。

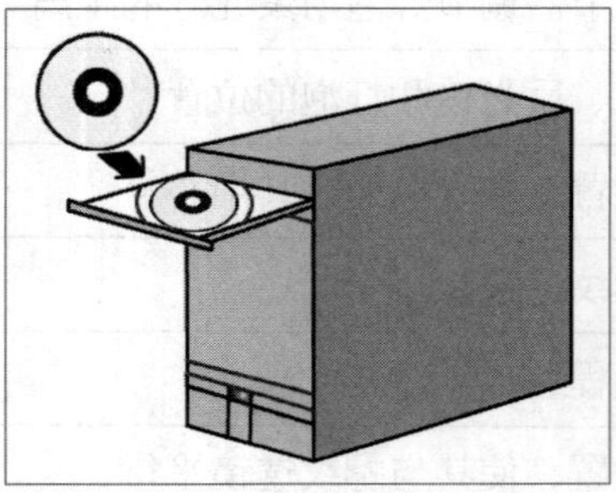

图11-97　放入空白光盘

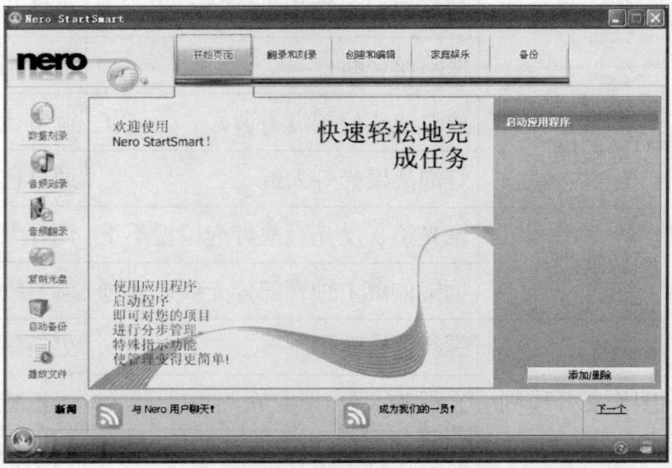

图11-98　单击“翻录和刻录”选项卡

STEP 3 在显示的窗口中单击“刻录数据光盘”按钮，如图11-99所示。

STEP 4 打开“Nero Express”窗口，选择“数据DVD”选项，如图11-100所示。

图11-99　选择刻录方式

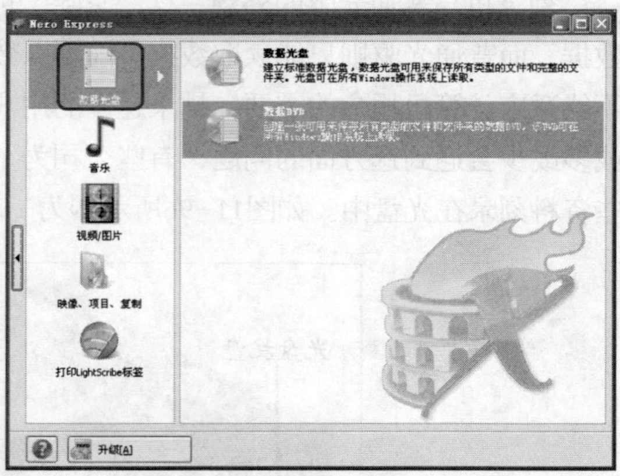

图11-100　选择光盘类型

STEP 5 在打开的窗口下方将显示可以添加的数据容量，单击窗口右上方的按钮，如图11-101所示。

STEP 6 打开“添加文件和文件夹”对话框，在其中选择需刻录到光盘中的文件或文件夹，然后单击按钮，如图11-102所示。

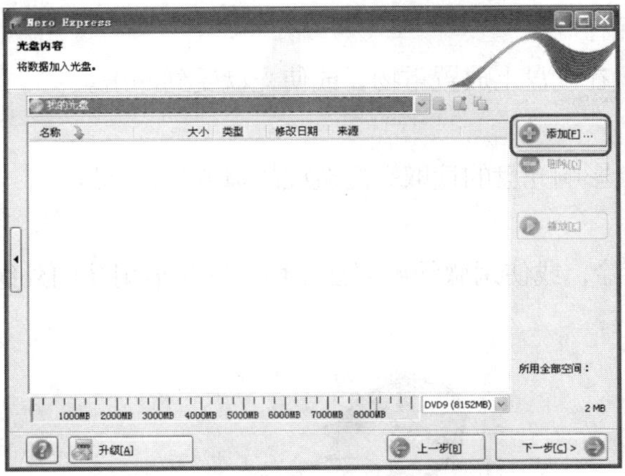

图11-101　将数据加入光盘

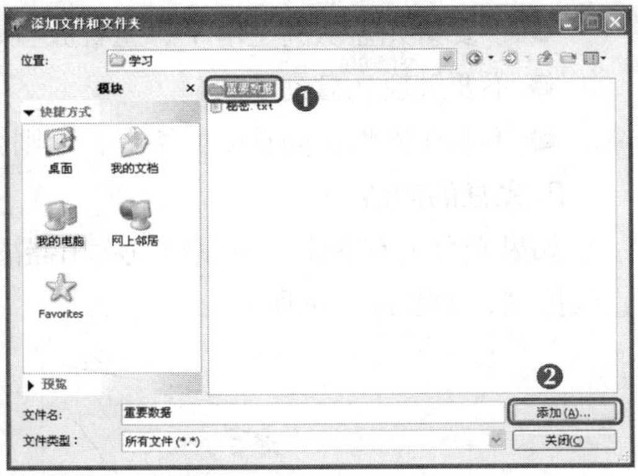

图11-102　选择文件

STEP 7 继续添加其他需刻录到光盘中的文件或文件夹，完成数据的添加后，单击关闭(C)按钮关闭对话框。

STEP 8 返回到前面的窗口中，此时可看到添加的内容以及该数据占用了多少光盘容量，如图11-103所示，单击下一步(C) >按钮。

STEP 9 在打开的窗口中可选择刻录机（若计算机中配置有多个刻录机），还可设置此光盘的名称，这里保持默认设置，单击刻录(B)按钮，如图11-104所示。此时刻录机便将根据Nero下达的指令将添加的文件刻录到DVD光盘中了。

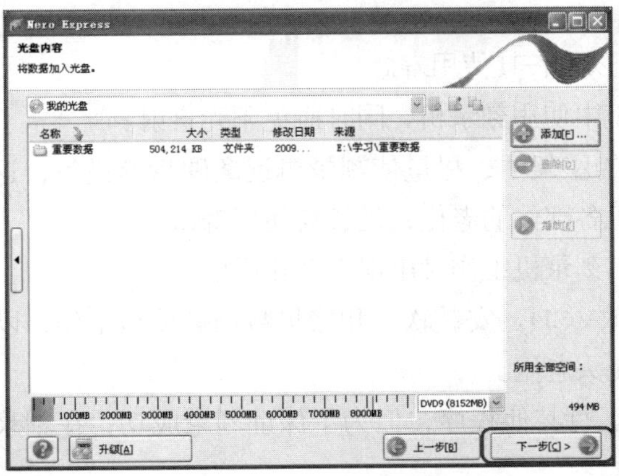

图11-103　添加的文件

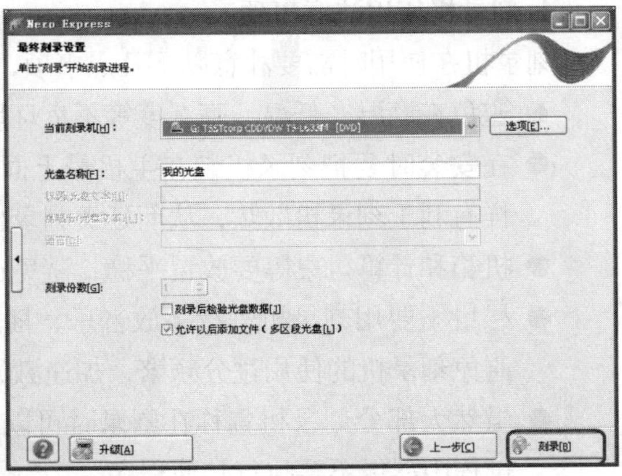

图11-104　设置光盘名称

11.7.2 刻录机的维护和保养

刻录机的日常维护包括光盘的放置、保护和清洁，以及刻录机的清洁、使用注意事项和常见故障排除等，下面分别进行介绍。

1. 光盘的放置

在刻录光盘时，应注意光盘的移动、清洁和保存方法，具体介绍如下。

- 将手指插入光盘中央的圆孔中，并用另外的手指夹住光盘外缘来移动光盘，如图11-105所示。

- 将光盘放入保护盒或保护套内进行保存。
- 不要将光盘从高空落下、重叠放置、在光盘上放置重物，或使光盘受到冲击。
- 不要触摸光盘刻录面。
- 不要在光盘正面粘贴标签等，否则会影响光盘的读取平衡造成故障或其他问题。

2. 光盘的清洁

如果光盘上有灰尘，应用空气吹出器清除，或使用微纤维清洁布由中间呈放射状向外缘直线擦拭，如图11-106所示。

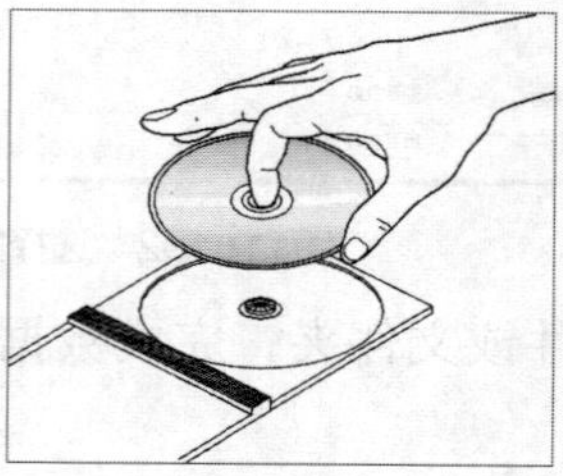

图11-105　移动光盘

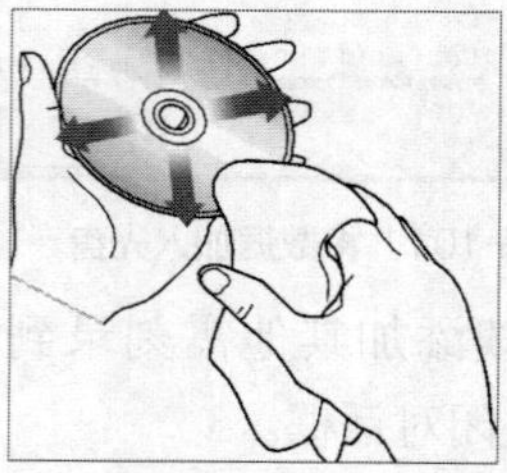

图11-106　清洁光盘

3. 刻录机的清洁

在平时使用刻录机时要做好防尘工作，可定期对刻录机外壳进行清洁。应用柔软的清洁布擦拭，同时注意不要让水和清洁液等液体进入机体，也不要使用混有香蕉水或酒精的溶剂擦拭刻录机。

4. 刻录机使用注意事项

刻录机在使用时需要注意以下几点事项，以延长其使用寿命。

- 避免在高温、低温、高湿度等不良环境中使用刻录机，同时避免阳光直射。
- 在安装时要把刻录机装在主机最上面的座架中，尽量使刻录机远离硬盘等设备，这样有利于刻录机散热，从而延缓刻录机各部件的老化，延长其使用寿命。
- 机箱和计算机桌等要放置平稳，避免在刻录机工作时出现震动和摇摆。
- 尽量不要用刻录机进行播放音乐、播放VCD、安装软件和拷贝数据等读盘工作，以避免刻录机的使用过分频繁，加速激光头老化。
- 虽然大部分刻录机宣称在刻录时可以运行其他程序，但为了保证刻录成功，在刻录过程中尽量不要执行其他程序。
- 在刻录过程中不要对刻录机面板按键进行任何操作，特别是弹出控制键，在刻录过程中弹出光驱仓门会导致光盘报废，甚至损坏机芯和激光头。另外在进行刻录时不要随意关闭刻录软件，以及中止或取消刻录操作，否则极易损坏光盘或造成光盘中的数据损坏不可读取。
- 在CD-R盘上的空余空间中续写（多次记录）时一定要注意刻录软件上的相关操作选项，否则容易因误操作使数据被覆盖。
- 不要用手将光盘托盘推进光驱仓门，这样会损害光驱的进出仓机械部件，加速部件老化；光盘不使用时，不要将其滞留在驱动器内。

5. 刻录机常见故障排除

刻录机是一种由光学系统、机械系统和电力系统组合而成的复杂设备，在使用中只要一处产生问题就会影响其正常使用。如表11-5所示即为刻录机常见故障与解决方法。

表 11-5　刻录机常见故障和解决方法

故障现象	产生原因	解决方法
刻录机不能被识别	IDE 电缆连接不正确	重新连接 IDE 电缆
	接头的针凹陷、弯曲、损坏	更换接头
	BIOS 中的设定不正确	重新进行正确设置
刻录出错	没有使用正确的刻录软件	使用与设备兼容的刻录软件
	光盘规格不符合	更换为合适的光盘
	硬盘容量不足	提高硬盘容量
读取时声音异常	光盘有质量问题	更换光盘
	光盘刻录面上有贴膜	撕去光盘上的贴膜
对 DVD 不能进行规定倍速的刻录	没有使用合适的光盘	更换光盘
	发生缓存欠载	刻录时关闭其他软件并停止其他操作
	刻录机传送模式设置不正确	将 UDMA 设置为有效
	使用 40 针 40 芯电缆连接主机板	使用 40 针 80 芯电缆连接主机板
CD-RW 不能规定倍速的刻录	未使用 Ultra Speed CD-RW 光盘	使用 Ultra Speed CD-RW 光盘
	光盘有质量问题	更换光盘
	发生缓存欠载	刻录时关闭其他软件并停止其他操作
光盘不能读取、识别或读取速度慢	光盘的正反面装错	将光盘正面朝上放入光驱
	光盘偏心	调整或更换光盘
光盘不能追记	刻录软件不同	使用原本的刻录软件
	其他刻录机刻录过的光盘	使用本机刻录的光盘
	光盘刻录后已封盘	用 Disk At Once 或 Track At Once
	上次刻录时设定为不能追记	使用新的光盘

知识提示

无论是CD刻录光盘还是DVD刻录光盘，都有可擦写和不可擦写两种，可擦写刻录光盘可以多次进行数据的删除与刻入操作，而不可擦写的刻录光盘只能一次性将数据写入，不能将已刻录的数据删除。

11.8 移动办公设备的使用

在自动化办公设备发展日新月异的今天，异地办公已经非常普遍，一些方便且功能强大的小型办公设备不断出现，主要包括U盘、移动硬盘和掌上计算机等。

11.8.1 移动办公设备简介

U盘和移动硬盘同为移动储存设备，下面主要介绍移动硬盘和掌上计算机的相关知识。

1. 移动硬盘

移动硬盘的外部比较简单，如图11-107所示。

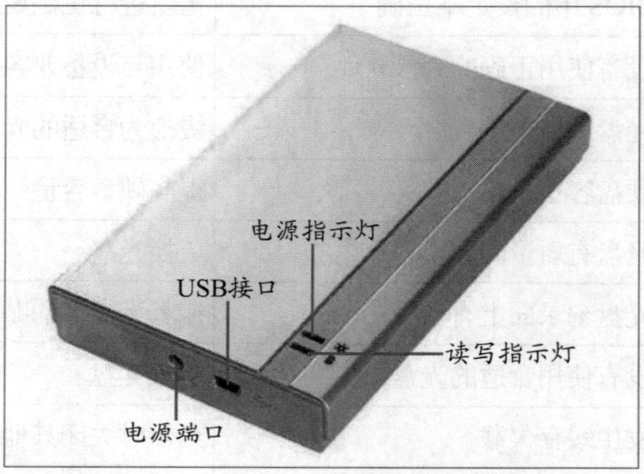

图11-107 移动硬盘外观图

购买移动硬盘后，将其连接到计算机上，然后安装相应驱动，即可进行使用，如进行文件的复制和编辑等操作。下面介绍移动硬盘的使用方法，其具体操作如下。

STEP 1 使用USB连接线将移动硬盘与计算机相连接，如图11-108所示。

STEP 2 系统将自动检测硬件，并在任务栏右端显示相关信息，如图11-109所示。

图11-108 移动光盘

图11-109 清洁光盘

STEP 3 当硬件安装完毕后，打开资源管理器，即可查看到新增的硬盘盘符，如图11-110所示。在其中即可进行文件的相应操作，其操作与在本地硬盘中的操作相同。

STEP 4 选择【开始】/【控制面板】菜单命令，打开控制面板窗口。在其中双击“管理工具”图标，然后双击“计算机管理”图标，打开“计算机管理”窗口。

STEP 5 在左侧的列表框中选择“磁盘管理”选项，并在右侧选择移动硬盘选项，然后在下方的状态区单击鼠标右键，选择菜单命令，即可进行相应操作，如图11-111所示。

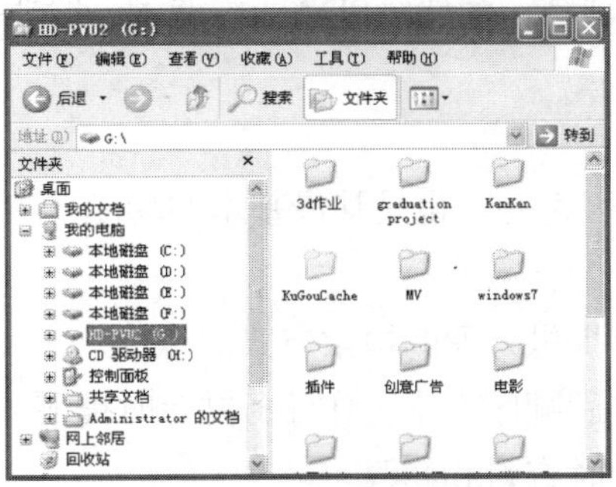

图11-110　移动光盘

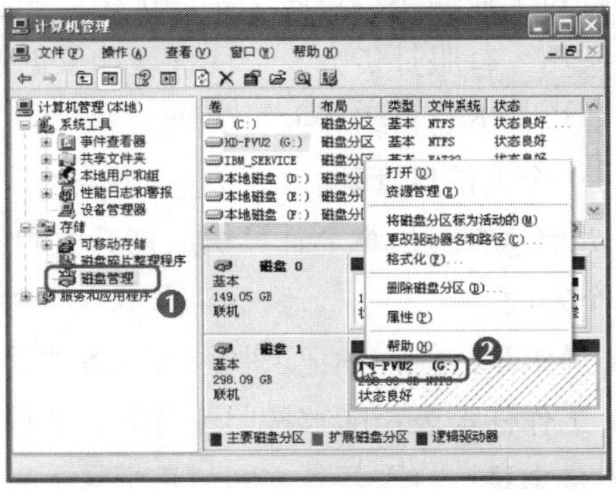

图11-111　清洁光盘

STEP 6　在任务栏右端双击图标，在打开的"安全删除硬件"对话框中单击[停止(S)]按钮。在打开的"停用硬件设备"对话框中选择要停止的移动硬盘，然后单击[确定]按钮。

STEP 7　稍后等到系统显示提示信息时即可拔出移动硬盘，如图11-112所示的。

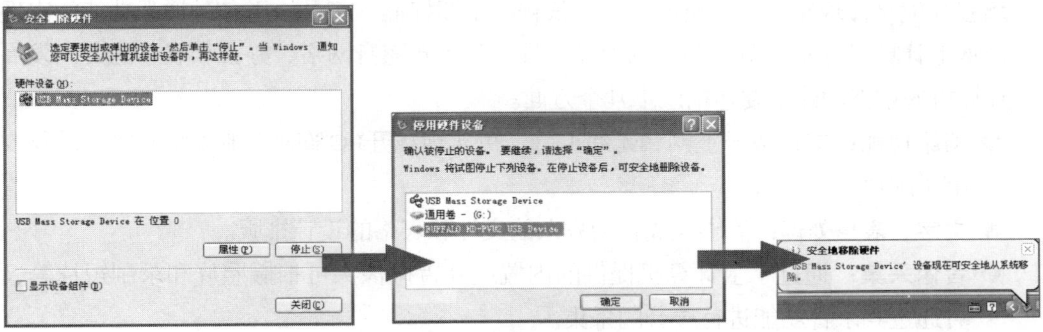

图11-112　断开移动硬盘与计算机的连接

2. 掌上计算机

掌上计算机（Personal Digital Assistant，缩写PDA）是一种辅助个人工作的数字工具，功能大体包括记事、文档编辑、通讯、玩游戏、播放多媒体、通过无线网卡上网、阅读电子书、图像处理和GPS导航等，其外观如图11-113所示。

图11-113　掌上计算机外观图

掌上计算机分为工业级和消费级两类。工业级PDA包括条形码扫描器和RFID读写器等，并针对工业使用特点做了相应优化，一般应用于物流快递、物流配送、连锁店/门店/专柜数据采集、鞋服订货会、卡片管理和票据管理等领域；消费级PDA即消费者一般所购买的掌上计算机，下面介绍其主要功能。

（1）个人信息管理。

个人信息管理是掌上计算机最初产生的主要原因之一，也是其最基本的功能，主要包括以下几个方面。

- **通讯录**：能详细记录联系人的各项资料，并提供方便的检索方式。
- **工作任务表**：能够按照任务的重要程度和先后顺序安排工作任务并定时提醒。
- **备忘录**：将需要备忘的信息记录下来，可随时查看和修改。
- **定时提醒**：代替闹钟和手表的功能，可选择不同的提醒方式和提醒时间间隔。
- **计算**：包括通用计算器和科学计算器以及汇率换算和度量衡等。
- **电子词典**：词汇查询和汉英文互译等。

（2）增强功能。

增强功能是体现掌上计算机高、中、低档的主要标准，正是由于各种增强功能的出现，才使得掌上计算机告别了单一的信息管理工具，开始向随身网络、办公和娱乐的方向发展。掌上计算机的增强功能主要包括以下几个方面。

- **网络功能**：支持拨号上网和无线上网，可实现离开PC随时随地浏览网络，以及收发电子邮件。
- **文字、表格处理**：能够完成较为复杂的文件和表格的设计排版。
- **音像采集**：通过掌上计算机提供的内置或外置摄像头可拍摄照片和录制短片等，也可通过其录音功能进行声音的采集。
- **多媒体管理**：输入输出、编辑整理和播放多种格式的影音文件。
- **图片管理**：可存放大量的图片文件供用户随时浏览和使用。
- **电子书籍**：阅读存储在掌上计算机中的电子书籍。
- **GPS导航**：可查看当地实时地图，并进行电子导航，对于异地办公十分方便。

11.8.2 移动办公设备的维护和保养

移动办公设备出现故障的几率较大，因此在使用时应尤为注意。下面介绍移动硬盘和掌上计算机的日常维护知识以及常见故障的排除方法。

1. 移动硬盘

在使用过程中若不正确维护硬盘，则有可能造成硬盘损坏，甚至导致数据丢失，产生十分严重的后果。移动硬盘的日常维护主要包括以下几个方面。

- **读写时不能关掉电源**：硬盘进行读写时若突然切断电源，将导致磁头与盘片猛烈摩擦，从而损坏磁盘。因此在关机时一定要等待移动硬盘上的读写指示灯不再闪烁，即硬盘停止读写后再关机。

- **注意使用环境**：若环境中灰尘较多，则会被吸附到印制电路板的表面和主轴电机的内部；硬盘若在较潮湿的环境中工作，则会使绝缘电阻下降；音箱、喇叭和电机等强磁场环境会将硬盘中的数据磁化使硬盘受到破坏。
- **避免受到震动**：硬盘在进行读写工作时若发生较大震动，则可能造成磁头和数据区相撞击，导致盘片数据区损坏，甚至丢失数据信息。
- **移动硬盘的整理**：硬盘在使用一段时间后应进行磁盘整理，避免垃圾文件占用空间，也防止磁盘读写速度变慢。
- **防止病毒**：当向移动硬盘中复制数据时，要先对数据文件进行扫描，防止其携带病毒从而损害移动硬盘中的数据。

移动硬盘常见的故障和解决方法如表11–6所示。

表 11–6　移动硬盘常见故障和解决方法

故障现象	产生原因	解决方法
移动硬盘进行读写时频繁出错	主板 USB 供电不足	将 USB 接口供电方式从 +5VSB 换为主板 +5V
		尝试使用 PS/2 取电接口
电源指示灯不亮	硬盘盒或硬盘问题	更换或维修
不能在资源管理器中发现移动硬盘的盘符	电源供电不足	缩短 USB 延长线
		将移动硬盘连接在机箱后置的 USB 口
		使用带有两个输入端口的 USB 数据线
	驱动兼容问题	安装集成 SP1 或 SP2 补丁的 Windows XP 系统
		更新主板驱动程序
	在 BIOS 中没有为 USB 接口分配中断号，从而导致系统无法正常识别和管理 USB 设备	重新启动计算机，进入 BIOS 设置窗口，在“PNP/PCICONFIGURATION”中将“Assign IRQ For USB”选项设置为“Enable”，即可为 USB 端口分配可用的中断地址
移动硬盘在 Windows 98ME 操作系统下，驱动程序安装正确，但找不到盘符	设置不当	在“设备管理器”中确认移动硬盘工作是否正常。如果正常，进入“设备管理器”中的“磁盘驱动器”，选中移动硬盘，单击“属性”按钮，选择“设置”中的“可删除”复选框，重新启动计算机
移动硬盘再进行数据读写时，经常出现“缓存错误”等提示	数据线质量不好或连接处松动	更换新的数据线

2. 掌上计算机

与普通计算机相比，掌上计算机虽然结构相对紧凑，且为了便于携带具有很多防护设计，但其毕竟属于精密的数码设备，必须注意保养才能保持良好的运作状态。掌上计算机的日常维护主要包括以下几个方面。

- **备用输入装置**：掌上计算机一般采用手写输入功能，如图11-114所示，在购买掌上计算机时会随机附带触控笔，但对于经常出差或旅行的用户而言，难免发生触控笔丢失的情况，因此最好在购机时同时购买一只备用触控笔；对于经常利用掌上计算机输入资料或编辑文件的用户而言，为了方便起见，可配备外接键盘，如图11-115所示。但作为可选配件，外接键盘一般价格较高，且不同品牌之间往往不相兼容，在购买时应多加注意。

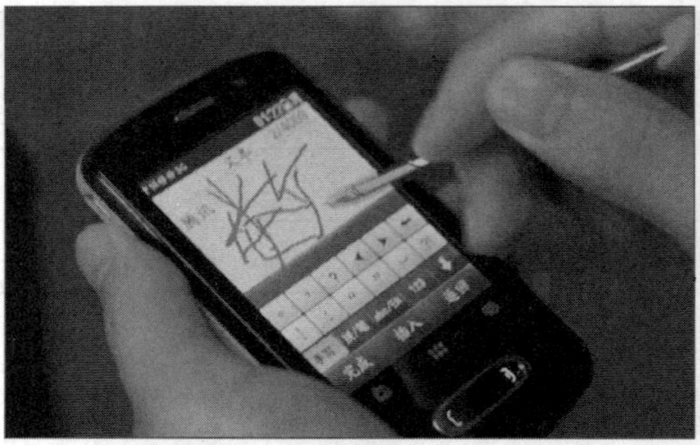

图11-114　触控屏和触控笔

图11-115　掌上计算机外接键盘

- **清洁、保护屏幕**：触控屏是掌上计算机最重要的工作区域，使用时应在上面粘贴保护膜，并使用柔软的清洁布擦拭。
- **防止意外跌落、碰撞**：跌落和碰撞会对触控屏和其他部件造成损害，因此应为其添加保护套。一些掌上计算机带有保护触控屏的保护盖，应正确使用，避免屏幕受到损害。
- **避免干扰**：掌上计算机作为一种电子设备，其显示效果会因为其他电子设备的辐射和干扰受到影响，因此在使用时应远离高辐射的设备，以排除电磁干扰。
- **注意温度和湿度**：电子设备都有一个保证其正常运作的温度和湿度范围，在使用掌上计算机时，要仔细阅读说明书，了解其正常的工作温度和湿度范围。
- **尽量节省电力消耗**：掌上计算机的电池只能提供有限的持续工作时间，打开背光、听音乐或看电影时会增加电力消耗。因此为了保证掌上计算机具有更长的工作时间，在没有外接电源的情况下应尽量减少或关闭背光，不听音乐或观看电影，以节省电池能量。
- **优化内存**：掌上计算机的内存一般较小，一般情况下不要让储存内存超过内存空间的三分之二；对于Plam用户而言，可采用Flash ROM刷新工具，将必须使用的软件刷写到Flash ROM中，以节省内存空间。

- **经常与计算机进行数据同步**：掌上计算机一定要经常与计算机进行同步备份，以免掌上计算机意外丢失或损坏的时候丢失重要数据。
- **保护个人数据信息**：掌上计算机作为私人随身数码设备，其中必然储存了个人信息，为防止意外丢失造成资料泄露，可为掌上计算机设置密码，或使用第三方安全软件，将重要信息保护起来。
- **病毒防护**：对于掌上计算机而言，病毒主要的3个传播途径包括同步传染、红外线传输和联网下载。使用专用的病毒防护软件可保护掌上计算机不受病毒危害。

11.9 实训——扫描并打印业务合同

11.9.1 实训目标

公司与合作公司谈成了一笔业务，合作公司要求公司先起草一份合同初稿，并将其扫描，以图片形式传送给对方，再经双方协商洽谈，修改确定合同条款，最后将合同终稿打印出来，便于正式签订合同。本实训涉及使用扫描仪和打印机等办公设备的相关知识。

11.9.2 专业背景

签订合同时有以下几方面注意事项。

- 在签订合同前，要认真做好主体审查，查看对方是否有资格做这笔交易，并查看对方的营业执照，了解其经营范围，以及对方的资金、信用和经营情况，其项目是否合法。若其具有担保人，也应调查担保人。
- 合同一般要求盖公章，重要合同必须盖公章。加盖公章后尽量要求对方法定代表人签字或业务经理、特别授权代理人签字。
- 没有董事长的书面批准，包括总经理在内的任何人无权在合同、信函、传真等书面文书上签注“承担保证之责”、“履行担保之责”或“抵押”等担保承诺，否则一概视为个人行为。
- 合同所涉及的数量、质量、货款支付以及履行期限、地点和方式等，都必须严密、清楚。
- 应明确规定商品的标准，一般按国家标准执行，若没有固定标准而有专业标准的，则按照专业标准执行；没有国家和专业标准的，应按企业标准执行。
- 合同必须明确规定双方应承担的义务和违约的责任。规定双方的各自责任和义务要清楚明确，若对方违约的可能性较大时，要尽量约定违约金数额或计算标准，数额可以超过合同标的数额。
- 争取在我方所在地举行合同的缔约或签字仪式，因为签约地点往往与合同履行地相联系，在合同中应表明。能够协议管辖的应当协议管辖，若不能则应注明由地区人民法院管辖，如地方不认可也应标明由原告所在地管辖。
- “订金”和“定金”要区别。订金系预付款，合同解除或终止时顶抵货款或退回；

而定金是担保金，交付定金一方违约时不予返还，收取定金一方违约双倍返还，正常履行时顶抵货款，合同起草时不能将“定金”写成“订金”、“保证金”、“押金”或“定约金”。

- “签字盖章后生效”要求是在合同上签字并加盖公章，否则会有合同没有生效的风险。避免方式是约定“盖章后生效”或“签字或盖章后生效”。

11.9.3 操作思路

本实训涉及扫描合同和打印合同两部分，为了方便操作，这里直接使用多功能一体机完成扫描和打印两方面的工作。首先将文件扫描在U盘中，再将U盘插在计算机上，利用网络传送给对方，确认无误后，再打印合同。

【步骤提示】

STEP 1 打开多功能一体机的电源，将U盘插在多功能一体机的USB接口上，打开盖板，将合同的第一页放在原稿台上（左下角对齐）。

STEP 2 放下盖板，在控制面板上选择“扫描”模式，然后按“开始”按键，扫描合同的第一页。

STEP 3 打开盖板，取出第一页合同，放入第二页，放下盖板，执行相同的操作，扫描合同的第二页，利用相同的方法，扫描合同的其他内容，完成后取出合同的最后一页，拔下U盘即可。

STEP 4 将U盘插在计算机的USB接口上，将所有图片压缩为一个压缩文件，打开邮箱，以附件的形式上传到邮件中，并将邮件发送给对方。

STEP 5 检查计算机是否与打印机相连接，检查计算机是否安装了打印机的驱动程序。

STEP 6 打开编写合同的Word文档，选择【文件】/【打印】菜单命令，打开“打印”对话框。

STEP 7 在“页面范围”栏中单击选中“全部”单选项，在“副本”栏的“份数”下拉列表框中输入“2”，单击 确定 按钮打印2份合同。

11.10 疑难解析

问：刻录光盘时能不能使光盘允许多次添加刻录的数据，以免浪费光盘空间？

答：只需在刻录向导对话框中单击选中“允许以后添加文件”复选框即可。

问：打印机是连接在其他的计算机中的，这种情况还可以使用打印机吗？

答：如果打印机连接在局域网的其他计算机上，则需安装网络打印机：找到连接打印机的计算机，查看其IP地址并记录下来，单击 开始 按钮，打开“开始”菜单，选择“运行”菜单命令，打开“运行”对话框，在下拉列表框中输入记录的IP地址，如图11-116所示。按【Enter】键，在打开的窗口的工作区中将显示该计算机连接的打印机，在打印机上单击鼠标右键，在弹出的快捷菜单中选择“连接到打印机”菜单命令，稍后即可将计算机与该打印机相连。使用这种方法前，需确认该打印机为共享打印机。

图11-116　输入IP地址

问：扫描仪还有没有其他的使用方法，听说还可以通过软件进行扫描，是吗？

答：扫描仪除了像书中介绍的通过向导的方式进行文件扫描外，还可通过软件进行扫描，如尚书七号软件、PS软件等。在尚书七号中进行扫描的方法为：打开扫描仪的保护盖，放入需要扫描的图片或资料，有图像的一面朝下，合上保护盖，启动尚书七号软件，选择【文件】/【扫描】菜单命令即可开始扫描，完成扫描后，在软件的窗口中将显示扫描图片，如图11-117所示为“尚书七号”软件的主界面。

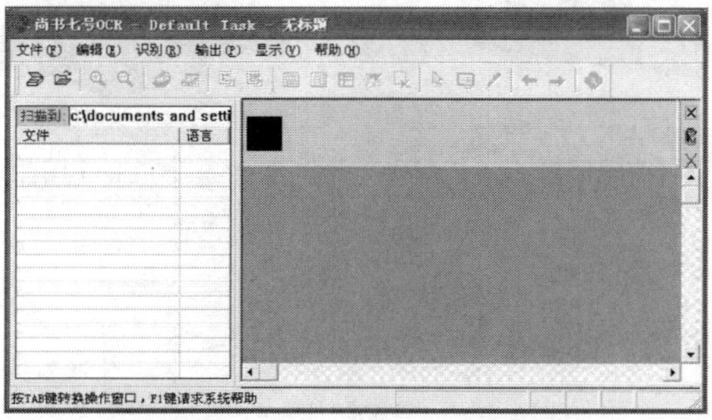

图11-117　“尚书七号”软件主界面

11.11 习题

本章介绍了一些常用办公设备的使用方法，熟练使用这些办公设备能有效提高办公速度。读者可亲自使用并维护本章介绍的设备，掌握相关的基本操作。

（1）检查计算机是否与打印机相连接，若连接，安装本地打印机驱动，若未连接，则安装网络打印机驱动（知道对方IP地址时，可使用常见疑难解答中关于第一个问题的答案；不知道对方IP地址时，可使用安装本地打印机驱动的方法，在“本地或网络打印机”步骤中，单击选中“网络打印机或连接到其他计算机的打印机”单选项，然后按提示信息进行操作）。

（2）取出打印机的硒鼓，利用维护打印机的方法取出墨盒并重新安装，清洁纸盒和激光器窗口。

（3）打印图片，设置传真的接收模式，并尝试将打印的图片以传真的形式发送。

（4）打开复印机，练习单面复印、双面复印和批量复印的操作。

（5）观察投影仪接口，打开投影仪，将投影仪和计算机连接起来，放映“员工培训”演示文稿。

课后拓展知识

数码设备是一种新型的办公设备，一般常用的有数码相机和数码摄像机，如图11-118为数码相机的外观图，图11-119为数码摄像机外观图。如今，数码相机和数码摄像机已经成为日常生活中常见的设备，熟练使用其操作和维护方法是办公人员需要掌握的技能。

图11-118　数码相机

图11-119　数码摄像机

1. 特点

- 外形小巧、携带方便，自动化程度高。
- 可即时查看拍摄内容；图片、声音和影像采用数字记录方式，拍摄清晰。
- 内存大、使用时间长，并且具有USB接口。
- 多功能化且操作方便简单。

2. 使用

数码相机和数码摄像机在购买时一般会配备使用说明书，用户在使用前要仔细阅读使用说明书，以便正确使用设备。

3. 维护和保养

- 防震、防潮、防高温、防强光、防磁。
- 液晶屏的维护，防止硬物划伤。
- 注意电池寿命，避免频繁充电减少使用寿命。
- 做好清洁工作。

PART 12

第12章 综合案例——编写广告文案

情景导入

经过这段时间的实习工作，小白掌握了许多办公技能。这次她接到一个重要的任务，就是制作一个完整的产品广告策划案。

知识技能目标

- 掌握Office三大组件的综合应用方法。
- 掌握通过网络收集资料的方法。

- 能够熟练撰写基本的广告文案。
- 能够综合使用Office三大组件制作广告案例。

课堂案例展示

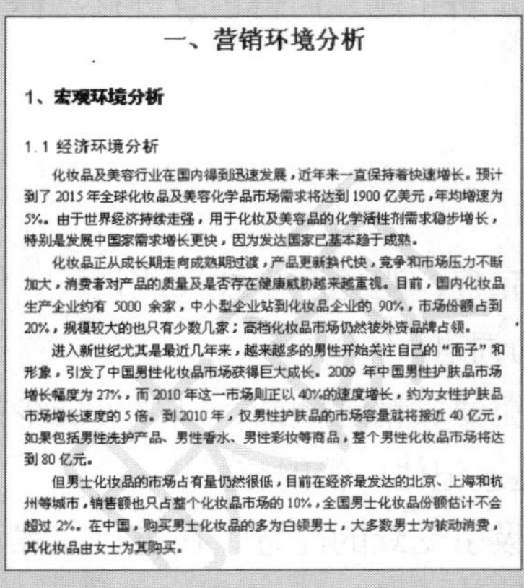

一、营销环境分析

1、宏观环境分析

1.1 经济环境分析

化妆品及美容行业在国内得到迅速发展，近年来一直保持着快速增长。预计到了2015年全球化妆品及美容化学品市场需求将达到1900亿美元，年均增速为5%。由于世界经济持续走强，用于化妆及美容品的化学活性剂需求稳步增长，特别是发展中国家需求增长更快，因为发达国家已基本趋于成熟。

化妆品正从成长期走向成熟期过渡，产品更新换代快，竞争和市场压力不断加大，消费者对产品的质量及是否存在健康威胁越来越重视。目前，国内化妆品生产企业约有5000余家，中小型企业站到化妆品企业的90%，市场份额占到20%，规模较大的也只有少数几家；高档化妆品市场仍然被外资品牌占领。

进入新世纪尤其是最近几年来，越来越多的男性开始关注自己的“面子”和形象，引发了中国男性化妆品市场获得巨大成长。2009年中国男性护肤品市场增长幅度为27%，而2010年这一市场则正以40%的速度增长，约为女性护肤品市场增长速度的5倍。到2010年，仅男性护肤品的市场容量就将接近40亿元，如果包括男性洗护产品、男性香水、男性彩妆等商品，整个男性化妆品市场将达到80亿元。

但男士化妆品的市场占有量仍然很低，目前在经济最发达的北京、上海和杭州等城市，销售额也只占整个化妆品市场的10%，全国男士化妆品份额估计不会超过2%。在中国，购买男士化妆品的多为白领男士，大多数男士为被动消费，其化妆品由女士为其购买。

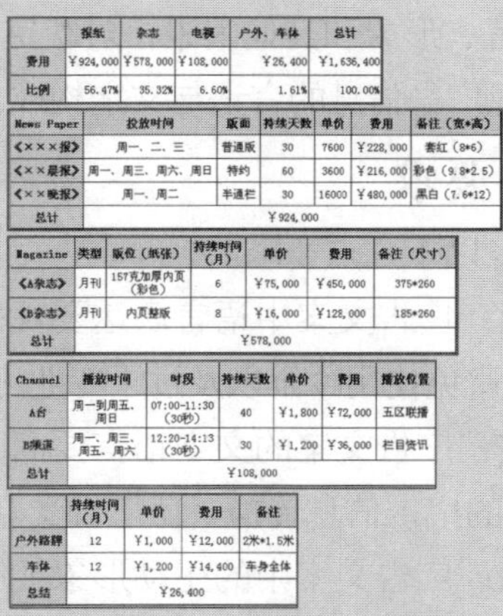

	报纸	杂志	电视	户外、车体	总计
费用	￥924,000	￥578,000	￥108,000	￥26,400	￥1,636,400
比例	56.47%	35.32%	6.60%	1.61%	100.00%

News Paper	投放时间	版面	持续天数	单价	费用	备注（宽*高）
《×××报》	周一、二、三	普通版	30	7600	￥228,000	套红（8*6）
《××晨报》	周一、周三、周六、周日	特约	60	3600	￥216,000	彩色（9.8*2.5）
《××晚报》	周一、周二	半通栏	30	16000	￥480,000	黑白（7.6*12）
总计	￥924,000					

Magazine	类型	版位（纸张）	持续时间（月）	单价	费用	备注（尺寸）
《A杂志》	月刊	157克加厚内页（彩色）	6	￥75,000	￥450,000	375*260
《B杂志》	月刊	内页整版	8	￥16,000	￥128,000	185*260
总计	￥578,000					

Channel	播放时间	时段	持续天数	单价	费用	播放位置
A台	周一到周五、周日	07:00-11:30（30秒）	40	￥1,800	￥72,000	五区联播
B频道	周一、周三、周五、周六	12:20-14:13（30秒）	30	￥1,200	￥36,000	栏目资讯
总计	￥108,000					

	持续时间（月）	单价	费用	备注
户外路牌	12	￥1,000	￥12,000	2米*1.5米
车体	12	￥1,200	￥14,400	车身全体
总结	￥26,400			

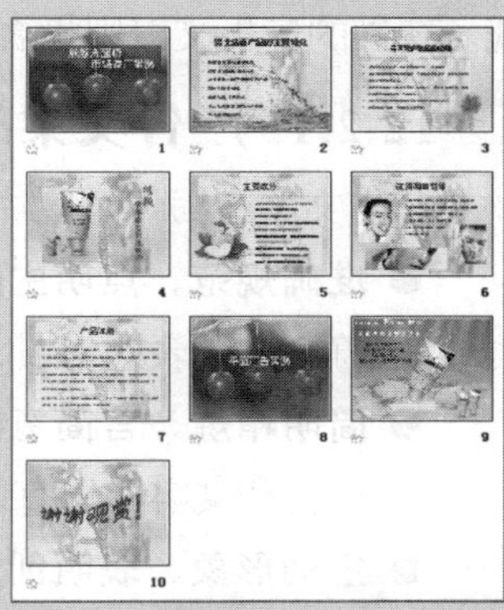

广告案例最终效果

12.1 实训目标

本实训要求制作广告文案，需要使用Office办公软件、网络和办公设备等方面的多种知识。读者不仅需要掌握Word文档的编写、Excel表格的编写和计算，以及PowerPoint演示文稿的制作和设计，还要掌握在网络中搜索资料的方法，并熟练掌握办公设备的使用方法。本实训的完成效果如图12-1所示，下面讲解具体制作方法。

素材所在位置 光盘:\素材文件\第12章\广告文案\
效果所在位置 光盘:\效果文件\第12章\广告文案\

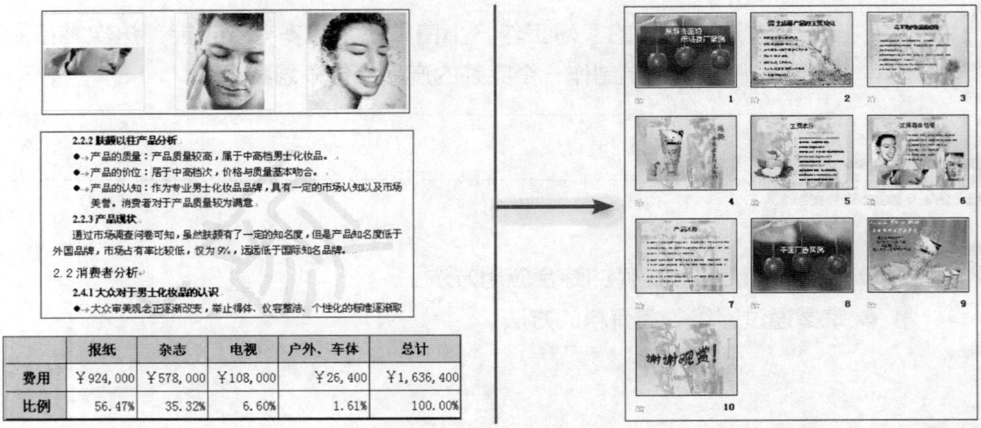

图12-1 广告文案效果

12.2 专业背景

广告文案是以语辞进行广告信息内容表现的形式。广告文案有广义和狭义之分，广义的广告文案就是指通过广告语言、形象和其他因素，对既定的广告主题、广告创意进行具体表现。狭义的广告文案则指表现广告信息的言语与文字构成。

12.2.1 广告文案的要求

广告文案在写作时应注意以下几点要求。

- **准确规范、点明主题**：广告文案中语言表达要规范完整，避免产生歧义或误解；要符合语言表达习惯，避免使用冷僻以及过于专业化的词语。
- **简明精炼、言简意赅**：广告文案的文字语言要简明扼要、精练概括，以尽可能少的语言和文字实现有效的广告信息传播，使广告受众迅速记住广告内容。
- **生动形象、表明创意**：广告文案中的生动形象能够吸引受众的注意，在进行文案创作时采用生动活泼、新颖独特的语言同时，还要辅助以一定的图像进行配合。
- **动听流畅、上口易记**：广告语言要注意优美、流畅和动听，使其易识别、记忆和传播，从而突显广告定位，突出广告主题和广告创意，产生良好的广告效果。

12.2.2 广告文案的构成

广告文案主要由广告标题、广告正文和广告口号，以及广告图像和广告音响构成。在广告设计中，文案与图案图形同等重要，图形具有冲击力，广告文案则具有较深的影响力。

- **广告标题**：广告文案的主题也是广告内容的诉求重点，作用在于吸引消费者对广告的兴趣。语言应简明扼要、传递清楚，文字数量一般以12字之内为宜。
- **广告正文**：广告正文是对产品及服务的说明，从而增加消费者的了解与认识。内容应实事求是，通俗易懂，要抓住主要信息进行叙述。
- **广告口号**：口号是战略性的语言，目的是经过反复和相同的表现，使消费者掌握商品或服务的个性。广告口号应简洁明了、语言明确、独创有趣且便于记忆。

12.2.3 广告文案的原则

广告文案写作有三大原则：真实性原则、原创性原则、有效传播原则。

- **真实性原则**：真实性是广告文案的生命力所在，如果违背了真实性原则，广告文案会因为失真而丧失可信度。广告活动如果失去了受众的信任，其本身也就成了毫无意义的行为。
- **原创性原则**：原创性包括表现手法上的独创和信息内容的独创。广告文案写作需要在形式上体现原创，寻找到独特的信息内容进行表现。
- **有效传播原则**：有效传播是通过沟通建立与目标消费者之间的独特关系，广告的优劣，不仅要视其销售产品的能力，更取决于其能否树立一个持久的品牌，获得消费者的忠诚和信心。

12.3 制作思路分析

制作本例前，应先收集相关资料，做好前期准备。不仅可以进行相关调查活动，还可在网上查找需要的数据和图片，再进行整合处理。处理数据时可将Excel和Word结合使用，然后再利用整合的信息和收集的图片制作幻灯片。本实训的操作思路如图12-2所示。

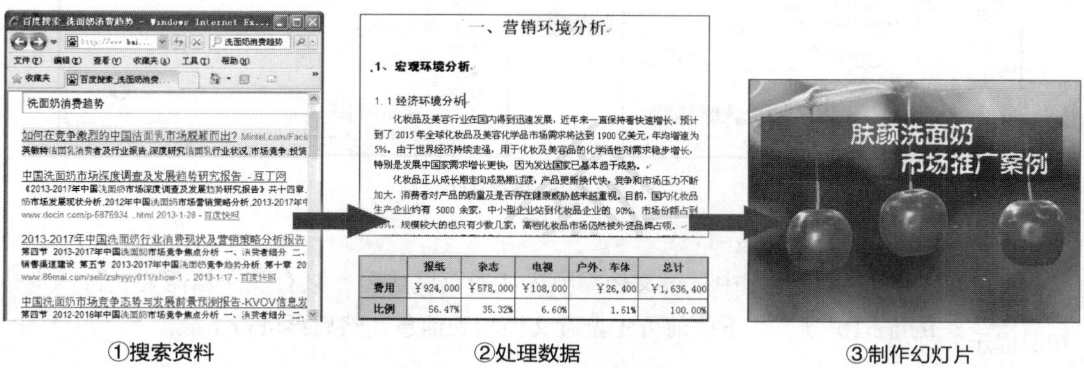

图12-2 广告文案的制作思路

12.4 操作过程

拟定好制作思路后即可按照思路逐步进行操作，下面进行讲解。

12.4.1 搜集洗面奶的相关资料

搜集洗面奶的相关资料时，可使用IE浏览器在网上进行查找。下面在网上搜集洗面奶的相关资料，其具体操作如下。

STEP 1 启动IE浏览器，打开百度首页。在搜索框中输入需要查找的内容“洗面奶消费趋势”，然后按【Enter】键进行搜索，如图12-3所示。

STEP 2 在搜索结果中单击相应的超链接进入“百度文库”页面进行浏览，然后在页面中单击 下载 按钮，如图12-4所示，并在打开的提示对话框中单击 下载 按钮确认下载。

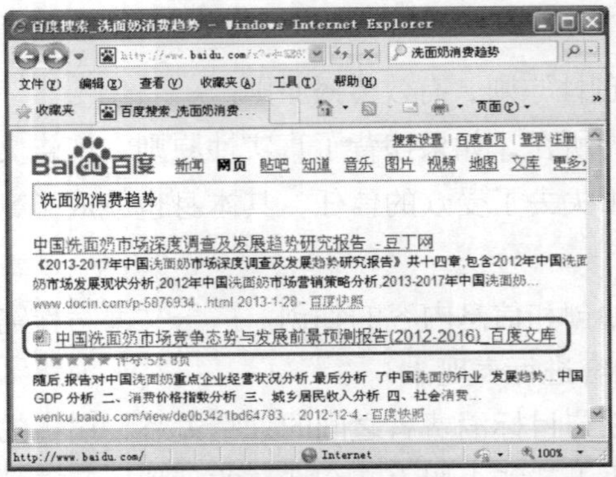

图12-3　搜索内容

图12-4　下载文件

STEP 3 在打开的“文件下载”对话框中单击 保存(S) 按钮，然后在打开的“另存为”对话框中选择文件的保存位置，最后单击 保存(S) 按钮即可下载文件，如图12-5所示。

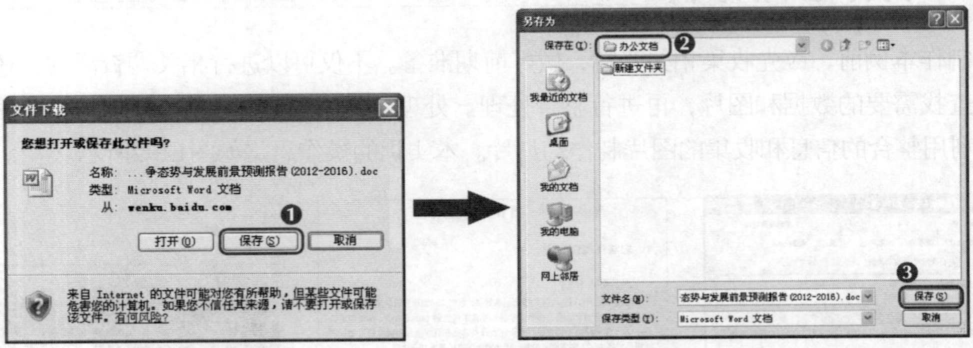

图12-5　保存文件

知识提示

在百度文库中下载文档需要先注册百度账号，且有些文档需要支付一定的虚拟积分，在下载前可先查看文档相关信息，然后再进行下载。

12.4.2 在Excel中制作“广告预算费用”

搜集完资料后，即可将相关数据录入到Excel表格中，使用公式等对广告投放的费用进行预算。下面在Excel中统计广告预算费用，其具体操作如下。

STEP 1 打开Excel 2003，新建工作簿并以“广告预算费用”为名保存。

STEP 2 插入一张新工作表，然后将所有工作表分别命名为“总计信息”、“报纸”、“杂志”、“电视”和“户外、车体”，如图12-6所示。

STEP 3 在工作表“报纸”中输入相应的数据，然后合并B5:G5单元格区域，并根据内容调整行高和列宽，如图12-7所示。

图12-6 设置工作表标签

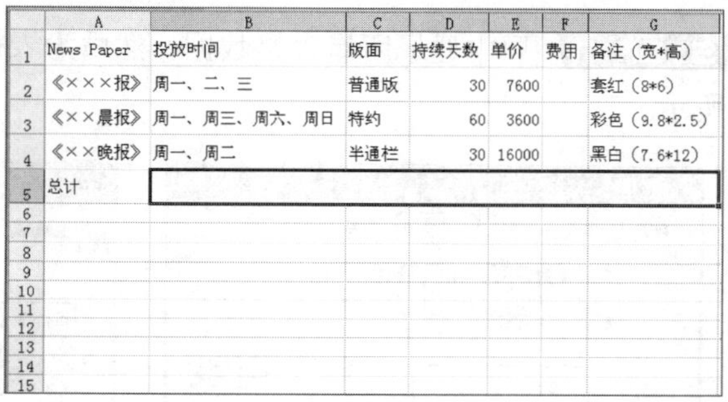

图12-7 输入数据

STEP 4 在F2单元格中输入公式“=D2*E2”，再利用填充柄将公式填充到F3、F4单元格中。在B5单元格中使用求和函数SUM，计算出F2:F4单元格区域中的数据总和，如图12-8所示。

STEP 5 将E2:E4和F2:F4单元格区域，以及B5单元格中的数字类型设置为“货币”，不保留小数点，如图12-9所示。

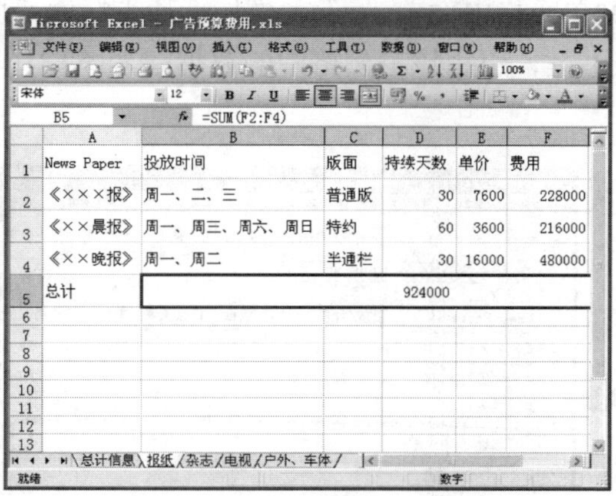

图12-8 计算数据

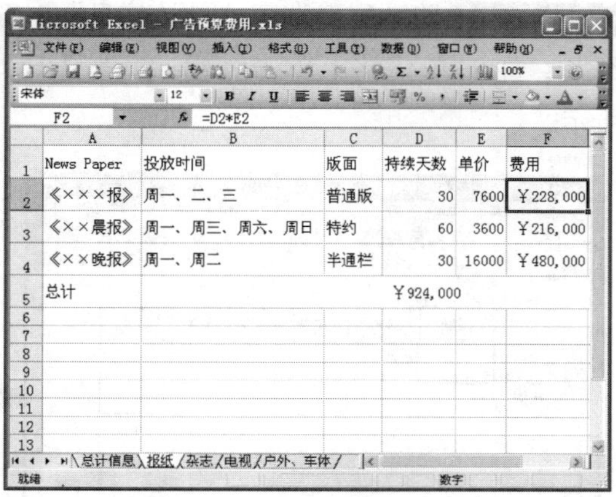

图12-9 设置数值格式

STEP 6 加粗A1:A5和B1:G1单元格区域中数据的字体，并添加“浅灰”底纹，如图12-10所示。

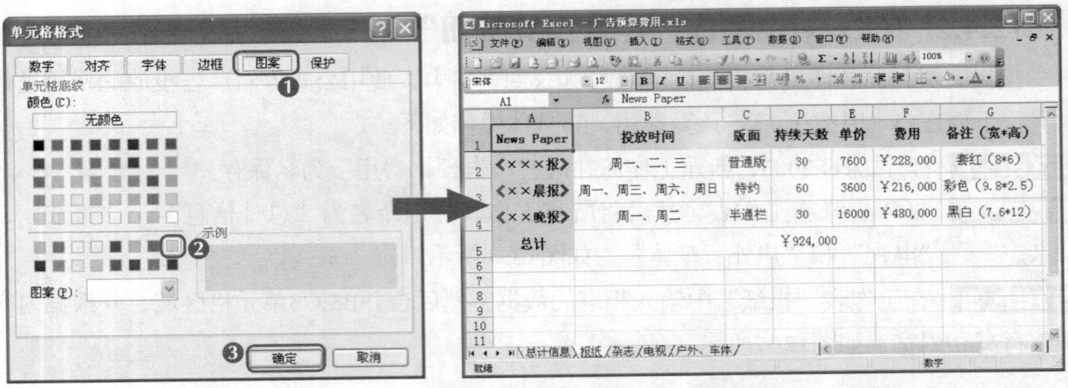

图12-10　设置底纹

STEP 7 居中显示所有表格数据，然后为表格添加粗线外边框和细线内边框，如图12-11所示。

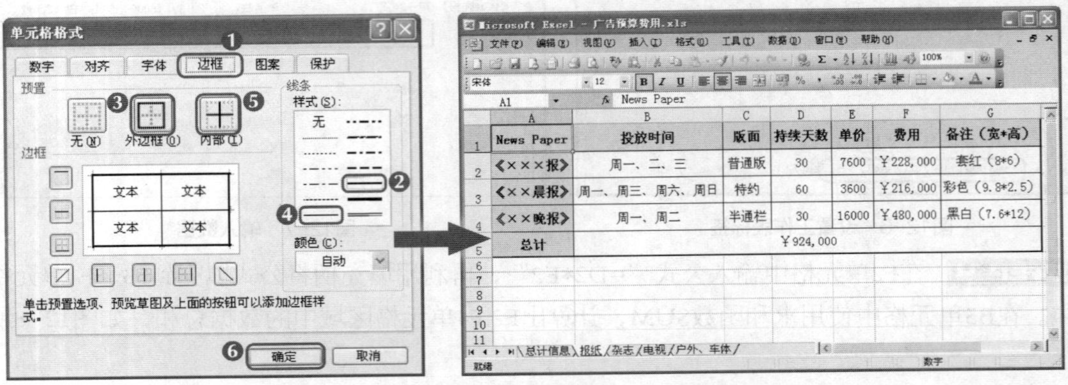

图12-11　设置边框

STEP 8 按照相同方法，在其他表格中输入数据并进行计算，然后设置表格格式。

STEP 9 切换到工作表“总计信息”，在B2单元格中输入“=”。然后选择工作表“报纸”，在B5单元格上单击鼠标，并按【Enter】键，引用该单元格中的数据，如图12-12所示。

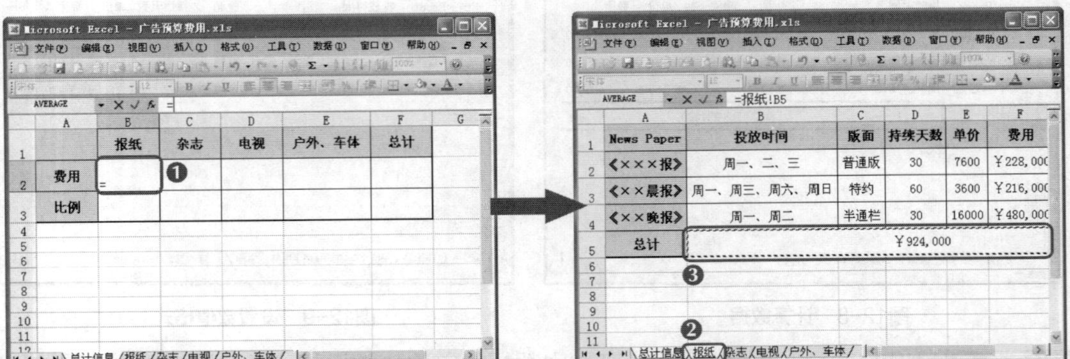

图12-12　引用数据

STEP 10 分别在C2、D2和E2单元格中引用相应表格中的数据，然后在F2单元格中计算B2:E2单元格区域中数据的总和，如图12-13所示。

STEP 11 在F3单元格中输入“1”，然后在B3:E3单元格区域中分别输入“=B2/F2”、“=C2/F2”、“=D2/F2”和“=E2/F2”，计算出各项费用所占总费用的比例，如图12-14所示。

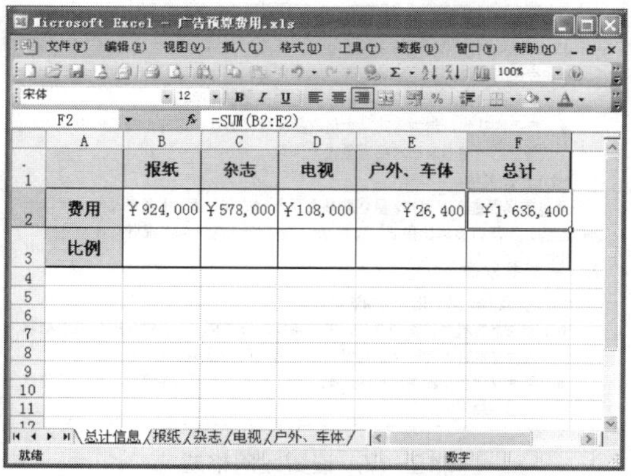

图12-13　计算总费用

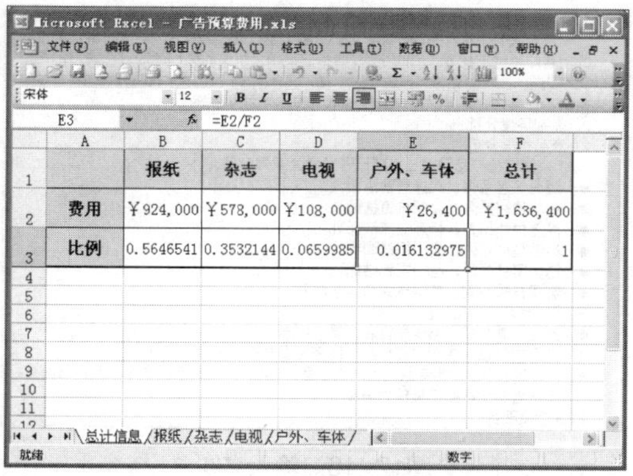

图12-14　计算各项费用比例

STEP 12 将B3:F3单元格区域的数字类型设置为“百分比”，如图12-15所示。

STEP 13 按【Ctrl+S】组合键，将制作完成的表格保存即可。

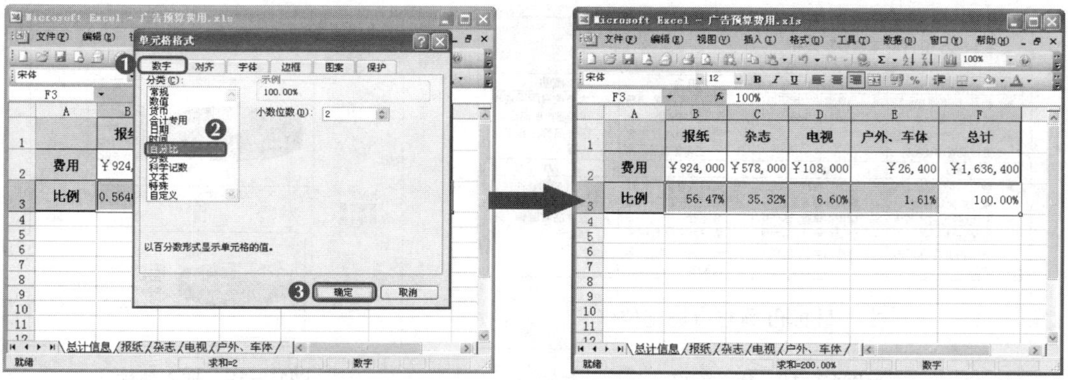

图12-15　设置单元格格式

> **知识提示**
>
> 在计算比例的操作中，不利用填充柄填充公式的原因是：Excel会在不同单元格中自动改变被除数所在的单元格，从而导致计算错误，因此需要依次输入公式。

12.4.3 在Word中输入相关分析资料

利用Word可整理文字资料，制作广告的相关策划案。下面在Word中输入相关分析资料，其具体操作如下。

STEP 1 打开Word 2003，新建文档并以“营销策划”为名将其保存。

STEP 2 在文档中输入相关资料，并将所有正文文本设置为“宋体、小四、首行缩进、1.25倍行距”，并为小标题段落添加项目符号，如图12-16所示。

STEP 3 为一级标题文本应用样式“标题 1”，并将其居中显示；为二级标题文本应用样式“标题 2”；将三级标题文本设置为“黑体、小三”；将四级标题文本设置为“宋体、小四、加粗”。然后分别为各级别的文本段落设置相应的大纲级别，如图12-17所示。

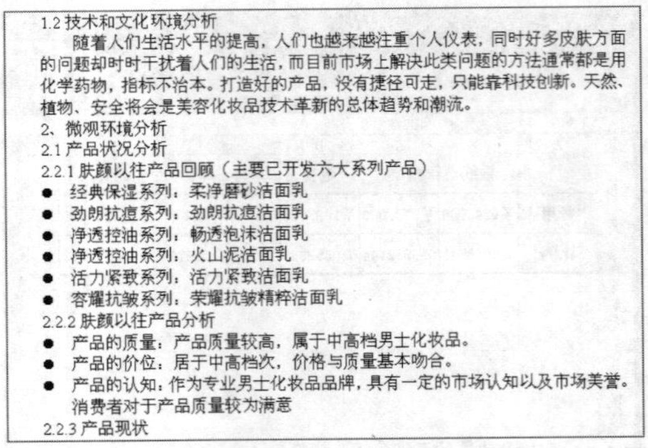

图12-16 输入文本

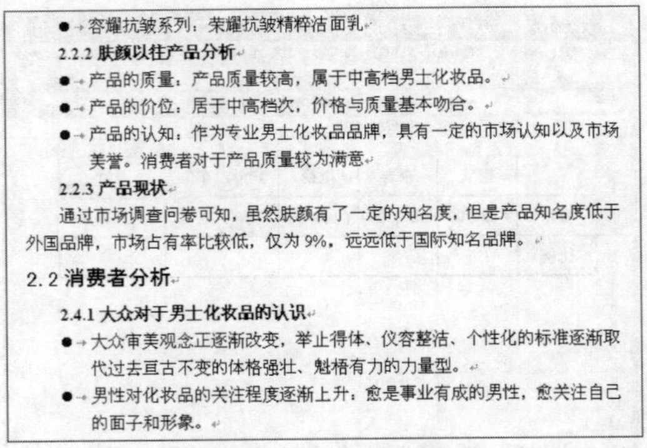

图12-17 设置段落格式

STEP 4 在文档中插入表格，输入相应的数据内容并设置其格式，如图12-18所示。

STEP 5 在表格“年龄段”下方插入素材图片“年龄段.jpg”，并使其居中显示，然后按照相同方法在其他表格下方插入相应的图片，如图12-19所示。

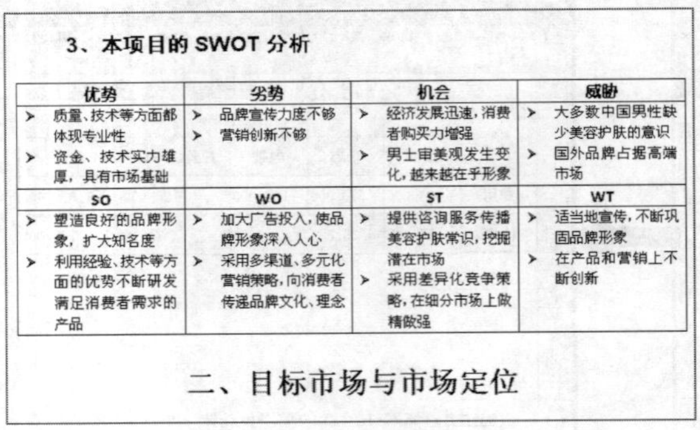
3、本项目的 SWOT 分析

优势	劣势	机会	威胁
➢ 质量、技术等方面都体现专业性 ➢ 资金、技术实力雄厚，具有市场基础	➢ 品牌宣传力度不够 ➢ 营销创新不够	➢ 经济发展迅速，消费者购买力增强 ➢ 男士审美观发生变化，越来越在乎形象	➢ 大多数中国男性缺少美容护肤的意识 ➢ 国外品牌占据高端市场
SO	**WO**	**ST**	**WT**
➢ 塑造良好的品牌形象，扩大知名度 ➢ 利用经验、技术等方面的优势不断研发满足消费者需求的产品	➢ 加大广告投入，使品牌形象深入人心 ➢ 采用多渠道、多元化营销策略，向消费者传递品牌文化、理念	➢ 提供咨询服务传播美容护肤常识，挖掘潜在市场 ➢ 采用差异化竞争策略，在细分市场上做精做强	➢ 适当地宣传，不断巩固品牌形象 ➢ 在产品和营销上不断创新

二、目标市场与市场定位

图12-18 插入表格

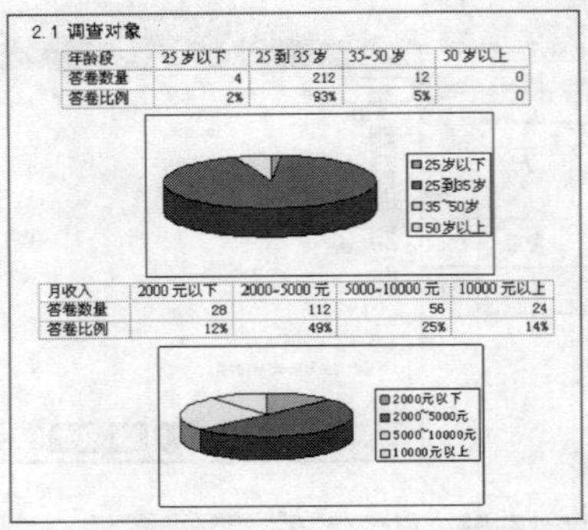
2.1 调查对象

年龄段	25岁以下	25到35岁	35-50岁	50岁以上
答卷数量	4	212	12	0
答卷比例	2%	93%	5%	0

月收入	2000元以下	2000-5000元	5000-10000元	10000元以上
答卷数量	28	112	56	24
答卷比例	12%	49%	25%	14%

图12-19 插入图片

STEP 6 绘制矩形、直线和箭头，并在矩形中输入相应的文本，然后组合所有自选图形，并将其嵌入在“1、市场调查的步骤及实施方案”段落下，如图12-20所示。

STEP 7 打开“页面设置”对话框，将页眉和页脚设置为“首页不同”，如图12-21所示。

> **职业素养** 市场调查是广告策划之前必须进行的一步，目的是了解目标市场，并进行分析和研究。撰写广告文案时，应该将实际调查的数据进行整理归纳，才能制作出真正符合市场需要的产品广告。

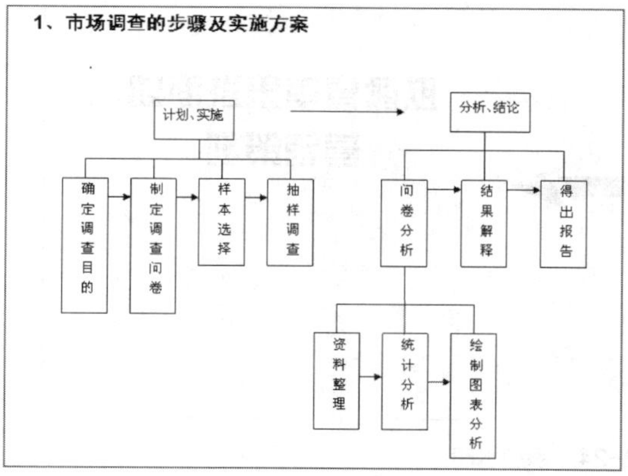

图12-20　绘制自选图形

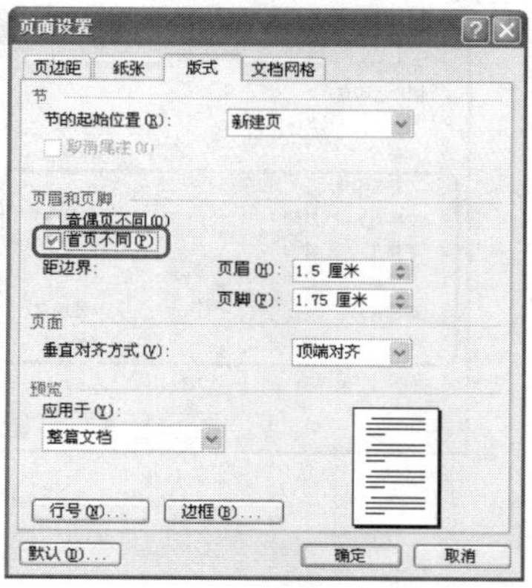

图12-21　设置首页不同

STEP 8 切换到“页眉和页脚”视图，在第二页页眉中输入文本“肤颜青苹果洗面奶营销策划”。

STEP 9 打开“页码格式”对话框，将起始页码设置为“0”，然后在第二页的页脚中插入页码，如图12-22所示。

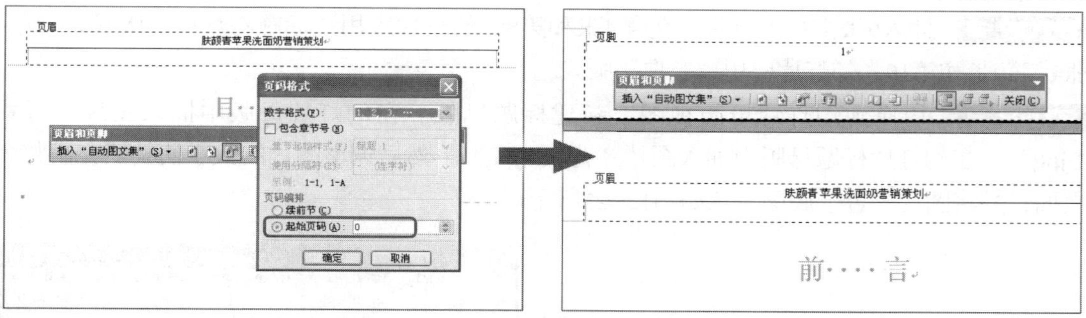

图12-22　输入页眉和页脚

STEP 10 在第二页中插入目录，显示级别为“3”，如图12-23所示。

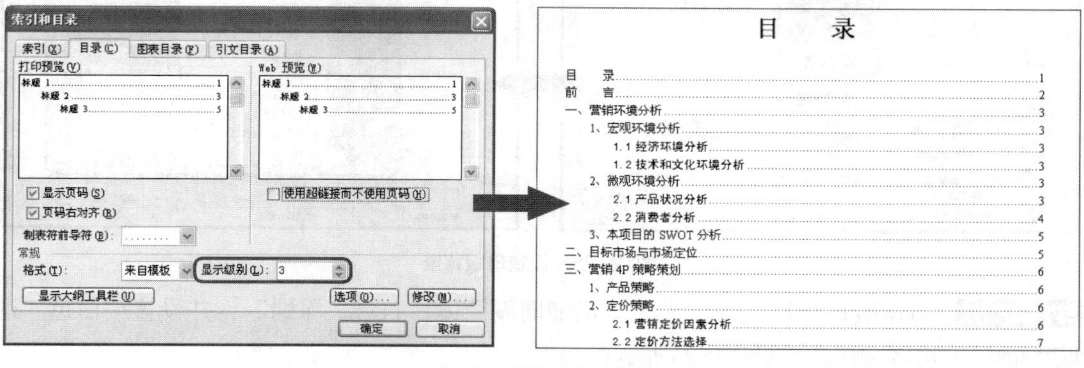

图12-23　插入目录

STEP 11 选择【格式】/【背景】/【水印】菜单命令，打开“水印”对话框，为文档添加文本水印“肤颜”，格式为“幼圆、灰色-25%”，如图12-24所示。

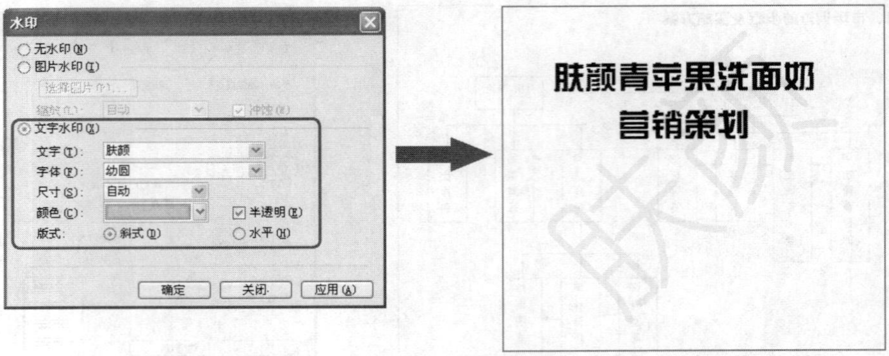

图12-24　添加水印

STEP 12　最后将制作完成的文档保存即可。

12.4.4　制作“洗面奶广告案例”演示文稿

将资料整理完毕之后，即可使用PowerPoint制作产品的广告演示案例，从而更直观地展示产品。下面在PowerPoint中制作广告演示案例，其具体操作如下。

STEP 1　打开PowerPoint 2003，新建演示文稿并以“洗面奶广告案例”为名保存。

STEP 2　插入9张空白幻灯片，为第4张和第8张幻灯片应用“标题幻灯片”版式，为第4张、第9张和第10张幻灯片应用“空白”版式。

STEP 3　切换到幻灯片母版视图，新建标题母版。在幻灯片母版中插入图片“背景1.jpg”，在幻灯片标题母版中插入图片“背景2.jpg”，然后调整图片的大小使其填充满整个页面，并将图片“置于底层”，如图12-25所示。

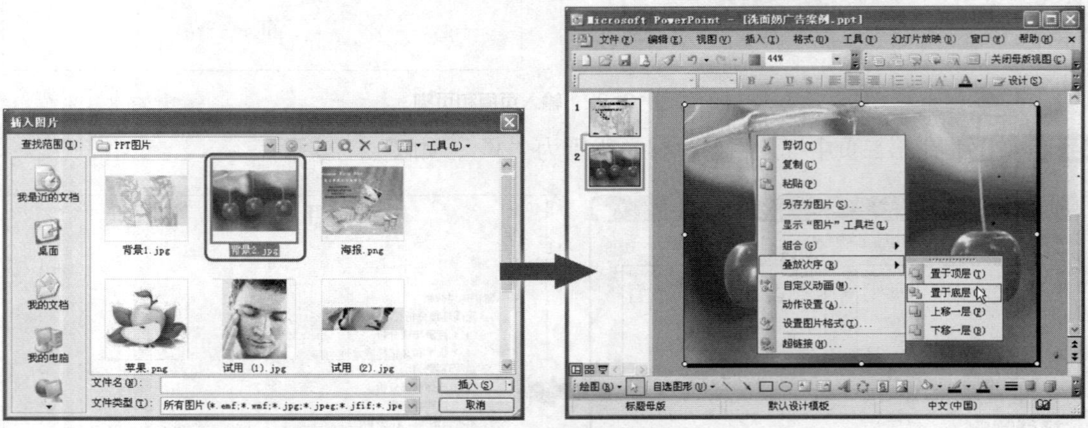

图12-25　设置母版背景

STEP 4　将母版标题样式设置为“方正细珊瑚简体、44号、深绿”，并设置“白色、透明度40%”的填充颜色，如图12-26所示。

STEP 5　退出母版视图，在标题幻灯片中输入标题文本，并将其设置为“方正水柱简体、54号、白色”，然后设置“透明度35%、深绿”的填充颜色，如图12-27所示。

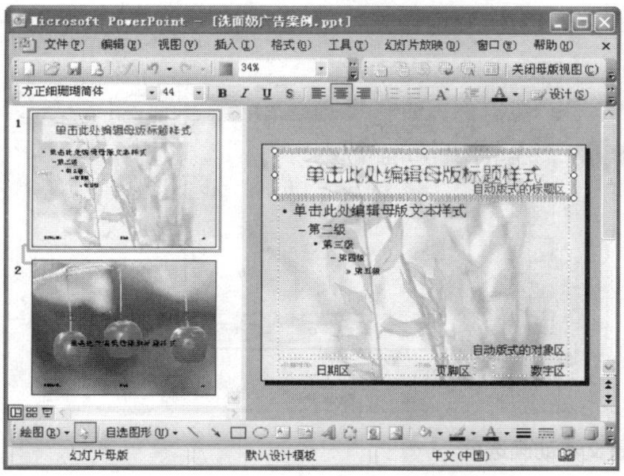

图12-26　设置母版标题格式

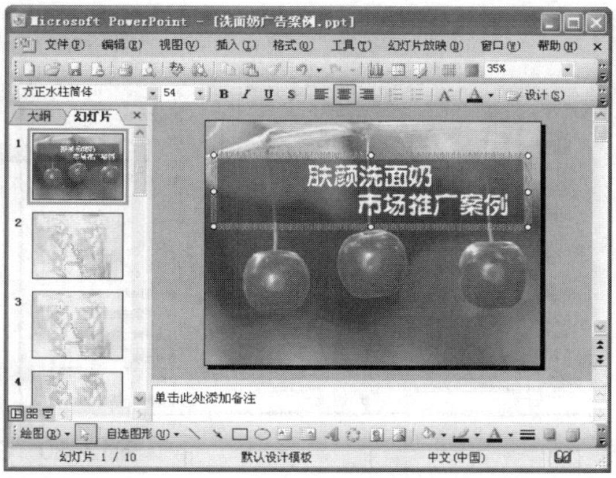

图12-27　输入标题文本

STEP 6 在其他幻灯片中输入标题和文本，并根据需要设置字符格式。

STEP 7 在幻灯片中插入合适的素材图片，并调整位置和大小，如图12-28所示。

STEP 8 进入母版视图，为母版标题文本框添加“挥鞭式”自定义动画，开始时间为“之前”，如图12-29所示。

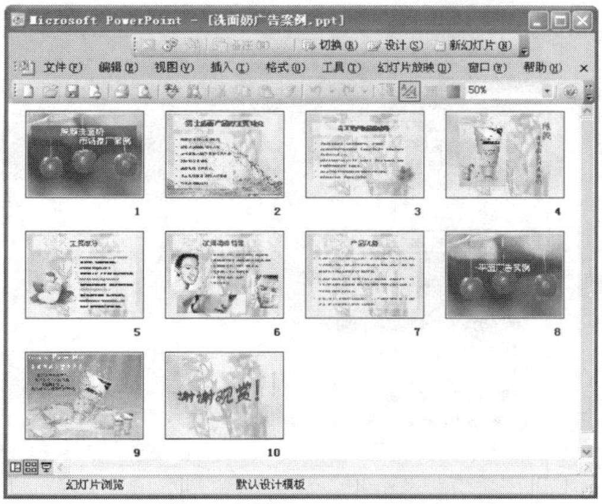

图12-28　添加幻灯片对象

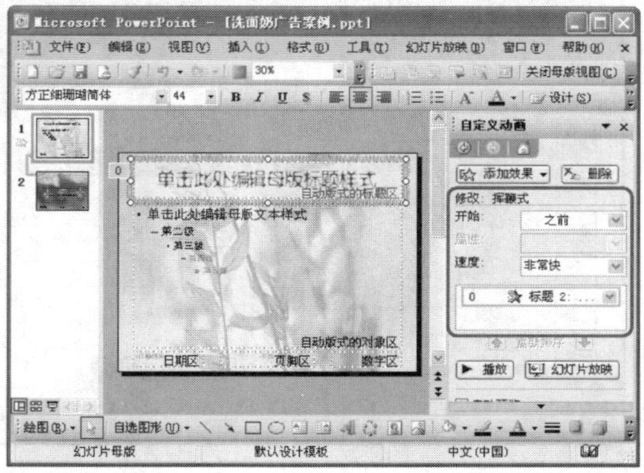

图12-29　设置母版标题动画

STEP 9 关闭母版视图，为幻灯片2中的文本框添加“向内溶解”动画效果，然后在列表框中单击效果选项右侧的下拉按钮，在打开的下拉菜单中选择“效果选项”菜单命令。

STEP 10 在打开的“向内溶解”对话框中单击“正文文本动画”选项卡，在“组合文本”下拉列表框中选择“作为一个对象”选项，然后单击 确定 按钮，如图12-30所示。

> **知识提示**
>
> 在效果选项对话框中将“组合文本”的方式设置为“作为一个对象”选项，即可使文本框中的文本作为一个整体对象，随文本框一起进行变化；若不进行选择，保持默认设置，则文本将分段进行变化；若选择“所有段落同时”选项，则所有段落文本将同时各自进行变化。

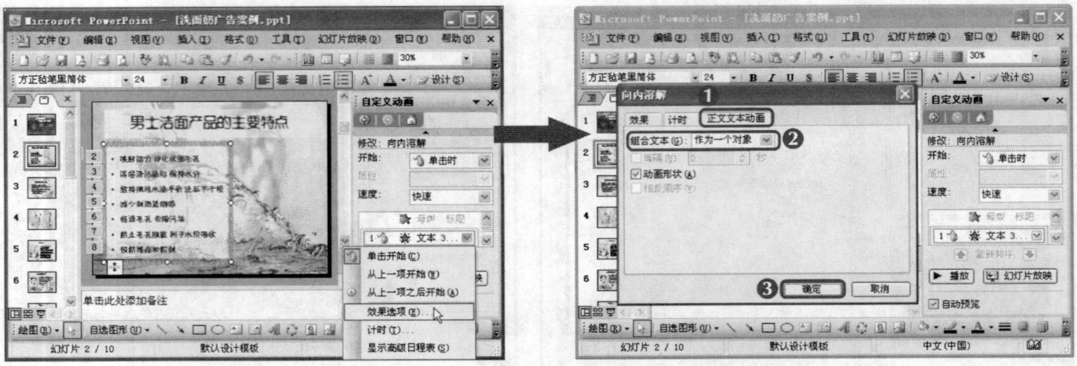

图12-30　设置文本动画选项

STEP 11 为幻灯片中的其他对象添加自定义动画效果。

STEP 12 切换到“幻灯片切换”任务窗格，选择“菱形”切换方式，速度为“慢速”，然后单击[应用于所有幻灯片]按钮将设置应用于所有幻灯片，如图12-31所示。

STEP 13 打开“设置放映方式”对话框，单击选中“循环放映，按ESC键终止”复选框，然后单击[确定]按钮，如图12-32所示。

STEP 14 最后将制作完成的演示文稿保存。

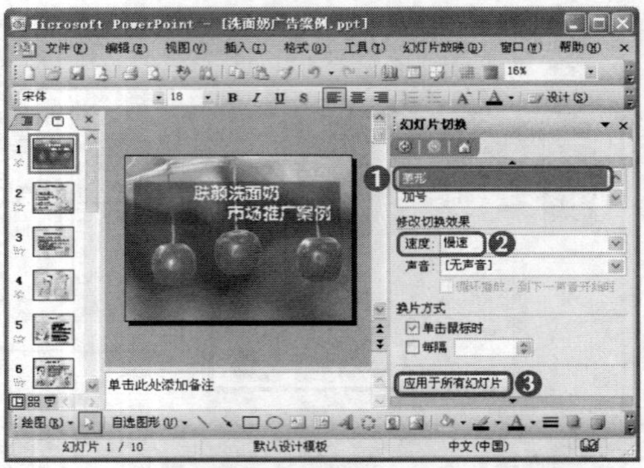

图12-31　设置幻灯片切换方式

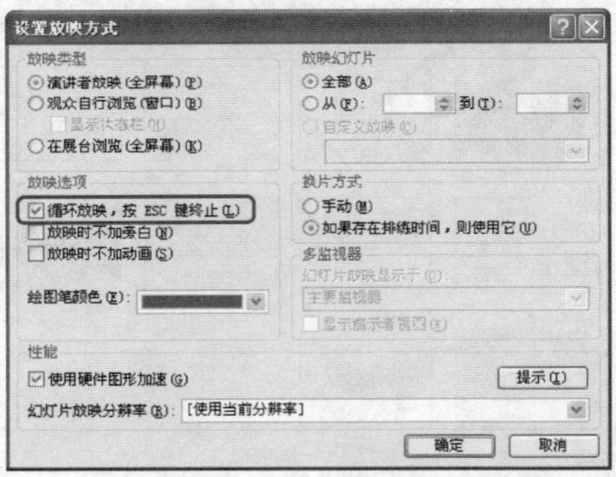

图12-32　设置放映方式

12.4.5 打印和复印相关文档

制作完成的文档可将其打印出来，以便查看和使用。下面打印制作完成的文档，并将其复印3份，其具体操作如下。

STEP 1 打开制作好的文档“营销策划.doc”，选择【文件】/【打印】菜单命令，打开“打印”对话框。

STEP 2 在对话框左下角单击[选项(O)...]按钮，在打开的对话框中的“打印选项”栏中单击选中“更新域”复选框，在“打印文档的附加信息”栏中单击选中“文档属性”复选框，然后单击[确定]按钮，如图12-33所示。

STEP 3 返回“打印”对话框，单击选中“手动双面打印”复选框，然后单击[确定]按钮开始打印，如图12-34所示。

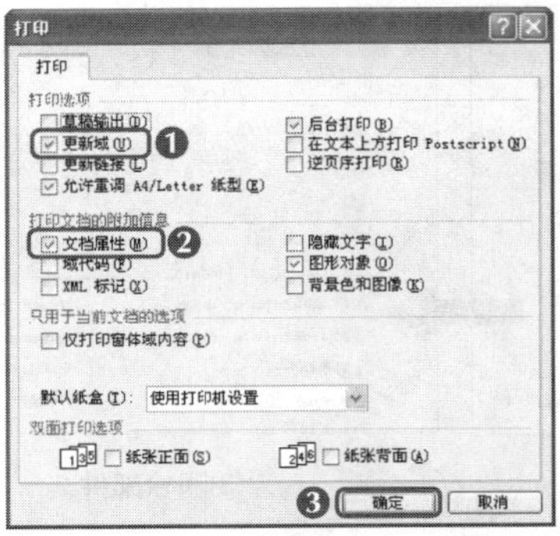

图12-33 设置打印选项

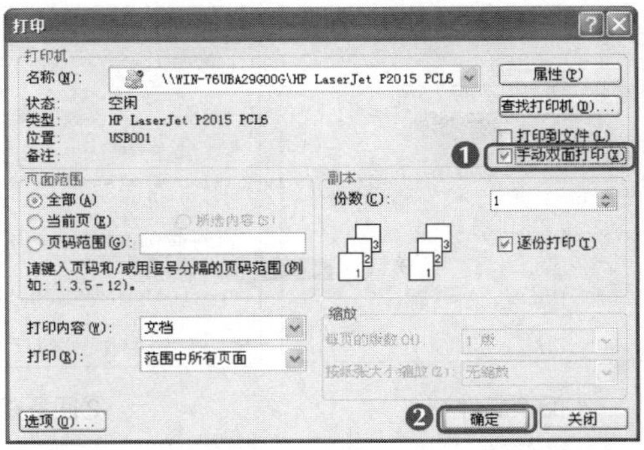

图12-34 确认打印文档

STEP 4 等打印完奇数页面之后，将纸张翻转放回打印机，继续打印偶数页。

STEP 5 打印完成后，在复印机纸盒中装入A4白纸，打开盖板，将打印出来的文件逐页放在原稿台上（注意纸张要整齐放好）。

STEP 6 盖上文件盖板，在面板相应的数字键盘上按下“3”按键，按“开始”按键，将文档复印3份。

12.5 实训——管理电子邮件

12.5.1 实训目标

电子邮件是现代办公中经常使用的交流方式之一，因其便捷、稳定的特点而被用户广泛使用。本实训的目标是管理邮箱中的电子邮件，需要先注册Hotmail邮箱账户，然后在其中对邮件进行查看、回复和删除等操作，下面进行具体讲解。

12.5.2 专业背景

电子邮件（electronic mail，简称E-mail），又称电子信箱、电子邮政，是一种用电子手段提供信息交换的通信方式，是Internet应用最广的服务。电子邮件与传统邮件相比，具有以下几个优点。

- **使用方便**：收发电子邮件都是通过计算机完成的，并且无地域和时间限制。
- **速度快**：电子邮件的发送和接收通常只需要几秒钟的时间。
- **价格低廉**：通过网络的电子邮件系统，用户只需负担电话费和网费，即可与世界上任何一个角落的网络用户联系。
- **投递准确**：电子邮件按照全球唯一的邮箱地址进行投递，可保证准确无误。
- **内容丰富**：电子邮件不仅可以传递文字，还可传送图像、声音和视频等多种文件。
- **信息便捷**：用户可以得到大量免费的新闻和专题邮件，并实现轻松的信息搜索。

12.5.3 操作思路

完成本实训前需要先申请电子邮箱账户，然后收取邮件，再根据邮件内容进行回复，最后将不需要的邮件删除即可。本实训的操作思路如图12-35所示。

①阅读邮件　　②回复邮件　　③删除邮件

图12-35　管理电子邮件的操作思路

【步骤提示】

STEP 1 打开IE浏览器，在地址栏中输入“www.hotmail.com”，打开Hotmail主页，在其中申请电子邮箱。

STEP 2 在登录页面输入邮箱账号和密码，进入电子邮箱。

STEP 3 在左侧列表最上方单击“收件箱”超链接，打开收件箱。

STEP 4 在中间的邮件列表中单击未读的邮件，将其打开进行阅读。

STEP 5 在页面中单击“答复”超链接，打开邮件编写页面。

STEP 6 输入答复内容，并插入表情符号。

STEP 7 完成邮件的编写之后，单击“发送”超链接，将邮件发送出去。

STEP 8 返回收件箱，在邮件列表中找到不需要的邮件，单击选中其前面的复选框，然后在列表上方单击“移动至”超链接，在打开的下拉菜单中选择“已删除邮件”菜单命令，将其删除。

多学一招

收到邮件后，可在打开的邮件浏览页面单击“添加至联系人”超链接，将发件人添加到联系人列表中，以便随时进行联系；在邮件编写页面中单击“附件”超链接，可在打开的“选择要加载的文件”对话框中选择文件，将其作为附件添加到邮件中，并随邮件一起发送给收件人。

12.6 疑难解析

问：将文档保存到C盘中之后，打开C盘却看不到任何文件或文件夹，这是怎么回事？

答：这是因为C盘为系统盘（根据安装操作系统时选择安装盘符而定），为了保护系统安全，Windows XP隐藏了C盘中所有的内容。此时若要浏览文件夹或文件，只需单击“显示此文件夹的内容”超链接即可。另外，为了保证文件的安全，避免因重装系统等操作使文件丢失，应尽量将文件保存在非系统盘的盘符中。

问：修改了文档后，进行保存时系统提示“该文件为只读属性，不能保存该文件”，这该怎么办呢？

答：这是因为该文件的属性为“只读”，只要对其属性进行相应设置即可解决。将文档打开然后另存，然后打开“我的计算机”，找到该文件的保存位置，并在其图标上单击鼠标右键，在弹出的快捷菜单中选择“属性”菜单命令，在打开的对话框中撤消选中“只读”复选框，并单击 确定 按钮确认设置即可。

问：怎样使邮箱收到邮件时，自动回复邮件给对方呢？

答：一般情况下，邮箱设置功能中将提供自动回复功能。如在雅虎邮箱中，单击邮箱顶部的 邮箱设置 按钮，在打开的下拉菜单中选择“邮箱设置”菜单命令，打开“邮箱设置”选项卡，在左侧导航栏中单击“自动回复”选项卡，然后在右侧单击选中“在这些日期范围内，启动自动回复功能”复选框，并设置日期。在“回复讯息”文本框中即可输入自动回复文本，如“我已经收到您的邮件，将尽快给您回复”，然后单击 保存 按钮保存设置即可。其他邮箱的设置方法大致相同。

问：除了可以在网上购物之外，可不可以在网上预订机票呢？

答：可以。在网上还可以预订酒店、火车票、汽车票、餐厅座位和鲜花等。根据不同的预订对象其操作会有一定不同，但大致流程与本课介绍的方法是相似的，一般包括注册会员、搜索合适的对象、填写预订信息、提交订单和费用支付这几个大的环节。

12.7 习题

本章主要讲解了广告文案的制作方法，包括网络、Office办公软件和办公设备等多方面的知识。在制作这类实例时，只要按照事先拟定的思路逐步进行操作，搜集好需要的素材之后，按照需要结合使用各类办公软件，即可制作出出色的广告案例。

素材所在位置 **光盘:\素材文件\第12章\习题\上市营销计划**
效果所在位置 **光盘:\效果文件\第12章\习题\上市营销计划.ppt**

（1）根据现有的数据和素材文档中的内容，使用PowerPoint制作如图12-36所示的上市营销计划，要求操作如下。

- 新建并保存演示文稿，打开素材文档“营销计划.doc”，根据其中的内容，在幻灯片中分别输入相应的文本。
- 打开素材表格“销售量.xls”，根据其中的数据在幻灯片中插入图表。
- 在幻灯片中插入素材图片，并调整大小和位置。
- 为所有幻灯片应用“垂直百叶窗”切换效果。

（2）使用IE浏览器，搜索与“行政公文”相关的资料，并使用迅雷进行下载。

（3）申请“网易”邮箱账号，然后编写新年祝福邮件，并将其发送给好友。

（4）在“京东网上商城”注册账号，然后在其中使用网上银行进行购物。

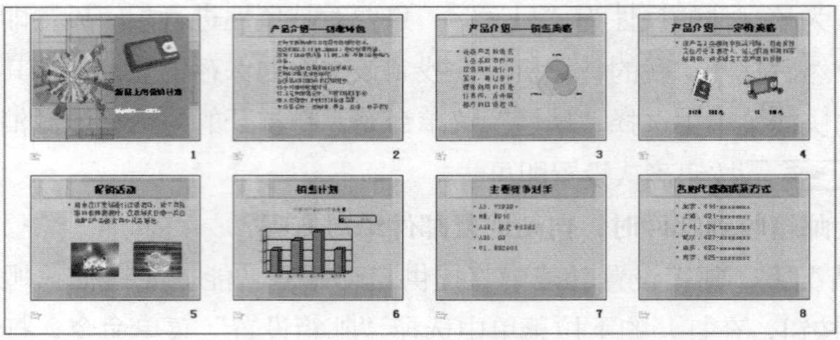

图12-36 “上市营销计划”最终效果

课后拓展知识

使用软件也可能出现各种故障，下面分析几种常见故障的现象、原因和解决办法。

- **丢失文件**：造成类似“不能找到某个设备文件”的启动错误信息，绝大多数原因是没有正确使用卸载软件。应该使用程序自带的“卸载”选项（一般在“开始”菜单的“程序”文件夹中相应文件的选项中），或者使用“控制面板”的“添加/卸载”选项进行卸载。
- **文件版本不匹配**：在安装新软件之前，先备份“C:\WINDOWS\SYSTEM”文件夹的内容，可以将DLL出现错误的几率降低。大多数错误产生的原因与DLL有关，因此保证DLL运行安全非常必要。绝大多数新软件在安装时也会观察现存的DLL，如果需要更新，则会给出提示，一般可以保留新版DLL文件，标明文件名，以免出现问题。
- **非法操作**：每当有非法操作信息出现，相关的程序和文件都会和错误类型显示在一起，一般原因在于有两个软件同时使用了内存的同一个区域。用户可通过错误信息列出的程序和文件来研究错误起因。如果给出的是“未知”信息，可能数据文件已经损坏，可直接使用备份或者查找厂家是否有文件修补工具。
- **蓝屏错误信息**：要确定出现蓝屏的原因就需要仔细检查错误的信息，很多蓝屏发生在安装了新软件以后，是新软件和现行的WINDOWS设置发生冲突直接引起的。出现蓝屏的真正原因不容易搞清楚，最好的办法是把错误信息保留下来，然后用“blue screen”和文件名、“fatal exception”代码到微软的站点搜索，以便确定原因。
- **资源耗尽**：在程序打开和关闭之间都会消耗资源，一些在程序打开时被占用的资源在程序关闭时可以被恢复，但并不都是这样能恢复，一些程序在运行时可能导致GDI和USER资源丧失，这也就是为什么在机器运行一段时间以后最好重新启动一次补充资源的原因。
- **中毒**：增加安全意识，对日常工作中隐藏的病毒危害增加警觉性，如安装杀毒软件，定时更新病毒定义，运行来历不明的文件前进行病毒查杀，文件共享时尽量控制权限和增加密码，不打开有问题的邮件等。

附录　综合实训

为了培养学生综合运用计算机知识分析和解决文秘自动化办公的能力，本附录精心挑选了5个综合实训，分别围绕“制作招聘启事文档”、“制作日常办公费用表”、“制作礼仪培训演示文稿”、“Internet应用”和“办公软硬件的使用”5个主题展开。通过实训，可以实现由基础理论知识向实践操作的转化，培养学生独立完成工作任务的能力。

实训1　制作招聘启事文档

【实训目的】

通过实训掌握Word文档的输入、编辑、美化与编排操作，具体要求及实训目的如下。

- 熟练掌握Word文档的新建、保存、打开与关闭操作。
- 熟练掌握文本的复制、移动、删除、插入与改写、查找与替换操作。
- 熟练掌握设置字符格式和段落格式的操作方法。
- 熟练掌握页面设置与打印输出文档的具体操作。

【实训步骤】

STEP 1 新建和保存文档。启动Word 2003，新建空白文档，然后将其保存。

STEP 2 录入与编辑文本。输入文本，然后通过移动、复制、删除、查找与替换等操作对文档内容进行修改。

STEP 3 设置字符格式和段落格式。分别设置文本的字体、字号、字符颜色、字形、对齐方式、段落缩进和行间距等，并为相应段落添加项目符号和编号。

STEP 4 设置版面。添加页眉、边框和底纹，然后添加文字水印。

STEP 打印文档。设置页面大小，对文档进行预览，然后将其打印。

【实训参考效果】

本实训的最终参考效果如图1所示，相关素材及参考效果在本书配套光盘中提供。

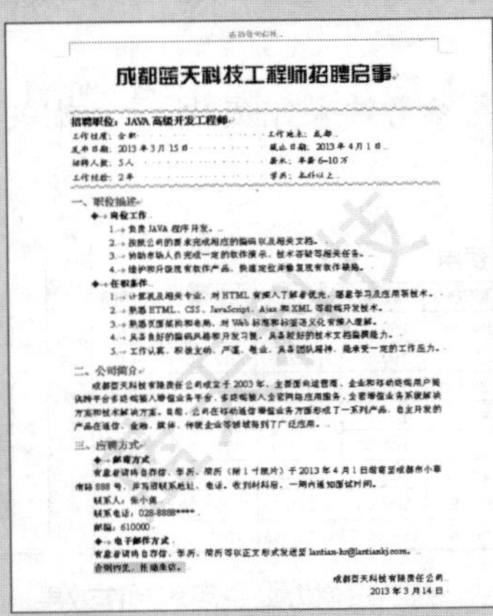

成都蓝天科技工程师招聘启事

招聘职位：JAVA高级开发工程师

工作性质：全职　　工作地点：成都
发布日期：2013年3月15日　　截止日期：2013年4月1日
招聘人数：5人　　薪水：年薪6~10万
工作经验：2年　　学历：本科以上

一、职位描述

◆ 岗位工作

1. 负责JAVA程序开发。
2. 按照公司的要求完成相应的编码以及相关文档。
3. 协助市场人员完成一定的软件演示、技术答疑等相关任务。
4. 维护和升级现有软件产品，快速定位并修复现有软件缺陷。

◆ 任职条件

1. 计算机及相关专业，对HTML有深入了解者优先，愿意学习及应用新技术。
2. 熟悉HTML、CSS、JavaScript、Ajax和XML等前端开发技术。
3. 熟悉页面架构和布局，对Web标准和标签语义化有深入理解。
4. 具备良好的编码风格和开发习惯，具备较好的技术文档编撰能力。
5. 工作认真、积极主动、严谨、敬业，具备团队精神，能承受一定的工作压力。

二、公司简介

成都蓝天科技有限责任公司成立于2003年，主要面向运营商、企业和移动终端用户提供跨平台多终端接入增值业务平台、多终端接入全套网络应用服务、全套增值业务系统解决方案和技术解决方案。目前，公司在移动通信增值业务方面形成了一系列产品，自主开发的产品在通信、金融、媒体、传统企业等领域得到了广泛应用。

三、应聘方式

◆ 邮寄方式

有意者请将自荐信、学历、简历（附1寸照片）于2013年4月1日前寄至成都市小草南路888号，并写明联系地址、电话，收到材料后，一周内通知面试时间。

联系人：张小姐
联系电话：028-8888****
邮编：610000

◆ 电子邮件方式

有意者请将自荐信、学历、简历等以正文形式发送至lantian-hr@lantiankj.com。

合则约见，拒绝来访。

成都蓝天科技有限责任公司
2013年3月14日

图1　招聘启事参考效果

实训2 制作日常办公费用表

【实训目的】

通过实训掌握Excel电子表格的制作与数据管理，具体要求及实训目的如下。

- 熟练掌握Excel工作簿的新建、保存与打开操作及工作表的新建和删除等操作。
- 熟练掌握表格数据的输入，快速输入相同数据和有规律数据，特殊格式数据的输入以及公式的插入等。
- 熟练掌握运用不同的方法对工作表行、列和单元格格式进行设置，如设置表格边框线与底纹等。
- 熟练掌握用公式与函数计算表格中的数据。
- 熟练掌握对表格中数据的排序、筛选和分类汇总管理的操作。
- 掌握对表格中的部分数据创建和设置图表的方法。
- 掌握进行页面设置和打印输出表格的方法。

【实训步骤】

STEP 1 保存工作簿。启动Excel 2003，将工作簿保存。

STEP 2 输入数据并设置格式。在表格中输入数据，然后分别设置字体、字号、字形和对齐方式。

STEP 3 设置工作表行和列。根据内容调整表格的行高和列宽。

STEP 4 设置单元格格式。将单元格的数字类型设置为相应的格式，如货币格式等；对表格添加边框线，并为表头设置底纹。

STEP 5 设置工作表标签。重命名工作表，并设置工作表标签颜色。

STEP 6 计算和管理表格数据。运用公式或函数计算表格中的数据，并对计算结果进行排序和筛选。

STEP 7 分析表格数据。对表格中的数据区域创建图表，分析表格数据，然后设置图表格式。

STEP 8 打印表格。进行页面设置，然后打印表格。

【实训参考效果】

本实训日常办公费用表的参考效果如图2所示，相关素材及效果文件在本书配套光盘中提供。

日常办公费用

项目	办公用品费用	机动车补助	节日福利	清洁费	交通费	部门合计	平均值	是否超值
总经办	125.50	350.00	800.00	150.00	200.00	1,625.50	325.10	超支
技术研发部	92.00	350.00	400.00	150.00	100.00	1,092.00	218.40	超支
销售部	79.00	300.00	400.00	80.00	100.00	959.00	191.80	未超支
财务部	85.00	240.00	400.00	90.00	100.00	915.00	183.00	未超支
行政部	100.00	200.00	400.00	75.00	100.00	875.00	175.00	未超支
企划部	75.00	180.00	400.00	40.00	100.00	795.00	159.00	未超支
费用合计	556.50	1,620.00	2,800.00	585.00	700.00	6,261.50	1,252.30	超支
平均值	92.75	270	466.6667	97.5	116.6667	1043.583	208.7167	

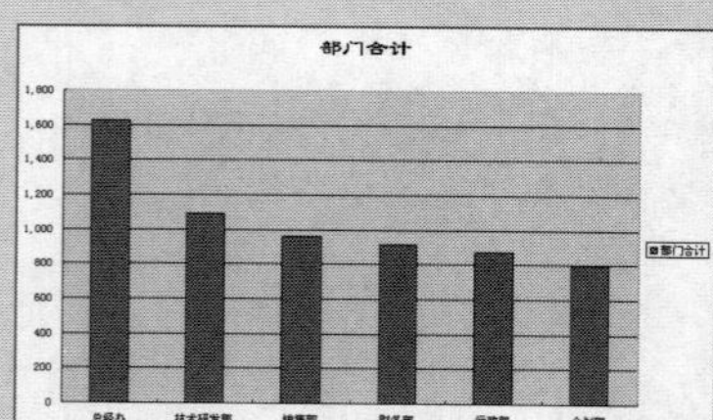

图2 日常办公费用表制作效果

实训3 制作礼仪培训演示文稿

【实训目的】

通过实训掌握PowerPoint幻灯片的制作、美化与放映操作，具体要求及实训目的如下。

- 熟练掌握用不同的方法实现幻灯片的新建、删除、复制和移动等操作。
- 熟练掌握编辑幻灯片中内容的方法，包括添加与设置文本，插入图片、剪贴画和文本框，以及绘制与编辑图形等。
- 通过母版快速美化幻灯片，从而使演示文稿达到统一的效果。了解不同场合演示文稿的配色方案。
- 熟练掌握多媒体幻灯片的制作，包括插入声音、视频和动画的操作。
- 熟练掌握幻灯片的放映知识，了解在不同场合下放映幻灯片要注意的细节和需求，如怎样快速切换、作标记等。
- 熟练掌握演示文稿打包的方法。

【实训步骤】

STEP 1 幻灯片的操作。创建演示文稿，在演示文稿中插入多张幻灯片，并设置幻灯片版式。

STEP 2 编辑母版。设置母版的背景和文本格式，并在其中为幻灯片中的对象统一添加动画效果。

STEP 3 编辑和美化幻灯片内容。在各张幻灯片中输入相应的文本，并进行格式设置；在各张幻灯片中插入素材图片并进行编辑，在部分幻灯片中插入剪贴画、艺术字和文本框等对象，丰富幻灯片的内容。

STEP 4 设置动画和切换效果。为幻灯片中的对象添加自定义动画效果，然后为幻灯片设置切换效果。

STEP 5 放映和输出演示文稿。对制作的幻灯片进行放映和控制，如定位幻灯片和添加标记等，最后将演示文稿打包成CD。

【实训参考效果】

本实训礼仪培训演示文稿的参考效果如图3所示，相关素材及效果文件在本书配套光盘中提供。

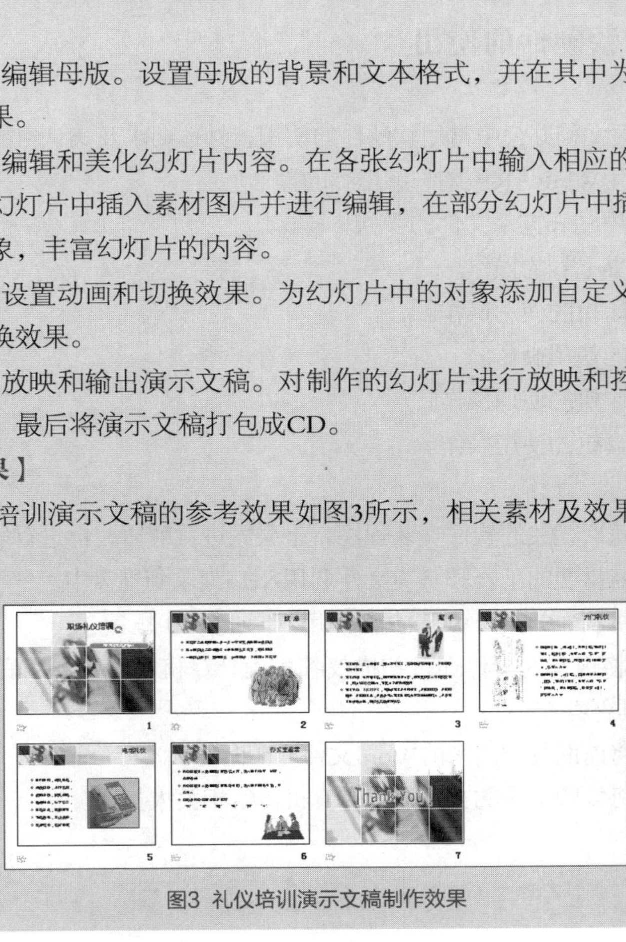

图3 礼仪培训演示文稿制作效果

实训4 Internet的应用

【实训目的】

通过实训掌握Internet在文秘办公中的应用，具体要求及实训目的如下。

- 熟练掌握通过Internet查找资料的方法，总结快速、高效获取网上资料的技巧，以及怎样利用网络来解决工作中遇到的问题。
- 熟练掌握电子邮件的使用、Outlook邮件收发软件的使用及QQ软件的使用。
- 熟练掌握下载网上资源的方法。
- 了解网上购物电子商务平台的操作流程。

【实训步骤】

STEP 1 网上查询资料。以“文秘”、“办公外设”、“办公软件”为主题，上网搜索相关资料和图片等，将其保存到计算机中，并整理成相关的文档资料。

STEP 2 收发电子邮件。使用Outlook给自己的老师发送一封电子邮件，邮件内容为本学期的学习总结，并附上相关作品，然后收取并回复老师的邮件。

STEP 3 相互交流。通过电子邮件和QQ等网上交流方式组织班级开展一个学习讨论组，每个人可将自己的学习心得与作品发布到网上供同学欣赏，并开展讨论。

实训5 办公软硬件的使用

【实训目的】

通过实训掌握文秘办公中常用软硬件的使用，具体要求及实训目的如下。

- 熟练掌握使用WinRAR压缩与解压缩的操作。
- 熟练掌握使用Nero刻录文件的操作。
- 熟练掌握尚书七号的操作。
- 熟练掌握打印机的使用操作。
- 了解扫描仪的使用操作。
- 熟练掌握复印机的使用操作。
- 熟练掌握传真机的使用操作。

【实训步骤】

STEP 1 获取相关的软件安装程序，下载后进行解压，再进行安装。

STEP 2 将重要的工作和学习文件利用Nero刻录到光盘中。

STEP 3 将制作的某个Word文件利用打印机打印出来。

STEP 4 将现有的文件通过扫描仪扫描到计算机中，并利用尚书七号软件识别其中的文字并整理保存文字。

STEP 5 将前面打印出来的Word文件复印两份。

STEP 6 将复印出来的文件通过传真机传给相关人员。